NORWEGEN
SCHWEDEN
FINNLAND
Karelien
Oslo
Turku Helsinki
Stockholm
Ostsee
SOWJET-
Helsingör
Kopenhagen
DÄNEMARK
UNION
Elbe
Berlin
West Ost
Oder
POLEN
Weichsel
DDR

Helmut Berndt
Sagenhaftes Europa

Helmut Berndt

Sagenhaftes Europa

Unterwegs im Land
der Phantasie

ECON Verlag
Düsseldorf · Wien · New York

Bildquellennachweis: Sofern nicht angegeben,
stammen die Abbildungen vom Verfasser

CIP-Kurztitelaufnahme der Deutschen Bibliothek

Berndt, Helmut:
Sagenhaftes Europa : unterwegs im Land d.
Phantasie / Helmut Berndt. – Düsseldorf;
Wien; New York: ECON Verlag, 1987
ISBN 3-430-11308-3

Copyright © 1987 by ECON Verlag GmbH,
Düsseldorf, Wien und New York
Alle Rechte der Verbreitung, auch durch Film, Funk und Fernsehen,
fotomechanische Wiedergabe, Tonträger jeder Art,
auszugsweisen Nachdruck oder Einspeicherung und Rückgewinnung
in Datenverarbeitungsanlagen aller Art,
sind vorbehalten.
Lektorat und Layout: H. Dieter Wirtz, Mönchengladbach
Karten: Joachim Zwick, Gießen
Gesetzt aus der Times der Fa. Linotype
Satz: ICS Communikations-Service, Bergisch Gladbach
Druck und Bindearbeiten: Richterdruck, Würzburg
Printed in Germany
ISBN 3-430-11308-3

Inhalt

Vorwort	7
Die Allmännerschlucht allein ist eine Reise wert — **Island**	8
Ein Epos formt eine Nation — **Kalevala**	18
Das Grab für einen Menschen, der nie gelebt hat — **Hamlet**	26
Das zwielichtige Wesen im Hafen von Kopenhagen — **Die kleine Seejungfrau**	32
Basaltsäulen bilden einen Zauberwald — **Die Fingalshöhle**	42
Täuschung, Fälschung oder Realität? — **Das Ungeheuer von Loch Ness**	48
Sein Geist spukt noch im Schloß Glamis — **Macbeth**	56
Der prominenteste aller Räuber und Briganten — **Robin Hood**	64
Mensch oder Mythos? — **König Arthur**	72
Nur eine Erfindung der Dichter? — **Tristan und Isolde**	92
Der Heilige Hammer Mel Beniguet — **Carnac**	100
Zauberer aller Zauberer — **Merlin**	106
»Es gilt zu sterben, Madame« — **Blaubart**	120
Der größte Abenteurer seiner Zeit — **Richard Löwenherz**	128
Das menschliche Drama im August des Jahres 1347 — **Die Bürger von Calais**	138
Maler, Zigeuner und Heilige — **Exotische Camargue**	146
Der berühmteste aller Seher und Astrologen — **Nostradamus**	154
Phantasie wird Wirklichkeit — **Der Graf von Monte Cristo**	162

Es lohnt der Weg durch die Mancha – **Don Quijote**	170
Der Cid ist nicht vergessen – **Das spanische Nationalepos**	184
Steingewordene Tausendundeine Nacht – **Die Alhambra**	194
Das Haus in der Via Cappello Nr. 23 in Verona – **Romeo und Julia**	204
Eine Welt der Irrealität – **Die Masken von Venedig**	210
Der gespenstische Berggeist des Riesengebirges – **Rübezahl**	218
Vampir und Nationalheld – **Der doppelte Dracula**	226
Literaturverzeichnis	238

VORWORT

Am Anfang war – die Straße. Hier hatten Sagen ihren Ursprung. Das hat der französische Romanist Joseph Bédier gesagt. Er meinte damit die großen Pilgerwege der Vergangenheit, auf denen Phantastisches erzählt und berichtet wurde. Auch auf anderen Routen ist die Fabulierfreudigkeit stets zu Hause gewesen. Hier wurden Dinge, die sich tatsächlich ereignet hatten, vermischt mit Fabeln und Eingebungen aller Art. Immer ging es um das bezeichnende Zwischenfeld, wo Realität sich überschneidet mit dem Unwirklichen.

Wir waren unterwegs in diesem Land der Phantasie. Wir sind fast vierzigtausend Kilometer – eine Entfernung gleich der Länge des Äquators – gereist, nachdem wir anhand der Literatur, von Aufzeichnungen und Karten die Wege und Orte festgelegt hatten, wo Sagenhaftes sich abgespielt haben könnte. Wir haben Europa von Finnland bis Südspanien, von Island bis Rumänien bereist. Wenn wir dabei Mitteleuropa weitgehend ausließen, dann darum, weil ich die Bücher »Unterwegs zu deutschen Sagen« und »Die Nibelungen« bereits geschrieben habe.

Die Reisen waren nicht immer einfach. Hindernisse ergaben sich oft beim Fotografieren, trotz verschiedener Kameras und Hilfsmittel mancher Art. Frustrierend war es, als auf einer Reise das Auto aufgebrochen und das in wochenlanger Arbeit erstellte Material entwendet wurde.

Wir haben die Spuren von »Helden« aufgenommen (falls es solche gegeben hat): die Spuren von Richard Löwenherz, El Cid oder den Bürgern von Calais; wir waren bei den Bösewichtern Blaubart und Dracula, dem Vampir; wir haben die Straßen Don Quijotes in der Mancha befahren und haben die Zelle aufgesucht, in der der Graf von Monte Cristo sechzehn Jahre lang geschmachtet haben soll; die großen Liebespaare fehlen auch nicht – Tristan und Isolde sowie Romeo und Julia; wir haben dem Ungeheuer Nessie aufgelauert, waren im Haus des Nostradamus und forschten nach dem Zauberer Merlin.

Denkwürdig, wenn eine Sage – wie das finnische Kalevala – dazu beigetragen hat, eine Nation zu formen; erstaunlich, wenn in Island die geologische Grenze zwischen Europa und Amerika, die Allmännerschlucht, zum sagenhaften Hintergrund der »Lieder-Edda« wird; bemerkenswert, wenn unter der heißen Sonne der Camargue Reales sich in einer Fata Morgana verliert und Sagen so beherrschend sind, daß »der Mythos wirklicher zu werden scheint als die Wirklichkeit«; faszinierend, wenn Sagen sogar die Politik beeinflussen, wie es bei Heinrich II., König von England, der Fall war, als dieser die Arthur-Erzählungen für sich reklamierte und Nachfolger des mythischen Königs sein wollte. Ähnliches war in neuerer Zeit vom amerikanischen Präsidenten John F. Kennedy zu hören, der Arthurs Tafelrunde neu belebte.

Im Vorwort soll man nicht vergessen, jenen zu danken, die am Zustandekommen des Buches Anteil hatten. Es waren Botschaften, Universitäten, Bibliotheken, Museen und Rathäuser, die Auskünfte und Hilfestellung gaben. Es waren Archäologen, Historiker, Lehrer, Pfarrer und Kustoden, denen wir in Nord- und Südeuropa begegneten. Ganz besonders muß ich meiner Frau danken, die die Reisevorbereitungen wesentlich unterstützte, bei allen Fahrten dabeigewesen ist, an den Foto-Aufnahmen beteiligt war und auch in kritischen Situationen den Mut nicht verlor. Nicht zuletzt danke ich H. Dieter Wirtz, der mir manchen Hinweis gab und das Buch sorgfältig lektoriert hat.

Rheinbreitbach,
im Juni 1987

Dr. Helmut Berndt

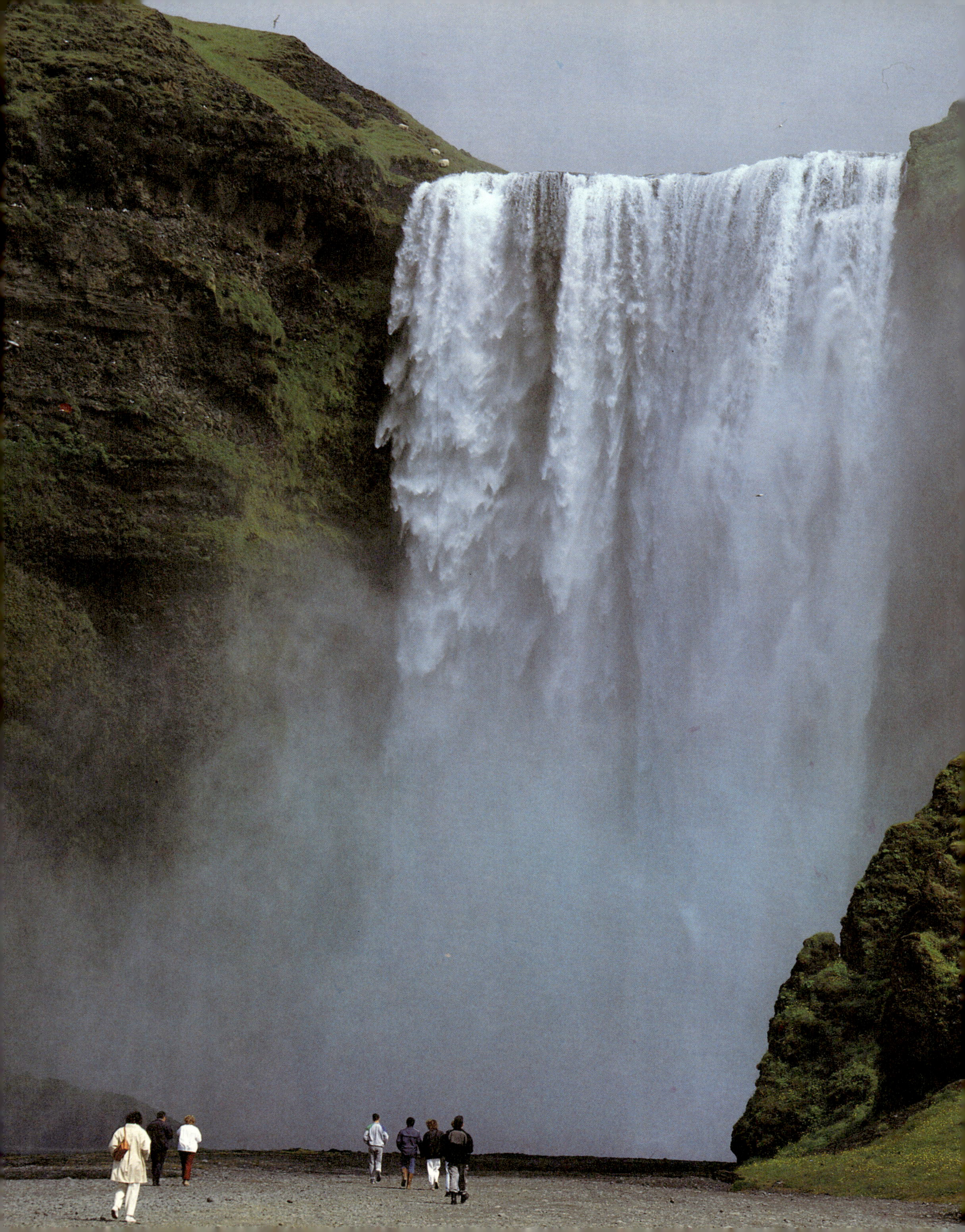

DIE ALLMÄNNERSCHLUCHT ALLEIN IST EINE REISE WERT

Island

»Die Geschichte des isländischen Volkes kann
nicht allein von Historikern verstanden und erklärt
werden. Dazu ist sie zu eng mit der
Geschichte von Feuer und Eis verbunden.«

Sigurdur Thorarinsson

Island ist einzigartig. Am nördlichen Polarkreis auf der Höhe von Grönland gelegen, mitten im Atlantik, herrscht auf der Insel im Winter monatelanges Dunkel, während im Sommer die Sonne nicht untergeht. Bewohnbar wird Island nur durch den Einfluß des Golfstroms. Gewaltige Eisfelder überziehen das Land. Der Vatnajökull, der größte Gletscher der Erde, hat einen Eispanzer von mehreren hundert Metern Dicke. Auf Island gibt es die mächtigsten Wasserfälle Europas. Der Gullfoss, der Dettifoss oder der Skógarfoss stürzen in großer Breite bis an die sechzig Meter donnernd in die Tiefe und wirbeln haushohe Wassernebel auf. Heiße Quellen und gelblicher oder graublauer Schlamm kochen auf Solfatarafeldern, von Schwefeldämpfen eingehüllt. Geysire (der Name stammt aus Island) schießen regelmäßig wie Raketen hoch.

Lavawüsten, von gezackten Felsbrocken übersät und oft von blaßgrünem Islandmoos überwachsen, bedecken weite Flächen. Neun Zehntel des Landes sind nicht kultiviert. Erloschene Krater verleihen der fast baumlosen Insel einen mondartigen Charakter. An die dreißig Vulkane sind heute noch tätig. Als der schneebedeckte Hekla, das »Tor zur Hölle«, 1949 ausbrach, stieg eine pilzförmige Staubsäule in den Himmel und verdunkelte die Sonne – zwei Tage später regnete es in Finnland rotbraune Asche. Beim nächsten Ausbruch, 1970, verendeten rund 7500 Schafe. Die letzten Eruptionen ereigneten sich 1980 und 1981. Kein Wunder, daß noch im 17. Jahrhundert viele Anwohner hier das Wehklagen der verdammten Seelen im Fegefeuer haben hören wollen.

Vor Islands Südküste gab es 1963 ein ungewöhnliches Schauspiel. Rotglühende Schlacke und Lava schossen unter ohrenbetäubendem Lärm aus dem Meer und bildeten eine neue Insel – Surtsey. Sie hat heute eine Höhe von 169 Metern. Zehn Jahre später ereignete sich in nächster Nähe, auf Heimaey, ein anderer gewaltiger Vulkanausbruch. Riesige Lavamassen ergossen sich über die Insel – der Rauchpilz stieg über zehntausend Meter hoch. Fischereifahrzeuge und Flugzeuge retteten die Bevölkerung, doch viele Häuser wurden verschüttet.

Der Skógarfoss, einer der mächtigen Wasserfälle Islands. Auf dem Festland des europäischen Kontinents sucht man dergleichen vergebens

Mit modernen Mitteln gelang es allerdings, die Lava zum Erstarren zu bringen, bevor sie den Hafen, die Lebensgrundlage der Bewohner von Heimaey, erreicht hatte. Viel schlimmer noch ist ein Ausbruch des Lavavulkans Ende des 18. Jahrhunderts gewesen. Er hat die Existenz der gesamten Bevölkerung der Insel bedroht. Eine Hungersnot im Gefolge der Eruption nahm so bedrohliche Formen an, daß die dänische Krone, unter deren Gewalt Island 1380 gekommen war, erwog, die Überlebenden der Katastrophe nach Nord-Jütland zu übersiedeln. — Vor solch abenteuerlich-gefährlichem Hintergrund spielt die Geschichte des Landes.

Die Insel Thule

Wann die ersten Menschen nach Island kamen, ist ungewiß. Vielleicht hat zwischen 350 und 320 v. Chr. der griechische Geograph und Seefahrer Pytheas von Massilia die Insel besucht — Thule, »das äußerste Land am Nordrand der Welt«. Doch heute wird vielfach angenommen, daß mit Thule Norwegen gemeint war. Ziemlich gesichert ist, daß um 300 n. Chr. Römer auf der Insel waren. Jedenfalls sind im Nationalmuseum von Reykjavik römische Münzen ausgestellt, die an der Südostküste gefunden wurden. Kein Zweifel besteht dagegen am Aufenthalt irischer Mönche im 8. Jahrhundert. Ein buntes Glasfenster in der Kirche von Bessastadir (hier ist auch der Sitz des Staatspräsidenten) zeigt die Mönche in einem Segelschiff vor ihrer Ankunft — zwei Ziegen befinden sich mit im Boot, ein feuerspeiender Berg bildet den Hintergrund. Die Mönche verließen die Insel aber wieder, da sie mit den nachfolgenden Nordmännern nicht auskamen. Im »Isländerbuch« (um 1100) heißt es: Sie gingen »später fort, weil sie es nicht ertragen konnten, mit Heiden zusammenzuleben. Sie ließen irische Bücher, Glocken und Kreuze zurück, an denen man erkennen konnte, daß sie Iren waren«.

860 kamen die Nordmänner, und 874 erreichte der erste Dauersiedler, Ingólfur Arnarson, die Insel. Er hatte wegen einer Fehde Norwegen verlassen müssen. Bevor er in See gestochen war, hatte er sein Drachenboot voll mit Waffen, Hausrat sowie Vieh beladen und zahlreiche Begleiter mitgenommen. Im »Landnahmebuch« (12. Jahrhundert) heißt es: »Sobald Ingólfur Island sichtete, warf er seinen Hochsitzpfosten [ein Pfeiler am Sitz des Hausherrn in seinem früheren Heim] über Bord und schwor, er wolle sich dort niederlassen, wo dieser Pfosten anlanden würde.« Das geschah in der Taxa-Bucht, dort, wo heute die Hauptstadt Reykjavik liegt. Zur Erinnerung an dieses frühe Ereignis haben die Isländer ihrem ersten Bürger auf dem Adlerhügel der Stadt ein Bronzedenkmal errichtet. Da steht Ingólfur im Panzerhemd, den rechten Arm auf seinen Schild gelehnt, mit dem linken umfaßt er einen Speer mit Enterhaken und blickt über einen Drachensteven auf Hafen und See.

So wie Ingólfur Arnarson haben viele Nordmänner ihre Heimat aufgegeben, zumal König Harald von Norwegen damals eine Alleinherrschaft errichtet hatte und freiheitliche Regungen brutal unterdrückte. Einer jener See-Abenteurer, die Norwegen in westlicher Richtung verließen, hieß Thorolf. Als er Island erreicht hatte, warf er wie Ingólfur die Hochsitzpfeiler ins Meer. Die Pfosten trieben in eine Bucht im Südwesten von Island. Hier ging Thorolf an Land und baute ein Gehöft, das er Hofstadt nannte. Zu Ehren des Gottes Thor ließ er einen neuen Tempel errichten.

Thors Hammer ging verloren

Unter den Einwanderern trugen viele den Namen, der mit Thor begann. Thor war neben Wodan (Odin) der bedeutendste Gott der Germanen. Nach mythologischer Vorstellung fuhr er mit einem von Böcken gezogenen Wagen polternd über die Wolken und schleuderte seinen Hammer Mjöllnir gegen Riesen und Ungeheuer. In der »Lieder-Edda,« die alte Lieder von Göttern und Helden verzeichnet, wird geschildert, wie sein Hammer an das Riesengeschlecht der Thursen verlorenging und wie Thor ihn — als Braut verkleidet — wiedergewann:

Da sagte Thrym,
der Thursen König:
»Bringt den Hammer,

die Braut zu weihn!
Legt Mjöllnir
der Maid in den Schoß!«

Das Herz im Leib
lachte da Thor,
als der hartgemute
den Hammer sah:

erst traf er Thrym,
der Thursen König;
der Riesen Geschlecht
erschlug er ganz.

Im Nationalmuseum sind kleine silberne Hämmer ausgestellt, die in einem Drachenkopf enden und früher als Amulett mit »Zauberwirkung« getragen wurden. Thor ist ebenfalls inventarisiert, in den Händen hält er den magischen Hammer Mjöllnir, der halb so groß ist wie die Bronzestatuette.

Das Meer war ihr Schicksal

Auch nach der ersten Besiedlung, die gegen 930 abgeschlossen war, blieben die Isländer ein höchst unruhiges Volk. Das Meer war ihr selbstgewähltes Schicksal. Sie befuhren die See nicht nur nach Osten, von wo sie gekommen waren, sondern auch nach Westen. Dabei entdeckte Erik der Rote eine riesige, von Eismassen überdeckte Insel, Grönland, das er »Grünland« nannte, um es für Siedler attraktiv zu machen. Von hier aus stieß sein Sohn, Leif Eriksson, noch weiter nach Westen vor und betrat fünfhundert Jahre vor Kolumbus amerikanischen Boden.

In den »Vinland-Sagas« (13. bzw. 14. Jahrhundert) ist dies folgendermaßen beschrieben: »Leif setzte Segel . . . er hatte langandauernde Schwierigkeiten auf See und gelangte schließlich zu Ländern, die er niemals vermutet hatte. Es gab Felder, wo wilder Weizen und Weinreben gediehen, auch Bäume, darunter Ahorn.«

Leif nannte diese Landschaften − nach den Ergebnissen der Forschung müssen sie in den heutigen Neu-England-Staaten gelegen haben − »Vinland«. Ob darunter »Weinland« zu verstehen ist, bleibt umstritten. Die Sagas sprechen zwar von Weinreben, aber dies scheint eine spätere Ergänzung zu sein. »Vin« bedeutet im Altnordischen auch »Weide« oder »Wiese«.

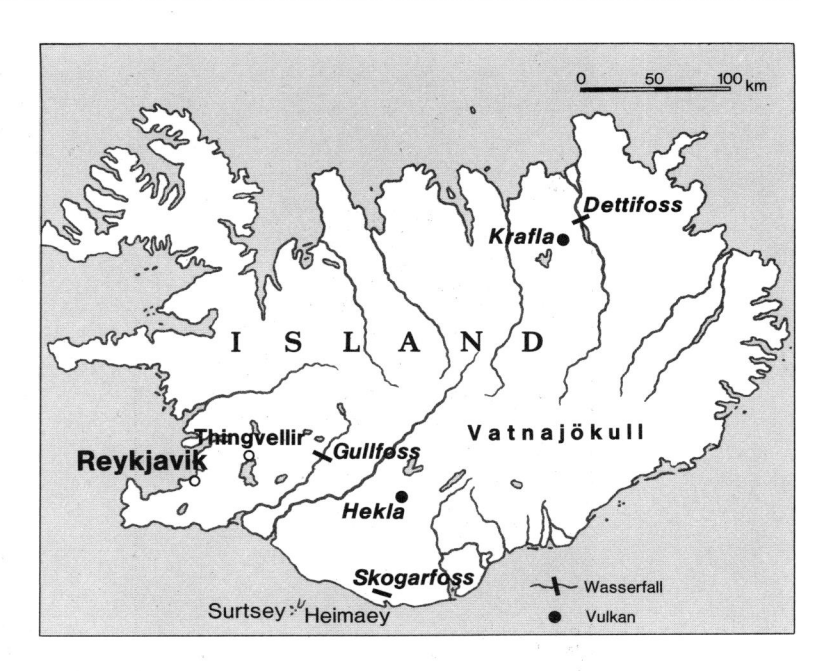

Es wurden verschiedene Fahrten nach dem entdeckten Land unternommen. Eine dauernde Besiedlung erfolgte jedoch nicht, unter anderem deshalb, weil sich die Einheimischen, die Nordmänner nannten sie »Skraelinger«, den Neuankömmlingen gegenüber bald feindlich verhielten.

Tausendjähriges Bestehen

In der Wissenschaft hat es eine Weile gedauert, bis Leif Erikssons Entdeckung als gültig anerkannt wurde. Neben den nordischen Ländern haben sich natürlich besonders die Vereinigten Staaten für den Erstaufenthalt von Europäern in ihrem Land interessiert. Sie haben eine Reihe von Untersuchungen zu diesem Thema veröffentlicht, und als Island im Jahre 1930 das tausendjährige Bestehen seines Parlaments beging, schickten die Amerikaner eine große Bronzestatue von Leif Eriksson, geschaffen von dem Bildhauer Stirling Calder, nach Reykjavik. Das Bronzebild steht heute auf dem höchsten Punkt der Stadt, vor der Hallgrimskirche. Es trägt die Inschrift: »Leif Eriksson, dem Sohn Islands, dem Entdecker Vinlands − Die Verei-

Etwa fünfzig Kilometer östlich von Reykjavik liegt Thingvellir, das historische Zentrum Islands. Hier fand 930 n. Chr. das erste Althing statt

Im 8. Jahrhundert landeten irische Mönche in Island. Ein buntes Glasfenster in der Kirche von Bessastadir zeigt ihre Ankunft

nigten Staaten von Amerika dem Volk von Island – Zum tausendsten Jahrestag des Althings A. D. 1930«. Leif wird als gepanzerter Nordmann auf dem Bug eines Seedrachens dargestellt mit Helm, Schwert und Streitaxt, das Kreuz in der linken Hand.

Das historische Zentrum Islands liegt jedoch nicht in der Hauptstadt, sondern rund fünfzig Kilometer östlich von Reykjavik in einer weiten Ebene, die von Lava überzogen, aber auch von Weideland durchsetzt ist. Hier liegt auch Islands größter See, der Thingvallavatn. Zum anderen wird die Region eingekesselt von Bergen, die in einiger Entfernung bis zu tausend Meter aufsteigen. In der Ebene durchziehen braunschwarz aufragende Felswände auf viele Kilometer das Tal und bilden eine langgezogene Schlucht. Ein Wasserfall stürzt über Lava in die Tiefe.

Diese Landschaft mit ihren teils heroischen, teils heiteren Zügen hat die Menschen von jeher gefesselt. Als in den Jahren vor 930 der Isländer Grimur Geitskör (Geißbart) ausgesandt wurde, um einen geeigneten Platz für die geplante Volksversammlung zu finden, schlug er nach längerem Suchen diese Schlucht vor. Das wurde akzeptiert, und im Jahre 930 fand in Thingvellir die erste große Volksversammlung Islands statt, das Althing. Mit gewissen Unterbrechungen haben sich die Isländer bis in die Gegenwart in Thingvellir versammelt. Und am 17. Juni 1940 wurde hier (auch) die isländische Republik proklamiert. Bei jener Gelegenheit fand eine förmliche Parlamentssitzung statt. Wegen dieser Kontinuität wird das Althing als die älteste noch bestehende Volksvertretung der Welt bezeichnet. »Wenn das britische Parlament die Mutter der Parlamente ist«, sagte 1930 auf der Tausend-Jahr-Feier des Bestehens vom Althing der englische Lord Newton in Island, »dann ist Thingvellir die Großmutter.«

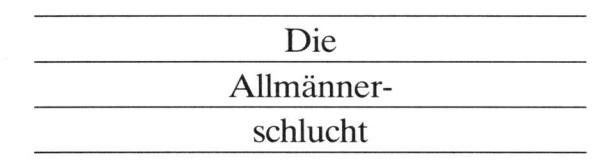

Die Allmännerschlucht

In der großen Schlucht fanden alle Männer Islands Platz, daher der Name »Almannagjá«, »Allmännerschlucht«. Auf der Ostseite liegt ein Lavahügel, von dem die isländische Flagge weht. Es ist der Lögberg, der Gesetzeshügel, von dem ein Sprecher die Gesetze verkündete. Die aufragende Steilwand gegenüber erzeugte dabei eine hervorragende Akustik ohne Echo. Der Sprecher sagte die Texte auswendig auf – erste Niederschriften gab es nicht vor dem Jahr 1100.

Die tatsächliche Macht lag in den Händen von sechsunddreißig, später neununddreißig sogenannten Goden, die in der Lögretta in der Nähe des Lögbergs zusammenkamen. In Thingvellir wurde auch Recht gesprochen. Zum Tod Verurteilte wurden an Ort und Stelle hingerichtet. So ist dort, wo die Öxará, der Axtfluß, in der Schlucht einen kleinen See bildet, der Drekkingarhylur, der Ertränkungspfuhl, in dem Frauen, die ihre Ehre verwirkt hatten, ertränkt wurden. In der Brennugjá, östlich des

Im Nationalmuseum in Reykjavik befindet sich diese Bronzestatuette des germanischen Gottes Thor. Besonders auffallend: Der Hammer Mjöllnir

Flusses, verbrannte man im 17. Jahrhundert Zauberer auf einem Scheiterhaufen.

In Thingvellir wurde im Jahre 1000 das Christentum offiziell eingeführt. Der Übergang war nicht abrupt, sondern erfolgte allmählich, er dauerte zwei Jahrhunderte. Die Goden, Priester der alten Tempel und Vertreter im Althing, wurden Priester der Kirchen. Manche Gesetze der Heidenzeit blieben bestehen, und insgeheim wurden den heidnischen Göttern (oft) weiterhin Opfer dargebracht. Es gab Christen, die vor wichtigen Unternehmen Thor oder Odin anriefen und um glückliches Gelingen baten.

Es wurde vierzehn Tage lang gefeiert

Das Althing war nicht nur ein staatliches, es war auch ein gesellschaftliches Ereignis. Hier traf sich Ende Juni jeden Jahres, wenn die Sonne ihren höchsten Stand hatte und die Nächte keine Dunkelheit kannten, die isländische Bevölkerung zu einem großen Volksfest. Es kamen Adlige mit Gefolge und einfache Leute. Reich und Arm erschienen, Männer und Frauen, auch Abenteurer. Vierzehn Tage lang wurde gefeiert. Und noch in neuerer Zeit übt diese bizarre Landschaft einen eigenartigen Reiz auf den Besucher aus. Als der vielgereiste englische Staatsmann und Vizekönig von Indien, Lord Dufferin, 1856 hier gewesen war, schrieb er: »Die Allmännerschlucht allein ist eine Reise nach Island wert.«

Thingvellir weckt Erinnerungen. In manchen Sagas — sie spiegeln die Kulturgeschichte des mittelalterlichen Landes romanhaft wider — heißt es: »Nun ritt man zum Thing.« Es gibt kaum eine Saga, in der nicht die eine oder andere Episode hier abläuft. Die Bevölkerung hat zu diesen Erzählungen einen besonderen Zugang. Sie verfügt überhaupt über ein ausgeprägtes Verhältnis zur Dichtung. »In unserem Land ist jeder zweite in der Lage, sich ein wenig literarisch zu betätigen, eine Strophe niederzuschreiben oder ein Lied«, meint Sverrir Tómasson vom »Árni-Magnússon-Institut« in Reykjavik. Halldór Laxness, der Literaturnobelpreisträger, sagt: »Im Herzen ist fast jeder Isländer ein Dichter.«

Im Reykjaviker Institut werden zahlreiche bedeutende Manuskripte aus frühen Zeiten aufbewahrt. Über Jahrhunderte befanden sich die Pergamente in Dänemark, zu dem Island seit 1380 gehörte. Erst nach langen Bemühungen und nachdem die Insel selbständig und eine Republik geworden war, kehrten viele isländische Manuskripte zurück. Zunächst waren es zwei alte Schriften, die »Lieder-Edda« und das »Flateyjarbók«. Beide wurden am 21. April 1971 an Island übergeben.

Eine vieltausendköpfige Menge stand damals am Hafen von Reykjavik, als das dänische Kriegsschiff »Vaedderen« einlief. Unter den Klängen der Nationalhymnen wurden beide Manuskripte, die sorgfältig in Ölpapier verpackt und mit 600 Millionen Mark versichert waren, von dänischen Soldaten an Land gebracht. Unter dem Jubel von halb Island wurden die Bücher zum »Árni-Magnússon-Institut« gebracht.

Diesen in der Welt einmaligen Vorgang erklärt der Leiter des Instituts, Dr. Jónas Kristjánsson, folgendermaßen: »Die Isländer besitzen nur sehr wenig sichtbare Zeugnisse aus ihrer großen Vergangenheit. Es gibt keine alten Bauwerke und sehr wenig Kunst- und Gebrauchsgegenstände aus dem Mittelalter. Die Handschriften sind für die Isländer das, was für andere Völker Ritterburgen und Königsschlösser sind.« Ferner sei die alte Literatur der Antrieb für die Unabhängigkeitsbewegung gewesen.

Das kostbarste Manuskript

Die »Lieder-Edda«, auch »Codex Regius« genannt, weil das Buch lange Zeit in der königlichen Bibliothek von Kopenhagen aufbewahrt worden war, ist das kostbarste und wichtigste Manuskript, das Island besitzt. Es ist eine Sammlung von Liedern der Mythologie, von Heldensagen, aufgeschrieben in der zweiten Hälfte des 13. Jahrhunderts. »Freilich sind die eddischen Lieder älter als der Codex Regius,

Island

Diese Bronzestatue in der isländischen Hauptstadt zeigt Leif Eriksson, der fünfhundert Jahre vor Kolumbus amerikanischen Boden betrat

die meisten, wenn nicht alle, existierten – wahrscheinlich in mündlicher Form – schon, ehe sie auf Pergament geschrieben wurden« (Kurt Schier). Hinzu kommt noch die »Prosa-Edda«, ein Lehrbuch für Skalden, für altisländische Dichter, verfaßt von Snorri Sturluson in der Zeit von 1220 bis 1230.

Zur »Lieder-Edda« sagt uns Sverrir Tómasson: »Man weiß nicht, wer sie aufgeschrieben hat, auf keinen Fall volkstümliche Dichter. Es waren Gelehrte. Es hat auch eine schriftliche Vorlage zum jetzigen Text der ›Lieder-Edda‹ gegeben. Sie ist verlorengegangen. Wo die Aufzeichnung vorgenommen wurde, wissen wir nicht. Wir glauben, daß es in Island war. Die Norweger meinen allerdings, die Niederschrift sei bei ihnen erfolgt.«

Wie Versuche zu bewerten seien, so fragen wir, die »Edda« auf bestimmte Örtlichkeiten in Island zu beziehen. Sverrir streitet solche Beziehungen entschieden ab. Reale Schauplätze – wenn überhaupt – seien überall zu finden gewesen, auch auf dem Kontinent. Im übrigen gehe der Inhalt der »Edda« auf sehr frühe Zeiten zurück.

Die mythische Landschaft

Etwas anderes ist es, wenn Örtlichkeiten Islands im nachhinein in Verbindung gebracht werden mit Szenen der »Edda«. Dann wird Realität zur mythischen Landschaft. Dann wandelt sich der Lögberg in Thingvellir vor der schwarzen Lavawand zu einem sagenhaften Platz, von dem aus die Seherin im ersten Gedicht der »Lieder-Edda«, der »Völuspá«, im Auftrag Odins zu einer Thinggemeinde spricht:

Gehör heisch ich
heilger Sippen
hoher und niedrer
Heimdallssöhne:
du willst, Walvater,
daß wohl ich künde,
was alter Mären
der Menschen ich weiß.
. . .
Urzeit war es,
da Ymir hauste:
nicht war Sand noch See
noch waren Salzwogen,
nicht Erde unten
noch oben Himmel,
Gähnung grundlos,
doch Gras nirgend.

Die Asen treten auf: Odin, Thor, Baldur, Hödur, Loki. Die Weltesche Yggdrasill steht immergrün am Brunnen, aus dem die drei Nornen Urd, Skuld und Werdandi steigen. Es geht um Urzeit und Untergang:

Die Sonne verlischt,
das Land sinkt ins Meer,
vom Himmel stürzen
die heitern Sterne.
Lohe umtost
den Lebensnährer;
hohe Hitze steigt himmelan.
. . .
Sah aufsteigen
zum andern Male
Land aus Fluten,
frisch ergrünend:
Fälle schäumen;
es schwebt der Aar,
der auf dem Felsen
Fische weidet.

Die Midgardschlange

Welch eine Sprache, welch eine Landschaft! Ein sagenhaftes Bild, ähnlich der isländischen Welt, ähnlich seiner geologisch-geographischen Geschichte. Und dämonische Wesen treiben ihr Spiel. Vor der Felsenhöhle Gnipahellir lauert der Hund Garm. Der Drache Nidhögg nagt an der Weltesche. Der Fenrirwolf ist los, und die Midgardschlange peitscht das Meer:

Im Riesenzorn
rast die Schlange.
Sie schlägt die Wellen.

In anderen Schriften wird noch mehr von der Schlange berichtet, die, den Schwanz im Maul, rings um den Erdball liegt und auf das Weltende, auf Ragnarök, wartet. Der Feueratem des Untiers dringt vom Meeresgrund hoch, und »blutrote Lavaströme quellen aus den Wunden, wenn seine Haut birst«.

Die Dichter, die von der Midgardschlange erzählten, berichteten von einem sagenhaften Geschehen. Sie wußten nichts davon, daß dieses phantastische Fabelwesen vielleicht einem sehr realen Gegenstück entsprach. Und doch ist es so: Der Atlantik wird von einem großen Gebirge durchzogen, der Nord- und Südatlantischen Schwelle, einer unterseeischen Aufwölbung der Erdkruste, die sich an die zwanzigtausend Kilometer von Pol zu Pol zieht.

Dieser Rücken ist nach dem deutschen Geophysiker Alfred Wegener, der 1930 in Grönland den Tod fand, von bemerkenswerter Bedeutung. Hier hingen ehemals Europa und Afrika einerseits sowie Nord- und Südamerika andererseits als ein einziger Erdteil zusammen. Dieser Urkontinent brach auseinander. Die Atlantische Schwelle ist die Bruchzone. Zwar sind die beiden Erdteile seit Millionen von Jahren auseinandergedriftet, doch an ihren West- bzw. Osträndern läßt sich wie bei einem Puzzlespiel noch der ehemalige Zustand erkennen.

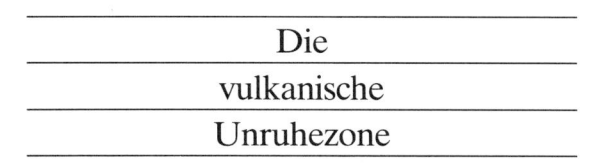

Die vulkanische Unruhezone

Die großen Landmassen driften noch heute auseinander. Diese kontinentale Bewegung ist in Island als Teil der Atlantischen Schwelle deutlich ablesbar. Mitten durch die Insel geht eine vulkanische Unruhezone. Sie zieht sich vom Norden über Rifstang nach Süden zum Vatnajökull und teilt sich hier in einen Doppelzweig, der nach Südwesten abbiegt. Auf dieser Zone liegt Thingvellir. Hier entfernt sich die europäische von der amerikanischen Scholle jährlich um ein bis zwei Zentimeter. Dabei sind zum Teil kilometerlange Bruchspalten entstanden. Sie treten bei der Allmännerschlucht dadurch besonders deutlich hervor, daß neben dem horizontalen auch noch ein vertikaler Bruch erfolgte, wodurch die hohen Basaltwände entstanden sind.

Die tektonischen Spalten sind ein besonderes Merkmal Islands. Bei ihrem Entstehen treten gewaltige Magmamassen zutage. Es sind Naturschauspiele von grandioser Dramatik. Sie gibt es noch heute. So wurde in den siebziger und achtziger Jahren im nordöstlichen Island der seit Jahrtausenden erloschene Vulkan Krafla wieder tätig, wobei Erdrisse von erheblicher Länge aufbrachen. Eine Feuerwand entstand, von der Schwefelwolken einige tausend Meter hochstiegen.

Diese Feuerwand findet ihre Spiegelung in alten Erzählungen. Es ist die von Odin geschaffene Waberlohe. Sigurd ritt durch diese Waberlohe zum Schloß von Brünhild. Und in der »Vogelweisheit« der »Edda« heißt es:

*Hoch steht ein Saal
auf Hindarfjall;
ganz gürtet ihn
Glut von außen.
Ihn haben kluge
Künstler erbaut
aus flammend lichtem
Flutfeuer.*

Die »Allmännerschlucht« in Thingvellir. Der Stich aus dem 19. Jahrhundert zeigt die Stätte, die als die »Großmutter der Parlamente« gilt

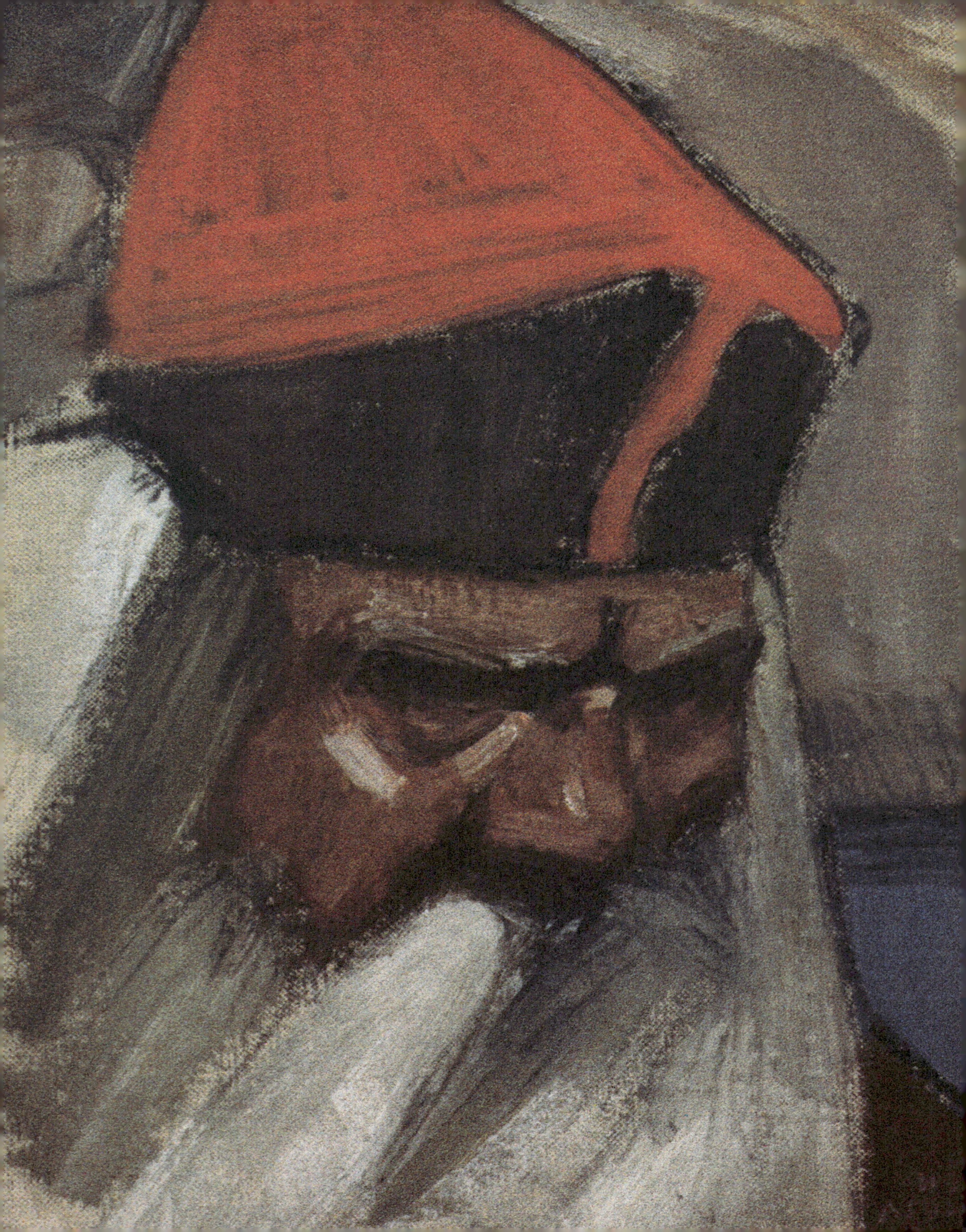

EIN EPOS FORMT EINE NATION

Kalevala

»Mag doch eine Frist verfließen,
mögen Tage gehn und kommen,
dann bedarf man meiner wieder,
wird mich suchen, mich ersehnen,
neuen Sampo zu erbauen,
neues Saitenspiel zu schaffen.«

Väinämöinen im »Kalevala«

Im Zentrum von Helsinki, nicht weit vom Hauptbahnhof, verläuft die Lönnrotinkatu, benannt nach dem finnischen Sprachforscher und Arzt Elias Lönnrot. Gegenüber der sogenannten »Alten Kirche« weitet sich die Straße zu einem baumbestandenen Platz. Hier wurde 1901 ein großes, heute weitgehend von Patina überzogenes Bronzedenkmal für Lönnrot errichtet. Es zeigt ihn mit einem Schreibblock, während er einem finnisch-karelischen Sänger mit wallendem Vollbart zuhört, der ihm Sagen aus der Frühzeit des Landes erzählt.

Lönnrot wurde 1802 in dem kleinen Ort Sammatti in Südfinnland als Sohn eines Schneidermeisters geboren. Er wuchs in bescheidenen Verhältnissen auf. Nicht selten mußte in der Familie Rindenmehl zum Brotbacken verwendet werden. Aber Lönnrot war wißbegierig. Gleich seinem Vater schätzte er das Versemachen. Besonders interessierten ihn Lieder aus alter Zeit. So hat er in unermüdlicher jahrelanger Tätigkeit Gesänge aus der Frühzeit des Landes zusammengetragen. Es entstand das große finnische Nationalepos, das »Kalevala«.

Lönnrot hat die romantischen Bewegungen im übrigen Europa, besonders in Deutschland, verfolgt, vornehmlich die Suche nach alten Sagen und Epen. Er wußte, daß es in Finnland Ähnliches gab – so erinnerte er sich an ein Relief in der Universität Turku, das einen bärtigen Sänger und Weisen zeigte, der am Rand einer Stromschnelle zu seinem Gesang die Kantele spielte, ein altes finnisches Musikinstrument, eine Art Zither mit fünf Roßhaarsaiten. Dieser bärtige Mann, Väinämöinen, sollte später bei Lönnrots Versen die Hauptrolle einnehmen.

Mit sechsundzwanzig begab sich Lönnrot auf die Suche nach dem alten Liedgut. In Ost- und Mittelfinnland und in Karelien fragte er nach Sängern, die die alten Reime kannten. Ursprünglich waren die Lieder der Frühzeit noch bis ins 17. Jahrhundert überall lebendig gewe-

Der Held des finnischen Nationalepos »Kalevala«, der Zauberer Väinämöinen, nach einem Gemälde von Akseli Gallén-Kallela, das sich im Haus des Malers in der Nähe von Helsinki befindet

sen. Doch nach der Reformation änderte sich dies. Die Kirche nahm eine ablehnende Haltung ein und wandte sich vor allem gegen die Zaubersprüche aus heidnischer Zeit, die in den Liedern eine große Rolle spielen. Sie wurden verboten. Statt dessen verwies die Kirche auf die Lieder im Gesangbuch.

Doch in einigen Landschaften blieben die alten Verse weitgehend erhalten, besonders in Karelien. So durchstreifte Lönnrot die Waldgebiete dieser Region und suchte die abgelegensten Siedlungen auf. Hier gehörte zu seiner Zeit das Liedersingen zum Alltag und war vor allem bei Festlichkeiten beliebt. Die Dorfbewohner trafen sich in größeren Bauernstuben und hörten gespannt den Vortragenden zu.

Viertausend Verse in zwei Tagen

In Karelien traf Lönnrot auf einige Sänger, die über ein reichhaltiges Repertoire verfügten. Entscheidend wurde für ihn die Begegnung mit dem fünfundsechzigjährigen Arhippa Perttunen. Der hatte als Junge bei festlichen Anlässen an Lagerfeuern und beim Fischfang aufmerksam seinem Vater zugehört, wenn dieser Geschichten vortrug – und er merkte sich jeden Vers. Aufschreiben konnte er sie nicht, denn die Sänger damaliger Zeit waren der Schrift nicht mächtig. Arhippa übermittelte Lönnrot sein ganzes Wissen. Er sang ihm in zwei Tagen über viertausend Verse (!) vor, die fast alle Elemente des »Kalevala« enthielten.

Nun faßte Lönnrot den Gedanken an ein zusammenhängendes Epos in der Art des »Nibelungenliedes« oder der »Ilias« und »Odyssee«. Nach insgesamt siebenjähriger Sammeltätigkeit veröffentlichte er am 28. Februar 1835 eine Zusammenfassung des »Kalevala«. Dieses Datum sollte später zum Tag der finnischen Kultur werden. Jener Tag wird heute regelmäßig begangen, und 1985 fanden die Festlichkeiten in einem besonders prächtigen Rahmen statt: Es galt, den 150. Jahrestag des Erscheinens des »Alt-Kalevala« zu feiern. Diese Fassung hatte 12078 Verse. Unter Hinzufügung neuer Teile, die auf Ergebnisse von weiteren sechs Reisen und die Arbeit anderer Sprachforscher zurückgingen, veröffentlichte Lönnrot 1849 die endgültige Fassung mit 22795 Versen in fünfzig Kapiteln.

So wie Lönnrot bei den Sängern unterschiedliches Liedmaterial zu hören bekam – abgewandelt in der Überlieferung oder ausgeweitet nach eigener Phantasie –, so hat er auch das Gehörte neu gefaßt bzw. so niedergeschrieben, daß ein einheitliches Ganzes entstand. Dennoch ist die Zahl der Verse, die Lönnrot selbst verfaßt hat, gering.

Die ältesten Teile des »Kalevala« reichen weit zurück – bis kurz nach Beginn unserer Zeitrechnung. Sie gleichen »alten Grabfunden oder Felszeichnungen«, die ja in Skandinavien nicht selten sind. Die jüngsten Teile dürften immerhin noch einige Jahrhunderte alt sein. Die Welt des »Kalevala« kennt keine großen Heroen wie etwa Siegfried in der »Nibelungensage« oder Achilleus in der »Ilias«. Es treten keine Könige, Fürsten oder Ritter auf, vielmehr Fischer, Jäger und Bauern, die allerdings über ungewöhnliche Kräfte verfügen. Das Epos ist eine Volksdichtung, in der der Zauber vorherrscht, die Magie. Das beschwörende Wort ist stärker als das Schwert. Vor allem in den frühesten Teilen finden sich alte Beschwörungsriten, wie sie auf der Bären- und der Elchjagd oder in kritischen Situationen üblich waren.

Solche Einstellung zum Magischen ist kein Zufall. Die Kunst der Beschwörung war bei den Finnen weitverbreitet, viel häufiger als im übrigen Skandinavien. Der Grund dafür ist in der Besonderheit der finnisch-ugrischen Völker zu sehen, deren eigentliche Heimat im Gebiet zwischen dem Oberlauf der Kama und der Wolga liegt. Hier gab es auch die rätselhaften Schamanen, die »ihre Seele zu den Geistern senden«.

Stark beeinflußt vom »Kalevala« war Jean Sibelius (1865 bis 1957), der bedeutendste Komponist Finnlands. Andere Künstler sowie Wissenschaftler zogen wie die Gralsritter der Artusrunde auf Aventiuren in die Wildnis, »um das Land zu suchen, in dem das Kalevala gesungen wird«. Begeistert vom Epos war auch der Maler Akseli Gallén-Kallela (1865 bis 1931). Er entnahm viele seiner Vorwürfe dem Epos und malte Szenen aus dem Zyklus in romantischer Art im damals üblichen Jugendstil. Verschiedene dieser großformatigen Gemälde befinden sich heute im Kunstmuseum »Atheneum« in Helsinki, andere im Museum in Turku, wieder andere im ehemaligen Atelier des Künstlers, das etwa zwölf Kilometer nordwestlich von Helsinki liegt.

Das Atelier, das zugleich Wohnhaus war und heute Museum ist, wurde nach Entwürfen von Gallén-Kallela erbaut, auf einem Hügel, am Rand einer Meeresbucht, von Birken umsäumt. Hier findet der Besucher die typisch finnische Landschaft vor. Da im Haus alles so geblieben ist wie früher – mit einem großen Atelierfenster, mit Paletten, Pinseln und Farben –, könnte man glauben, der Künstler habe erst gestern den Platz verlassen.

Unter den Bildern gewinnt eines besonderes Interesse. Es zeigt einen wilden bärtigen Mann mit roter, eckiger Mütze. Es ist die Hauptfigur des Kalavala:

Väinämöinen, alt und wahrhaft,
urzeitalter Zauberwisser*

So heißt es in einem der über zwanzigtausend Verse.

Eine Biene holt Met und Balsam

Väinämöinen ist die Hauptfigur des Epos, ein Mann von großem Wissen, der Erfinder des Feuers, des Bootes und der Leier, Schutzgott der Künste, Merkur und Orpheus zugleich. Er war schon bei der Erschaffung der Welt dabei, »sang und übte seine Künste«.

Tag für Tag sang er die Weisen,
viele Nächte nacheinander
das Gedächtnis alter Zeiten,
jene tiefen Ursprungsworte,
die nicht alle Kinder können,
Männer nicht einmal verstehen ...

Väinämöinen lebt in Finnland, in alten Zeiten Kalevala genannt. Hier spielen menschliche Schwächen und große Taten vor dem Hintergrund einer phantastischen Welt.

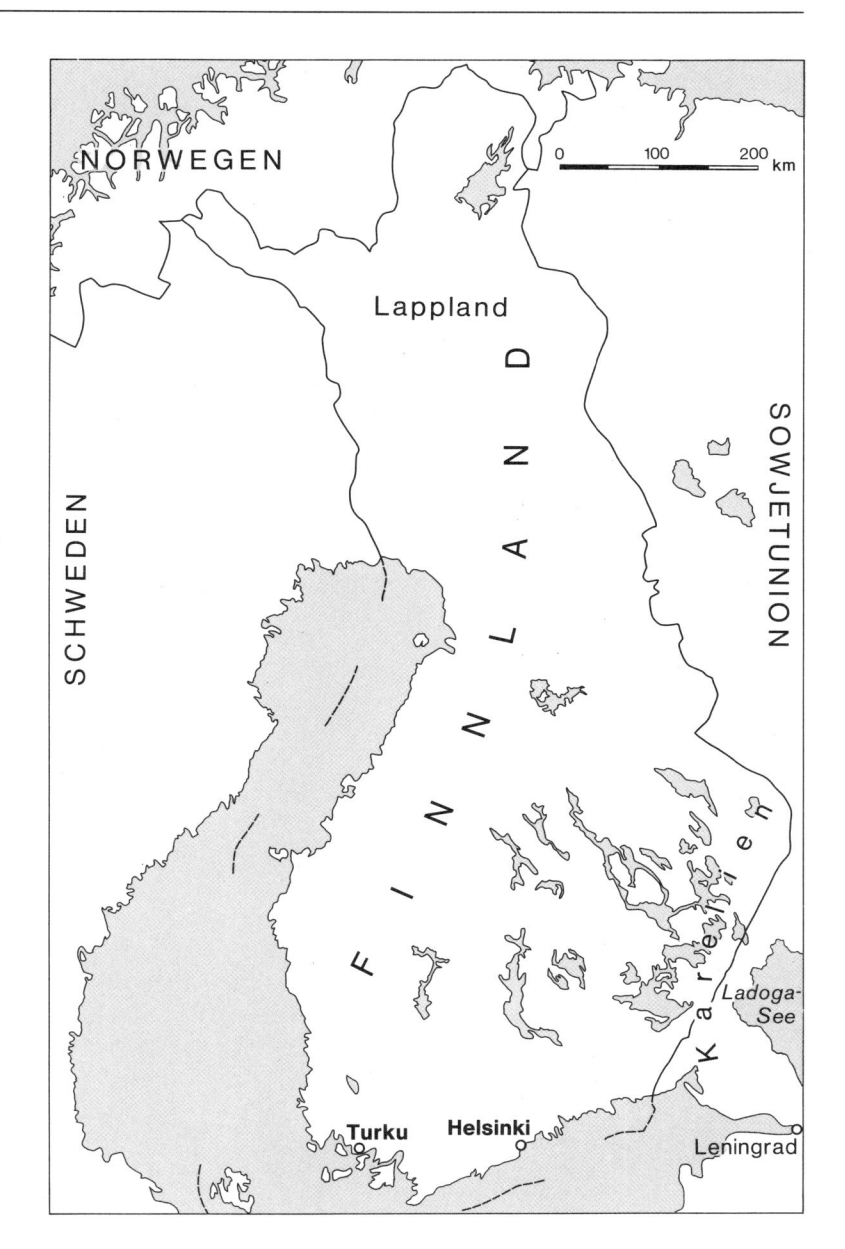

___
* Alle Zeilen aus dem Kalevala folgen der Übersetzung von Lore und Hans Fromm, Stuttgart 1985.

Außer Väinämöinen bestimmen zwei weitere Hauptpersonen das Epos: Es sind dies der leichtsinnige Abenteurer Lemminkäinen und der Schmied Ilmarinen.

Diese drei fahren aus dem Südland Kalevala ins Nordland Pohjola (Lappland) und erleben hier friedliche, aber auch kriegerische Begegnungen mit der Herrscherin Louhi.

Lemminkäinen wirbt bei Louhi um deren Tochter. Doch die Herrscherin des Nordreichs stellt schwierige Bedingungen. Zwei der Proben besteht Lemminkäinen, doch bei der dritten, im Totenreich, lauert ihm ein Hirte auf, bringt ihn um, zerstückelt den Körper und wirft die Teile in den Fluß Tuonela, vergleichbar

Im finnischen Nationalepos »Kalevala« spiegelt sich unter anderem der Gegensatz zwischen Süden und Norden. Die alten Verse des Epos wurden von dem Sprachforscher Elias Lönnrot hauptsächlich in Karelien zusammengetragen

dem Styx der Antike. Nachdem Lemminkäinens Mutter von dem grausamen Schicksal ihres Sohnes gehört hat, begibt sie sich ins Reich der Toten und versucht, ihn durch Zauber wieder zum Leben zu erwecken.

Lemminkäinens alte Mutter
griff die eisenharte Harke,
harkt und sucht nach ihrem Sohne
in dem brausenden Gefälle
in dem wilden Sturz des Stromes.

Die Mutter findet einzelne Körperteile und fügt sie zusammen, wobei sie unablässig den »Herrn des Himmels« anruft:

Wo das Blut dahingeflossen,
dahin flöße neuen Blutstrom,
wo ein Knochen ward zersplittert,
dahin schiebe neue Knochen!
Wo das Fleisch ward abgerissen,
dahin füg ein neues Fleischstück,
banne es an seine Stelle,
füg es ein an seinem Orte,
Bein zum Beine, Fleisch zum Fleische,
und die Glieder zu den Gliedern!

Wer denkt bei diesen Worten nicht an die Merseburger Zaubersprüche, die althochdeutschen Zauberformeln, die Sprachdenkmäler rein heidnischer Aussage? In diesen Zaubersprüchen heißt es ganz ähnlich wie im finnischen Epos:

Bein zu Bein, Blut zu Blut,
Glied zu Gliedern,
als ob sie geleimt seien.

Doch zurück in die Welt des »Kalevala«, wo die Mutter Lemminkäinens versucht, ihren Sohn ins Leben zurückzuholen. Wohl sind die Glieder des Getöteten zusammengewachsen, wohl fließt Blut durch die Adern, aber es fehlt noch ein wichtiges Zaubermittel. Da fliegt eine Honigbiene in den »Keller Gottes« und holt Met und Balsam und bringt dies der Besorgten:

Damit salbte sie den Siechen,
schafft' dem Schwergeprüften Heilung,
salbte ein die Knochenenden,
sie bestrich die Gliederspalten,
salbte unten, salbte oben,
strich auch einmal in der Mitte.

Darauf sprach sie diese Worte,
sagte so und ließ sich hören:
»Steh nun auf von deinem Schlafe,
hebe dich aus deinen Träumen
auf aus diesem Unglücksbette . . .«

Da erwacht Lemminkäinen zu neuem Leben. Er vermag zu sprechen, erhebt sich und berichtet der Mutter von den grauenvollen Erlebnissen im Reich der Toten.

Der Sampo wird geschmiedet

Auch das Leben des Schmiedes Ilmarinen ist von der Magie bestimmt, ja, der Schmied ist ein Zauberer. So schmiedet er sich beispielsweise nach dem Tode seiner Frau eine neue Lebensgefährtin.

Als schließlich die Sonne nicht mehr strahlt und der Mond nicht mehr scheint, rufen alle nach Ilmarinen und erbitten seine Hilfe:

»Schmied, erheb dich von dem Wandbett,
Hämmrer hinter deinem Herdstein,
einen neuen Mond zu machen,
neues Sonnenrad zu schmieden;
schlimm ist's ohne Schein des Mondes,
seltsam ohne Strahl der Sonne.«

Da stand auf der Schmied vom Lager,
hinterm Herd der Hammermeister,
einen neuen Mond zu machen,
neues Sonnenrad zu schmieden,
macht' aus Gold den Mond geschwinde,
schuf aus Silber eine Sonne.

Endlich war der Mond da oben,
war an ihrem Ort die Sonne,
war der Mond im Tannenwipfel,
Sonne in der Kieferkrone;
doch der Mond, er kann nicht leuchten,
und die Sonne kann nicht strahlen.

Sonne und Mond sind von Louhi, der Herrin von Pohjola in einem Berg eingeschlossen. Erst als sie die Rache der Leute von Kalevala fürchtet, läßt sie die Gestirne wieder frei.

Kalevala

Als Ilmarinen nach Pohjola gelangt und bei Louhi ebenfalls um ihre Tochter freit, sagt die Herrscherin des Nordreichs, er könne ihre Tochter zur Frau gewinnen, wenn er das Wunderding Sampo schmiede, ein sagenhaftes Zaubergerät, ein Tischleindeckdich, eine Wünschelmühle. Ilmarinen versucht, den Wunsch zu erfüllen:

*Amboßmeister Ilmarinen,
dieser urzeitalte Hämmrer,
schob das Eisen in das Feuer,
seinen Rohstoff in die Esse,
stellte Sklaven an den Blasbalg,
ließ das Dienstvolk tüchtig treten.*

Und weiter heißt es im zehnten Gesang:

*Mächtig wehten da die Winde,
Ostwind blies, es blies der Westwind,
stärker weht der Wind aus Süden,
stürmend peitscht den Staub der Nordwind.
Bliesen einen Tag, den zweiten,
bliesen auch am dritten Tage:
Aus dem Fenster fuhr das Feuer,
aus dem Eingang sprühten Funken,
bis zum Himmel stob der Staub auf,
dicker Rauch wallt hoch in Wolken.*

Schließlich gelingt das Werk:

*Amboßmeister Ilmarinen,
urzeitalter Schmiedemeister,
schmiedete mit schnellen Schlägen,
hämmert' hastig mit dem Hammer,
schmiedete geschickt den Sampo:
Mehl mahlt er auf einer Seite,
Salz mahlt er auf einer andern,
auf der dritten mahlt er Münzen.*

Der Sampo gereicht dem Nordland zu Wohlstand und Reichtum. Mißmutig und neidisch verfolgen dies die Leute von Kalevala. Endlich beschließen sie, den Sampo zu rauben. Väinämöinen, Ilmarinen und Lemminkäinen brechen auf nach Pohjola. Auf der Seefahrt nach Norden fangen sie einen großen Hecht: Väinämöinen fertigt aus den Kieferknochen des Fisches eine Kantele, und als er beginnt, auf ihr zu spielen, gibt es

*. . . im ganzen Wald,
nichts, was umläuft auf vier Füßen,
was auf schweren Tatzen trottet,
das nicht näher lief, zu lauschen,
diese Freude anzustaunen.*

*Alle Eichhorntiere schwangen
sich von einem Ast zum andern,
alle Hermeline liefen her
und hockten sich auf Zäune,
Hirsche sprangen auf der Heide,
lustig regten sich die Luchse.
. . .
Was an Vögeln war in Lüften,
was da schwebte auf zwei Schwingen,
alles flatter' her wie Flocken,
schwirrt' herbei in aller Schnelle,*

Väinämöinen spielt die Kantele. Der Sprachforscher Elias Lönnrot erinnerte sich des Bildes, als er mit seinen Arbeiten am »Kalevala« begann. Das Relief befindet sich heute in der Universität Turku (Foto: Universität Turku)

*um den Wohlklang wahrzunehmen,
um die Freude anzustaunen.*

*Als der Aar zu Hause hörte
Finnlands wonnevolles Spielwerk,
ließ im Nest er seine Jungen,
selber flog er in die Ferne
zu dem Spiel des milden Mannes,
Väinämöinens Musizieren.*
...
*Und kein einziges Wesen gab es,
auch nicht eines war im Wasser,
das einherschwimmt mit sechs Flossen,
auch nicht aus dem besten Fischschwarm,
das nicht zu lauschen wagte,
diese Freude anzustaunen.*

Diese Zeilen im »Kalevala« gleichen jenen der Sage von Orpheus. Von ihm wurde in der griechischen Welt erzählt, niemand habe so schön singen und so kunstvoll die Leier schlagen können wie er, der Sohn der Muse Kalliope. Sie hatte ihn das Saitenspiel gelehrt, und von Apollon hatte er eine goldene Leier erhalten. Götter und Menschen lauschten verzaubert seinem Spiel. Die Tiere des Waldes und die Vögel eilten herbei und saßen friedlich zu seinen Füßen. Auch die Fische kamen und hoben die Köpfe aus dem Wasser. Ja, sogar Berge und Bäume lösten sich vom Boden. »Die Natur hielt den Atem an, und vom Himmel neigten sich die Götter huldvoll zu ihm«, schreibt Gustav Schwab, der schwäbische Dichter des 19. Jahrhunderts.

Der dem Orpheus ähnliche Väinämöinen läßt seine Kunst im Nordland Pohjola hören, nachdem die drei Reisenden nach langer Meerfahrt dort eingetroffen sind. Väinämöinen hat aber eine hintersinnige Absicht: Er spielt und singt so betörend, daß die Zuhörer in einen tiefen Schlaf versinken.

Nun begibt sich Väinämöinen auf die Suche nach dem Sampo. Er folgt mit seinen Begleitern einer Spur und gelangt zum Steinberg, zum Kupferhügel, der mit neun starken Schlössern und zehn Riegeln verschlossen ist. Mit einer Zaubersäge gelingt es, die Tore zu öffnen. Dann greifen die Männer aus dem Süden den Sampo, bringen ihn an Bord und rüsten sich zur Rückfahrt. Doch am dritten Tag erwacht Louhi, sieht, was geschehen ist, und bricht zur Verfolgung auf. Sie verwandelt sich in einen Flugdrachen und eilt durch die Lüfte den Leuten von Kalevala nach. Es kommt zum Kampf auf See, den die Männer des Südens zwar für sich entscheiden, doch: Der Sampo stürzt ins Meer und zerbricht.

Louhi schickt daraufhin sämtliche Plagen und Heimsuchungen nach Kalevala. Aber Väinämöinen gelingt es, alle abzuwehren – er wird zum Held und Ritter seines Landes.

Als aber ein neues Zeitalter heraufkommt und die Jungfrau Marjatta einen Sohn zur Welt bringt, der König von Karelien wird, da zieht sich der Urheide Väinämöinen grollend in seine Welt zurück. Ein letztes Mal spielt er auf der Kantele und zaubert sich einen Kahn aus Kupfer:

*Setzte selber sich ans Steuer,
fuhr hinaus aufs offene Wasser,
sagte wohl bei seinem Abschied,
sprach noch so bei seiner Abfahrt:
»Mag doch eine Frist verfließen,
mögen Tage gehn und kommen,
dann bedarf man meiner wieder,
wird mich suchen, mich ersehnen,
neuen Sampo zu erbauen,
neues Saitenspiel zu schaffen.«*
...
*Väinämöinen fuhr,
der Alte,
übers Meer hin ganz gelassen
in dem Kahn aus Kupferzierat,
in dem kleinen Boot aus Kupfer
an den obern Rand der Erde,
an den untern Rand des Himmels.*

Soweit das »Kalevala«. Noch heute, wenn in den langen finnischen Nächten solch Versen gelauscht wird, erliegen viele der Kraft und Sehnsucht dieser Sprache.

Ein Traum wird Realität

Als das Epos veröffentlicht worden war, übte es bald einen gewaltigen Einfluß aus, vor allem in sprachlicher Hinsicht. Das »Kalevala« war ja in Finnisch verfaßt, und Finnisch war die Sprache der Bauern, war auch die Sprache, die in der

Kirche gesprochen und gesungen wurde, während die Gebildeten sich ausschließlich des Schwedischen bedienten. Doch von nun an interessierten sich auch die oberen Schichten für die einheimische Sprache, die schnell an Boden gewann.

Außerdem bezeugte das Epos, daß es bereits in weit zurückliegender Zeit eine beachtliche Dichtung gegeben hatte. Die Einsicht beflügelte das Kultur- und Geistesleben. Darüber hinaus wurde das »Kalevala« zum Mythos. Das Land fand zur nationalen Identität, die es vor dem 19. Jahrhundert dort nicht gegeben hatte.

Die Unabhängigkeitsbestrebungen nahmen zu. Das Selbstgefühl des Landes wuchs, das bis dahin Spielball zwischen den Staaten war, vor allem zwischen Schweden und Rußland. Der Wunsch nach einem freien, unabhängigen Staat wurde immer mächtiger. »Schweden sind wir nicht, Russen werden wir nicht. Laßt uns also Finnen sein.« Doch erst nach der Oktoberrevolution in Rußland wurde der Traum zur Realität: Am 6. Dezember 1917 erklärte sich das Land für souverän.

Auf dem Weg dorthin ist das »Kalevala« ein Meilenstein gewesen.

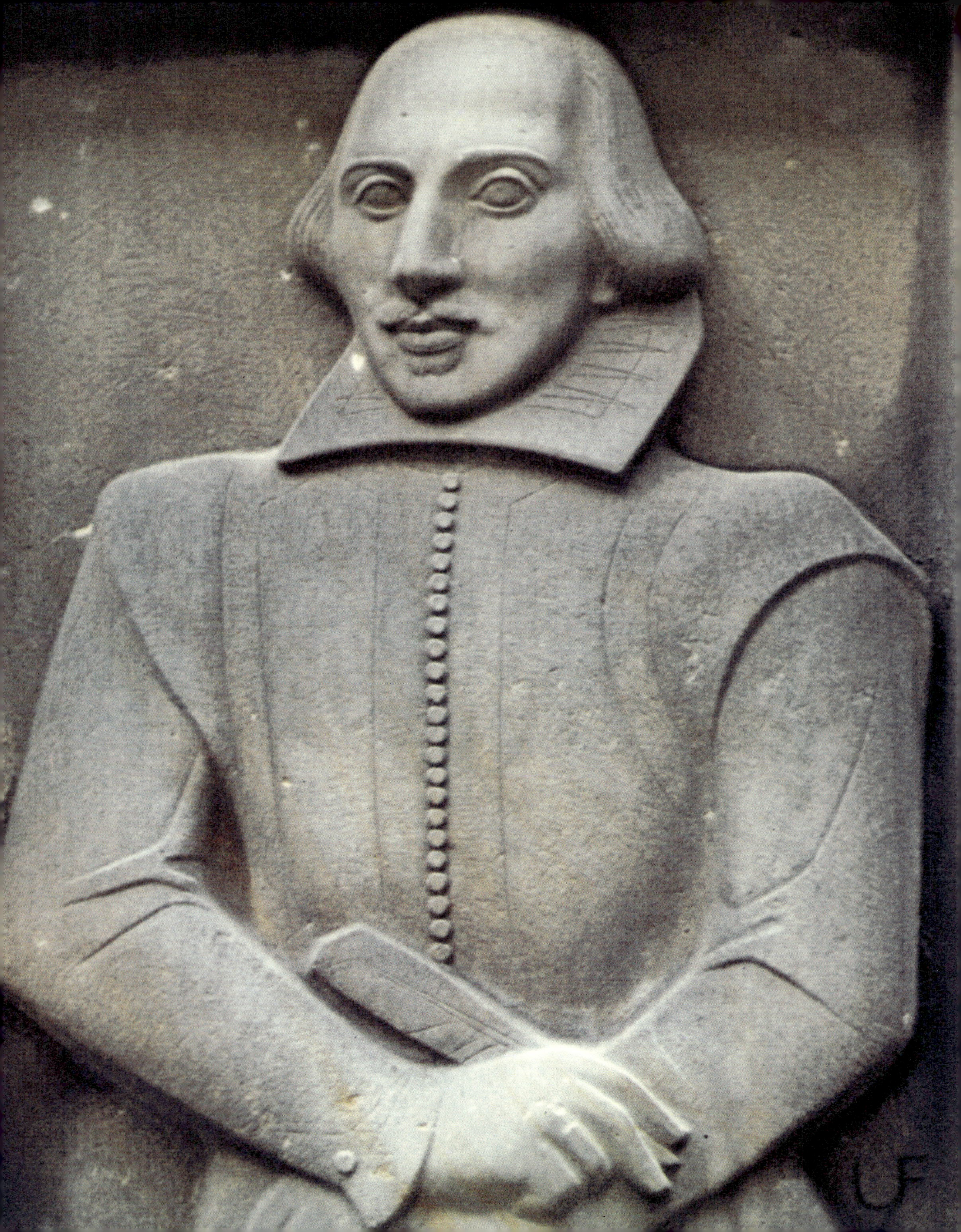

DAS GRAB FÜR EINEN MENSCHEN, DER NIE GELEBT HAT

Hamlet

»Ich bin mir wohl bewußt, daß die Absicht,
heutzutage auch nur irgend etwas über Hamlet zu sagen,
schon eher von Verwegenheit als von bloßem Mut zeugt.
Wie wir alle wissen, ist gerade dieses Drama
das bevorzugte Jagdrevier für Exzentriker aller Art.«

Arnold Kettle

Gespenstisch sind die Spätsommerabende in Helsingör, der Stadt am Sund, der breiten Wasserstraße zwischen Dänemark und Schweden. Auf dem bleifarbenen Wasser, vor einem wolkenverhangenen Himmel, ziehen Handelsschiffe, Segelboote und Fähren ihren Kurs. Indessen zucken vom Nordturm des Schlosses Kronborg, der zum Leuchtturm wurde, Lichtkeile in die beginnende Nacht. Schemenhaft zeichnen sich die Bastionen der Festung und die Flaggenterrasse mit der dänischen Fahne ab, darunter die großkalibrigen alten Kanonen, sogenannte Feldschlangen, die ihre Mündungen auf die Meerenge gerichtet haben.

Hier läßt Shakespeare seinen »Hamlet« spielen, das bedeutendste Stück, das der englische Dramatiker geschrieben hat.

Hier beginnt das Schauspiel mit dem Wachwechsel der Soldaten, wobei um Mitternacht ein Geist in Ritterrüstung erscheint. Horatio, Freund des Dänenprinzen Hamlet, ruft der nächtlichen Erscheinung zu:

Steh, Phantom!
Hast du Gebrauch der Stimme und einen Laut:
Sprich zu mir!
Ist irgendeine gute Tat zu tun, die
dir die Ruhe bringen kann und Ehre mir:
Sprich zu mir!
Bist du vertraut mit deines Landes Schicksal,
das etwa noch Voraussicht wenden kann:
O sprich!
Und hast du angehäuft in deinem Leben
erpreßte Schätze in der Erde Schoß,
wofür ihr Geister, sagt man, oft im Tod
umhergeht: Sprich davon! Verweil und sprich!

Doch der Geist schweigt. Als der Hahn kräht, verschwindet er.

Die Fortsetzung des Stückes erleben wir unmittelbar vor den Mauern des Schlosses Kronborg. Hier wurde im Halbrund ein Freilichttheater errichtet mit der Bühne vor der Ostbastion des Schlosses, neben der Terrasse, dort, wo sich nach Shakespeare im Drama von dem

Am Schloß Kronborg in Helsingör wird auf einer Steintafel mit dem Bild Shakespeares auf den Hintergrund der Hamlet-Sage verwiesen (hier ein Ausschnitt der Steintafel)

jungen Dänenprinzen die Gespenstergeschichte zugetragen hat.

Hamlet erscheint auf den Brettern, die die Welt bedeuten. Er will sich selbst davon überzeugen, was in diesen gespenstischen Nachtstunden vor sich geht. Und wieder erscheint der unheimliche Geist auf der Terrasse. Er winkt Hamlet zu, er möge sich mit ihm auf einen dunklen, abgelegenen Teil der Bastion begeben. Er sagt:

Ich bin deines Vaters Geist:
Verdammt auf eine Zeit lang, nachts zu wandern,
und tags gebannt in ewge Feuersglut,
bis die Verbrechen meiner Zeitlichkeit hinweggeläutert sind . . .

Weiter spricht der Geist davon, daß er einem Mord zum Opfer gefallen sei, ausgeführt von seinem eigenen Bruder, der bald darauf Hamlets Mutter heiratete und König von Dänemark wurde.

Da ich im Garten schlief,
wie immer meine Sitte nachmittags,
beschlich dein Onkel meine sichre Stunde,
mit Saft verfluchten Bilsenkrauts im Fläschchen,
und träufelte in den Eingang meines Ohres
das schwärende Getränk . . .

So ward ich schlafend und durch Bruderhand
um Leben, Krone und Gemahl
in meiner Sünden Blüte hingerafft,
ohne Nachtmahl, ungebeichtet, ohne Ölung.
Die Rechnung nicht geschlossen, ins Gericht
mit aller Schuld auf meinem Haupt gesandt.
O schaudervoll! O schaudervoll! Höchst schaudervoll!

Laß Dänemarks königliches Bett kein Lager
für Blutschande und verruchte Wollust sein.

Hamlet, entsetzt über das Gehörte, über die Taten seines Onkels, des jetzigen Königs, ruft aus:

Die Zeichnung aus dem Jahre 1880 stellt den Öresund dar, die strategisch wichtige Wasserstraße zwischen Dänemark und Schweden. Rechts auf dem Bild Schloß Kronborg

Hamlet

*Schreibtafel her! Ich muß mir's
niederschreiben.
Daß einer lächeln kann und immer lächeln
und doch ein Schurke sein; zum wenigsten
weiß ich gewiß, in Dänemark kann es so sein.*

Hamlet läßt seinen Freund Horatio und den Offizier Marcellus, die beide mit auf der Terrasse waren, schwören, nichts von dem weiterzuerzählen, was sie in der Nacht gesehen haben, und auch zu schweigen, wenn er, Hamlet, künftig ein »wunderliches Wesen« zeigen werde.

Shakespeare Drama, das in Bereiche vordringt, die die Wissenschaft erst Jahrhunderte später erkannte, spielt dann weiter im Schloß Kronborg in Helsingör.

Ein Toast, begleitet von Kanonen

Das Schloß liegt im Nordosten der Stadt auf einer Halbinsel als gewaltige Festung. Drei breite Wassergräben sind zu überqueren; durch mehrere Tore gelangt man ins Innere. Das Schloß entstand von 1577 bis 1585 unter König Frederik II. 1629 brannte es aus, und Christian IV. baute es in den Jahren zwischen 1629 und 1639 wieder auf.

Das Schloß ist aus grauem Stein im Renaissancestil errichtet und mit Kupferplatten gedeckt, die von Patina überzogen sind. Drei eckige Türme überragen das quadratisch angelegte Gebäude. In den Kellerräumen sind ausgedehnte Kasematten zur Aufnahme der Garnison. Kronborg war Festung und Kaserne und zugleich königlicher Palast und stellt heute eines der bedeutendsten Denkmäler dänischer Vergangenheit dar.

Ihr Entstehen verdankt die Festung der geostrategischen Lage von Helsingör, dem früheren Elsinore. Hier war der Zugang für alle, die von Norden über See nach Dänemark gelangen wollten. Schloß Kronborg sperrte den Sund, auch für Schiffe, die in friedlicher Absicht die Wasserstraße passieren wollten; sie wurden mit einem hohen Zoll belegt. Mit diesen Einkünften finanzierten die Dänen einen großen Teil der Kosten, die zum Bau der Festung aufgebracht werden mußten.

Das Schloß war luxuriös ausgestattet. Der heute noch vorhandene Rittersaal ist 62 Meter lang; dies war der größte Prunksaal ganz Nordeuropas. Hier fanden viele Festveranstaltungen statt; so wurde hier auch die englische Delegation empfangen, die im Auftrag von Königin Elisabeth I. dem dänischen Frederik II. den Hosenbandorden überbrachte.

Die britischen Gäste waren von dem Empfang, der ihnen zuteil wurde, beeindruckt, nicht zuletzt durch einen eigenartigen Brauch: Wann immer der König einen Toast ausbrachte, fand dieser ein donnerndes Echo durch die Kanonen der Festung, die gleichzeitig abgefeuert wurden. Als die Delegation nach England zurückgekehrt war, berichtete sie von dieser Sitte.

Auch Shakespeare hörte davon und baute eine entsprechende Passage in das Drama ein. Von einem Festgelage, das der König gibt, weil Hamlet nach dem Wunsch seiner Mutter nicht nach Wittenberg geht, heißt es:

*Dem zu Ehren
soll das Geschütz heut jeden frohen Trunk,
den Dänemark ausbringt, an die Wolken
tragen,
und wenn der König anklingt, soll der*

Shakespeares Drama »Hamlet« spielt im dänischen Helsingör. Jedes Jahr wird hier im Schloß Kronborg das Stück aufgeführt

*Himmel
nachdröhnen irdschen Donner.*

Die Beziehungen zwischen der englischen und dänischen Krone müssen zur Zeit Shakespeares gut gewesen sein, denn in den achtziger Jahren des 16. Jahrhunderts besuchte auch eine Schauspielgruppe aus London das dänische Helsingör; vielleicht hat der Dramatiker ihr angehört; auf jeden Fall war er über Stadt und Schloß Kronborg sehr gut informiert.

Neun lassen ihr Leben

Im Schloß nimmt Shakespeares Drama seinen Fortgang.
Hamlet hat dem Geist seines Vaters versprochen, den Meuchelmord zu sühnen. Bald hat er Gelegenheit zur Tat. Hamlet sagt:

*Jetzt könnt ich's tun. Er betet.
Jetzt will ich's tun — und so geht er gen
                              Himmel,
und so bin ich gerächt!*

Doch Hamlet zögert:

*Nein,
hinein du Schwert! Sei schrecklicher gezückt!
Wenn er berauscht ist, schlafend . . .*

Hamlet will die Tat bei anderer Gelegenheit vollbringen. Um seine Absichten zu verdecken, stellt er sich wahnsinnig. Kalt behandelt er die ihn liebende Ophelia, die darüber den Verstand verliert und sich umbringt. Als Ophelias Vater, der Kämmerer des Königs, Polonius, ein Gespräch Hamlets mit dessen Mutter belauscht, tötet Hamlet ihn. Die Königin stirbt von dem Gift, das der König für Hamlet bestimmt hatte. Darauf ersticht Hamlet ihn. Laertes, Sohn des Polonius und Bruder von Ophelia, will Rache nehmen; im Gefecht zwischen ihm und Hamlet töten sich beide. — Soweit die Geschichte, in der neun Menschen ihr Leben lassen.
Was ist historisch an dem Drama? Hat Hamlet gelebt? Gab es einen Prinzen von Dänemark dieses Namens? Wenn ja: Hatte er solch Schicksal?

Eine erste Antwort darauf gibt eine Steintafel gleich hinter dem Eingang zum Schloß Kronborg. Sie zeigt ein Bild von Shakespeare, dem im englischen Stratford on Avon geborenen Dramatiker, darunter eine Erläuterung, die in deutscher Übersetzung lautet:

*Die Sage erzählt von einem
Königssohn Amleth, der
in Jylland lebte in Vor-Wikinger-Zeiten.
Saxo schrieb im Mittelalter seine Sage nieder.
Shakespeare gab Hamlets Schicksal
in der Rennaissance wieder und
verband es mit diesem Schloß.
Er sicherte damit des Prinzen
ewigen Ruhm und machte Helsingörs
Namen in der ganzen Welt bekannt.*

Saxo, meist mit dem Zunamen Grammaticus bekannt, ein Geistlicher aus dem 12. Jahrhundert, hat damals die alte dänische Sage, die in Jylland, dem heutigen Jütland, spielt, aufgegriffen und in lateinischer Sprache in seiner »Dänischen Geschichte« niedergeschrieben. In dieser Aufzeichnung wird Shakespeares Hamlet-Drama erkennbar: Es geht um Brudermord, um Rache, die Hamlet (der Amleth bei Saxo) vollziehen will. Er stellt sich wahnsinnig, um die Sühne ungestört vollbringen zu können. König, Königin, Ophelia, Polonius und andere zeigen deutlich die Grundzüge der Shakespeareschen Personen.
Die Hamlet-Sage taucht in der »Lieder-Edda« auf. Ob sie aber skandinavischen Ursprungs ist, bleibt fraglich, denn schon in der Antike gab es einen »ähnlichen Mord, mit ähnlichen Folgen«, zur Zeit des Tarquinius Superbus im Rom des 6. vorchristlichen Jahrhunderts.
Für Shakespeare gab es manche Quellen — so Belleforests »Tragische Geschichten« (1570) und die Verarbeitung des Hamlet-Stoffes durch einen Dramatiker, der vielleicht Thomas Kyd geheißen hat; das Stück wurde 1589 in London aufgeführt. Grundsätzlich waren für Shakespeare bei der Bearbeitung des Hamlet-Stoffes die Bücher des französischen Philosophen Michel Eyquem de Montaigne (1533—92) von Bedeutung. Max Deutschbein, Professor für Anglistik in Marburg, bei dem ich manche Vorlesung über Shakespeare gehört habe, meint: »Auf alle Fälle hat die Lektüre Montaignes ihn aufs tiefste beeindruckt und seiner

angeborenen Neigung, in die Tiefe der menschlichen Existenz zu dringen, reichliche Nahrung gegeben.«

Die Frage aller Fragen

Die Aufführung von Shakespeares Drama an den Bastionen des Schlosses ist zu Ende. Die Besucher brechen auf in eine kühle Nacht. Noch klingen Sätze des Gehörten nach:

Wie ekel, schal und flach und unersprießlich
Scheint mir das ganze Treiben dieser Welt!
Pfui, pfui darüber! 's ist ein wüster Garten.

Oder:

Die Zeit ist aus den Fugen: Schmach und Gram,
daß ich zur Welt, sie einzurichten, kam.

Schließlich Hamlets Verzweiflung:

Sein oder Nichtsein, das ist hier die Frage.
. . . sterben, schlafen,
nichts weiter! Und zu wissen, daß ein Schlaf
das Herzweh und die tausend Stöße endet,
die unsres Fleisches Erbteil. — 's ist ein Ziel,
aufs innigste zu wünschen. Sterben . . .

Der Dänenprinz, der Grübler und Unentschlossene, der Maskenträger, Intellektuelle, Pessimist und Moralist, der Philosoph, Psychopath, schließlich der Rächer, ist an der Zerrüttung aller Normen verzweifelt. Ihm, dem einzigen, ist es unmöglich, eine gerechte Ordnung herzustellen. Hamlet stirbt mit den Worten:

Der Rest ist schweigen.

Und manch Besucher des nächtlichen Theaters an der Bastion des Schlosses Kronborg mag darüber nachdenken, ob diese Monologe nur für eine zurückliegende Zeit gegolten haben oder ob sie auch von der Gegenwart den Schleier reißen.

Hamlet war und ist modern zu allen Zeiten. Martin Walser schreibt 1964: »Wie anders sollte man begreifen, warum Hamlet nicht zum immer wieder aufleuchtenden Motiv der europäischen Literatur wurde, wo uns doch die Geschichte ein ums andere Mal mit Ereignissen konfrontiert, denen gegenüber wir Hamlet sind.«

*

Helsingör ist Hamlets Stadt, obwohl er hier nicht gelebt hat und obwohl er nicht historisch ist. Was soll's!

Es ist eine Phantasiefigur, die aus Träumen entstand, und doch ist »über keinen leibhaftigen Dänen so viel geschrieben worden wie über Hamlet« (Jan Kott).

Die Menschen von Helsingör, fast täglich Hamlets Schloß vor Augen, haben sich so an ihn gewöhnt, daß sie ihm in ihrer Stadt sichtbares Heimatrecht gewähren. Dort, wo die Allegade und der Kronborgwey sich kreuzen, haben sie ein Bronzedenkmal für den Prinzen errichtet. Da steht er im brandenden Verkehr in mittelalterlicher Tracht und blickt auf die in einen Faltenwurf gekleidete Ophelia. Damit nicht genug.

Im Park des Schlosses »Marienlyst« liegt »Hamlets Grab«; es ist ein massiver Steinblock, wie ein antiker Sarkophag geschnitten; darauf als Sinnbild der Mythologie ein Einhorn — geflügelt und halb Drache.

Es ist das Grab für einen Menschen, der nie gelebt hat.

Das ist irrational, surrealistisch . . .

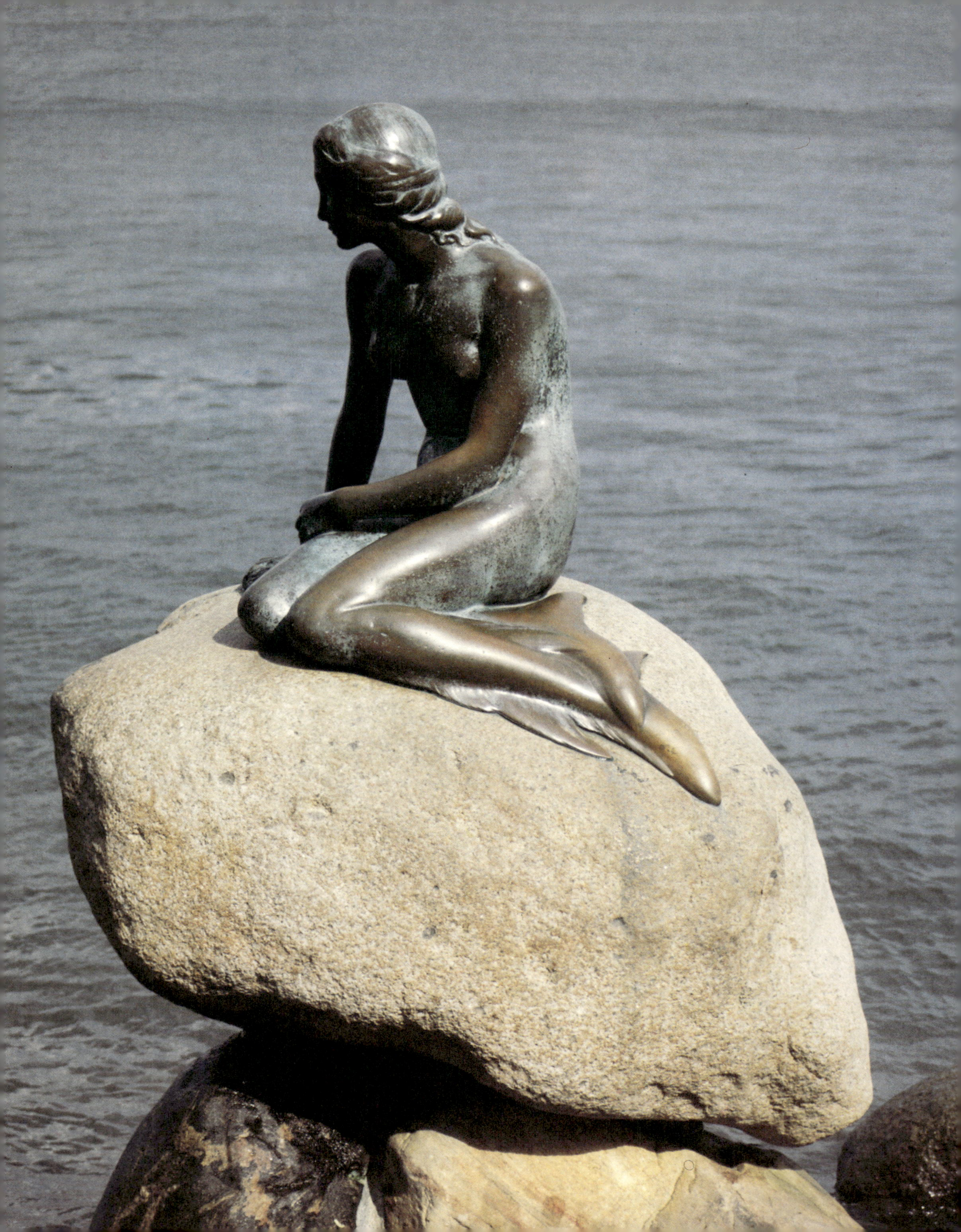

DAS ZWIELICHTIGE WESEN IM HAFEN VON KOPENHAGEN

Die kleine Seejungfrau

»Ihre Haut war so fein und zart wie ein Rosenblatt,
aber sie hatte keine Füße,
ihr Körper endete in einem Fischschwanz.«

Hans Christian Andersen: »Die kleine Seejungfrau«

Im Andersen-Haus in Odense auf der dänische Insel Fünen drängen sich die Besucher. Sie kommen nicht nur aus Skandinavien, auch aus Deutschland, Großbritannien, Frankreich, Italien, ja, aus fast allen europäischen Ländern und auch aus Übersee. Sie betrachten die Bücher, Dokumente, Briefe und persönlichen Gegenstände des Dichters, große und kleine Bilder und Gemälde und erinnern sich der Märchen von Andersen, die sie in ihrer Jugend gelesen haben.

Im kleinen Kino des Hauses sind mittlerweile Filme angelaufen, mit Kindern und Erwachsenen als Zuschauer. In der ersten Reihe hocken japanische Teenager und verfolgen mit Spannung »Des Kaisers neue Kleider«. Sie verstehen zwar kein Wort, aber den Inhalt des Märchens kennen sie genau.

Im Haus des Dichters, dem heutigen Museum, wird Andersens Person lebendig, sein buntes, merkwürdiges Leben, der Aufstieg aus der Armut, der Weg vom »Häßlichen jungen Entlein zum schönsten aller Vögel«, aber auch sein überaus zwiespältiger Charakter. Hinter einer Glaswand ist ein Arbeitszimmer aufgebaut mit Tisch und Stuhl, mit Bildern und seinem Reisegepäck. Andersen ist gereist wie kaum ein anderer in der damaligen Zeit. Er ist fast dreißigmal im Ausland gewesen, darunter auch in Afrika und Kleinasien. Es war Neugier, innere Rastlosigkeit, manchmal eine Flucht. Stets hatte er – wie im Arbeitszimmer zu sehen ist – Schirm und Stock dabei, einen Zylinder und einige Lederkoffer (wer denkt dabei nicht an den »Fliegenden Koffer«?). Zu Andersens Reiseutensilien gehörte auch, wie im Museum gezeigt wird, ein langes, dickes Seil, mit dem er sich im Falle eines Hotelbrandes retten wollte.

In diesem Andersen-Haus, dem gelbgestrichenen und mit roten Ziegeln gedeckten ein-

Die »Kleine Seejungfrau«, Bronzeplastik im Hafen von Kopenhagen, nach dem Märchen des dänischen Dichters Hans Christian Andersen. Die im Jahre 1913 aufgestellte Figur wurde weltberühmt

Die frühere »Armenschule« der Stadt Odense, die Andersen als Kind besucht hat

Die kleine Seejungfrau

stöckigen Bau, wurde Hans Christian am 2. April 1805 geboren, und er blieb hier mit seinen Eltern zwei Jahre. Dann zog die Familie in die Munkemøllestraße.

Dieses ebenfalls ebenerdige Haus, vielleicht zwölf Meter breit und neun Meter tief, ist im wesentlichen das gleiche wie zu Anfang des vorigen Jahrhunderts. In einem Teil lebten die Andersens. Ihre Wohnung bestand nur aus einer winzigen Küche und einem Raum, der dem Vater als Werkstatt diente und außerdem Wohn-, Eß- und Schlafzimmer war. In den anderen beiden Wohnungen des Hauses waren die Verhältnisse noch weit ungemütlicher. Das Leben ging unter im ständigen Geschrei und Getobe von über zehn Kindern; von sanitären Gegebenheiten und Gerüchen zu schweigen.

Für den jungen Andersen kamen schwierige familiäre Verhältnisse hinzu. Der Vater verdiente als Flickschuster wenig; er wurde später Soldat und verfiel bald nach der Dienstzeit körperlich und geistig. Eines Morgens wachte er im Delirium auf, schwärmte von Napoleon und erteilte militärische Befehle; bald darauf starb er. Die Mutter, Analphabetin wie viele Zeitgenossinnen ihres Standes, war dem Trunk ergeben, während der Großvater geisteskrank war und bald zum Gespött der Straße wurde; der sensible Andersen fürchtete manchmal, er könne so werden wie er. Die uneheliche Tochter seiner Mutter, seine Stiefschwester, war ein Nichtsnutz, und Hans Christian hoffte später, sie möge nie seinen Weg kreuzen.

Er war nichts und hatte nichts

Erstaunlich, aber typisch für Andersen war, wie sich in seiner Rückschau die proletarische Umwelt in eine wohnliche Atmosphäre gewandelt hatte. »Der kleine Raum erschien mir groß und wundervoll«, schreibt er. »Die Tür mit Landschaftsmalerei in den Füllungen war für mich eine Gemäldegalerie«. Andersen war eben ein Träumer und Phantast wie sein Vater, und er blieb es sein Leben lang.

Nach dem Tod des Vaters kam der Junge in die Armenschule, die heute noch in Odense zu

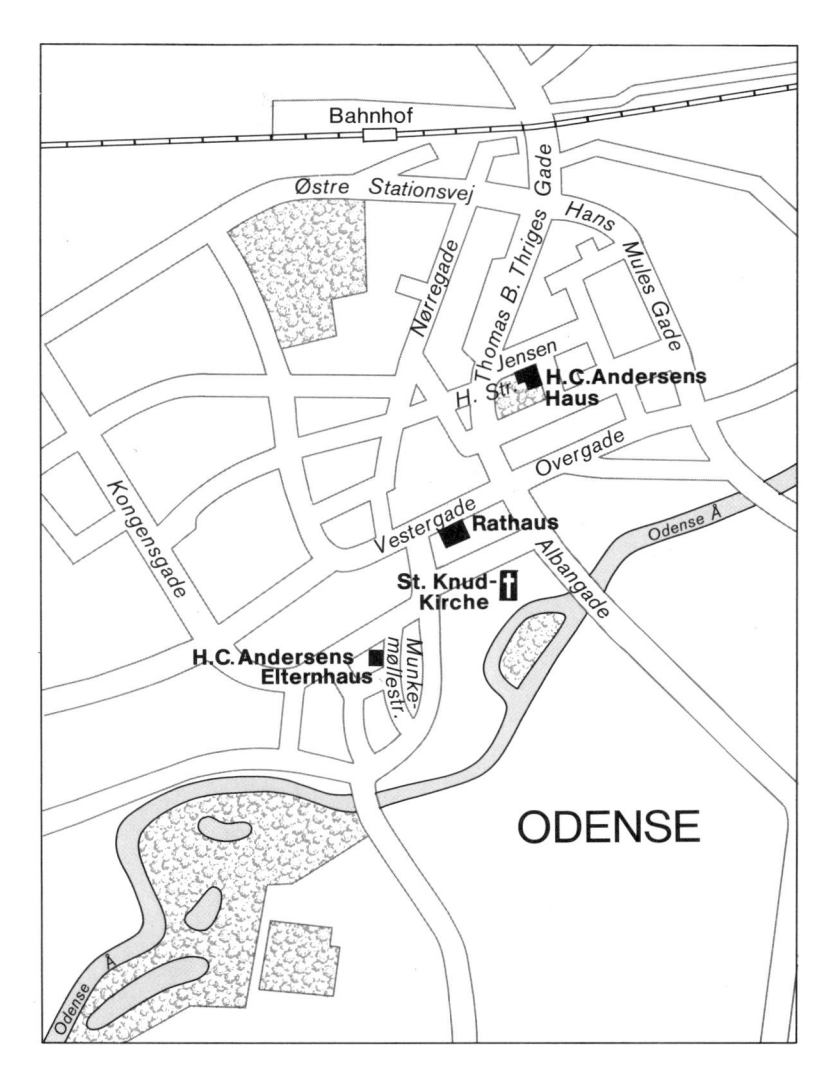

sehen ist. Dann versuchte die Mutter, ihn in verschiedenen Berufen unterzubringen, aber alle Bemühungen schlugen fehl. »Ich weiß nicht, was aus dir werden soll!« rief sie manchmal entsetzt. Doch stets antwortete Hans Christian dreist: »Ich werde eines Tages berühmt sein!« Damit bezog er sich auf eine Wahrsagerin, die ihm dies prophezeit hatte.

1819 – mit vierzehn Jahren – ging er nach Kopenhagen. Er war nichts und hatte nichts.

Erstaunlich, daß er dennoch seinen Weg meisterte. Er war äußerlich nicht attraktiv; die späteren Gemälde schmeicheln; nur ein Foto aus dem Jahre 1860 zeigt ihn treffend: Er hatte eine schlacksige Figur, zu lange Arme und Füße, eine große Nase und grobe Gesichtszüge. Heinrich Heine beschreibt ihn so: »Er kam mir vor wie ein Schneider; er sieht auch wirklich ganz so aus. Er ist ein hagerer Mann mit einem hohlen, eingefallenen Gesicht und verrät in sei-

Die Stadt Odense steht heute ganz im Zeichen von Hans Christian Andersen. Im Andersen-Haus drängen sich Besucher aus aller Welt

nem äußeren Anstand ein ängstliches, devotes Benehmen.« Ein Kopenhagener Schlagwort aus späterer Zeit lautet: »Unser weltberühmter Orang-Utan.«

Dennoch besaß er eine gewisse Attraktivität. Darum interessierten sich von Kindheit an einflußreiche Pesönlichkeiten für ihn, sorgten für seine spätere Erziehung und förderten ihn anderweitig. Besonders die angesehene Familie Collin setzte sich für ihn ein.

Andersen macht seinen Weg

Er schrieb Novellen, Romane, Reisebücher, Gedichte und Dramen; sie waren von unterschiedlicher Qualität. Mit dem Roman »Der Improvisator«, den er mit dreißig Jahren verfaßte, setzte Andersen sich durch; mit seinen Märchen gewann er Weltruhm. »Das Märchen war die Kunstform, in der er sein besonderes Talent ganz entfalten konnte«, sagt Svend Larsen.

Die Märchen trug er gern selbst vor, am liebsten vor Kindern. Im Andersen-Haus in Odense ist ein Bild des dänischen Malers Jerichau-Baumann zu sehen, das den Dichter zeigt, wie er Kindern vorliest: Ein Mädchen liegt im Bett, drei Kinder stehen davor und sind – verzaubert. Seine Märchen, die häufig auf Erinnerungen seiner Jugendzeit zurückgehen, sind ja in Kinderart geschrieben. So fängt die Erzählung »Die Nachtigall« folgendermaßen an: »In China, das weißt du ja, ist der Kaiser ein Chinese, und alle, die er um sich hat, sind auch Chinesen.« Überdies war Andersen ein guter Erzähler – er hatte ja Schauspieler werden wollen und trug alles mit starker Gestik vor.

Edvard Collin, der Sohn seines großen Förderers Jonas Collin, beschreibt Andersens Art mit folgenden Worten: »Er sagte nicht: ›Die Kinder stiegen in die Kutsche und fuhren davon‹, sondern: ›Die Kinder sprangen in die Kutsche. Wiedersehen, Papa! Wiedersehen, Mama! Die Peitsche knallte – snick-snack; auf ging's, hü-hott, vorwärts!‹«

Auch Erwachsene fühlten sich von Andersens Erzählstil angesprochen. Er besaß eine ganz neue, direkte Art. Das war nicht gespreizt, das war die ungekünstelte Umgangssprache. Diese Unmittelbarkeit vor dem Hintergrund der Romantik jener Jahre fand viele Leser. Dabei hatte er auch Vorbilder, nicht zuletzt E.T.A. Hoffmann und die Brüder Grimm aus Deutschland.

Im In- und Ausland erlangte Andersen Berühmtheit, und seine Bücher wurden in viele Sprachen übersetzt. Die Zahl der Freunde wuchs – in Skandinavien, in Deutschland, England, Italien und anderswo. Er wurde auf die Herrensitze in Fünen und Seeland eingeladen. 1867 ernannte man ihn in Odense in einer großen Huldigungsszene vor dem Rathaus der Stadt zum Ehrenbürger. Weitere Anerkennungen ließen nicht auf sich warten: Seine erste internationale Auszeichnung war der preußische Rote-Adler-Orden Dritter Klasse; andere Orden folgten. Andersen wurde von Fürsten und Königen eingeladen. »Ich kam mit einem kleinen Bündel in Kopenhagen an, ein armer unbekannter Junge, und heute gab es Schokolade mit der Königin am königlichen Tisch.« Es war erstaunlich, wie er in einer Zeit, in der die Klassenschranken kaum überbrückbar waren, von ganz unten nach ganz oben aufsteigen konnte.

Da er keinen eigenen Hausstand führte, nistete er sich gern bei anderen ein. Manchmal überzog er dabei die Verweilzeit, was zu Spannungen führen mußte, zumal er manche Eigenart an den Tag legte. Störte seine emotionelle Art? War es sein Aussehen? Edvard Collin, dem er sein Leben lang verbunden war, lehnte es ab, sich mit ihm zu duzen, was für Andersen ein Trauma blieb. Zeit seines Lebens war er auch Junggeselle; wohl hatte er verschiedene Bekanntschaften mit Frauen, auch verliebte er sich ein halbes dutzendmal, doch zu einer Lebensgemeinschaft kam es nie. Alle, die seinen Weg kreuzten, schreckten vor einer Bindung zurück; er war überempfindlich. Darum konnte auch nur er »Die Prinzessin auf der Erbse« schreiben und sie mit den Worten schließen: »Sieh, das ist eine wahre Geschichte.«

Sein Leben spiegelt sich in seinen Märchen. Sie geben Auskunft über sein Wesen, über Wünsche und Hoffnungen und auch Verletzungen, die ihm Menschen zugefügt haben. Tief traf ihn nicht erwiderte Liebe. Bis an sein Lebensende trug er in einem kleinen Beutel auf seiner Brust den Absagebrief der von ihm ge-

Die kleine Seejungfrau

*Die Bronzeplastik
des Dichters und
Märchenerzählers
im Zentrum von
Kopenhagen*

liebten Riborg Voigt. Solch versagte Liebe wird auch in den Märchen deutlich, vor allem in einem . . .

Die kleine Seejungfrau

In der tiefsten Stelle der See lag das Schloß des Meerkönigs. Er war Witwer, seine Mutter führte den Haushalt. Der König hatte sechs Prinzessinnen. Die jüngste war die Schönste. Wie alle anderen hatte sie einen Fischschwanz.

Nun sagte die Großmutter ihren Enkelinnen: »Wenn ihr fünfzehn Jahre alt sein werdet, dürft ihr aus dem Meer auftauchen, im Mondschein auf Felsen sitzen und die großen Schiffe betrachten, die vorüberfahren.« Die Prinzessinnen fieberten diesem Tag entgegen und erhielten der Reihe nach die Erlaubnis, das unterirdische Reich zu verlassen, um die Menschenwelt zu bestaunen.

Als die Jüngste an die Reihe kam, stieg sie wie eine Luftblase durchs Wasser nach oben. Bald sah sie ein Schiff mit drei Masten vor sich. Musik und Gesang ertönten an Bord. Die Seejungfrau schwamm dicht an das Schiff heran, sah durch das Kajütenfenster und erblickte einen jungen Prinzen. Er hatte Geburtstag, darum wurde an Bord gefeiert.

Doch unvermittelt zog schlechtes Wetter auf. Der Sturm heulte in den Wanten. Das Schiff knarrte und krachte und zog in fliegender Fahrt durch die wilde See. Als der Sturm zum Orkan wurde, kenterte das Schiff und versank in den tobenden Wellen.

Der Prinz schwamm verzweifelt um sein Leben. Er wäre verloren gewesen, hätte die Seejungfrau ihn nicht ergriffen. Sie schwamm mit dem Prinzen, der bewußtlos geworden war, zu einer kleinen Bucht. Dort legte sie ihn auf den Strand. Als Menschen aus einem großen Gebäude kamen, zog sich die Seejungfrau zurück und beobachtete aus der Ferne, was weiter geschah. Sie sah noch, daß der Prinz erwachte und in den Palast geführt wurde. Dann tauchte sie traurig in die Tiefe.

Die Seejungfrau schwamm noch öfter an die Wasseroberfläche. Manchmal sah sie den Prinzen wieder, während sie sich hinter Gebüsch und Steinen versteckt hielt. Sie freute sich darüber, daß sie ihm das Leben gerettet hatte. Überhaupt gewann sie die Welt über Wasser immer lieber. Dieser Lebensraum schien ihr weit größer als der eigene. Die Menschen konnten auf Schiffen übers Meer fliegen und hohe Berge besteigen.

Eines Tages befragte sie die Großmutter, die alles wußte. »Brauchen die Menschen nicht zu sterben wie wir?«

»Doch«, antwortete die Alte, »sie müssen auch sterben, ihre Lebenszeit ist sogar kürzer als unsere. Wir können dreihundert Jahre alt werden. Wenn wir aufhören, zu sein, werden wir zu Schaum im Meer. Denn wir besitzen keine unsterbliche Seele. Die Menschen haben dagegen eine Seele, die weiterlebt, wenn der Körper zerfällt.«

»Kann ich denn nichts tun«, fragte die Kleine, »um eine Seele zu gewinnen?«

»Nein«, sagte die Alte, »es sei denn, ein Mensch gewönne dich so lieb, daß er dich heiraten würde. Dann könntest du teilhaben am Glück der Menschen. Aber das kann nicht sein! Denn was hier unter Wasser für schön gilt, der Fischschwanz, das finden sie auf der Erde häßlich.« (Was die Großmutter erzählte, ist alter Volksglaube, wonach die Liebe eines Menschen ein Naturwesen erlösen kann.)

Die Seejungfrau grübelte lange darüber nach, wie sie vielleicht doch den Prinzen, den sie so sehr liebte, für sich gewinnen könne, und machte sich auf zur Meerhexe, um sie um Rat zu fragen. Es war ein schwieriger Weg. Strudel wirbelten umher. Das Wasser riß alles in die Tiefe, was es zu fassen bekam. Mitten zwischen diesen Wirbeln mußte sie hindurch.

Als sie das Haus der Hexe erreicht hatte, sagte diese: »Ich weiß, was du willst. Du möchtest deinen Fischschwanz loswerden und dafür zwei Beine haben, damit sich der Prinz in dich verliebt und du eine unsterbliche Seele bekommst. Nun gut, ich werde dir ein Getränk brauen, und wenn du damit nach oben schwimmst und es trinkst, schrumpft dein Schwanz zu niedlichen Beinen. Hast du menschliche Gestalt angenommen, kannst du aber nie wieder eine Seejungfrau werden. Und gewinnst du die Liebe des Prinzen nicht und heiratet er dich nicht, bekommst du auch keine unsterbliche Seele.«

Schließlich sagte die Hexe noch: »Aber du mußt mich bezahlen! Du hast die schönste Stimme auf dem Meeresgrund, mit der du den

Die kleine Seejungfrau

In Andersens Märchen »Die kleine Seejungfrau« gerät ein junger Prinz in Seenot. Die Seejungfrau rettet ihn und bringt ihn an Land

Prinzen verzaubern könntest. Diese Stimme mußt du mir geben.«

Die Seejungfrau war mit allem einverstanden. Da schnitt die Hexe ihr die Zunge heraus, und die Seejungfrau erhielt dafür den Zaubertrank. Durch die dunkelblaue See stieg sie nach oben und schwamm zum Schloß des Prinzen. Hier nahm sie den Zaubertrank. Augenblicklich wurde ihr Schwanz zu hübschen Beinen. Doch durch die Verwandlung fiel sie in Ohnmacht. Als sie erwachte, stand der Prinz vor ihr. Sie war ganz nackt und hüllte sich in ihr dichtes schwarzes Haar.

Der Prinz fragte, wo sie herkomme, aber sie vermochte nicht zu sprechen. Da nahm der Prinz sie an der Hand und stieg mit ihr die marmornen Treppen hinauf ins Schloß. Hier erhielt sie kostbare Kleider aus Seide und Musselin und galt als Schönste von allen. Sprechen konnte sie nicht, zu tanzen verstand sie aber wie keine andere. Alle waren davon bezaubert, besonders der Prinz. Er sagte, sie solle für immer bei ihm bleiben, und sie durfte fortan auf einem Samtkissen vor seiner Tür schlafen. Tag für Tag wurde sie dem Prinzen lieber, doch er dachte nicht daran, sie zur Königin zu nehmen. Er wollte vielmehr die schöne Tochter des Nachbarkönigs ehelichen. So geschah es.

Am Hochzeitstag gingen Braut und Bräutigam an Bord des Schiffes. Flaggen wehten, Kanonen donnerten, und mitten auf dem Schiff war ein Zelt für das Brautpaar errichtet. Auch die Seejungfrau war an Bord. Als der Morgen graute und sie an der Reling stand, sah sie ihre Schwestern aus dem Wasser steigen, sah auch, daß sie ihr langes schönes Haar verloren hatten. »Wir haben es der Hexe gegeben«, riefen sie ihr zu, »damit sie dir helfen soll. Sie hat uns ein Messer gegeben, hier hast du es. Bevor die Sonne aufgeht, mußt du es dem Prinzen ins Herz stoßen. Wenn dich sein Blut trifft, werden deine Füße zum Fischschwanz, und du kannst wieder zu uns kommen und noch dreihundert Jahre leben. Tust du es nicht, mußt du bei Sonnenaufgang sterben.«

Als ihre Schwestern wieder ins Meer getaucht waren, zog die Seejungfrau den purpurnen Teppich vom Zelt und sah die Braut an der Brust des Prinzen schlafen. Sie beugte sich über den Geliebten und küßte ihn auf die Stirn.

Die Seejungfrau schwimmt zum Schloß des Prinzen, wo dieser das elfische Wesen entdeckt

Dabei zitterte das Messer in ihrer Hand. Sie griff es fester – dann schleuderte sie es hinaus ins Meer.

Als die ersten Sonnenstrahlen das Schiff trafen, schwand ihr fast die Besinnung. Sie lief zur Reling, stürzte sich in die See und spürte, wie ihr Körper zu Meerschaum wurde . . .

Tagtäglich rollen Busse an

Wie viele der Andersen-Märchen wurde auch »Die kleine Seejungfrau« weltberühmt.

Um die Jahrhundertwende inspirierte die Erzählung Fini Enriques und Hans Beck zu einem Ballett. Bei der Aufführung im Kopenhagener Theater war der Bierbrauer Carl Jacobsen von der Primaballerina Ellen Price, die die Titelpartie tanzte, so angetan, daß er den Bildhauer Edvard Eriksen damit beauftragte, die »kleine Seejungfrau« in Bronze abzubilden. Die Plastik war 1913 fertig und wurde auf Natursteinen vor Kopenhagens beliebter Hafenpromenade, der »Langen Linie« nahe dem Freihafen, aufgestellt.

Sie gewann schnell die Herzen aller und wurde Kopenhagens Symbol. Kaum ein Fremder, der die Stadt besucht und die Seejungfrau nicht gesehen hat. Im Laufe der Jahre erreichte sie eine ungeheure Popularität. Jetzt strömen jedes Jahr ganze Völkerscharen zur »Lille Havfru«.

Als wir uns der Plastik nähern, stehen Hunderte von Menschen am Uferrand, und immer neue strömen herbei. Fast jeder zweite hat eine Kamera und will nicht nur die Seejungfrau fotografieren, nein, die Kinder müssen mit aufs Bild, die Ehefrau, dann die ganze Familie. Das wiederholt sich vielfach. Ein Fotograf wälzt sich in unwahrscheinlichen Verrenkungen auf dem Boden, um ein »ganz ungewöhnliches Bild« einzufangen. Gleich darauf stürmen einige Jugendliche herbei, ersteigen die Seejungfrau, umarmen und küssen sie, wie es viele vor ihnen getan haben (Matrosen sagen, es bringe Glück). Danach rollen Busse an, und ein Schwarm von Japanern ergießt sich über die »Lange Linie«, gefolgt von einer Gruppe von Arabern, die es keineswegs gewöhnt sind, sich mit nackten Wesen in der Öffentlichkeit zu zeigen.

Nicht nur friedliche Besucher finden sich ein. Schon oft ist die Seejungfrau mit Farbe beschmiert worden. Im Frühjahr 1964 wurde ihr sogar der Kopf abgesägt; er ist nie wieder aufgetaucht. Da aber das Gußmodell noch vorhanden war, erhielt die Nixe einen ganz neuen Kopf.

1984 folgte ein anderes Attentat: Der rechte Arm wurde abgesägt. Zwei achtzehnjährige Dänen waren die Täter. Inzwischen ist auch der Arm längst wieder ersetzt worden. Die Seejungfrau, das zwielichtige Wesen zwischen dieser und einer anderen Welt, hockt nun weiterhin auf ihrem Fels und blickt versonnen hinaus auf See.

Man könnte meinen, sie warte immer noch auf ihren Prinzen.

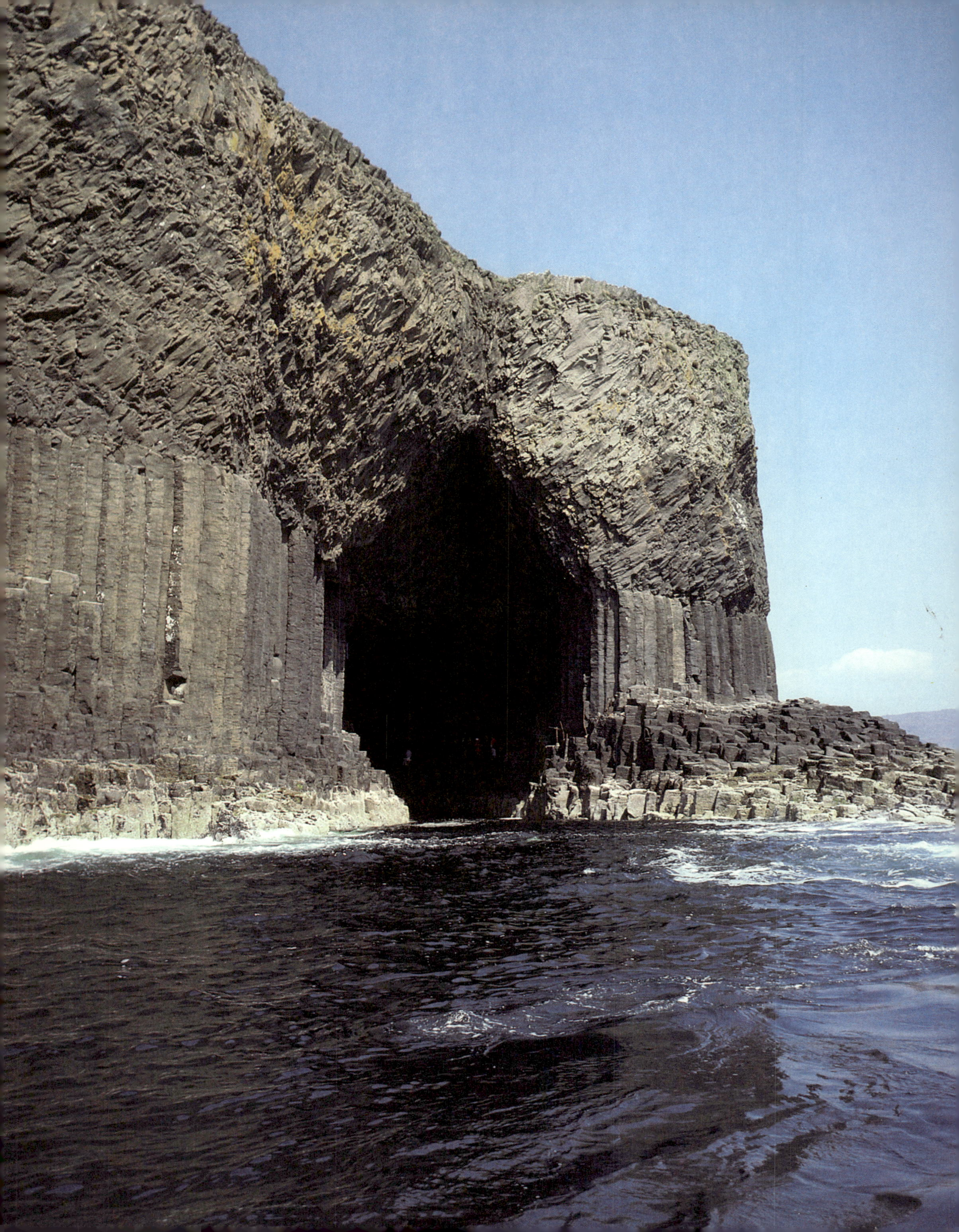

BASALTSÄULEN BILDEN EINEN ZAUBERWALD

Die Fingalshöhle

»Sei wie Fingal in jedem Alter!
Suche dir nie Kampf und Streit,
Doch fliehe nicht, wenn er kommt!«

*Aus James Macphersons »Fingal«
Heldengedicht, Dritter Gesang*

Für Schottland ist es ein ganz ungewöhnlicher Tag. Kein Sturm, kein Regen, kein Nebel. Auch am stahlblauen Himmel zeigt sich nicht die kleinste Wolke. Die See ist ruhig, fast wie ein Spiegel.

Ein kleines Schiff hat von Ulva Ferry abgelegt, von der Insel Mull, die zu den Inneren Hebriden gehört. Das Boot ist in den Loch Na Keal eingebogen, hat die Insel Ulva umfahren und hält Kurs auf den offenen Atlantik. Eine Dünung kommt auf mit langen, breiten Wellen. Doch das Wetter bleibt wie an einem Sommertag am Mittelmeer. An der Insel Colonsay geht es vorbei. Dann taucht an der Kimm ein grünlich-blauer Buckel auf und gewinnt an Breite und Höhe: Staffa, eine der merkwürdigsten Inseln der Welt.

Sie ist vulkanischen Ursprungs, Rest eines früheren Lavastroms, der sich vor etwa zwanzig Millionen Jahren gebildet und zu einer eigenartigen Basaltformation geführt hat. Die Insel hat einen Umfang von 400 mal 600 Meter, ist 41 Meter hoch und wird auf der Oberfläche von Wiesen überzogen, auf denen Schafe weiden. An den Rändern bricht die Insel steil ab; hier ist der Basalt säulenartig erstarrt; und von dem norwegischen Wort für Säule (Staf) stammt auch der Name der Insel. Der Besucher glaubt, Menschenhand habe den Stein geformt. Am eindrucksvollsten sind die Höhlen; die Clamshell-, die Cormorants- und die Fingalshöhle. Sie sind erst nach der letzten Eiszeit entstanden. Die berühmteste ist die Fingalshöhle, siebzig Meter lang, an die zwanzig Meter hoch und fast dreizehn Meter breit. Da über den Steinsäulen am Rand der Insel der Basalt amorph, fast wolkenartig ist, ergibt sich das Bild eines Zauberwalds, in den eine Straße führt.

Bei Niedrigwasser, wenn der Pegel auf drei Meter zurückgeht, kann man in die Höhle einfahren. Sie wird im Halbdunkel zu einem großartigen Farbspiel. Der Basalt wechselt von Grau zu Rot und Braun, der abgelagerte Kalk erscheint weiß; von der Höhlendecke hängen rote und weiße Stalaktiten; das Wasser schillert grün. Die einlaufenden Wellen, die über gebrochene Steinsäulen fließen und sich an den Wän-

Die Fingalshöhle auf der Insel Staffa. Durch den amorphen, fast wolkenartigen Basalt erscheint der Eingang zur Höhle fast wie der zu einem Zauberwald

den brechen, werden zudem zu einer merkwürdigen Geräuschkulisse, die im Steingewölbe widerhallt. Ganz anders ist das Phänomen, wenn der Sturm über die See fegt und die Luft in der Höhle zusammendrückt. Dann glaubt man, Donnerschläge zu hören.

Staffa, das zwischen dem 9. und 13. Jahrhundert den Wikingern als Stützpunkt gedient hatte, ist lange unbekannt geblieben. Erst 1772 wurde die Insel von einem englischen Botaniker, Sir John Banks, der an der Weltumsegelung des James Cook teilnahm, wiederentdeckt. Banks war von seinem Besuch auf Staffa so beeindruckt, daß er in einem Brief an die Londoner »Royal Society« schrieb, die von Menschenhand geschaffenen Kathedralen und Paläste seien nur Spielzeug im Vergleich mit Staffa. Banks hat übrigens seine Initialen und das Besuchsjahr in eine Säule am Ende der Höhle eingeritzt.

In der darauffolgenden Zeit sind verschiedene Reisende auf der Insel gewesen, um das Naturwunder der Fingalshöhle zu erleben. So Felix Mendelssohn Bartholdy (1809—1847), der Begründer des romantischen Klassizismus in der Musik, der Staffa 1829 aufsuchte. Er war so beeindruckt, daß er sich unmittelbar danach bei einem schottischen Freund ans Piano setzen wollte, um seine Inspirationen in Töne zu fassen. Aber sein Gastgeber sagte ihm, dies sei unmöglich. Es war Sonntag, und im puritanischen Schottland damaliger Zeit war an solchen Tagen Musik nicht statthaft. Mendelssohn verfaßte später die »Ouvertüre der einsamen Insel«, war aber mit dem Werk nicht zufrieden und schrieb erst 1832 die endgültige Fassung: »Die Hebriden«.

1844 hat Friedrich August II. von Sachsen den Besuch von Staffa als Höhepunkt seiner England- und Schottlandreise bezeichnet. Königin Viktoria schrieb im Jahre 1847: »Als wir in die berühmte Fingalshöhle einfuhren, war es ein großartiger Eindruck — wie der Eingang in eine Gewölbehalle. Es war das erste Mal, daß die Königin von Großbritannien und ihr Gemahl und ihre Kinder die Fingalshöhle aufgesucht haben, und die Männer brachten dreimal einen Hochruf aus, was hier sehr eindrucksvoll war.«

Auch Dichter sind auf der zerklüfteten Insel gewesen — Walter Scott, John Keats, William Wordsworth, Alfred Tennyson, Theodor Fontane und andere.

Fingal, der Vater von Ossian

Dabei wurde die Insel nicht nur wegen des Naturschauspiels aufgesucht. Es ging auch um Fingal, um den Helden Fionn der keltischen Legende, nach dem die Höhle benannt worden ist. Fingal war der Vater des Barden Ossian und der Großvater von Oscar. Von ihnen hat es Bruchstücke und zusammenhängende Liederzyklen gegeben, die in Spuren in die mittelalterliche Literatur eingeflossen sind, hauptsächlich ins »Book of Lismore«.

Nun hätten Fingal und Ossian in neuerer Zeit kaum solche Beachtung gefunden, wenn sich nicht der Schotte James Macpherson (1736—1796) des Stoffes angenommen hätte. Der mittellose Hauslehrer, der in Aberdeen und Edinburgh studiert hatte, fand Zugang zu einigen alten Liedern und bemerkte, da es ein umfangreiches Epos in verstreuten gälischen Manuskripten gebe, sei er bereit, sie zu sammeln und zu übersetzen, wenn er finanzielle Hilfe erhalte. Darauf ließen sich einige Mäzene ein. So erschienen 1760 »Bruchstücke einer Dichtung, in den Hochlanden gesammelt und übersetzt aus der gälischen und ersischen Sprache«. Dieses Buch wurde positiv aufgenommen. Dadurch ermutigt, brachte Macpherson zwei weitere Dichtungen heraus, und zwar »Fingal« (1762) und »Temora« (1763). 1765 folgte eine Zusammenfassung unter dem Titel »Die Lieder von Ossian«. Sie fanden begeisterte Zustimmung.

Mit ihrer Gefühlsbetonung und melancholischen Grundstimmung entsprachen sie einer Epoche, die sich im Umbruch befand und bereit war, sich dem Wunderbaren und Phantastischen zu öffnen. Da die Lieder auch patriotische Untertöne hatten — sie glorifizierten Schottland —, war hier das Echo besonders stark. Anklänge an das Alte und Neue Testament, an das »Verlorene Paradies« von Milton und vor allem an die »Ilias« und »Odyssee« weckten andernorts beachtliches Interesse. Die Dichtungen schienen ja zu bezeugen, daß es wirklich in frühen Zeiten ein bedeutendes Epos gegeben habe. Manche glaubten, ein »nordischer Homer« sei entdeckt worden.

Allerdings gab es bei einigen Gelehrten Widerspruch, so vor allem bei dem führenden

Die Fingalshöhle 45

englischen Kritiker des 18. Jahrhunderts, bei Dr. Samuel Johnson. Er war der letzte große Vertreter der Aufklärung. Für ihn waren die romantischen Verse ein Greuel. Im übrigen bezweifelte er die Echtheit der Heldengesänge. Er hatte selbst auf den Hebriden Nachforschungen angestellt und erklärte 1775 von den »Ossianischen Gesängen«: »Ich glaube, sie haben nie in einer anderen Form existiert als in der, die wir gesehen haben. Der Herausgeber, oder Autor, konnte nie das Original vorzeigen.« Daraufhin schrieb Macpherson, nur das Alter von Johnson schütze diesen vor einem Duell oder einer Tracht Prügel. Johnson antwortete: »Ihre Wut kann mich nicht erschüttern.«

Johnsons massive Kritik verhinderte nicht den Erfolg der Verse. Fingal und Ossian traten vielmehr einen Siegeszug ohnegleichen an, der bald auch auf den Kontinent übersprang und ganz Europa ergriff. »Der Ossian-Täuschung erlag fast das ganze, insbesondere das gesamte jugendliche Europa, und über Ossian ist mehr geschluchzt worden als über viele rührende Werke seines Jahrhunderts« (Herbert Schöffler). Die Öffentlichkeit war sensibilisiert von den Versen aus dem schottischen Hochland, dem »keltischen Zwielicht«, von Kämpfern der Frühzeit, von Barden, die beim Klang der Harfe ihre Gesänge vortrugen. Unbestimmte Gefühle, schwermütige Klagen, die Schilderung der stürmischen See oder der einsamen Heide, nebelumflossene Felsen, grauer Himmel, Mondschein und Geister der Unwirklichkeit – darauf hatte eine Generation gewartet, die der Aufklärung müde war und nach Neuem rief. So hat Napoleon im Jahr 1798 auf der Fahrt nach Ägypten den Homer zurückgewiesen und dafür nach dem »Ossian« gegriffen, und auch der preußische Prinz Friedrich Wilhelm, der spätere König, hatte in seinem Gepäck auf dem Marsch nach Waterloo den »Ossian« bei sich.

Der König von Morven

Im Lied »Fingal« geht es um einen Kampf in Irland. Kuchullin, Führer der irischen Stämme während der Minderjährigkeit des Königs Kormak, steht im Krieg mit Swaran. Fingal, König von Morven, an der Nordwestküste Schottlands gelegen – eine Halbinsel heißt hier heute Morvern –, kommt auf seinen Schiffen zu Hilfe. Nach dem Sieg gibt Fingal ein Festmahl, an dem auch Swaran teilnehmen darf. Als ein Barde ein Lied vorträgt, das besagt, Fingal und Swaran seien verwandt, wird Swaran die Freiheit gegeben unter der Bedingung, nie wieder Irland aufzusuchen. Fingal segelt nach Schottland zurück. – Dies sind Verse aus dem Lied:

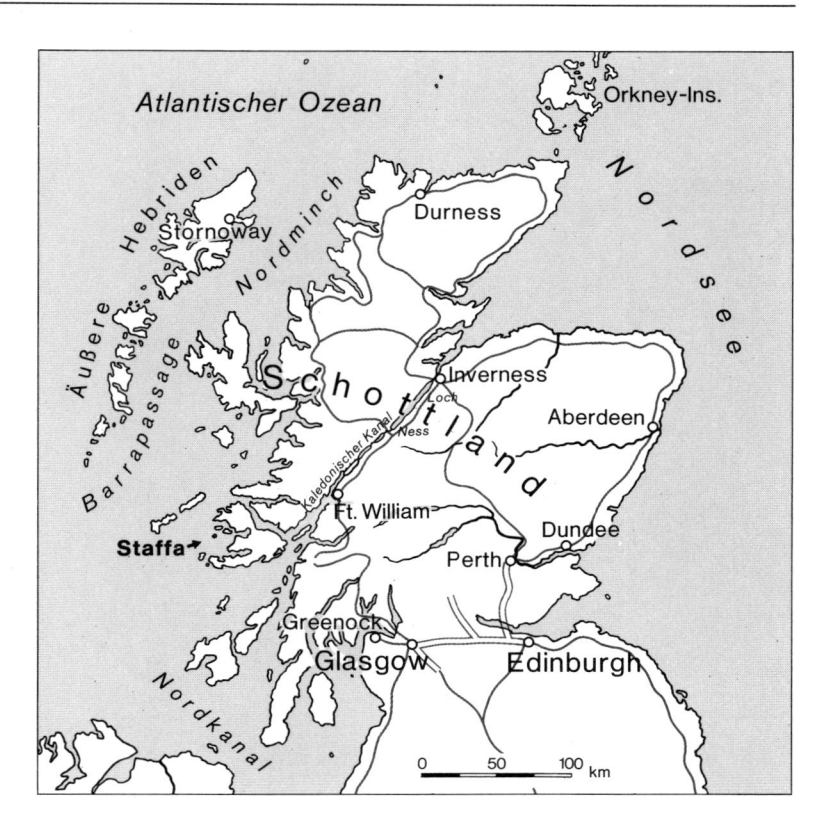

Fingal im Schiff hoch und hehr
Streckte den Speer zum Gestade hin,
Der Glanz seiner Rüstung war
    erschreckend
Wie das grünliche Todesgesicht,
Das sich auf Malmors Heide setzt,
Wenn der Wanderer einsam irrt
Und der Mond sich am Himmel trübt ...

Zunächst am Feind stand Fingal da
Und hörte die Lieder der Barden.
Der Väter Taten erhob ihr Gesang
Die Helden entschwundener Zeiten ...

Wie weiße wirbelnde Wogen wild
Über den Abgrund brausen und schwellen,
Wie die Klippen des Meeres den Wogen
    begegnen,

Die 400 mal 600 Meter große Insel Staffa, die zu den Inneren Hebriden gehört, ist vulkanischen Ursprungs, Rest eines früheren Lavastroms

Ein alter englischer Stich zeigt den Eingang zur Fingalshöhle. Nicht nur Felix Mendelssohn-Bartholdy war von der Höhle fasziniert . . .

*So trafen auch wir und stürzten den Feind
Mann gegen Mann, Stahl wider Stahl.
Schilde klirrten, Männer sanken.
Wie hundert Hämmer auf sprühenden
　　　　　　　　　　　　Amboß,
So dröhnten und fielen die Schwerter.*

Das Lied endet:

*»Spannt die Segel«, sagte der König.
»Hascht die Winde von Lenas Gebiet!
Mit Gesang stießen wir in die Flut,
Jauchzend durchschiffend den Schaum des
　　　　　　　　　　　　Meeres!«*

Herder, Goethe und Ossian

Nun hätten die Lieder von Macpherson kaum solche Bedeutung erlangt, wenn nicht von verschiedenen wichtigen Seiten hohes Lob ausgesprochen worden wäre. Diderot in Frankreich, Hugh Blair und Lord Kames in Schottland, Herder und Goethe in Deutschland hatten sich nachdrücklich für die Dichtungen eingesetzt. Herder, Wegbereiter der Romantik, begrüßte den »Ossian« überschwenglich, und er hat es kaum verwinden können, als sich andeutete, die Verse seien Fälschungen. Der große Einfluß von »Ossian« ist nicht zuletzt auf Goethe zurückzuführen, der in seinem »Werther«, mit dem er Weltruhm erlangte, auf die Heldengesänge ausführlich einging. Goethe läßt Werther sagen, Ossian habe in seinem Herzen Homer verdrängt. Des weiteren schreibt Goethe in den »Leiden des jungen Werther«:

*Haben Sie nichts zu lesen? sagte sie [Lotte]. – Er hatte nichts. – Da drin in meiner Schublade, fing sie an, liegt Ihre Übersetzung einiger Gesänge Ossians; ich habe sie noch nicht gelesen, denn ich hoffte immer, sie von Ihnen zu hören. – Er lächelte, holte die Lieder, ein Schauer überfiel ihn, als er sie in die Hände nahm, und die Augen standen ihm voll Tränen, als er hineinsah. Er setzte sich nieder und las:
. . . Erscheine du herrliches Licht von Ossians Seele. – Und es erscheint in seiner*

Die Fingalshöhle

Kraft. Ich sehe meine geschiedenen Freunde, sie sammeln sich auf Lora, wie in den Tagen, die vorüber sind. — Fingal kommt wie eine feuchte Nebelsäule; um ihn sind seine Helden, und siehe! die Barden des Gesangs: Grauer Ullin! stattlicher Ryno! Alpin, lieblicher Sänger!

Ossians Verse nehmen in Goethes Dichtung viele Seiten ein und lassen Werther und Lotte in Emotionen versinken. — Wenn Goethe später dies mit der Erklärung hat rechtfertigen wollen, die Worte seien doch nur dem »verrückten« Werther zuzuschreiben, so ist dies kaum glaubwürdig. Goethe war wie Herder — und eine ganze Generation — von Ossian, Fingal, Selma, Colma, Ryno und Alpin berauscht. Sie waren vom »keltischen Zwielicht« erschüttert, sie fanden sich in Gefühlen bestätigt, von denen sie glaubten, sie gingen zurück auf eine Zeit von weit über tausend Jahren. Dabei waren es doch nur Verse eines guten, aber auch raffinierten Schriftstellers, der »mit den Mitteln der eigenen Zeit aus grauer Vergangenheit heraus zur eigenen Zeit gesprochen« hatte.

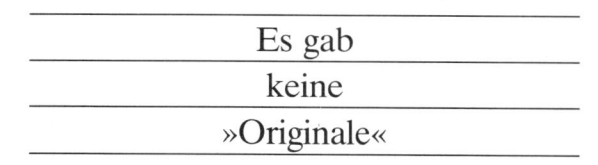

Es gab keine »Originale«

Die Zweifel einiger haben »Ossian« und »Fingal« immer begleitet. Macpherson ließ sich aber nicht in die Karten schauen. In seinem Testament — der Schotte war inzwischen reich und Mitglied des Parlaments geworden — bestimmte er zwar, es sollten tausend Pfund zum Druck der Originale der alten gälischen Schriften bestimmt werden, doch die Originale wurden nicht gefunden. Der Grund: Es hat sie nie gegeben. Als zehn Jahre nach seinem Tod dennoch angebliche Originale aus dem Nachlaß von Macpherson veröffentlicht wurden, waren sie nichts anderes als Rückübersetzungen in schlechtes, neuzeitliches Gälisch.

Den sicheren Beweis für eine bewußte, planmäßige Fälschung des Autors erbrachte der Literaturhistoriker L. Ch. Stern gegen Ende des 19. Jahrhunderts, also erst weit über hundert Jahre nach dem Erscheinen der ersten Heldengesänge. Nun ergab sich zweifelsfrei, daß die Lieder »in ihrer ganzen Stimmung und Machart sich weit entfernt hatten von allem, was in alter gälischer Literatur zu finden war. Aber gerade diese Stimmung und Machart hatten die zeitgenössischen Leser verzaubert« (David Daiches).

Macpherson, der so viele hinters Licht geführt hat, wurde höchst ehrenvoll beigesetzt, und zwar in der Poet's Corner in der Westminster Abtei in London. Eigenartig, daß zu seiner Seite sein heftigster Gegner ruht, Dr. Samuel Johnson.

Die Fingalshöhle ist indessen von diesem Streit unberührt geblieben. Sie trägt nach wie vor ihren Namen und wird Jahr für Jahr von neugierigen Reisenden aufgesucht. Die meisten wissen nicht, woher der Name kommt. Einige aber haben den »Ossian« gelesen und kennen auch die folgenden Verse:

Viele Harfen und Stimmen erklangen darauf,
Sie sangen die Taten von Fingal
Und den Helden des hohen Geschlechts.

Dr. Samuel Johnson, der letzte große britische Vertreter der Aufklärung, bezweifelte schon sehr früh die Echtheit der »Ossianischen Gesänge«

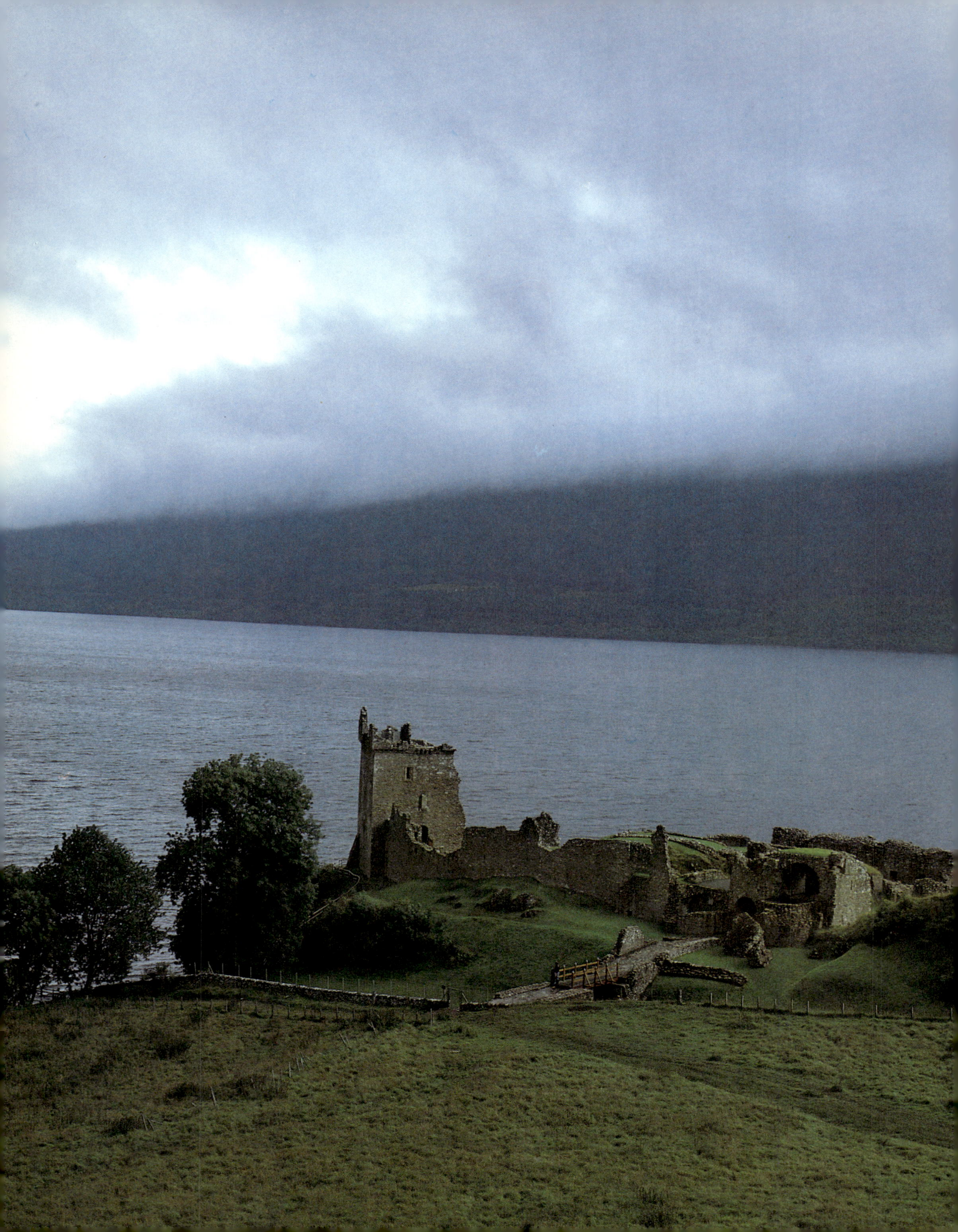

TÄUSCHUNG, FÄLSCHUNG ODER REALITÄT?

Das Ungeheuer von Loch Ness

»Exakt feststellen läßt sich an allen
diesen Relationen, Depeschen, Noten,
Bulletins, Zirkularen, Denkschriften nur, daß ihre
Verfasser entweder gottverdammte Lügner oder ahnungslose
Tölpel waren, indem sie den Sachverhalt entweder
entstellten oder nicht kapierten.«

Egon Friedell

Das ist nun über vierzehnhundert Jahre her. Damals lebte auf Iona, einer kleinen Hebriden-Insel, Abt Columban. Er war von Irland gekommen, um die Schotten, die im 6. Jahrhundert noch Heiden waren, zum Christentum zu bekehren. In vierunddreißig Jahren hat der Apostel, der später heilig gesprochen worden ist, im Norden Großbritanniens beträchtliche Erfolge der Missionierung gehabt.

Einer seiner Nachfolger, Adamnan, hat das Leben von Columban aufgezeichnet. In seiner Schrift versichert er, er erzähle keineswegs zweifelhafte oder ungewisse Dinge. Er habe vielmehr das gesamte Material entweder den Unterlagen seiner Vorgänger entnommen – »allesamt vertrauenswürdige und kritische Männer« – oder die Dinge bei sorgfältiger Befragung von älteren, zuverlässigen Personen erfahren.

Adamnan schildert nun im 27. Kapitel seines zweiten Buches ein merkwürdiges Ereignis, das Columban im Jahr 565 n. Chr. in Schottland erlebt haben soll. Die Begebenheit habe sich – so der Chronist – am Fluß Ness, der aus dem Loch Ness in den Moray-Firth fließt, zugetragen (das ist etwa dort, wo heute die Stadt Inverness liegt).

Als Columban hierher gelangte, fand gerade die Beerdigung eines Mannes statt, der durch den Biß eines Wasserungeheuers – »aquatilis bestia« – umgekommen war. Columban kannte also die Gefahren, die im Wasser lauerten, wollte aber dennoch den Fluß überqueren. Er sagte darum einem seiner Begleiter mit Namen Lugne Mocumin, er solle zum anderen Ufer

Burg Urquhart am Loch Ness. Der von Bergen und Wäldern eingeschlossene See gehört zu den landschaftlichen Attraktionen Schottlands

In Drumnadrochit ist das Ungeheuer von Loch Ness nachgebildet worden und schwimmt auf einem Teich neben der »Loch-Ness-Monster-Ausstellung«

schwimmen, um ein dort liegendes Boot herüberzubringen. Lugne Mocumin tat, wie ihm befohlen, und sprang ins Wasser. Das Ungeheuer, das auf dem Grund des Flusses lauerte, tauchte auf und stürzte sich mit furchtbarem Gebrüll und geöffnetem Rachen auf den Schwimmer. Doch da – in höchster Gefahr – griff Columban ein. Der heilige Mann machte mit erhobener Hand das Kreuzeszeichen, rief Gott an und befahl dem Ungeheuer: »Nicht weiter! Rühr den Mann nicht an! Kehr um!«

Als das Ungeheuer die Worte vernahm, war es schockiert, ließ augenblicklich von seinem Opfer ab und tauchte in die Tiefe. Lugne Mocumin konnte nun seinen Auftrag ausführen und kehrte unversehrt mit dem Boot zu seinen Gefährten zurück. Diese priesen Gott und den Apostel, und das taten auch die Heiden, die staunend dem erregenden Schauspiel zugesehen hatten.

Zu dieser Legende schreibt J. A. Carruth im Buch »Loch Ness und sein Monster« (1971): »Diese Geschichte belegt, daß zu den Zeiten des heiligen Columban irgendeine Art von Ungeheuer hier existiert haben muß. Damals war der Fluß aber viel tiefer als heute, da der Kanal, der jetzt neben ihm verläuft, das meiste aus dem Loch fließende Wasser aufnimmt, das andernfalls seinen Lauf in den Fluß nehmen würde.«

»Eine Familie von Ungeheuern«

Carruth schreibt weiter, das Monster könne aus dem Meer durch den Fluß in den Loch gelangt sein. Andererseits gebe es aber mehr Gründe dafür, daß das Ungeheuer sich immer im Loch aufgehalten habe, das heißt, daß sich die Monster fortgepflanzt haben mußten. Man müsse dann mit einer Familie von Ungeheuern rechnen. Die einzelnen Tiere wären zu verschiedenen Zeiten beobachtet worden, doch alle fielen unter den Begriff »Monster«.

Über mehr als tausend Jahre verlautete dann wenig oder nichts über das Phänomen. Erst im 17. Jahrhundert gab es einen Hinweis. Soldaten Oliver Cromwells berichteten von »schwimmenden Inseln« im Loch Ness, worunter in der Seemannssprache Wale zu verstehen waren. Im Jahrhundert darauf wollten dann Arbeiter des Generals Wade ein Ungeheuer beobachtet haben.

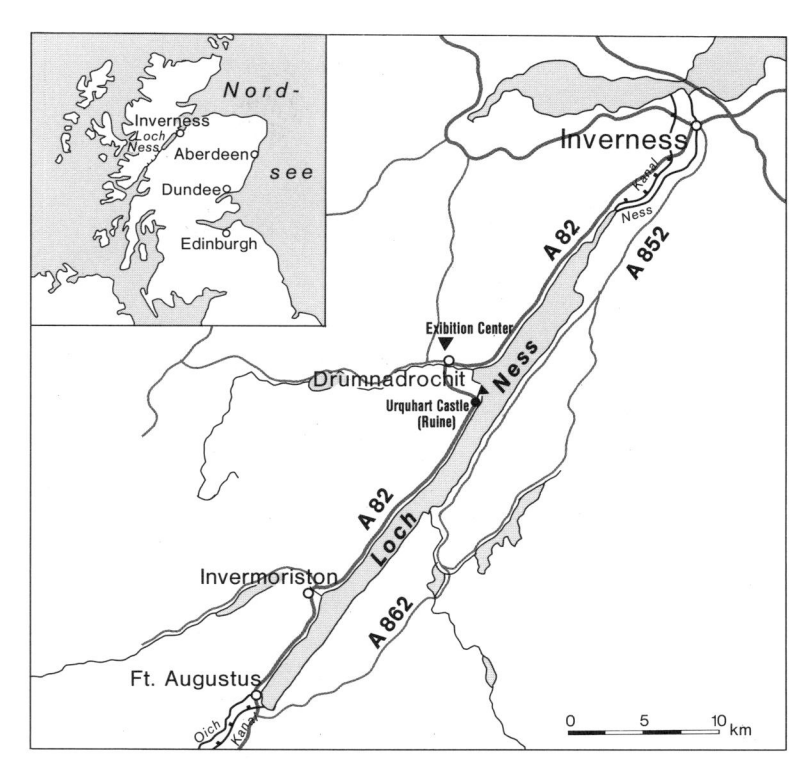

Die eigentliche Entdeckung von »Nessie«, wie das Monster bald genannt werden sollte, erfolgte im 20. Jahrhundert. Sie stand im Zusammenhang mit dem Bau einer Autostraße, der A 82, die von Inverness nach Fort Augustus führt und dicht am Nordufer des Sees entlangläuft. Die neue Straße lockte viele Reisende an, da Loch Ness zu den landschaftlichen Attraktionen Schottlands gehört. Der von Bergen und Wäldern rings eingeschlossene See ist Teil des Great Glen, eines großen geologischen Erdbruchs, der Schottland zweiteilt. Loch Ness ist 36 Kilometer lang, 1600 Meter breit und hat eine Wassertiefe von 300 Metern.

Mit der landschaftlichen Erschließung berichtete nun auch die örtliche Presse öfter über Ereignisse am Loch Ness. Im Mai 1933 erschien im »Inverness Courier« ein Artikel, der zur Sensation werden sollte. Ein Augenzeuge, Alex Campbell, wollte ein Monster im See beobachtet haben. Der Bericht wurde nicht nur in Schottland aufmerksam gelesen, sondern auch in London – mit dem Ergebnis, daß die großen nationalen Zeitungen die Story übernahmen.

Das Ungeheuer von Loch Ness beschäftigt noch immer die Öffentlichkeit. Im Drumnadrochit ist eine ständige Ausstellung, die der Erforschung dieses Phänomens gewidmet ist

Nicht nur das, auch die Weltpresse griff das Thema auf.

Campbell hat angeblich noch verschiedene Begegnungen mit »Nessie« gehabt, so zum Beispiel im Mai 1934. Darüber hat er folgendermaßen berichtet: »Ich blickte übers Wasser, und – Himmel noch mal – da war ein schreckliches Aufwallen in einer Entfernung von etwa zweihundert Metern. Ein großer Nacken erschien, mehr als fünf Meter über dem Wasser, mit einem kleinen Kopf, der sich scheu bewegte. Ja, der Kopf bewegte sich. Ich sagte zu mir: ›Das ist phantastisch!‹ und zwinkerte mit den Augen, um ganz sicher zu gehen, daß dies keine Einbildung war. Aber alles war deutlich zu erkennen. Als jedoch der Bug eines Fischerbootes auftauchte und das Geschöpf das Boot erkannte, schwapp – for heaven's sake! Es war fort.«

Ein anderes Mal ging bei Campbell das Telefon. Am Apparat waren zwei Damen von gegenüber. »Alex, Alex!« riefen sie. »Wir haben es gesehen – vom Schlafzimmer aus. Es war ein großer Höcker im Wasser, nach Sekunden ein zweiter, kleinerer, ungefähr zehn Meter hinter dem ersten. Und dann ein dritter, noch kleinerer. Wir glauben, es war eine Familie: Vater, Mutter und Kind.«

Das erste Foto von »Nessie«

1934 wurde das erste Foto von »Nessie« bekannt. Am 1. April fuhr ein Londoner Arzt, R. K. Wilson, von Fort Augustus nach Inverness. Zwei Meilen nördlich von Invermoriston beobachtete er zusammen mit einem Begleiter, knapp zweihundert Meter vom Ufer entfernt, wie das Wasser im See unruhig wurde. Kopf und Hals eines Tieres kamen hervor. Wilson machte – so sagte er – vier Aufnahmen, wovon eine zur Reproduktion geeignet war. Das Bild, inzwischen Hunderte Male abgedruckt, zeigt schemenhaft den langen Hals eines Ungeheuers sowie einen kleinen Kopf und den Rücken.

Auch andere wollen »Nessie« fotografiert haben. So legte Lachlan Stuart ein Bild vor, das er am 14. Juli 1951 gemacht haben will. Es zeigt drei dunkle Buckel im Wasser. Eine weitere Aufnahme stammt von P. A. Macnab. Er stand am 29. Juli 1955 oberhalb des Sees und wollte, wie er später erklärte, ein Foto der Ruine Urquhart machen, als das Monster erschien. Macnab drückte den Auslöser seiner Kamera und erhielt ein Bild, das links neben dem Turm der Ruine zwei Höcker im Wasser zeigt. Er versicherte: »In meinem Fall bestand nicht der geringste Zweifel daran, daß zum Zeitpunkt, als ich das Bild aufnahm, ein großes, langes, schwarzes oder dunkles, gezacktes Geschöpf existierte. Es gab keine Wellen, kein Kielwasser oder sonst etwas von einem Boot.«

Auch ein Mönch vom Benediktiner-Kloster in Fort Augustus glaubt, »Nessie« begegnet zu sein. Er war zusammen mit dem Organisten Roger Pugh Anfang der siebziger Jahre am Loch und meinte, »den Nacken eines großen Seetiers« beobachtet zu haben. Da Kleriker ja verpflichtet sind, die Wahrheit zu sagen und nichts als die Wahrheit, haben einige Zeitgenossen seiner Aussage besonderes Gewicht beigemessen.

All dies zusammengefaßt, glaubten einige Beobachter zu diesem Zeitpunkt folgende Merkmale von »Nessie« erkannt zu haben: Gesamtlänge 45 Fuß; Kopf und Nacken 10 Fuß, der Körper 20 Fuß, der Schwanz 15 Fuß; die Breite 5 Fuß; der Nacken kann beträchtlich über das Wasser gereckt werden; Farbe dunkel mit hellen Flecken; vier Flossen, die dem Tier eine Geschwindigkeit von etwa 13 Knoten verleihen.

Verstärktes Interesse fanden Untersuchungen mit modernsten technischen Geräten aller Art: Radar, Hydrophone und Fotoapparate mit langbrennweitigen Objektiven wurden postiert. Ein Kleinst-U-Boot durchfurchte das Wasser. Delphine mit einer automatischen Kamera und Blitzeinrichtung sollten »Nessie« aufspüren. Flugzeuge suchten die Wasseroberfläche ab.

1983 rückte die Iscan Inc. an und installierte nicht weniger als 144 Geräte zur Unterwasserauffindung des Ungeheuers. 1984 wurde von Stephen Whittle in der Nähe von Fort Augustus eine riesige Falle zu Wasser gelassen und auf zehn Meter Tiefe verankert. Whittle sagte, er wolle der Kreatur, wenn sie gefangen sei, in keiner Weise etwas antun. »Sobald sie fotografiert und gefilmt ist, werden wir sie wieder freilassen.«

Das Ungeheuer von Loch Ness 53

Eine sehr alte Steinritzung, die in der Nähe des Loch Ness gefunden wurde, könnte an das Ungeheuer »Nessie« erinnern (Foto: Nicholas Witchel)

Expeditionen verschiedenster Art wurden eingesetzt, um dem Rätsel auf die Spur zu kommen. Es entstand das »Loch Ness Phenomena Investigation Bureau«. In Drumnadrochit wurde eine »Official Loch Ness Monster Exibition« eröffnet, die jedes Jahr zahllose Briten und Ausländer anlockt. Die amerikanische »Academy of Applied Science« aus Boston kam nach Schottland. Die britische Luftwaffe (RAF) sowie die amerikanische Weltraumbehörde (NASA) wurden um Gutachten gebeten. Doch trotz aller Untersuchungen − nicht nur von nationaler Seite blieb vieles unklar.

Ein Plesiosaurier?

Handelte es sich bei dem Monster um einen großen Fisch, um ein Amphibium, ein Säugetier, einen riesigen Aal, einen übergroßen Wurm, eine Seekuh? Mehrfach wurde darauf verwiesen, das Untier weise große Ähnlichkeit mit einem Plesiosaurier aus. Dieser Saurier hat einen kleinen Schädel, einen langen Hals, einen kurzen Schwanz und paddelartige Gliedmaßen. Doch im Loch Ness konnte davon kein Exemplar vorhanden sein, denn einmal hatte sich während der letzten Eiszeit ein Gletscher durch den See geschoben und mit allen größeren Lebewesen früherer Zeiten aufgeräumt, zum anderen ist die Gattung der Plesiosaurier bereits vor siebzig Millionen Jahren ausgestorben.

Alle Untersuchungen, Erforschungen unter und über Wasser, die seit Jahrzehnten angestrengt worden waren, alle Fotos und Filme blieben unbefriedigend. Je mehr man sich mit »Nessie« befaßte, je mehr die »Sichtungen« und »harten Beweise« kritisch geprüft wurden, um so mehr wuchs der Verdacht, man jage nur einer Legende nach. Der Kurator der »Official Loch Ness Monster Exibition«, Anthony G. Harmsworth, stellte 1985 fest: »Ich bin ziemlich davon überzeugt, daß sich im Loch irgend etwas aufhält, aber selbst nach sechsjähriger hauptberuflicher Arbeit an dem Objekt bin ich nicht in der Lage zu sagen, ob ich absolut sicher bin.«

Vielfach dürften Täuschungen vorgekommen sein. Es gibt Strömungen im Loch Ness, Wellenkräuselungen und -bewegungen, die bei mittlerer und größerer Entfernung zur Annahme führen können, im Loch zeige sich ein Lebewesen. Treibende Baumstämme und Äste, gekenterte Boote oder größere Lachse, die im See vorkommen, mögen zu Fehleinschätzungen geführt haben. Wenn die Wolken tiefziehen oder Nebel die Landschaft verhüllt, was oft der Fall ist, verwischen sich die Konturen und können Anlaß für Trugbilder sein. Fehlschlüsse sind auch darum möglich, weil in Schottland nicht nur in der Vergangenheit der Aberglaube weit verbreitet war, sondern auch heute noch anzutreffen ist. Im Norden Großbritanniens hausen so in jedem Schloß und in jeder Burg ein oder zwei Gespenster, und auf den Friedhöfen geht es von jeher unheimlich zu. Vor solchem spukhaften Hintergrund wachsen phantastische Vorstellungen. Darum ist es nicht verwunderlich, daß es auch in anderen schottischen Lochs Monster geben soll, so im Loch Shiel oder im Loch Morar.

Nun sind Täuschungen allgemein keine Seltenheit, wie die psychologische Forschung zu berichten weiß. Menschenkundliche Untersuchungen kamen so auch zu dem Begriff der »Kollektivhalluzinationen«. Der französische Arzt und Sozialpsychologe Gustave Le Bon (1841–1931) stellte schon früh fest, daß solche Sinnestäuschungen in der Geschichte häufig vorkommen: Es handelt sich dabei um Erscheinungen, die nicht existieren, aber dennoch von verschiedenen Personen angeblich wahrgenommen worden sind. Weiter sagt Le Bon, die Täuschungen gingen meist von einer einzelnen Person aus, würden aber auf Tausende von Menschen übertragen. Dabei übe ein unwahrscheinliches Geschehen besonderen Reiz aus, welches stets Vorrang vor dem wirklichen Ereignis habe.

Gezielte Fälschungen

Beim Phänomen »Loch-Ness-Monster« haben nun nicht nur unbewußte Täuschungen vorgelegen, sondern auch gezielte Fälschungen. Für manche Menschen scheint ja ein unwiderstehlicher Reiz darin zu liegen, andere in die Irre zu führen. Die Welt der Fälschungen, bisher wissenschaftlich nur andeutungsweise erfaßt, weil die Beteiligten schweigen, ist jedenfalls riesengroß. »Mundus vult decipi, ergo decipiatur!« – »Die Welt will betrogen werden, also sei sie betrogen!« Dieses Wort aus dem 16. Jahrhundert galt nicht nur für die damalige Zeit, es gilt auch heute.

Als Meldungen von »Nessie« Furore machten und um die Welt liefen, fühlten sich einige Spaßvögel dazu herausgefordert, das Spiel auf die Spitze zu treiben. So entstanden gefälschte Lichtbilder – für einen Berufsfotografen ist es ja ein leichtes, Aufnahmen so zu verändern, daß kaum jemand in der Lage ist, die Fälschung nachzuweisen. Und es ging und geht nicht nur um gefälschte Bilder, sondern auch um falsche Aussagen – denn es trifft wohl kaum zu, daß es tatsächlich an die viertausend echte »Sichtungen« von »Nessie« gegeben hat, wie behauptet wird.

Viele haben aus Übermut falsche Fährten gelegt.

Eine besonders plumpe Irreführung war jene des Großwildjägers Weatherall. Er unternahm 1934 im Auftrag der Londoner »Daily Mail« eine Expedition zum Loch Ness, um das Rätsel zu lösen. Er fand schnell heraus, daß »Nessie« nicht nur im Wasser lebte, sondern auch zu Lande sein Unwesen trieb. Als Beweis führte er Trittsiegel an, Fußabdrücke eines Flußpferdes (»Hippopotamus amphibius«). Diese Spuren wurden bald als Fälschung entlarvt. Sie waren mit einem aus einem Nilpferdfuß hergestellten Schirmständer entstanden.

Fehlerhafte Schlüsse

Spätestens Mitte der achtziger Jahre – wenn nicht schon weit früher – hatte sich herausgestellt, daß die Existenz von »Nessie« mehr als zweifelhaft ist. Die meisten Belege haben äußerst geringe oder gar keine Beweiskraft. In dem Zusammenhang sei noch einmal der Kurator der »Official Loch Ness Monster Exibition«, Anthony G. Harmsworth, erwähnt. Er hat zugegeben, er habe in einer Publikation, die er in den siebziger Jahren veröffentlichte, eine Anzahl von fehlerhaften Schlüssen und Erklärungen abgegeben. Bei der Flut von Informationen, die über seinen Tisch gegangen seien, wären »beste Beweisstücke« nicht verläßlich gewesen. Er hätte, so bemerkt er ausdrücklich, weit vorsichtiger sein müssen. Der Kurator sagt allerdings auch, das Mysterium von Loch Ness gehe viel tiefer, als man sich vorstellen könne. Wie wahr!

Am Beispiel von »Nessie« wird jedenfalls exemplarisch deutlich, wie ein – für echt gehaltenes Phänomen – im schottischen Nebel zerrinnt.

»Aber«, so meint einer der Angestellten der Ausstellung in Drumnadrochit listig, »es handelt sich doch um eine gute und amüsante Geschichte.« Wer wollte dem widersprechen!

Nur – das Monster lebt nicht und hat nie existiert. Es ist eine Sage.

»Nessie« ist der Drache der Gegenwart.

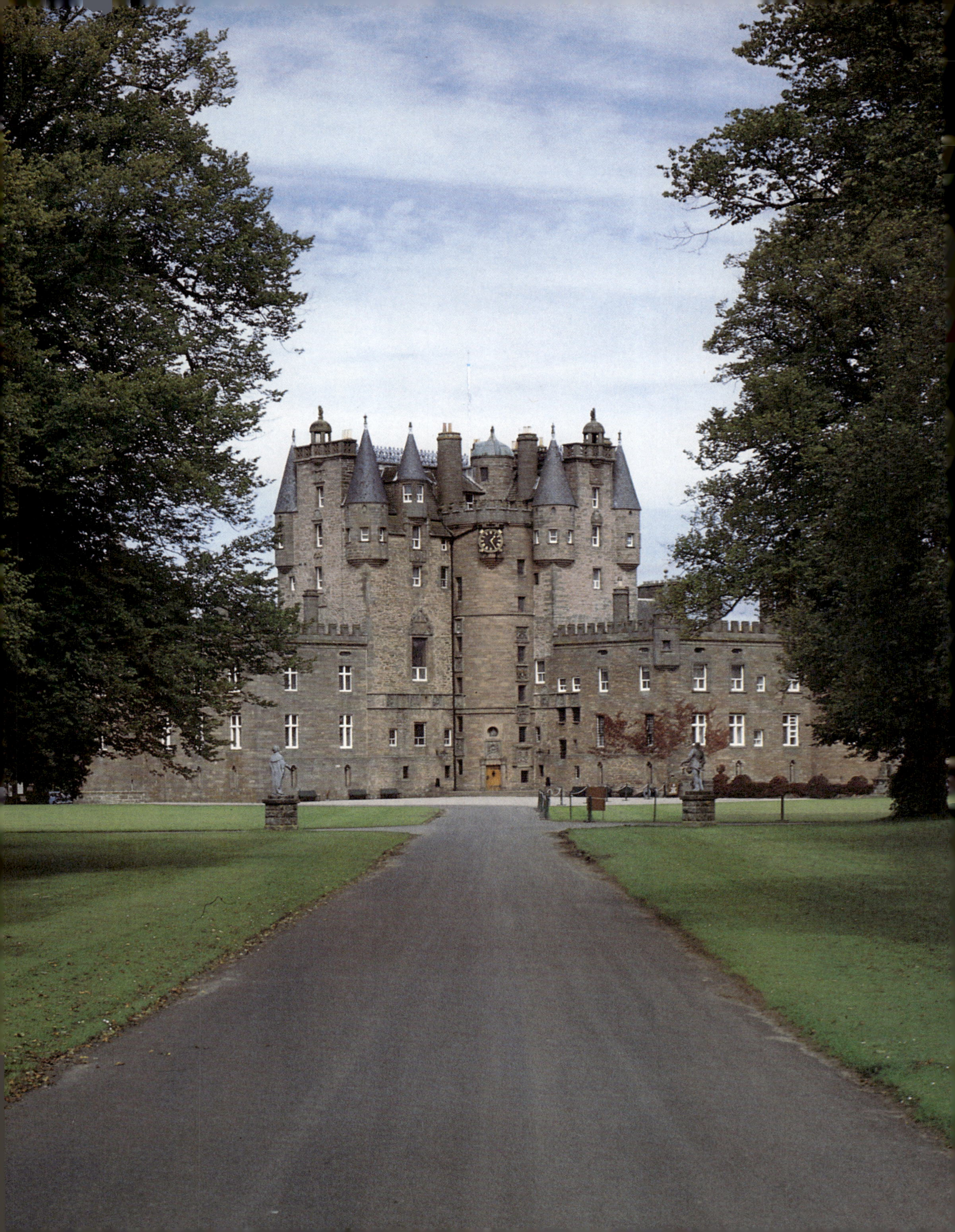

SEIN GEIST SPUKT NOCH IM SCHLOSS GLAMIS

Macbeth

»Das Leben ist ein Märchen,
Erzählt von einem Narren.
Es ist Schall und Rauch,
Bedeutet nichts.«

Shakespeare: »Macbeth«

Schottland birgt manche Reste aus der »bösen alten Zeit«. Da gibt es in der Victoria Road von Forres, einer etwa neuntausend Einwohner zählenden Stadt – östlich Inverness, südlich des Moray-Firth – einen geborstenen Granitstein aus alter Zeit, ehemals ein Altar für den Sonnengott. Der Stein soll an eine Begebenheit aus dem 17. Jahrhundert erinnern.

Eine Tafel berichtet: Drei Hexen wurden in ein Faß gezwängt, das innen mit Eisenstacheln besetzt war. Das Faß wurde vom nahen Cluny-Hill den Hang herabgerollt, bis es liegenblieb, und dann wurde es mitsamt den Hexen verbrannt.

Ein zweiter Stein, der auf eine ähnliche grausame Hinrichtung verweist, liegt im selben Ort am Grant Park. Hexenverbrennungen waren ja nichts Ungewöhnliches; 1772 fand die letzte in Schottland statt; im Dorf Dornoch, nördlich Inverness, war Janet Horne angeklagt worden, sie habe ihre Tochter in ein Pony verwandelt und dieses alsdann vom Teufel beschlagen lassen.

Im 16. und 17. Jahrhundert, zur Zeit von William Shakespeare (1564–1616), war fast jeder der Meinung, daß es Hexen gab, auch König Jakob I., ansonsten ein Förderer der Shakespearschen Schauspieltruppe. Es gab jedoch auch schon erste Anzeigen des Rationalismus. So veröffentliche Reginal Scot ein Buch gegen den Aberglauben, doch der König ließ es vernichten, um 1597 statt dessen eine Schrift herauszugeben, in der Hexen und Dämonen als Realität geschildert wurden.

So ist es kein Zufall, daß in Shakespeares Werken Hexen auftreten, etwa in der Tragödie »Macbeth«. Hier heißt es:

Erste Hexe: Wann treffen wir uns wieder? Bei Regen, Donner oder Blitz?
Zweite Hexe: Wenn der Wirrwarr ist vorüber und die Schlacht entschieden ist.
Dritte Hexe: Noch vor Untergang der Sonne.
Erste Hexe: An welchem Platz?
Zweite Hexe: Auf der Heide.
Dritte Hexe: Da wollen wir Macbeth treffen.
Alle: Die Kröte ruft – wir kommen! Schön ist

Glamis, das romantischste Schloß in Schottland, gilt als einer der Plätze, in dem der Sage nach Macbeth den König Duncan umgebracht hat

Der Stein von Forres in Schottland erinnert an die Zeit Shakespeares, als jedermann an die Existenz von Hexen glaubte. In der Nähe von diesem Stein wurden Hexen verbrannt, nachdem sie in Fässern den nahen Cluny-Hügel herabgerollt worden waren

> **WITCHES STONE**
> FROM CLUNY HILL WITCHES WERE ROLLED
> IN STOUT BARRELS THROUGH WHICH SPIKES
> WERE DRIVEN. WHERE THE BARRELS STOPPED
> THEY WERE BURNED WITH THEIR MANGLED
> CONTENTS. THIS STONE MARKS THE SITE
> OF ONE SUCH BURNING

schlecht, und schlecht ist schön. Fliegt durch Rauch und Wolkenhöhn!

Dieses gespenstische Geschehen soll sich nach Shakespeares Regieanweisung auf den Heiden Schottlands abgespielt haben. In Forres werden sogar Plätze genannt, wo dies im Sinne der Sage gewesen sein muß. Dabei ist der Spielraum für eine Lokalisierung groß. Er liegt nördlich und südlich des Moray-Firth bzw. seiner Verlängerung, des Kaledonischen Kanals, in den Highlands mit ihren nackten Bergrücken, ihren ausgedehnten Heiden, den Mooren, Torfmoosen und dem Wollgras. Diese Regionen sind fast unbesiedelt; weniger als neun Menschen wohnen hier auf einem Quadratkilometer.

Es ist eine unheimliche Landschaft, vor allem, wenn die Wolken tiefgehen, wenn Gewitter über die Berge rollen. Dann wandelt sich die Heide zur shakespearschen Szene. Man könnte glauben, die Hexen träten wirklich auf, um einen magischen Kreis um sich zu ziehen:

Die Schicksalsschwestern, Hand in Hand,
Wandernde zu See und Land,
gehen so herum, herum:
Drei Runden dein, drei Runden mein,
und nochmals drei, so sind es neun.
Halt! – Der Zauberkreis ist schon geschlossen.

Als die beiden königlichen Heerführer, Macbeth und Banquo, nach gewonnener Schlacht auftreten, sagen ihnen die Hexen die Zukunft voraus: Macbeth soll Than von Glamis und Cawdor und sogar König, Banquo dagegen, so prophezeien die Hexen, Stammvater eines Königsgeschlechts werden.

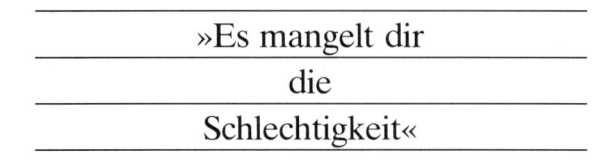

»Es mangelt dir die Schlechtigkeit«

Kurz nach der geisterhaften Vorhersage melden Boten den beiden Heerführern, der König habe Macbeth zum Than von Cawdor ernannt. Durch den Tod des Than von Glamis wird Macbeth außerdem dessen Nachfolger. Die schnelle Erfüllung von zwei der Prophezeiungen weckt bei Macbeth Hoffnungen auf eine größere Zukunft. Er teilt seiner Frau die Vorhersage mit. Darauf erwidert Lady Macbeth:

Du möchtest groß sein,
bist ohne Ehrgeiz nicht, doch mangelt dir
die Schlechtigkeit, die ihn begleiten muß.

Als Lady Macbeth des weiteren erfährt, König Duncan wolle die Nacht in ihrem Schloß Inverness verbringen, sagt sie:

Kommt ihr Geister,
die ihr auf Mordgedanken lauscht, entweibt
mich,
und füllt mich ganz vom Scheitel bis zur Sohle
mit schärfster Grausamkeit! Verdickt mein
Blut,
sperrt jeden Weg und Eingang zum Gewissen,
daß kein bedenklich Mahnen der Natur
den grimmen Vorsatz lähme . . .

Lady Macbeth verstärkt die Ambitionen ihres Mannes und verscheucht seine Bedenken. So wird Macbeth dazu gebracht, auf Schloß Inverness König Duncan umzubringen; aus einem ehemals loyalen Fürsten wird letztlich ein Bösewicht. Aber Macbeth wird nach der Tat von

In Schottland gibt es manche Örtlichkeiten, die sich auf Shakespeares Drama »Macbeth« beziehen. So heißt es, im Schloß Glamis spuke der Geist von Macbeth

heftigen Gewissensbissen gequält. Er ist unfähig, den Mord zu verschleiern und die beim König schlafenden Kämmerer mit Blut zu beschmieren, um den Verdacht auf sie zu lenken. Da greift Lady Macbeth ein und vollbringt, wozu ihr Mann nicht fähig ist:

Auch meine Hände tragen deine Farbe.
Ein wenig Wasser spült uns ab die Tat.

Nach Shakespeare erfolgt der Mord, der für Macbeth den Weg zur Königsherrschaft freimacht, in der Burg von Inverness. Die Festung gibt es heute nicht mehr. Das Schloß, das jetzt über der Stadt liegt, stammt aus dem Jahre 1835.

Darum wird manchmal eine andere Burg als Stätte der Tat genannt, das östlich Inverness gelegene Cawdor, dessen Than Macbeth tatsächlich gewesen ist. Das Schloß von Cawdor hat alle Attribute einer mittelalterlichen Burg. Es liegt abseits, von Wald umgeben. Ein romantischer, kleiner Fluß zieht auf der einen Burgseite entlang, ein Graben mit Zugbrücke auf der anderen. Ein kantiger Turm erhebt sich über grauem Gemäuer. »Aber Duncan wurde hier nicht umgebracht«, sagt der heutige, der 25. Than von Cawdor. »Vielmehr hat Macbeth König Duncan, seinen Vetter, am 14. August 1040 bei Pitgaveny in der Nähe von Elgin, etwa vierzig Kilometer östlich Cawdor, erschlagen. Er regierte danach noch siebzehn Jahre und ist am 15. August 1057 in der Schlacht von Lumphanan gefallen.«

Diese Daten waren nicht zuletzt dem Chronisten Raphael Holinshed bekannt, dem Shakespeare fast alle historischen Unterlagen für sein Drama »Macbeth« verdankt. Holinshed veröffentlichte sein Material in der »Chronik der schottischen Geschichte«, während Shakespeare diese Angaben und die Zeichnung der Charaktere nach den Regeln der Dichtung und des Dramas sowie nach den Zwängen des Zeitgeschmacks veränderte. Dabei ist ihm eine innere Glaubwürdigkeit der Darstellung gelungen: In der Zeit von 943 bis 1040 wurden sieben von neun schottischen Königen ermordet.

Macbeth und Duncan wurden beide – das ist Geschichte – auf dem Friedhof Reilig Oran der »Heiligen Insel« Iona beigesetzt. Hier ruhten früher sechzig Könige; davon waren achtundvierzig Schotten, vier Iren und acht Norweger. Heute gibt es keine Spuren der Gräber mehr.

Shakespeare verlegt das Grab an einen Ort:

Nach Colme-kill brachte man ihn,
Der heiligen Ruhestätte seiner Vorgänger.
Dort ruhen ihre Gebeine.

So heißt es in der Tragödie des englischen Dramatikers über diese Stätte, nachdem der schottische Edelmann Rosse nach dem Verbleib von Duncans Leichnam gefragt hatte.

Schottlands größtes Spukschloß

Wenn Inverness und Cawdor als sagenhafte Orte des Königsmordes ausfallen, bleibt noch ein anderes Schloß in Schottland. »Traditionsgemäß«, so heißt es in einigen Schriften, »wird die Szenerie nach Glamis verlegt.« Das ist über hundert Kilometer südöstlich von Cawdor, nördlich des Firth of Tay. Glamis gilt als das romantischste »Castle« von Schottland. Es zeigt sich für den Besucher, wie ein Schloß aus dem Baukasten, in einer riesigen Parkanlage, mit gelblichen Mauern im Renaissancestil und kleinen Türmchen nach französischem Vorbild. »Meine Familie lebt hier seit 1372. Das Schloß ist seitdem vergrößert und im Laufe der Jahrhunderte verändert worden«, berichtet der heutige Besitzer, der Earl of Strathmore and Kingborne. Königin Elizabeth II. und die Königinmutter haben sich hier oft aufgehalten, und Prinzessin Margret wurde in Glamis geboren.

Wie es sich für ein englisches Schloß gehört, ist es in Glamis nicht geheuer. Hinter den zum Teil 15 Fuß dicken Mauern, in der Krypta, soll eine Geheimkammer liegen, in der ein scheußliches Ungeheuer eingemauert worden ist. Außerdem gibt es, so wird erzählt, noch wenigstens neun Geister, so daß Glamis als größtes Spukschloß Schottlands gilt. Einer der Geister ist Earl Beardie, der bis zum Ende aller Zeiten mit dem Teufel würfeln muß, weil er einst eine schwere Sünde beging: Er hatte sich erdreistet, an einem Sonntag seiner Spielleidenschaft zu frönen; das durfte und darf in Schottland nicht sein. Des weiteren spukt eine nur ungenau

Macbeth

Das Schloß Cawdor in Schottland wird nach Erzählungen ebenfalls als der Ort genannt, an dem König Duncan ermordet wurde

identifizierte Dame in der Schloßkapelle; und eine andere Frau, die keine Zunge hat, läuft häufig durch den Park und reißt dabei den Mund auf. Weiter wird berichtet, daß in Winternächten ein verrückter Geist verschiedentlich versucht, über das Schloßdach zu laufen.

Höhepunkt aller Spukgeschichten ist der Geist von Macbeth, der hier umgeht. Der Mord, den er am König verübte, soll sich in der »Duncan-Hall« ereignet haben; sie gehört zum ältesten Teil des Schlosses und wurde mit Rohsteinen zu einem Tonnengewölbe ausgemauert. Die Wände sind mit Geweihen bestückt, ein ausgestopfter Braunbär hält Wache.

Der Präsident des britischen »Ghost-Club«, Peter Underwood, glaubt übrigens noch an manches andere Rätselhafte. Er bezieht sich dabei auf ein Gespräch mit dem verstorbenen Earl of Strathmore, der zu ihm sagte: »Es gibt zweifellos in dem mysteriösen und verwunschenen Schloß Glamis noch verschiedene Geheimnisse, die bisher nicht aufgedeckt worden sind.«

Der magische Kessel

Im vierten Aufzug von Shakespeares Drama treten unter Blitz und Donner erneut die Hexen auf, angeführt von Hekate, Herrin aller Spukerscheinungen. In einem magischen Kessel wird die Höllensuppe zubereitet:

Sumpfger Schlange Zungenband
Fliege übern Kesselrand,
Molchesauge, Unkenlunge,
Otterzahn und Natterschnauze,
Eidechsbein und Flaum vom Kauze.
Daß der Zauber uns gefalle,
Höllensuppe, zisch und knalle!

Macbeth tritt auf, um seine weitere Zukunft zu erfahren. In drei Erscheinungen wird ihm verkündet, er solle dem schottischen Edelmann Macduff mißtrauen; ihm könne ferner keiner schaden, der von einem Weib geboren worden sei; schließlich würde er niemals besiegt werden, es sei denn, der Wald von Birnam steige zur Burg von Dunsinane empor.

Im fünften und letzten Aufzug des Dramas plaudert Lady Macbeth begangene Untaten aus: den Mord an Duncan in Inverness und einen weiteren Mord an Banquo, der von drei Häschern in der Burg von Forres im Auftrag von Macbeth begangen wurde. Lady Macbeth – die jetzt dem Wahnsinn verfallen war – tut unaufhörlich so, als wasche sie sich die Hände. Sie sagt:

Weg, du verdammter Fleck! Weg, sag ich.
– Eins, zwei! Jawohl, dann ist es Zeit zur Tat.
– Die Hölle ist finster! Pfui, mein Gemahl,
pfui, ein Soldat und furchtsam? Was haben wir
zu fürchten, wer weiß es? Niemand zieht unsere
Macht zur Rechenschaft . . .

Nachdem Lady Macbeth wenig später stirbt, kommt ein Bote zu Macbeth auf die Burg Dunsinane und meldet:

Als ich zur Wacht dort auf dem Hügel stand,
schaut ich nach Birnam, und alsbald – so
schien es –
begann der Wald zu wandern.

In Wahrheit ist es das anrückende Heer mit Duncans Sohn Malcolm und mit Siward, dem Führer der englischen Truppen, sowie dem schottischen Edelmann Macduff. Die Soldaten haben zur Tarnung Zweige aus dem Birnam-Wald geschnitten. Als sie sich der Burg Dunsinane nähern, ruft Malcolm seinen Mitkämpfern zu:

Jetzt, nah genug, werft ab die laubgen
*   Schirme,*
und zeigt euch, wie ihr seid.

Es kommt zum Kampf in der Ebene. Macduff tritt auf. Macbeth schleudert ihm entgegen:

Mein Leben ist gefeit. Ich weiche keinem
vom Weib Geborenen!

Darauf Macduff:

Der Zauber nützt dir nichts!
Macduff war aus dem Mutterleib
geschnitten vor der Zeit.

Der Zauber nützt Macbeth wirklich nichts; er fällt im Kampf.

Dunsinane und Birnam

Nach Shakespeare spielt das Drama auf der Ebene vor der Burg von Dunsinane. Der Platz ist heute noch bekannt. Der Burghügel liegt südwestlich Glamis zwischen den Dörfern Abernyte und Balbeggie. Hier erstrecken sich über Kornfelder und Wiesen zwei Bergkuppen. »Die eine heißt Green-Hill, die andere King's Site«, sagt uns der Bauer, der am Fuße des Berges eine Farm betreibt.

Und Birnam?

Der Ort gleichen Namens findet sich etwa fünfundzwanzig Kilometer nordwestlich Dunsinane, am Fluß Tay. Der ausgedehnte heutige Wald, der den Ort umgibt, hat allerdings mit dem sagenhaften Forst nichts zu tun — er ist zu jung. Doch am Flußufer erstreckt sich eine verwunschene Wildnis mit Gebüsch, Farnen und Bäumen. Eine Eiche von beträchtlicher Höhe findet besondere Aufmerksamkeit: Der Stamm mit einem Umfang von vielen Metern ist gespalten und ausgehöhlt; einige der dicken, weitausholenden Äste sind gestützt. Ein Schild, überschrieben »Die Birnam-Eiche«, gibt nähere Auskunft: Da heißt es, es sei schwierig, das genaue Alter zu bestimmen; sicher betrage es einige hundert Jahre. Wörtlich wird gesagt: »Dies ist der letzte Baum des alten Birnam-Waldes, berühmt durch die Prophezeiung der Hexen in Shakespeares Macbeth.« Dicht neben der Eiche wächst noch ein Bergahorn, auch gewaltig im Umfang, wild verzweigt und ebenfalls Jahrhunderte alt.

Beide Bäume stammen nicht aus der Epoche, in der der historische Macbeth gelebt hat. Es sind Reste aus der Zeit, in der Shakespeare sein Drama verfaßte.

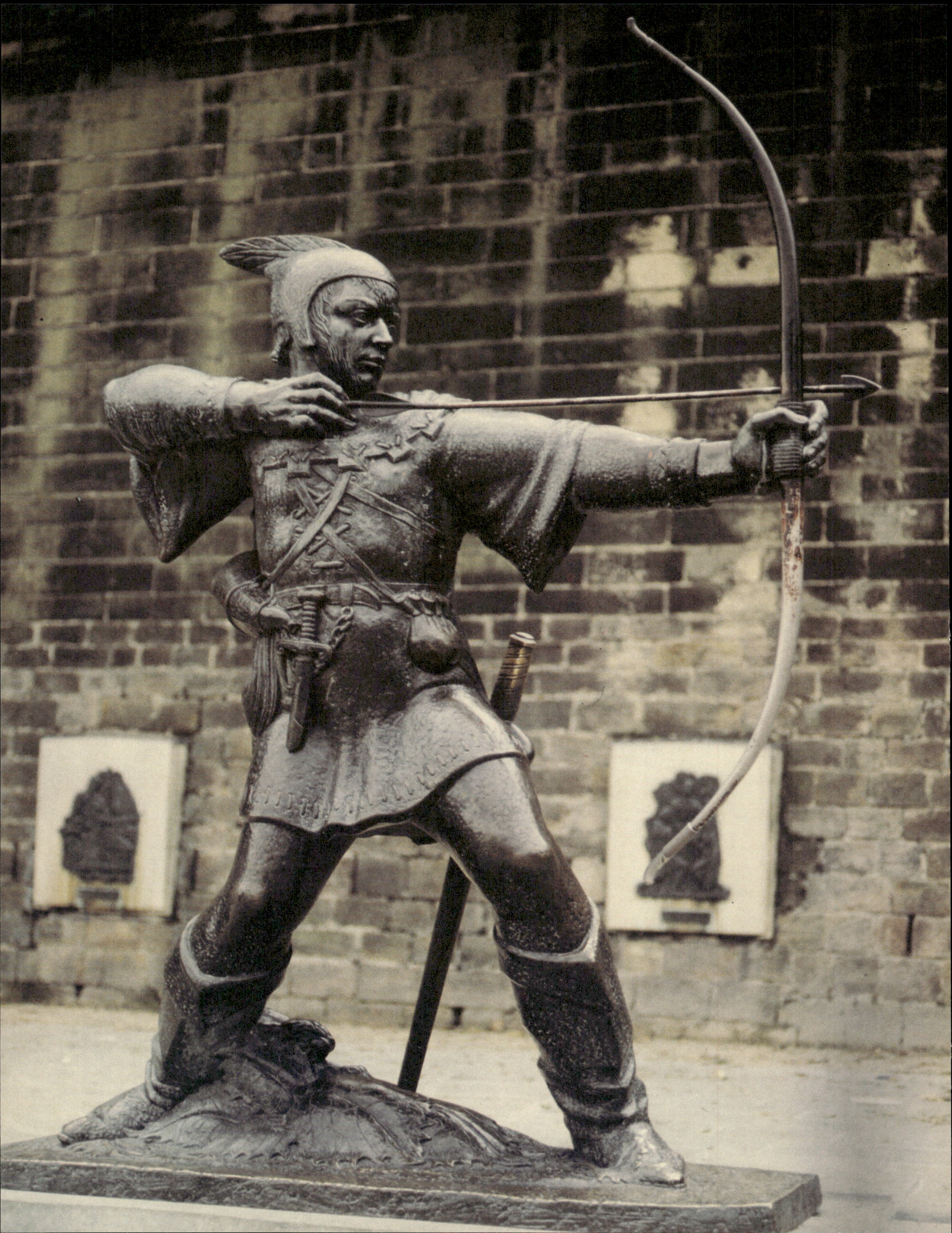

DER PROMINENTESTE ALLER RÄUBER UND BRIGANTEN

Robin Hood

»Ich kann nicht das Paternoster
Wie es der Priester hersagt.
Aber ich kenne die Verse von Robyn Hode
Und Randle Erle von Chester.«

Ein Kaplan in »Piers the Plowman«, 1377

In Nottingham, in Mittelengland, steht auf einem Hügel, oberhalb des kleinen Flusses Trend, eine Festung, um die in der Vergangenheit erbittert gekämpft worden ist. Die Burg wurde im Lauf der Zeit mehrfach zerstört. Die heutige Anlage ist relativ jung.

Von der Burg ist manches Historische zu vermelden. Der Vorplatz der Anlage verweist indessen auf eine der großen Sagen des Landes. Links vom Eingang der Festung, unterhalb der mehrere Meter hohen Mauer, hat der ortsansässige Künstler James Woodford 1952 die Erzählungen von Robin Hood in Reliefs und Skulpturen dargestellt.

Robin Hood, der prominenteste aller britischen Räuber und Briganten, der »Outlaw«, der »Geächtete«, lebte mit seinen Spießgesellen in den Wäldern von Nottinghamshire und Yorkshire. Er war der besondere Feind des Sheriffs von Nottingham, der in der Burg der Stadt gelebt haben soll, war auch ein Gegner der Bischöfe und Äbte, andererseits ein überzeugter Christ. Schließlich beraubte er die Reichen, trieb mit ihnen Schabernack, während er die Armen beschenkte.

Szenen aus seinem wilden Leben und Bilder seiner Kumpane beleben den Vorplatz an der Mauer: Da kämpft der riesige Little John, da treten der Mönch Friar Tuck oder Robins Gefährtin Marian auf. In der Mitte des Platzes steht Robin Hood in Kampfstellung, den Bogen gespannt, einen Pfeil eingelegt; er trägt hohe Stiefel und einen kurzen Rock; ein Schwert hängt zur Linken, ein Dolch steckt im Gürtel, das Hifthorn ist umgehängt.

Das ist der Robin Hood aus den Balladen, der Outlaw aus zahllosen Geschichten, der Rebell, wie ihn die Maler gezeichnet haben. Jeder Brite sieht ihn so oder ähnlich. Nicht zuletzt haben die Kinder diese Vorstellung von dem sagenhaften Räuber, den sie lieben. Aus diesem Grunde bringen die Eltern ihre Sprößlinge mit, und da diese wissen, was sie erwartet, haben einige Pfeil und Bogen dabei. Große Augen machen sie, wenn der »größte Brigant aller Zeiten« tatsächlich vor ihnen steht. Die Eltern ihrerseits führen einen Fotoapparat mit:

Der »größte Räuber aller Zeiten«, Robin Hood, als Bronzefigur vor dem Schloß in Nottingham. In Kampfstellung, den legendären Bogen gespannt und einen Pfeil eingelegt, wird Robin von vielen Neugierigen täglich aufgesucht

Szenen aus dem Leben von Robin Hood an den Mauern des Schlosses von Nottingham. Auf diesem Bild kämpft Robin mit »Little John«, der nach dem Streit Gefolgsmann des »edlen« Räubers wird

So werden der kleine Ben und der große Robin nebeneinander abgelichtet, beide den Bogen gespannt – »allzeit bereit«.

Robin lehrt sie das Bogenschießen

Robin Hood lebte mit einer Schar von Flüchtigen, von ehemals Leibeigenen, in den Wäldern Mittelenglands. Das berichten alte Schriften.

Anfangs ist die Zahl klein. Es sind nur sechs, die sich zusammengefunden haben und von Wilddieberei und Raub leben. Die Bande wächst schnell auf zwanzig an, dann kommen immer mehr hinzu. Robin bildet seine Leute als Kämpfer wie auch als »Waldläufer« aus: Er lehrt sie den Umgang mit Schwert und Schild und besonders Bogenschießen. Auch bringt er seinen Männern alles das bei, was für ein Leben im Wald wichtig ist, zeigt ihnen, wie ein Versteck hergerichtet und getarnt wird, wie sie sich Verfolgern entziehen, jagen oder Wildbret zubereiten.

Eines Tages begegnet Robin im Wald ein riesiger junger Kerl, der die Tracht eines Leibeigenen trägt. Er betritt die Brücke über einen Fluß, auf der Robin bereits steht. Da der Fremde den Weg nicht freigeben will, kommt es zu einer heftigen Rangelei. Dabei fegt der Kerl Robin von der Brücke.

Beide hatten den Kampf aber mehr als Sport denn als feindliche Auseinandersetzung betrachtet; so vertragen sie sich bald. Der riesige junge Mann, der aus Cumberland stammt, John Naylor heißt, aber Little John genannt wird, erzählt nun, sein Herr habe ihn auspeitschen lassen wollen, weil er gewildert habe; daraufhin habe er dem Rentmeister den Kopf eingeschlagen und sei geflohen. Robin glaubt, daß dieser Raufbold gut in seine Gefolgschaft paßt, und fordert ihn daher auf, der Bruderschaft beizutreten. Little John willigt ein und wird mit einem Topf Bier getauft.

Da die Outlaws trotz ihrer Abneigung gegen die hohen Herren gläubige Christen sind, meint Robin, man brauche in der Gemeinschaft einen Priester. Als er von einem Mönch – es ist Friar Tuck – in Fountains Dale hört, der als Einsiedler in den Wäldern haust und als ausgezeichneter Bogenschütze gilt, will er ihn für die Gruppe gewinnen. Friar Tuck gilt als recht aufsässig: Im Kloster, in dem er zuvor gewesen war, hatte er manches angestellt – so dem Prior einen Zinnkrug an den Kopf geworfen und den Kellermeister in den Fischteich gestoßen. Das stört Robin jedoch nicht, im Gegenteil: Der Mönch ist nach seinem Geschmack.

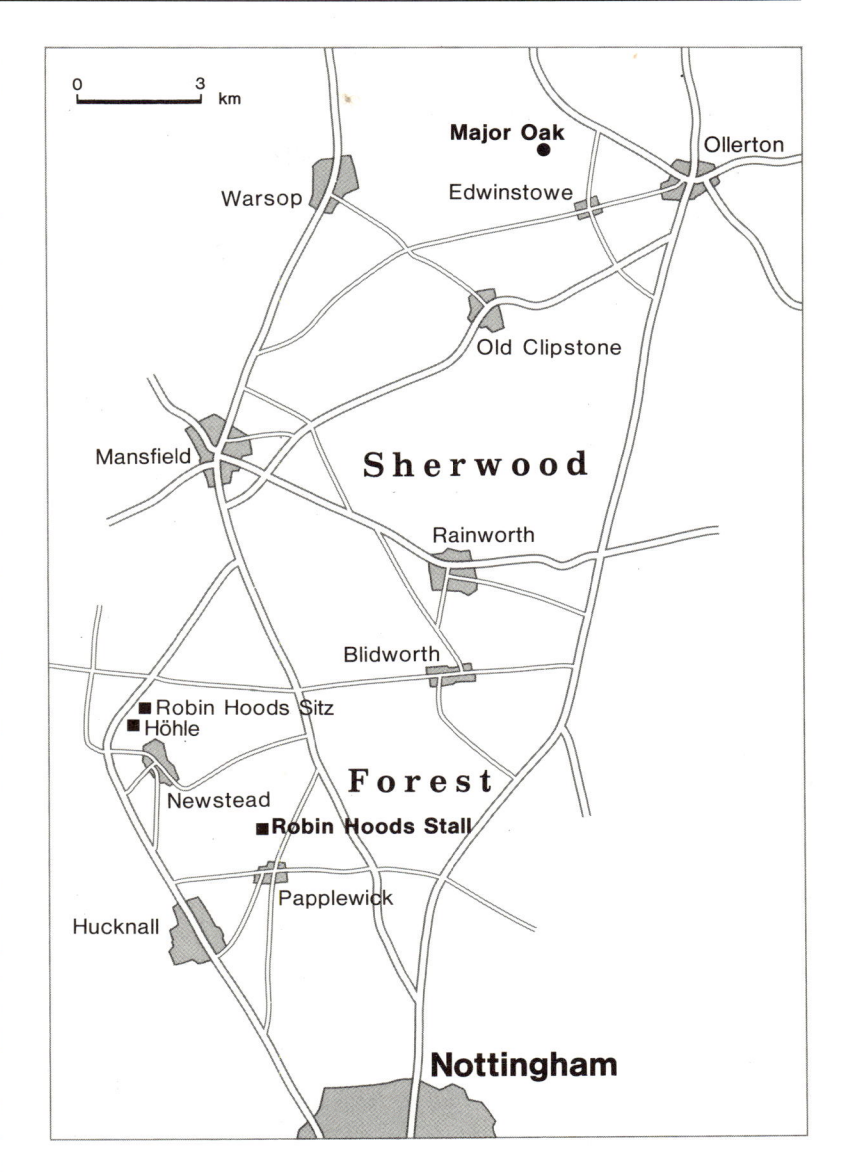

Friar Tuck liest jeden Morgen die Messe

Er begegnet Friar Tuck an einem Fluß und will an Ort und Stelle die Standfestigkeit des Bruders prüfen. Er befiehlt ihm darum, ihn über

Nördlich von Nottingham ist das Revier des größten aller Räuber, von Robin Hood. An der »Major Oak«, in der Nähe des Ortes Edwinstowe, soll der Treffpunkt der Briganten gewesen sein

das Gewässer zu tragen; Friar Tuck willigt ein. In der Mitte des Flusses wirft er aber seine menschliche Last in den Strom; ein heftiger, unentschiedener Kampf schließt sich an. Am Ende meint Friar Tuck: »Da ihr, wie ich weiß, Freunde der Armen und Geächteten seid und Feinde der feisten Prälaten und grausamen Adligen, will ich mich euch anschließen.« So geschieht es. Von nun an liest Friar Tuck den Outlaws jeden Morgen die Messe, und sonntags feiert er mit ihnen das Hochamt.

Viele andere kommen hinzu: Will der Bogenschütze; Simon der Bogenmacher; Ket der Schmied; Much, des Müllers Sohn; George-a-Green, Arthur-a-Bland, William von Goldsborough oder Will Scarlet.

Einmal ist Robin allein auf dem Weg nach St. Mary's Church in Nottingham. Da erkennt ihn ein Mönch und macht sein Wissen schnell bekannt. Kurz darauf strömt eine Zahl von Bürgern in die Kirche, um Robin festzunehmen. Der Geächtete ahnt davon nichts, während er im Gebet vor dem Altar kniet. Als sich die Verfolger auf ihn stürzen, tötet er zwar zwölf mit seinem Schwert, doch die Übermacht ist zu groß: Er wird gefangengenommen. Seine Kumpane, unter ihnen Little John und Much, des Müllers Sohn, befreien ihn kurze Zeit später, und der Mönch, der Robin verraten hat, wird umgebracht; die Bande aus dem »Greenwood« ist ja nicht zimperlich. So auch nicht, als Robin auf seinen größten Feind, den Sheriff von Nottingham, trifft; nachdem er ihn mit einem Pfeil getötet hat, schlägt er ihm den Kopf ab.

Robin ist weniger wegen solcher Kämpfe bekannt, sondern eher wegen seiner Großzügigkeit, Ritterlichkeit und seines Witzes. Er war ein Straßenräuber, der sein Handwerk, große und kleine Gaunereien, mit Großmut betrieb. In der Ballade »Lytell Geste« heißt es daher auch:

*Einen so liebenswürdigen Geächteten
gab es sonst nirgendwo.*

Aufgebracht über Robin Hood ist das Königshaus. Als Edward (wahrscheinlich der II.) auf einer Reise mit eigenen Augen sieht, was die Geächteten angerichtet haben, ist er aufs äußerste empört und befiehlt, Robin Hood zu fangen und hinzurichten. Der König selbst begibt sich, als Abt verkleidet, in den Greenwood; dabei fällt er den Outlaws in die Hände; sie behandeln den König, den sie nicht erkennen, jedoch gut, bereiten ihm ein ausgezeichnetes Essen aus Wildbret und führen ihm ein meisterhaftes Bogenschießen vor.

Da erkennt Robin, wer der Abt wirklich ist, fällt vor ihm nieder und bittet um Gnade. Edward vergibt dem Räuber und seinen Leuten unter der Bedingung, daß sie ihr Handwerk aufgeben und den Wald verlassen. Edward nimmt Robin Hood sogar in seine Dienste und verpflichtet ihn als Kammerdiener. Doch der Oberbrigant hält das Leben am Hofe nicht lange aus. Bald erbittet er Urlaub, um angeblich eine Kapelle in Barnsdale aufzusuchen, und kehrt nicht mehr zurück. Er geht wieder in den Greenwood, ruft die Kumpane zusammen und lebt noch für lange Zeit in den Wäldern.

Das Komplott gegen Robin

Bei einem seiner vielen Kämpfe wird Robin eine große Wunde am Schenkel beigebracht, die einfach nicht heilen will. Nun hat er eine Base mit Namen Ursula, die Äbtissin im Nonnenkloster Kirklees ist und sich gut in der Medizin und mit Kräutern auskennt. Zu ihr geht Robin verschiedene Male, um von ihr geheilt zu werden; dabei läßt die Äbtissin ihren Patienten auch zur Ader.

Von den Besuchen im Kloster hört auch Roger von Doncaster, ein Feind des Outlaws. Er begibt sich seinerseits zur Äbtissin und macht ihr ein teuflisches Angebot: Sie solle ihren Patienten so lange zur Ader lassen, bis er verblute; dafür wolle er dem Kloster dreißig Morgen Land und zwei goldene Leuchter schenken; die Äbtissin ist damit einverstanden.

Als Robin Hood erneut zur Behandlung ins Kloster kommt, läßt die Äbtissin ihren Vetter wieder zur Ader und gibt ihm darüber hinaus einen Schlaftrank; doch der ist nicht sehr stark; so wacht Robin nach einer Weile auf und erkennt, daß man ihn ermorden will. Er schleppt sich zum Fenster, nimmt sein Jagdhorn und bläst mit letzter Kraft ein Signal, das alle seine Männer kennen; sie eilen herbei, finden das Kloster verschlossen, während die Äbtissin geflohen ist; Little John bricht die Türen auf und findet den fast Verbluteten.

Eine uralte Eiche im Wald von Sherwood ist der Platz, an dem sich Robin Hood und seine Gefolgsleute getroffen haben sollen

Robin bittet seinen Freund, er möge den Bogen nehmen und spannen. Dann greift Robin ihn, legt einen Pfeil ein und schießt ihn ab. Es ist seine letzte Handlung. Dann sagt er mit leiser Stimme: »Wo der Pfeil niedergeht, sollt ihr mich begraben. Und legt den Bogen neben mich.« Sekunden später stirbt er. Sein Wunsch wird von seinen Gefolgsleuten erfüllt: Wo der Pfeil niedergefallen war, wird er begraben. Friar Tuck spricht das Gebet.

In Kirklees Park in West Yorkshire zeigt man noch heute einen Hügel, der das Grab von Robin Hood sein soll.

Der Schauplatz der Balladen

Die Erzählungen von Robin Hood sind hauptsächlich in Yorkshire und Nottinghamshire verbreitet. Vor allem die letztere Grafschaft hat den »Ruhm« an sich gezogen, Schauplatz der Balladen gewesen zu sein. »Jedermann weiß«, heißt es im »Grünbuch« der »Robin-Hood-Gesellschaft«, »daß Nottingham die engsten Beziehungen zu dieser wundervollen Saga hat.« Selbst der heutige Sheriff der Stadt, J. M. Hornsby, schätzt Robin Hood – im Gegensatz zu seinem Vorgänger. Er sagt: »Vielleicht würde mein Vorgänger von vor sechshundert Jahren nicht meine Meinung geteilt haben.« Das kann als sicher angenommen werden, denn zwischen dem damaligen Sheriff und Robin Hood hatte ja Todfeindschaft geherrscht.

Nottingham und Umgebung nennen sich »Robin Hood Country«. Man hat sogar eine Karte entworfen, auf der alle Plätze, die mit dem Oberbriganten in Zusammenhang gebracht werden, verzeichnet sind. Es gibt den Sitz und die Höhle von Robin Hood, den Brunnen von Friar Tuck, das Grab von Will Scarlet und andere Erinnerungsstätten mehr. Nördlich Nottinghams, hinter dem Dorf Papplewick, liegt Robin Hoods Stall, auf privatem Besitz und schwer zu finden. Doch die Bewohner der Villa »Hermitage«, auf deren Boden der angebliche Pferdestall zu finden ist, sind bereit, Fremden die hinter Brombeerhecken versteckte Höhle zu zeigen. Sie ist geräumig – wohl vier mal vier Meter im Quadrat – und hoch. An dieser Stelle soll, so geht die Überlieferung, Robin Hood seine Pferde gehalten haben. Der Platz war so geheim, daß selbst seine Gefolgsleute ihn nicht kannten. Daß die Höhle irgendwann als Versteck gedient hat, ist sicher.

Robin Hoods Stall, wenn er es denn ist, liegt nahe dem Sherwood Forest, der sich nördlich Nottinghams in Richtung Worksop hinzieht. Im Mittelalter war es ein ausgedehnter Wald, der den gesamten Westen von Yorkshire eingenommen hatte; heute ist ein Rest von 100 Quadratmeilen geblieben. Uralte Bäume wachsen hier, knorrig, aufgesplittert, von Schlingpflanzen umrankt; gebrochene Stämme sind ins Unterholz gestürzt, in dichtes Gesträuch und mannshohen Farn.

Der älteste Baum in dieser urwaldähnlichen Landschaft, in der Nähe des Ortes Edwinstowe, ist eine Eiche von fast gespenstischem Aussehen; sie ist viele hundert Jahre alt; in einigen Büchern ist gar die Rede von tausend Jahren. Gewaltig ist der ausgehöhlte, aufgerissene Stamm mit einem Umfang von zehn Metern. Die weitausladenden, knorrigen Äste sind so schwer, daß sie gestützt werden müssen. Diese Eiche soll Treffpunkt und Versteck der Räuberbande gewesen sein. Die »Major Oak« ist mit einem Holzgatter abgeschirmt; ohne diesen Zaun existierte die Eiche wohl kaum noch. Zu groß ist der Ansturm von Touristen; jährlich sind es einige hunderttausend.

Hat er gelebt oder nicht?

Auch am Tag, an dem wir Sherwood Forest aufsuchen, haben sich zahlreiche Besucher eingefunden – Engländer, Schotten, Iren, Erwachsene und Kinder. Wir treffen hier, an den Zaun gelehnt, einen Experten der Robin-Hood-Geschichten.

»Hat er gelebt oder nicht?« möchten wir wissen.

»Könnten Sie nicht anders fragen?«

»Wie verhält es sich mit den Datierungen von Robin Hood aus dem 12. oder 13. Jahrhundert?«

»Die gibt es. Sie sind umstritten.«

»Und die Balladen?«

»Die ältesten Fixierungen reichen bis ins 15. Jahrhundert. Die wichtigste ist die ›Lytell

Geste of Robin Hoode‹ mit über vierhundert Strophen.«

»Es gibt doch auch Hinweise, die nach Frankreich führen...«

»Sie meinen ›Robert et Marion‹. Wenn Sie noch die Frühlingsspiele dazunehmen, in denen Robin Hood auftritt, oder die Behauptung, er sei Earl of Huntingdon gewesen, dann wird es besonders interessant.«

»Aber weniger eindeutig.«

»Sicher. Wichtig scheint noch die Spur zu sein, die in die Zeit der normannischen Eroberung führt, also ins 11. Jahrhundert. Wilhelm der Eroberer und seine Nachfolger waren ja brutale Herrscher. Sie unterjochten die Ansässigen rücksichtslos. Große Gebiete des Landes wurden der Krone unterstellt oder der normannischen Ritterschaft. Wer in den Jagdreservaten des Königs wilderte, wurde geblendet. Darauf flohen viele in die Wälder, gingen zum Krieg im Untergrund über, raubten und plünderten. In solcher Situation mag es Personen gegeben haben, die einem Robin Hood nicht unähnlich gewesen sind.«

»Es waren also die Anführer der unterdrückten Bauernschaft, die zu Helden der kleinen Leute wurden, so wie König Arthur Held der Oberschicht gewesen ist?«

»Kann man sagen. Sicher stehen beide zwischen der Historie und der Legende. Sie sind aber bei genauer Prüfung der Sage näher als der Geschichte.«

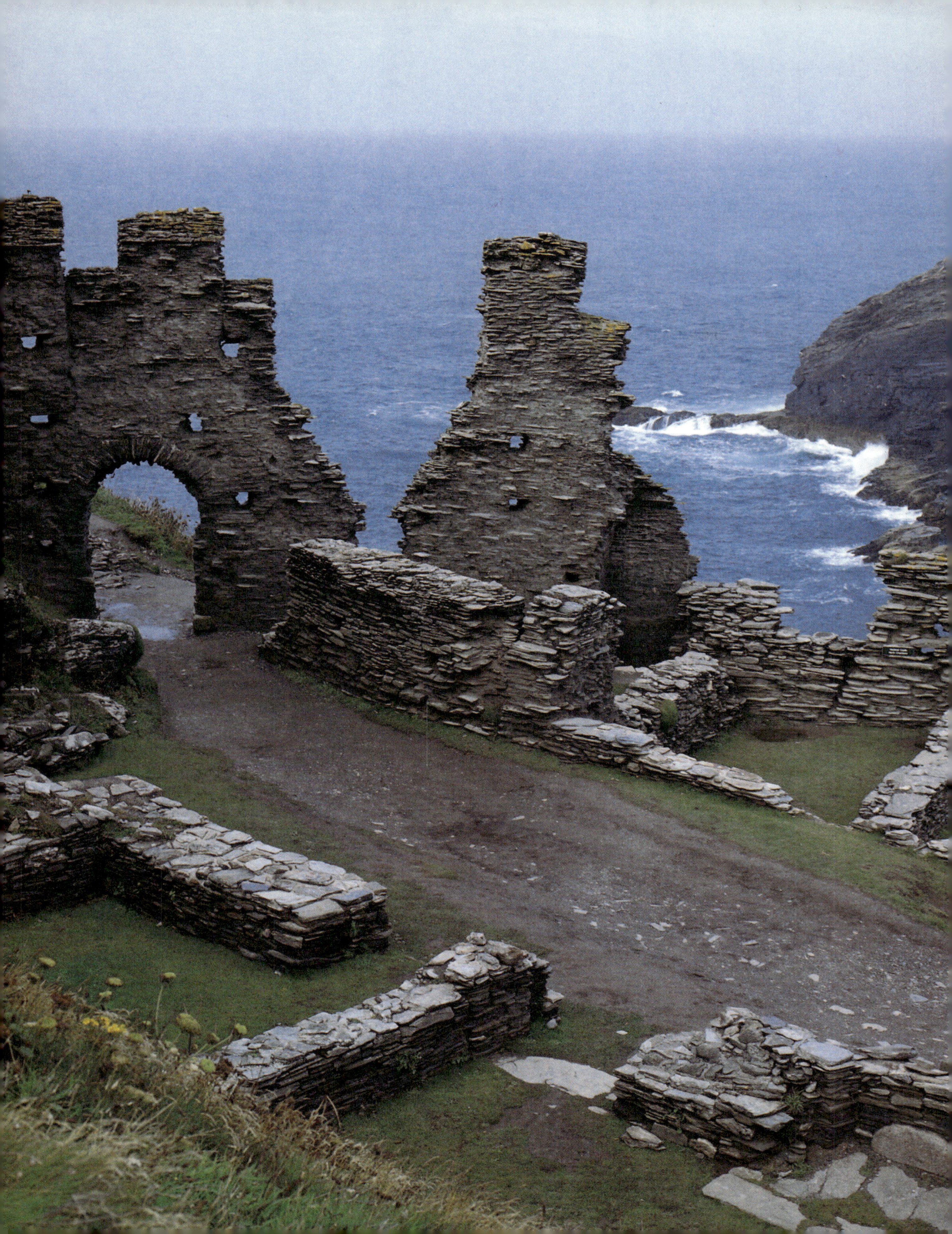

MENSCH ODER MYTHOS?

König Arthur

»Woher kommt diese Faszination, die das Arthur-Thema auch heute noch ausübt? Wie ist diese vier- oder fünfmalige Renaissance im Lauf der Jahrhunderte zu erklären?«

Geoffrey Ashe, 1985

Tintagel liegt an der Nordküste Cornwalls, hundert Meter über dem Meer. Dem kleinen Ort ist eine der wildesten Klippenlandschaften Südwest-Englands vorgelagert. Gewaltige Felsstürze haben im Verlauf der Jahrhunderte die Szenerie verändert, Teile der Steilhänge wurden weggerissen. Tausende Tonnen von Gestein stürzten dann donnernd in die aufgischtende See.

Auch die Burg von Tintagel, 1145 auf einem schmalen Berggrat errichtet, ist von solchen Naturkatastrophen betroffen gewesen. Der Höhenzug, der das Festland mit einer ins Meer vorgeschobenen Halbinsel verband, wurde weitgehend zerstört – und mit ihm Teile der Befestigungsanlage. Fast das ganze Mittelstück wurde weggerissen, so daß heute nur noch ein schmaler, nicht sehr hoher Isthmus die Reste des Bollwerks miteinander verbindet.

Die Burg über den Klippen hat zu fast allen Zeiten Beachtung gefunden, im Mittelalter wie in der Zeit danach. Im vorigen Jahrhundert entstanden romantische Verse englischer Dichter – wie etwa jene von Alfred Lord Tennysson, Sohn eines Geistlichen – und weckten starken Widerhall. Mancher machte sich auf, um Tintagel zu besuchen. 1852 wurden Wege in die Klippen geschlagen, um einen Zugang zu den Ruinen zu ermöglichen; diese etwas halsbrecherischen Pfade werden noch heute benutzt.

Die Burg hat nicht nur wegen ihrer dramatischen Lage über dem Meer Aufmerksamkeit gefunden. Wesentlicher ist der Sagenhintergrund. Danach ist hier die bedeutendste Figur der angelsächsischen Legenden geboren worden – König Arthur.

Die Sage berichtet, in grauer Vorzeit sei Gorlois, Graf von Cornwall, Herr von Tintagel gewesen, und seine Frau Ygerne die schönste Fürstin weit und breit.

Als der König von England, Uther Pendragon, von Ygerne hört, fordert er Gorlois auf, seine Frau an seinen Hof zu schicken. Der Graf widersetzt sich. Es kommt zum Krieg.

Als Gorlois seine Burg vorübergehend verläßt, um Hilfe für den bevorstehenden Waffen-

Ruinen der Burg Tintagel an der Nordküste Cornwalls. Die Anlage, im Jahre 1145 auf einem schmalen Berggrat hoch über der See errichtet, spielt in der Arthur-Sage eine wichtige Rolle

gang zu holen, verwandelt der Zauberer Merlin den König in die Gestalt des Grafen von Cornwall. Als solcher geht Uther zu Ygerne und verbringt die Nacht mit ihr. Der Begegnung entspringt ein Kind, der spätere König Arthur.

Soweit die Sage.

Gibt es nun tatsächlich eine Verbindung zwischen Tintagel und König Arthur? Der Wissenschaftler Ralegh Radford hat die Frage kurz und bündig beantwortet. Der Archäologe, der von 1933 bis 1936 Tintagel um- und ausgegraben hat, sagt: »Es ist kein Beleg irgendwelcher Art gefunden worden, um die Sagenbeziehungen zwischen König Arthur und dem Schloß zu untermauern.«

Wohl gibt es in der Umgebung Spuren, die in die Zeit des legendären Königs führen.

Hat Arthur aber überhaupt gelebt, oder ist er nur das Produkt keltischer Phantasie und Erzählung? Der Literaturhistoriker K. H. Jackson sagt: »Die einzige ehrliche Antwort lautet: Wir wissen es nicht, aber er mag durchaus gelebt haben. Ein Beweis ist unmöglich.«

Daß sich Arthur historisch schwer erschließt, hat der Bedeutung seiner Person keinen Abbruch getan. Das unscharfe geschichtliche Bild förderte nur die Sagenbildung; die Phantasie hatte Spielraum. Es kam zu einer Renaissance des Arthur-Kults, der ja schon einige Jahrhunderte lang Europa bewegt hatte. Jetzt griff auch Amerika den Mythos auf und bemächtigte sich mit Eifer der phantastischen Erzählungen von »Sword and Sorcery« (»Schwert und Zauberei«). Die Bereitschaft wurde noch dadurch verstärkt, daß gleichzeitig auf wissenschaftlicher Ebene das Interesse an der frühen europäischen Vergangenheit gewachsen war. Heute unterrichten Tausende von Dozenten und Professoren an amerikanischen Colleges und Universitäten über das europäische Mittelalter.

Ein Höhepunkt des Arthur-Booms wurde in Amerika erreicht, als John F. Kennedy Präsident der Vereinigten Staaten geworden war. Seine »New Frontier« hatte ja auch eine kulturelle Seite. Seine Umgebung ging so weit, aus Kennedy den neuen Arthur zu machen; sein innerer Kreis galt als die »Neue Tafelrunde«. Der tragische Tod des Präsidenten wurde schließlich verglichen mit der mysteriösen Entrückung des sagenhaften Königs Arthur in die »Nebel von Avalon«.

In Europa ist das Interesse an Arthur ebenfalls gewachsen, auch in der Wissenschaft: 1948 wurde in Quimper in der Bretagne die »Internationale Arthur-Gesellschaft« gegründet; Mitglieder sind Universitäten, Seminare und Wissenschaftler; jährlich erscheint ein bibliographisches Bulletin, und im Dokumentationszentrum in der Pariser Rue de Sorbonne 17 werden alle einschlägigen Publikationen gesammelt. Die Gesellschaft ist mit ihren nationalen Abteilungen über die ganze Welt verbreitet. Alle drei Jahre treffen sich die Mitglieder zu einem Kongreß. Einmal fand die Begegnung im Hotel »King Arthur's Castle« in Tintagel statt, hoch über dem Meer mit Blick auf die dramatische Szenerie. Wenngleich die Wissenschaftler hier hauptsächlich literarischen Problemen nachgingen, konnten sie sich jedoch angesichts des »Arthur-Schlosses« kaum der Frage verschließen: War Arthur Mensch, oder ist er nur ein Mythos?

Er erschlug eigenhändig 960 Mann

Einiges über Arthur findet sich in alten Chroniken.

Gildas der Weise, der älteste britische Geschichtsschreiber aus dem 6. Jahrhundert, erwähnt ihn allerdings mit keinem Wort. Es mag sein, daß ihm der Name Arthurs geläufig gewesen ist, er ihn aber nicht nennen wollte oder durfte – darum nicht, weil Arthur nicht das gewesen ist, was spätere Berichte aus ihm gemacht haben.

Solche Auffassung wird gestützt durch frühe Untersuchungen aus Wales, von denen der englische Forscher Sherman Loomis berichtet. Die walisischen Mönche sind jedenfalls nicht Arthurs Freunde gewesen. Er erscheint in ihren Schriften als Tyrann und Rebell, als Emporkömmling. Nach ihrer Darstellung war er ein brutaler Haudegen, der die religiösen Regeln und kirchliches Eigentum mißachtet hat.

In den walisischen Triaden – dichterischen Dreisätzen – erscheint Arthur unter den »Drei leichtsinnigen Barden«. Schließlich hat die walisische Folklore ihn auch noch zum »Wilden Jäger« gestempelt. Als solcher war er auch in Frankreich bekannt. Wenn in rauhen Winternächten der Sturm um die Bauernhütten heulte, hieß es, das sei Arthur mit seinen Hunden: »C'est la Chasse Artu!«

Diese Zeichnung in Verbindung mit späterer Schönfärberei führt – vielleicht – zu folgendem, nicht unwichtigen Phänomen: Der rohe, grausame Krieger, auf dessen Konto mehr als eine Gewalttätigkeit geht, ist im Lauf der Jahrhunderte völlig »umfunktioniert« worden. Erst spätere Geschlechter haben ihn zur sittenstrengen, gutherzigen Persönlichkeit gemacht, die wir kennen und auf deren Schild die Worte Ritterlichkeit, Toleranz, Gerechtigkeit, Geduld, Tugend, Treue, Mildtätigkeit, Reinheit und Ehre geschrieben sind.

Als gesichert gilt die Erwähnung Arthurs in der »Historia Brittonum« des walisischen Geschichtsschreibers Nennius (um 826). Er wird hier »Dux bellorum« genannt, »Feldherr«. Wörtlich heißt es über eine Schlacht gegen die Angelsachsen: »Arthur focht gegen sie in jenen Tagen, zusammen mit den Königen von Britannien, aber er selbst war Feldherr.« König ist Arthur nie gewesen, nur die Sage hat ihn auf den Thron gehoben.

Nennius beschäftigt sich noch näher mit Arthur und zeichnet ihn als großen Sieger in vielen Kämpfen. Er spricht von zwölf Schlachten, von denen die letzte das Gefecht am Mount Badon ist. Doch der Bericht verliert sich schnell in der Legende: Von Arthur heißt es, er habe am Mount Badon 960 Mann erschlagen.

Die Schlacht soll 517 n. Chr. stattgefunden haben; das ist in den walisischen »Annales Cambriae« nachzulesen. Weiter ist der Chronik zu entnehmen, Arthur habe in diesem Kampf drei Tage und drei Nächte das Kreuz Jesu auf der Schulter getragen und die Briten seien erfolgreich gewesen. Die Chronik spricht auch von Arthurs Tod; er soll 537 bei »Camlaun« (Camlann) im Kampf mit Medraut (Modred) gefallen sein.

War Riothamus Arthur?

Nun gibt es neuerdings eine interessante Theorie, die den geschichtlichen Hintergrund aufhellen soll. Sie stammt von dem englischen Forscher Geoffrey Ashe, der sich jahrzehntelang mit der Problematik beschäftigt hat. Ashe sagt in seinem 1985 in England erschienenen Buch, bei dem Gesuchten handele es sich um einen britischen König mit Namen Riothamus, der sich nach Gallien begeben habe, um den Römern bei ihren Abwehrkämpfen gegen die Westgoten beizustehen. Der englische Forscher stützt sich bei seinen Ausführungen unter anderem auf den gotischen Chronisten Jordanes, der im 6. Jahrhundert gelebt hat, und schreibt, Riothamus »war ein König der Briten und kam mit 12000 Kriegern über den Ozean«. Er sei auf ein römisches Hilfeersuchen hin nach Gallien gekommen, um die Westgoten aus Burgund zu vertreiben. Er habe tapfer, aber glücklos gekämpft und sei von einem Vertrauten verraten worden.

Ashe sagt zusammenfassend, Arthur habe 454 seine Regierung angetreten, doch 470 hätten sich seine Spuren verloren. Wörtlich erklärt der Forscher: »In dem als Riothamus bezeichneten Hochkönig haben wir endlich eine dokumentarisch belegte Persönlichkeit als Ausgangspunkt der Legende. Er ist die einzig historisch verzeichnete Persönlichkeit, die sich wie Arthur verhält.«

Trotz dieser sorgfältig erarbeiteten Theorie bleibt der Boden für das historische Umfeld

Viele Orte im Süden Englands werden mit der legendären Person König Arthur in Zusammenhang gebracht. In Cadbury Castle wurden Ausgrabungen durchgeführt, um die Residenz von Arthur zu lokalisieren

unsicher. Weil dies so ist, hat der Arthur der Sage mehr Bedeutung als der Arthur der Geschichte. Da es den ersteren gibt, wurde nach dem zweiten in den Chroniken geforscht. Einige Sagen reichen bis in die keltische Zeit.

Schon Nennius erzählt Wunderdinge: »In Builth, in Wales, gibt es einen Steinhaufen mit einem Stein obenauf, der den Fußabdruck eines Hundes trägt. Er stammt von Cabal, Arthurs Hund, und entstand, als Arthur und Cabal das Wildschwein Troit jagten. Cabal setzte dabei seinen Fuß auf den Stein und hinterließ die Spur. Arthur errichtete darauf diese Pyramide mit dem Fußabdruck des Hundes auf der Spitze und nannte sie Carn Cabal. Wenn aber der obere Stein für einen Tag und eine Nacht entfernt wird, liegt er am nächsten Morgen wieder auf dem Steinhaufen.«

Die Legenden dieser Zeit sind ursprünglicher als die später erzählten, etwa jene des Bischofs, Historikers und »Märchenerzählers« Geoffrey of Monmouth (1100–54) oder auch jene von Sir Thomas Malory. Malory hat in dem Buch »La Mort d'Arthur« (1769/70) alle Arthur-Sagen, die ihm bekannt waren, zusammengefaßt. Er berichtet auch von Arthurs Königswahl . . .

Als Uther Pendragon gestorben war, so erzählt Malory, sei im Land große Unruhe über die Nachfolge entstanden. Darauf habe der Erzbischof von Canterbury auf den Rat des Zauberers Merlin zu Weihnachten alle Fürsten des Landes nach London berufen. Ein Wunder, so verlautete, werde bezeugen, wer die Nachfolge antreten solle.

Das Wunder habe sich an einem Stein nahe dem Hochaltar der größten Kirche Londons ereignet. »Der Stein war viereckig, in der Mitte darauf stand ein Stahlamboß von einem Fuß Höhe, und darin steckte ein blank gezogenes Schwert. Mit Goldbuchstaben stand auf dem Schwert geschrieben: ›Wer dieses Schwert aus dem Stein und Amboß zieht, der ist der rechtmäßig geborene König von England‹.«

Alle Fürsten hätten ihre Kräfte versucht, doch vergeblich. Nur Arthur sei es gelungen, das Schwert aus dem Amboß zu ziehen, und zu Pfingsten sei der erst Fünfzehnjährige zum König von England gekrönt worden . . .

Zu einem Schlüsselpunkt wurde die Schlacht von Camlann, in der Arthur fiel. Während es den Historikern und Geographen nicht gelungen ist, die Lage des Ortes zu entdecken, hat ihn die Sage bei Camelford gefunden, östlich von Tintagel. Eine alte Steinbrücke über den Bach Camel wird »Slaughter-Bridge« genannt, und ein langer Stein in der Nähe heißt »Arthurs Grab«. Hier hat sich tatsächlich eine Schlacht ereignet – aber es war der Kampf der Sachsen gegen die Briten im Jahre 825.

Das sagenhafte Schwert Excalibur

In einen ganz vereinsamten Landstrich, in das Bodmin-Moor, südöstlich von Camelford, wird die Sage von Arthurs Schwert Excalibur (Caliburn) verlegt . . .

Nach der Schlacht von Camlann befiehlt der tödlich verwundete Arthur seinem Ritter Sir Bedevere, das Schwert in den Dozmary-See zu werfen und zu berichten, was sich danach ereignet habe. Der Ritter aber will das Schwert retten. Er legt es beiseite und sagt Arthur, er habe getan, wie ihm aufgetragen. Er habe nur beobachtet, wie der Wind das Wasser kräuselte. Darauf befiehlt Arthur noch einmal, Bedevere solle seinem Wunsch nachkommen. Der Ritter handelt jedoch wie zuvor. Erst beim dritten Mal wirft er Excalibur in den See. Darauf erhebt sich eine Hand aus dem Wasser, ergreift das Schwert, schwingt es dreimal in der Luft und zieht es in die Tiefe . . .

Noch heute soll es auf dem Boden des Dozmary-Sees liegen.

Die Zahl der Arthur-Legenden ist groß.

1216 wird von Peter des Roches, Bischof von Winchester, erzählt, er habe auf einer Jagd plötzlich ein großartiges Herrenhaus erblickt. Diener laden ihn ein, mit ihrem Herrn zu essen, und führen den Bischof zu einem König, der ohne weiteres von sich sagt, er sei Arthur. Damit der Bischof spätere Skeptiker von der Begegnung mit dem alten Herrscher Britanniens überzeugen kann, vertraut ihm Arthur eine geheime Kraft an: Wann immer der Bischof will, vermag er einen Schmetterling herbeizuzaubern. Er braucht nur seine geschlossene Faust zu öffnen.

Bezeichnend ist ein Bericht vom Anfang des 12. Jahrhunderts: Einige französische Priester

Diese natürliche Felsgrotte in der Nähe von Huelgoat (Westbretagne) wird »Arthur-Grotte« genannt

kommen 1113 mit Reliquien von Exeter nach Bodmin, westlich vom Bodmin-Moor. Die Landschaft ist als »Terra Arturi«, als »Arthur-Land«, bekannt. Ein Mann aus Bodmin mit einem verkrüppelten Arm, der durch die Reliquien Heilung erhofft, kommt mit den Kirchenleuten ins Gespräch und versichert ihnen, Arthur lebe noch. Als die Priester darüber lachen, mischen sich Umstehende ins Gespräch, das schließlich in tätlicher Auseinandersetzung endet.

Diesen Bericht verdanken wir dem Franzosen Herman von Laon, der sich kaum darüber wundert, denn er weiß ähnliches aus der Bretagne zu erzählen. Er sagt: »Wer in Armorica [Bretagne] behauptet, Arthur sei tot wie andere Menschen, der muß sich glücklich schätzen, wenn er nicht von den Steinen seiner Zuhörer erschlagen wird.«

Daß Arthur nicht gestorben sei, fand bei den Bretonen außerordentlichen Widerhall. Schriftsteller um 1200 verglichen die Bretonen sogar mit den Juden, die auf den Messias warteten.

Ähnlich war es mit den Briten. Sie liebten jene Berichte, in denen ihr Held nach der Schlacht von Camlann ins Land Avalon geleitet und dort von der Fee Morgan gesund gepflegt worden sei. Von Mund zu Mund gingen die Sagen, in denen berichtet wurde, Arthur und die Ritter der Tafelrunde seien nicht tot, sondern schliefen in einer Höhle und warteten darauf, geweckt zu werden, um Britannien neuem Ruhm entgegenzuführen.

Arthur ist nicht nur in Britannien bekannt

Während einige Landstriche, etwa die Midlands oder Südostengland, wenig Beziehungen zur Arthur-Sage haben, ist es in Cornwall, Wales oder Schottland anders. Hier sind ungewöhnliche Bildungen der Natur nach dem sagenhaften König benannt. Besondere Bäume, Felsen, Steine oder Gewässer tragen seinen Namen: So gibt es Arthurs Berg, Stein, Burg, Arthurs Halle, Küche, Ofen, Bett, Tisch, Stuhl, Topf, Tasse und Teller, Arthurs Sitz, See, Grab, Arthurs Tafelrunde, Arthurs Hügel, Quelle, Wurfring, Arthurs Jagdplatz und so fort.

Viele Spuren hat Arthur in der keltischen Bretagne hinterlassen. Hier war er so beliebt wie in Cornwall, Wales oder Schottland. Aber auch in Italien und Deutschland standen ihm die Menschen nicht gleichgültig gegenüber.

Ein Relief am Nordostportal des Doms von Modena (um 1100) zeigt Arthur mit seinen Rittern, wie sie eine Festung berennen und Guinevere, Arthurs Frau, aus den Händen von Modred befreien. Auch auf dem Riesenmosaik der Kirche von Otranto in Apulien (1165) fehlt er nicht.

Bei den Kreuzfahrern war Arthur ein Begriff. Der Normanne Tankred, der Jerusalem erstürmte, soll sogar von dem englischen König Richard Löwenherz das Schwert Arthurs in Sizilien zum Geschenk erhalten haben, und zwar im März 1191. Das will Richard von Devices, ein Chronist jener Zeit, beobachtet haben. Er habe, so sagt er, im Innenhof des Palastes von Palermo an eine Säule gelehnt zugesehen, wie die Schwertübergabe erfolgte.

In Deutschland fand Arthur außerordentlichen Widerhall. Im mittelhochdeutschen Gedicht vom »Sängerkrieg auf der Wartburg« tritt König Arthur auf, der »im Berg wohnt« mit Hunderten von Rittern, die er aus Britannien mitgebracht hat. »Sie leben hier nach ihrem Vergnügen, und sie haben alles, was sie sich wünschen.« Bald bildeten sich hier und auch anderswo Artushöfe mit Arthur-Bruderschaften. Artushöfe gab es insbesondere im preußischen Ordensland bis hinauf nach Reval und Riga – der bekannte »Artushof« in Danzig war einer davon.

Wie beliebt der Arthur-Stoff in Deutschland gewesen ist, unterstreicht eine Geschichte von Cäsarius von Heisterbach, dem Prior und Schriftsteller der Zisterzienserabtei im Siebengebirge.

Cäsarius berichtet um 1200, wie die Mönche bei einer Predigt eingeschlafen wären und sogar zu schnarchen begonnen hätten. Da habe Abt Gevard die Predigt unterbrochen und gesagt: »Es war einmal ein König, der hieß Artus . . .« Darauf wären die Schläfer augenblicklich erwacht.

Die beste erhaltene Skulptur von Arthur ist jene vom »Schönen Brunnen« in Nürnberg aus der zweiten Hälfte des 14. Jahrhunderts. Der Kopf zählt heute zu den Prachtstücken des »Germanischen Nationalmuseums« in Nürnberg.

Als gepanzerter Ritter mit Schwert und Schild wurde Arthur von Peter Vischer d. Ä. 1513 gegossen. Das Standbild war von Maximilian I. für sein Grabdenkmal in der Hofkirche zu Innsbruck in Auftrag gegeben worden. Zusammen mit Chlodwig, Theoderich, Rudolf von Habsburg, Karl dem Kühnen, Johanna der Wahnsinnigen, Gottfried von Bouillon und zweiundzwanzig anderen Bronzefiguren hält er lautlose Wache am Sarkophag Maximilians im Mittelschiff der Kirche. Diese illustre Gesellschaft aus Sage und Geschichte stellt die wohl eigenartigste Versammlung bronzener Ritter und Damen dar, die jemals ein Kaiser bestellt hat.

Aber der »letzte Ritter«, wie Maximilian auch genannt wird, hat nicht in Innsbruck seine letzte Ruhe gefunden, sondern in der Wiener Neustadt. So halten Arthur und all die anderen umsonst die Totenwache – seit über vierhundert Jahren.

Einige Jahrhunderte lang sind Arthur-Spiele große Mode an den Höfen Europas gewesen. Dabei präsidierten Grafen und Fürsten als Arthur, während das Gefolge die Paladine des Sagenkönigs darstellten. Es wurden die Abenteuer der Gralssuche aufgeführt und prächtige Turniere veranstaltet. Die ersten Spiele, von denen die Chronik berichtet, fanden 1223 statt, die letzten um 1500. Die Arthur-Spiele waren weit verbreitet. Es wird von ihnen aus England, Cornwall, Wales, Irland, Frankreich, den Niederlanden, Belgien, Deutschland, Spanien, Italien, Böhmen, vom Mittelmeer und sogar aus dem Nahen Osten berichtet.

Von einem der letzten großen Arthur-Feste im Schloß von Sandricourt bei Pontoise nördlich von Paris berichtet Herald von Orléans 1493. An diesen Spielen, die viele Tage dauerten, nahmen zweitausend Personen teil. Es gab Kämpfe und gemeinsame Turniere, während Diener Getränke und Speisen servierten. Höhepunkt waren die Abenteuer im Wald von Desvoyable, in den Ritter und Damen auszogen. Wenn sie abends ins Schloß zurückgekehrt waren, berichteten sie von ihren Aventüren. Tänze, Schwänke und große Gelage schlossen sich an, die bis in die frühen Morgenstunden dauerten.

Wo hat Arthur residiert?

Nach Geoffrey of Monmouth, dem »Fabelerzähler«, im walisischen Caerleon. Geoffrey folgte mit dieser Lokalisierung einer alten Gewohnheit, Schauplätze von Sagen in römische Ruinen zu verlegen. Caerleon war das alte römische Isca. Das Wort Caerleon ist aus »Castra legionum« (»Legionslager«) entstanden. Caerleon war vom Jahr 78 n. Chr. bis zum Ende des 4. Jahrhunderts das Hauptquartier der II. römischen Legion und hatte die Aufgabe, die südliche Küstenlinie von Wales zu überwachen.

Geoffrey, der in dem nur 35 Kilometer nordöstlich von Caerleon gelegenen Monmouth aufgewachsen war, hat die Ruinen der römischen Stadt sicherlich gekannt. Er wird von den gewaltigen Resten stark beeindruckt gewesen sein. In seiner »Geschichte der britischen Könige« schreibt er über ein großes Fest, das Arthur in Caerleon veranstaltete, nachdem er Herr über alle westlichen Länder geworden war: »Diese Stadt war die schönste der britischen Insel . . . und recht geeignet für die Durchführung eines solchen Festes. Denn auf der einen Seite der Stadt brachte der Fluß [Usk] die Könige aus aller Welt auf Schiffen bis in die Stadt. Auf der anderen Seite verliehen Wiesen, Haine und Wälder der Stadt Schönheit, und innerhalb der Mauern lagen würdige, große Gebäude. Es war eine Stadt, die wegen der Großartigkeit der Häuser und ihres Reichtums an Gold und Silber und ihrer großherzigen Gefälligkeit mit Rom verglichen werden könnte . . . Zu dieser Zeit hatte Caerleon die Ehre, über zweihundert Schulen zu verfügen, in denen die Lehrer die verschiedenen Wissenschaften lehrten.«

Heute verfügt Caerleon keineswegs über zweihundert Schulen. Es gibt keine eindrucksvollen Häuser und überhaupt nichts Großartiges. Caerleon ist ein Provinzstädtchen. Mit seinem quadratischen Grundriß und der gleichmäßigen Straßenführung erinnert der Ort jedoch unverkennbar an das alte Lager. Manche Mauer-, Graben- und Wallreste der Römerzeit lassen noch den Verlauf der Verteidigungsanlagen erkennen. Ausgrabungen in den zwanziger Jahren brachten auch das große Amphitheater zu Tage, das 2500 Menschen Platz geboten hat.

In South-Cadbury (Grafschaft Somerset) weist ein Schild den Weg zu den Ausgrabungen von »Camelot«.

Caerleon galt jedoch nur für begrenzte Zeit als Arthurs Residenz. Der französische Dichter Chrétien de Troyes (1150–90) verlegte den Hof nach Camelot, schwieg sich aber darüber aus, wo der Ort liegen könne.

Nun gibt es in der englischen Grafschaft Somerset, 65 Kilometer südlich von Bristol, zwei kleine Ortschaften – West Camel und Queen Camel. Östlich dieser Siedlungen erhebt sich über den von Hecken und Wegen rechteckig aufgeteilten Feldern einer jener eindrucksvollen Inselberge, mit denen jahrtausendelang das Schicksal der Menschen Englands verbunden gewesen ist. Über fünfhundert Fuß ist der Hügel hoch, gekrönt von einer freien Hochfläche, an den Hängen von Laubbäumen gesäumt.

Cadbury Castle heißt der Berg, und direkt an seinem Fuß erstrecken sich die Häuser des Dorfes South Cadbury.

Verliert sich ein Fremder in den Ort, dann wissen die Bewohner, was ihn in diese verlassene Gegend verschlagen hat. Sie schicken ihn zum Südende des Dorfes, zum winzigen Postamt. Hier beginnt der Aufstieg, hier ist vor dem mit Stroh gedeckten Steinhaus ein Schild mit der Aufschrift »Camelot Excavation« angebracht – »Camelot-Ausgrabung«.

Camalat oder Camallate ist der Berg bereits vor vielen Jahrhunderten genannt worden, schon 1542. Damals schrieb der Historiker John Leland: »In South Cadbury ist Camallate, früher eine berühmte Stadt oder eine Burg. Die Bevölkerung erzählt, ihr sei berichtet worden, Arthur sei oft nach Camalat gekommen.«

Die Ortsansässigen kannten und kennen noch viele Erzählungen von Arthur. Eine Geschichte besagt, im Berg sei eine geräumige Höhle, von einem eisernen oder goldenen Tor verschlossen. Wer zum richtigen Zeitpunkt komme, der finde das Tor weit geöffnet und König Arthur in der Höhle schlafend. Am Abend des Johannistages jedoch würden Arthur und seine Ritter erwachen und den Südwesthang des Berges hinunter nach dem Ort Sutton Montis reiten, um an der Quelle neben der Kirche ihre Pferde zu tränken.

Sehr früh haben sich Neugierige an diesem Hügel archäologisch versucht. Als im vorigen Jahrhundert eine Gruppe von Altertumsfreunden nach Cadbury kam, trat ein alter Mann auf sie zu und fragte: »Sind Sie gekommen, um den König aus dem Berg zu holen?« In den fünfziger Jahren dieses Jahrhunderts erschien am Hügel Mrs. M. Harfield und suchte das Plateau und die Hänge gründlich ab. Sie war keine Archäologin, aber an Altertümern brennend interessiert.

Selbst bei schlechtem Wetter kletterte sie, mit einem Regenschirm ausgerüstet und von ihrem Hund begleitet, über den Berg und fahndete nach Feuersteinen und Scherben.

Höhepunkt ihrer Entdeckungen waren geriffelte Tonscherben.

Dr. Ralegh Radford, der schon Tintagel ausgegraben hatte, beeilte sich, die Scherben einzuordnen, und verwies sie in die Zeit von 470 bis 600 n. Chr., in das »Dark Age«. Radford stellte die Identität der Tonwaren von Tintagel mit jenen von Cadbury fest – und zog außerdem den bemerkenswerten Schluß, daß damit Cadbury und das Camelot der Arthur-Legende gleichzusetzen seien.

Das war ein Meilenstein.

Denn jetzt fielen die Hoffnungen der verschworenen Arthur-Gemeinschaft mit den Bestrebungen der Wissenschaft zusammen. Um aber zu wirklich gesicherten Erkenntnissen zu gelangen, bedurfte es Geldmittel von weit über hunderttausend Mark.

Es gelang, sie aufzubringen. Und im Juni 1965 wurde unter Beteiligung zahlreicher Universitäten, Institute und interessierter Persönlichkeiten das »Camelot Research Committe« mit Dr. Ralegh Radford als Vorsitzendem ge-

Durch die Wallanlagen von South-Cadbury führt ein Weg zum Plateau des Berges und damit zu den Ausgrabungen von »Camelot«

gründet. Geoffrey Ashe, Verfasser vieler Arthur-Bücher, wurde Sekretär, und Sir Mortimer Wheeler, ein Archäologe, Präsident. Leslie Alcock, der sich einen Namen bei Untersuchungen zum »Dark Age« gemacht hatte, erhielt dann den Auftrag, Arthurs »Camelot« auszugraben.

Die Arbeiten begannen im Sommer 1966; weitere Untersuchungen folgten in späteren Jahren. Die Grabungen fanden ein gewaltiges Echo; Hunderte von Freiwilligen meldeten sich als Helfer, und viele Tausende kamen jedes Jahr als Zuschauer. Sollte Cadbury das englische Troja werden?

Manche waren dieser Meinung.

Wein vom Mittelmeer?

Der Hügel von South Cadbury besteht aus mehreren Siedlungsschichten. Völker verschiedener Kultur haben hier gelebt. Die erste Stufe geht bis in die Steinzeit zurück. Es folgen Bronze-, Eisen- und Vorrömerzeit, die römische Epoche und das nachrömische »Dark Age«. Den Abschluß bildet das frühe Mittelalter mit sächsischen Siedlungen.

Zwar gab es keine Funde, die Arthurs Namen trugen, doch es wurde bestätigt, daß Cadbury Hill im »Dunklen Zeitalter« keine geringe Rolle gespielt hat. Aus diese Epoche wurden auf der Höhe des Bergplateaus Spuren eines Gebäudes festgestellt, und zwar an jener Stelle, die die Bevölkerung jahrhundertelang »König Arthurs Palast« genannt hat.

Weitere Tonscherben des Typs Tintagel A und B bezeugten, daß im »Dunklen Zeitalter« auf dem Hügel ein Herrscher ansässig gewesen ist, der recht wohlhabend gewesen sein muß – sonst hätte er sich wohl kaum den Luxus erlauben können, Wein aus entfernten Gebieten kommen zu lassen. Die Tonscherben von Cadbury wie jene von Tintagel stammen jedenfalls aus dem Mittelmeergebiet. Die Ausgrabungen ergaben ferner, daß die Wälle im »Dark Age« auf der Spitze bis zu einer Breite von über sieben Meter aufgeschüttet worden waren. Aus den noch vorhandenen Löchern ließen sich sogar die ehemaligen Palisaden und Wachtürme rekonstruieren.

South Cadbury ist Teil eines Verteidigungssystems gewesen, das sich nach Nordwesten über die Burgen von Glastonbury, Brent Knoll über den Bristol-Kanal bis nach Dinas Powys hingezogen hat. Die Befestigungen haben durch Feuerzeichen miteinander in Verbindung gestanden. South Cadbury ist die stärkste Anlage gewesen und war am weitesten nach jener Richtung vorgeschoben, aus der die sächsischen Angriffe im Verlauf vieler Jahrzehnte erfolgt sind.

»Camelot« ist somit ein idealer Platz für einen britischen »Dux bellorum« gewesen, der die eindringenden Angeln und Sachsen abwehren wollte. Dieser Feldherr muß »arthurähnlich« gewesen sein, schreibt der Ausgräber Leslie Alcock und sagt: »Der Herr von Cadbury war eine solch starke Persönlichkeit, daß rings um ihn Legenden entstehen mußten. Britannien bietet jedenfalls nur in Cadbury archäologische Spuren, die zu solcher Persönlichkeit führen.«

Der Kampf von Camlann

Die Ausgrabungskampagne ist für dieses Jahr beendet. Nur ein paar Neugierige spazieren über die Wälle, die das Plateau einschließen. Die Wälle sind im Nordosten aufgeschnitten, so daß Breite und Höhe eindringlich zutage treten. Der Querschnitt läßt auch die verschiedenen Epochen der Entstehung deutlich werden.

Am Punkt C sind Arbeiter damit beschäftigt, die Spuren der Kampagne bis zum nächsten Jahr mit Erde und Gras abzudecken. Noch liegen einige Gräben frei, auch Vertiefungen und Löcher, die die Pfosten von Holzbauten aufgenommen hatten.

Hier haben – das ist unbestritten – die Säulen der Halle gestanden, in der der Herrscher von Cadbury regierte.

War dieses Cadbury Camelot? War hier der Mittelpunkt jenes sagenhaften Reiches, das die Erzähler des Mittelalters mit dem Namen »Logres« belegt hatten? Fließen hier die Legenden um Arthur zusammen, wie sie in Jahrhunderten entstanden waren und in den folgenden Jahr-

Die Ausgrabungen von Cadbury Castle haben Wälle und Steinmauern freigelegt, Zeichen dafür, daß hier einmal eine größere Befestigungsanlage gestanden hat

hunderten weitererzählt und ausgeschmückt worden sind?

Es geht um Legenden und Sagen, die folgendermaßen lauten . . .

König Arthur regiert in Camelot zusammen mit seiner Frau Guinevere. Mancher Ritter gelangt an den Hof und nimmt teil an Turnieren und Jagden. Viele reiten auch auf die Schlösser in der Nähe und in die Wälder und bestehen erlebnisreiche Aventüren.

Arthur und seine Ritter pflegen in Camelot in einem runden Saal und an einem runden Tisch Platz zu nehmen; so ergibt sich die berühmte Tafelrunde. Niemand ist über- oder untergeordnet; der Name von jedem Ritter ist in Gold auf den Tisch geschrieben, der Schild hängt über dem Sitz. Arthur bestimmt, wer an dieser Runde teilnimmt.

Nun erinnert sich Kaiser Lucius in Rom daran, daß Britannien früher einmal Tribut gezahlt hat, und er schickt Boten nach Camelot, die erneut Zahlungen verlangen.

Arthur weigert sich.

Darauf zieht Lucius ein großes Heer zusammen und marschiert in Gallien ein. Arthur handelt ebenso. Es kommt bei Troyes zur Schlacht, in der sich Lanzelot, der Ritter der Tafelrunde, durch große Kühnheit auszeichnet. Arthur durchbricht des Kaisers Leibwache und tötet Lucius. Darauf zieht er mit seinem Heer ungehindert bis Rom und wird vom Papst zu Weihnachten gekrönt.

Zu jener Zeit wird bekannt, daß der Gral, der Kelch, den Christus beim letzten Abendmahl benutzt hatte, mit Joseph von Arimathia nach Britannien gekommen war. Doch jetzt, zur Zeit Arthurs, ist er verschwunden und soll wiedergefunden werden.

Da geschieht es zu Pfingsten, daß der mit weißem Samt verdeckte Gral unter Donner und hellem Licht erscheint und gleich darauf wieder verschwindet. Viele Ritter machen sich nun auf, den Gral in Britannien zu suchen; dabei geraten sie in unbekannte Regionen und haben merkwürdige Erlebnisse und Visionen, und einige Ritter sehen den Gral für einen kurzen Augenblick. Galahad vermag ihn länger zu betrachten; er stirbt gleich darauf. — In anderen Aufzeichnungen ist es Parzival, der den Gral erblickt.

Über Camelot zieht bald darauf Unheil auf. Arthurs Frau Guinevere wird dem König untreu; sie trifft sich heimlich mit Lanzelot. Als dies in einer Nacht wieder geschieht, erscheinen einige Ritter vor der Tür des Zimmers von Lanzelot und rufen seinen Namen; Lanzelot stürzt sich auf die Ruhestörer und erschlägt sie alle bis auf Modred, den Neffen des Königs, der mit Mühe entkommt.

Als das Liebesspiel zwischen Lanzelot und Guinevere bekannt wird, muß Arthur seine Frau öffentlich zur Rechenschaft ziehen. Es wird die härteste Strafe verhängt: Die Königin soll auf dem Marktplatz von Carlisle verbrannt werden.

Es wird ein Scheiterhaufen errichtet und Guinevere an den Pfahl gebunden. Hunderte von Neugierigen sind zusammengeströmt, als der Henker den Holzstoß in Flammen setzt. Plötzlich reitet Lanzelot mit einer Gruppe Verschworener in die Stadt und entreißt Guinevere dem Feuer. Bei dem sich entwickelnden Kampf mit den Rittern Arthurs finden viele den Tod, auch Gareth. Darüber wird dessen Bruder Gawain zum Todfeind Lanzelots.

Lanzelot entführt Guinevere nach Joyous Guard. Doch Arthur zieht mit einem Heer vor die Festung und belagert sie. Nach fünfzehn Wochen ist Lanzelot bereit, Guinevere dem König zurückzugeben. Er selbst verläßt das Land und zieht in die Bretagne.

Aber Gawain und Modred ruhen nicht, bis Arthur Lanzelot den Krieg erklärt. Der König setzt mit seinen Rittern nach Frankreich über, während sein Neffe Modred stellvertretend in Britannien regiert.

Es kommt zu einer monatelangen Belagerung in der Bretagne. Da erreichen nicht gerade gute Nachrichten die Ritter: Modred hat das Gerücht verbreiten lassen, Arthur sei gestorben und habe ihn zum Nachfolger eingesetzt.

Arthur bricht die Belagerung ab, setzt nach England über, und auf der Ebene von Camlann stehen sich die Heere gegenüber. Arthur ist indessen bereit, einen Waffenstillstand zu schließen; Modred ebenfalls. So treffen sich beide mit je vierzehn Rittern zwischen den Heeren, nicht ohne vorher ihre Gefolgsleute anzuweisen, zum Kampf überzugehen, falls jemand zum Schwert greift.

Als nun der Waffenstillstand unterschrieben ist, taucht unversehens aus dem Unterholz eine Natter auf und beißt einen Ritter Modreds in die Ferse. Blitzschnell zieht dieser sein Schwert. Als die Armeen dies sehen, stürzen sie sich in den Kampf. Modred und Arthur treffen aufeinander, und der König erschlägt den Verräter.

Auch Arthur wird verwundet; eine Barke nimmt ihn auf, die von drei Feen besetzt ist; darunter ist auch Morgan, die Schwester Arthurs.

Bedevere bleibt zurück.

Arthur ruft ihm zu: »Ich fahre nach Avalon. Ich werde zurückkehren, wenn das Land mich braucht. Dann wird das Reich von Logres in alter Größe aus der Dunkelheit neu erstehen.«

Und die Barke verschwindet langsam im Nebel . . .

Die Ritter der Tafelrunde

Mittelpunkt der Arthur-Sagen ist die Tafelrunde, jener legendäre Kreis von Rittern, in den Arthur ausgewählte Gefolgsleute berief. Diese Tafelrunde des Königs hat die Phantasie zu allen Zeiten mächtig angeregt. Es entstand bald eine eigene Sage, die folgendermaßen erzählt wird . . .

Als Arthur zu Ostern ein Fest gibt, bricht unter den Rittern ein Streit aus über die Sitzfolge: Keiner will am Ende der Tafel Platz nehmen. Erst Merlin stellt den Frieden wieder her, als er verspricht, bis Pfingsten einen Tisch arbeiten zu lassen, an dem die Rangfolge keine Rolle mehr spielen soll.

Als Pfingsten gekommen ist, erwartet Merlin die Ritter im großen Saal von Camelot und zeigt ihnen einen riesigen Rundtisch und sagt: »Hier ist Platz für hundertfünfzig Ritter. Vor jedem Sitz ist der Name des jeweiligen Paladins in goldenen Buchstaben auf den Tisch geschrieben. Ein Platz ist frei, der ›Gefährliche Sitz‹. Wer ihn einnimmt und nicht dazu berufen ist, der findet den Tod. Der Platz muß freibleiben für den besten aller Ritter, der eines Tages kommen wird.«

Es sollen Galahad und Parzival sein.

Als sich Parzival auf dem »Gefährlichen Sitz« niederläßt, spaltet sich der Stein unter ihm mit ungeheurem Donner. Der Stein »schreit«, er kennzeichnet den Auserwählten, für den die große Suche und Irrfahrt beginnt, die mit der Wiederherstellung der Herrschaft im Gralsschloß enden soll . . .

Die Erzählung fußt auf einer alten keltischen Sage. Danach gehörte ein Stein, der Lia Fail, zu den großen Schätzen der »Anderen Welt« im irischen Königreich von Tara. Dieser »Stein der Bestimmung« kündigte den künftigen Herrscher an. Er »schrie«, wenn der kommende König Irlands über ihn hinwegschritt.

Für das Mittelalter ist die Tafelrunde König Arthurs kein Phantasieprodukt der Dichter gewesen. Viele glaubten an ihre Existenz. Noch um 1450 schreibt der englische Chronist Hardyng von einem Tisch in Winchester, an dem sich Arthur mit seinen Rittern versammelt habe.

Diesen Tisch gibt es heute noch.

Als wir das gotische Schloß in Winchester betreten, erwarten wir keinen Riesentisch für hundertfünfzig Ritter, eher einen solchen für zwölf Personen, wie ihn die »Bruderschaft der Tafelrunde« in der »Arthurhalle« von Tintagel in Granit und Eichenholz hat aufstellen lassen.

Die »Runde Tafel« von Winchester ist jedoch für fünfundzwanzig Ritter bestimmt gewesen. Der Tisch, der bis ins 13. Jahrhundert zurückgehen soll, besteht nur aus einer buntbemalten Eichenplatte von sechs Metern Durchmesser. Die »Runde Tafel« ist an der Giebelwand des Schlosses unter gotischen Fenstern aufgehängt. Das obere der fünfundzwanzig Felder zeigt den auf dem Thron sitzenden König Arthur mit seinem Schwert in der Rechten und dem Reichsapfel in der Linken. Die übrigen Felder tragen die Namen der Ritter, links neben Arthur, auf dem »Gefährlichen Sitz«, Galahad, rechts neben ihm der Verräter Modred, weiter Lanzelot vom See, Gawain, Parzival, Tristan von Lyonesse, Bedevere, Kai und so fort.

Damit kein Zweifel an der Bedeutung der Tafel aufkommen soll, ist auf den Tisch geschrieben, dies sei König Arthurs Tafelrunde mit vierundzwanzig seiner Ritter.

In der Mitte des Tisches prangt die Rose der Tudors. Die Bemalung der Tafel – wechselnd weiß und rot – stellt die Farben dieses Herrschergeschlechts dar, das von 1485 bis 1603 regierte. Die Tudors sind nach schwerem Ringen an die Macht gekommen und haben ihre Ansprüche mit der kühnen Behauptung untermauert, ihr Geschlecht gehe bis auf König Arthur zurück.

»Schlaft nur weiter!«

In seinem Buch »Die Geschichte der britischen Könige« hat Geoffrey of Monmouth die Geschichte nicht so dargestellt, wie sie tatsächlich verlaufen ist, sondern in der Art, wie der Leser wünschte, daß sie stattgefunden hätte. Das Buch verwandelte die Briten in einen Volksstamm sondergleichen, der dem vornehmsten Geschlecht der Erde entstammte, den sagenhaften Trojanern, die in London ihr zweites Troja gegründet hatten. König Arthur war in der Vorstellung Geoffreys noch großartiger als alle anderen Helden, strahlender als Karl der Große und sogar ruhmreicher als der Große Alexander.

Geoffreys Nachfolger blieben bei solcher Heldenverehrung. Die Gestalt Arthurs wurde so überragend, daß nicht nur die Briten ihn für sich beanspruchten, sondern bald sogar jene, die gegen sie gekämpft und die keltischen Stämme unterworfen hatten. Allmählich beriefen sich alle diesseits und jenseits des Kanals auf Arthur.

Das galt auch für Heinrich II. aus dem französischen Haus Anjou-Plantagenet. Heinrich war aufgrund der Rechte seiner Mutter Mathilde im Jahr 1154 König von England geworden. Durch Erbschaften und seine Heirat mit Eleonore von Aquitanien gehörte ihm in Frankreich mehr Land als dem französischen König; und er verfolgte weitere, ehrgeizige Pläne. Um seine Ziele zu erreichen, setzte er nicht nur Waffen ein; er tat auch alles, um sein Prestige auszubauen. Dazu kam ihm der sagenhafte Arthur gerade recht, der zu dieser Zeit an den Fürstenhöfen zum Idol erhoben wurde.

Heinrichs II. Frau, Eleonore, eine große Förderin der Künste, hat ihn bei seinen Bestrebungen unterstützt. Sie lud Literaten an ihren Hof und veranlaßte die Übersetzung von Geoffreys Buch ins Anglo-Normannische durch den höfischen Erzähler Robert Wace, und eine ihrer Töchter, die Gräfin Marie de Champagne, berief den Dichter Chrétien de Troyes auf ihr Schloß und nahm Einfluß auf seine Schöpfungen. So erwuchs in wenigen Jahren an den Höfen zu beiden Seiten des Kanals die jede Realität sprengende Figur von König Arthur. Die sogenannte »Matter of Britain« gewann mehr Einfluß als die »Matière de France«: Arthur besiegte Karl den Großen.

Heinrich sah darin ein Politikum, das ihm dienlich sein konnte. Er behauptete, er sei der Nachfolger von König Arthur und dazu berufen, im Sinne dieses Herrschers nach den Zeiten des Niedergangs in Britannien wieder ein großes Reich zu errichten. Damit fiel auf Heinrich aller Ruhm der angeblich großen Vergangenheit, der Zauber der Legenden und aller Glanz der Romanzen der Dichter.

Viele billigten dies. Doch bei den Walisern, den Bewohnern von Cornwall und den Bretonen erhob sich Widerspruch. Sie beriefen sich darauf, Arthur sei niemals gestorben, könne darum auch keinen Nachfolger haben. Nach ihrer Überzeugung schlief Arthur nur in einer Höhle, etwa in jener von Gwynnedd in Wales . . .

Diese Höhle, so berichtet die Ortssage, wird eines Tages von einem Schäfer entdeckt. Er findet in einem dunklen Raum zahlreiche Krieger im Schlaf, in ihrer Mitte Arthur. Der überraschte Schäfer tritt zurück und berührt dabei eine Glocke, die dumpf durch die Höhle klingt und den König aus seinem Schlaf erwachen läßt.

»Ist es schon Tag?« fragt er.

»Nein, nein!« ruft der verängstigte Schäfer. »Schlaft nur weiter!«

Der König antwortet: »Ich werde weiterschlafen, bis der Tag kommt, an dem ich mich wieder zu neuen Taten für Britannien erheben werde.«

Darauf verläßt der Schäfer eilends die Höhle . . .

Sagen wie diese waren weit verbreitet, und in vielen Landstrichen gab es ähnliche Arthur-Höhlen. Die Sagen gaben die Stimmung und Hoffnung im Westen und Norden Großbritanniens wieder. Die Bevölkerung in diesen Gebieten glaubte an ihren alten König Arthur, der noch leben mußte und nur auf seine Stunde wartete. Einen Fremden erkannten sie nicht an. Darum lehnten sie Heinrich II. als Nachfolger Arthurs entschieden ab.

Der »lebende« Arthur stand Heinrich II. bei dessen ehrgeizigen Plänen im Weg. So nahm der König — so schreibt Gerald von Wales — den Bericht eines Barden zur Kenntnis: Arthur sei tot und begraben — sein Grab liege in Glastonbury im Bereich der alten Abtei zwischen zwei Säulen.

König Arthur

In der Halle des Schlosses von Winchester hängt eine buntbemalte Eichenplatte von sechs Metern Durchmesser. Sie soll im 13. Jahrhundert hergestellt worden sein und ist als »Rundtisch König Arthurs« bekannt. Auf fünfundzwanzig Feldern werden Arthur und seine Ritter genannt

Nun hat sich Heinrich II. stets um Glastonbury gekümmert, die alte und reichste Benediktinerabtei des Landes. Es gab hier frühe Erinnerungen an das Christentum. Pilger in großer Zahl strömten jährlich in den Ort, der für Britannien ein zweites Rom wurde. Aber am 25. Mai 1184 zerstörte ein Feuer die Kirchen und fast alle Klostergebäude. Die Mönche waren verzweifelt. Doch bald darauf entwarfen sie neue, ehrgeizige Pläne, und ihre Wünsche fanden beim König bereitwillig Gehör. Es wurde zunächst die sogenannte Frauenkapelle errichtet. Anschließend wurde eine Kirche von riesigen Ausmaßen geplant mit einer Länge von 120 Metern.

Da starb Heinrich II. Es war das Jahr 1189.

Heinrichs Nachfolger, Richard I. Löwenherz, waren die Bauten von Glastonbury höchst gleichgültig. Er hatte ganz andere Pläne.

Darum war er nicht bereit, der Abtei finanzielle Hilfe zu gewähren. Im Gegenteil, er bürdete ihr hohe finanzielle Lasten auf.

Die Mönche sahen jetzt ihre Pläne gefährdet. Um aber die Bauvorhaben nicht einstellen zu müssen, wurden Prediger ins Land geschickt, die Reliquien verkauften und Ablaß gewährten.

Dann geschah im Jahr 1191 etwas Aufsehenerregendes: Zwischen »zwei Säulen« oder, wie es hieß, »zwischen zwei Pyramiden«, wurde im Klosterbezirk von Glastonbury König Arthurs Grab gefunden, wie es von dem Barden vorhergesagt worden war. Die Nachricht verbreitete sich wie ein Lauffeuer im Land, vor allem in Wales und Cornwall.

Rätsel um Grab und Kreuz

Bei den Grabungen ist man vorsichtig zu Werke gegangen und hat alle Neugierigen abgewehrt. Der Grabungsbezirk wurde mit Vorhängen abgeschirmt. Adam von Domerham, ein Mönch der Abtei, der sich auf ältere Klosterüberlieferungen stützt, berichtet 1290: »Als sie zu einer außerordentlichen Tiefe vorgedrungen und fast verzweifelt waren, stießen sie auf einen großen, verschlossenen Holzsarg. Nachdem sie ihn gehoben und geöffnet hatten, fanden sie die Gebeine des Königs, die von unglaublicher Größe waren. Sie fanden auch ein Bleikreuz, das auf einer Seite die Inschrift trägt: ›Hic jacet sepultus inclitus rex Arthurus in insula Avalonia‹ [›Hier liegt auf der Insel Avalonia der berühmte König Arthur begraben‹]. Danach öffneten sie das Grab der Königin, die mit Arthur beigesetzt worden war, und entdeckten eine sehr schöne gelbe Locke Frauenhaar. Aber als sie diese berührten, zerfiel sie.«

Die Berichte über Arthurs Grab gelten in neuerer Zeit als ausgemachter Schwindel. Der englische Arthur-Forscher James D. Bruce sprach schon 1923 von einem frommen Betrug und meinte, »das Fälschen von Dokumenten für den Zweck, Reichtum oder Prestige für ein Kloster zu sichern, war eines der üblichen Geschäfte im Mittelalter«. Man wird darum in der Annahme, daß die Mönche der Abtei von Glastonbury das ganze Schauspiel inszeniert haben, kaum fehl gehen.

Die Mönche dürften auch das Bleikreuz selbst hergestellt haben, das noch lange in Glastonbury gesehen worden ist. Der Altertumsforscher William Camden hat es 1607 in seinem Buch »Britannia« abgebildet. Erst im 18. Jahrhundert ist es verlorengegangen.

Die Geschichte von Arthurs Grab ist aber mit der Auffindung in Glastonbury nicht beendet. Zunächst wurden die Gebeine wieder beigesetzt, und zwar in einer Gruft der neuen Kirche. Hier ruhten sie fast hundert Jahre. Dann ließ König Eduard I. die Gruft 1278 aus »Staatsinteressen« wieder öffnen.

Eduard hatte ein Jahr zuvor den Krieg mit Wales begonnen. Um nun allen fanatischen walisischen Arthur-Anhängern klarzumachen, daß ihr sagenhafter Herrscher wirklich tot und daß von ihm keine übernatürliche Hilfe zu erwarten war, kam er zusammen mit dem Erzbischof von Canterbury nach Glastonbury, ließ die Gebeine der Gruft entnehmen und für jedermann sichtbar fast einen Tag lang ausstellen.

Eduard ist es dann gelungen, in den darauffolgenden Jahren den erbitterten Widerstand der Waliser zu brechen. Kein Arthur hat es zu verhindern vermocht. Im übrigen hat er den legendären Herrscher für sich selbst in Anspruch genommen: Als er im Jahr 1302 Schottland seinem Reich einverleiben wollte, berief er sich ausdrücklich auf Arthur, der »doch schon Herrscher über Schottland gewesen war«.

König Arthur

Ruinen der Abtei von Glastonbury. Im Bezirk dieses Klosters soll im 12. Jahrhundert das Grab König Arthurs und seiner Frau entdeckt worden sein. Doch die alten Berichte über diesen Fund gelten seit neuerer Zeit als bewußte Irreführung

Auf dem gefälschten Bleikreuz des angeblichen Arthur-Grabes hatte gestanden, der legendäre König sei auf der Insel Avalonia begraben worden. Von der Insel hatte schon Geoffrey of Monmouth berichtet. Er hatte aber nicht vermerkt, wo Avalon liegen könne. Die geheimnisvolle Insel war nach keltischer Auffassung die »Andere Welt«. Aber mit der Inschrift auf dem Bleikreuz wurde nun die Behauptung aufgestellt, die Insel sei Wirklichkeit. Sie existiere! Glastonbury sei Avalon!

Der erste, der über das Bleikreuz berichtet hat, Gerald von Wales, gab auch Erläuterungen zur Inschrift. Er sagte, Glastonbury habe früher »Insula Avalonia« geheißen. Es sei eine richtige Insel gewesen, mit Wasser oder Sümpfen umgeben. Der Name »Avalonia« leite sich von dem britischen Wort »aval« ab, das Apfel bedeute.

Nun ist Glastonbury tatsächlich früher eine Insel gewesen. See und Land haben sich seit dem Neolithikum mehrfach gegeneinander verschoben. Gegen Ende der Römerzeit war der Meeresspiegel so hoch, daß der größte Teil der nördlichen Ebene von Somerset überschwemmt gewesen ist. Glastonbury, auf einer Anhöhe erbaut, war jedoch frei von Wasser und Sumpf und wurde noch überragt von einem flachkegeligen Berg, dem sogenannten Tor, auf dem sich heute der Turm der mittelalterlichen St.-Michaels-Kirche erhebt.

Der Heilige Gral

Glastonbury-Avalon hat nun weiterhin in der englischen Kulturgeschichte eine Rolle gespielt. Etwa zur selben Zeit, als das angebliche Arthur-Grab entdeckt worden war, in den neunziger Jahren des 12. Jahrhunderts, verfaßte der burgundische Dichter Robert de Boron das Gedicht »Joseph von Armathia«. Er bezog sich dabei auf das Markus-Evangelium und berichtete, Joseph habe von Pilatus den Kelch erhalten, den Christus beim letzten Abendmahl benutzte. Mit diesem Kelch habe Joseph das Blut Christi aufgefangen. Der Kelch sei schließlich in die Täler von Avaron gelangt, womit im allgemeinen das Avalon der keltischen Sage verstanden wird. Damit ist der Anschluß der Arthur-Sage an die Sage vom Gral christlicher Prägung vollzogen, ein bedeutungsvoller Vorgang.

Das Leben von Joseph und die Geschichte des Grals wurden von anderen aufgegriffen. Schließlich erschien um 1230 das Buch von der »Geschichte des Heiligen Grals«. Diese Fassung fand ein starkes Echo und wurde vielfach übersetzt. Das Buch wurde bald zur »Quelle des modernen Volksglaubens, wonach Joseph von Arimathia nach Glastonbury kam und die erste christliche Mission auf den britischen Inseln gründete«.

Die »Geschichte vom Heiligen Gral« stand aber in mancher Hinsicht im krassen Gegensatz zu dem, was bisher in Glastonbury gelehrt worden war. Die Mönche waren schockiert. Aber sie wußten sich zu helfen: Sie schoben in das bisher für Glastonbury gültige Werk, das von William von Malmesbury verfaßt worden war, völlig neue Passagen ein. Nicht nur in bezug auf Joseph, auch hinsichtlich Arthur. So wurde die Vergangenheit erneut gefälscht, um die Abtei zu einem noch größeren Anziehungspunkt zu machen. Dabei rückte Joseph zum Führer einer Gruppe von Evangelisten auf, die Britannien das Christentum gebracht hatten.

Die faszinierende Legende verbreitete sich schnell und wurde immer weiter ausgeschmückt. Die Menschen fanden Gefallen an der These, die Abtei von Glastonbury sei Ursprung des christlichen Glaubens auf den britischen Inseln gewesen und Joseph von Arimathia die bewegende Kraft. Schließlich soll er auch den Kelch des Abendmahls, ebendiesen Heiligen Gral, nach Glastonbury gebracht haben.

Von den Pilgern, die jedes Jahr Ende Juni nach Glastonbury kommen und an den Prozessionen teilnehmen, glauben die meisten diese Berichte gern. Sie fragen nach den Plätzen, die an Joseph erinnern. Sie wandern auch zum »Gralsbrunnen« (Chalice Well) am Fuß des Berges Glastonbury Tor. Diese Quelle dürfte schon in der Vorzeit ein bedeutender Kultplatz gewesen sein. Heute liefert sie täglich über hunderttausend Liter Wasser von angeblich großer Heilkraft.

Der »Gralsbrunnen« ist eine Stiftung geworden. Sie ruft die Menschen in aller Welt nach Glastonbury, und mancher leistet der Aufforderung Folge. So treffen sich hier Pilger aus vielen Ländern. In den warmen Sommermonaten liegen sie im Gras, meditieren unter Apfelbäumen und singen zur Gitarre. Sie lesen wohl auch die Aufforderung des Chairmans der Stiftung, W. Tudor Pole, der in einer blaugebundenen Broschüre schreibt: »Es ist meine Überzeugung, daß dem Volk unserer Insel die Chance gegeben wird, die Menschheit noch einmal aus der gegenwärtigen Dunkelheit ins Licht zu führen.«

Andere sehen Glastonbury in Verbindung mit der Grals- und der Arthur-Legende nüchterner, so etwa jene, die verantwortlich zeichnen für die Tafel, an der Stelle der Ruine der großen Kirche von Glastonbury, wo im Jahr 1278 die pompöse Beisetzung des sagenhaften Königs und seiner Frau stattgefunden haben soll. Auf dieser Tafel steht zu lesen:

Der Platz von Arthurs Grab.
Es heißt, daß im Jahr 1191 die
Leichname von König Arthur und
seiner Königin auf der Südseite
der Marien-Kapelle gefunden wurden.
Am 19. April 1278 wurden ihre
Gebeine in Gegenwart von König Edward I.
und Königin Eleanor in ein schwarzes
Marmorgrab an dieser Stelle
überführt. Das Grab blieb bis zur
Zerstörung der Abtei 1539 erhalten.

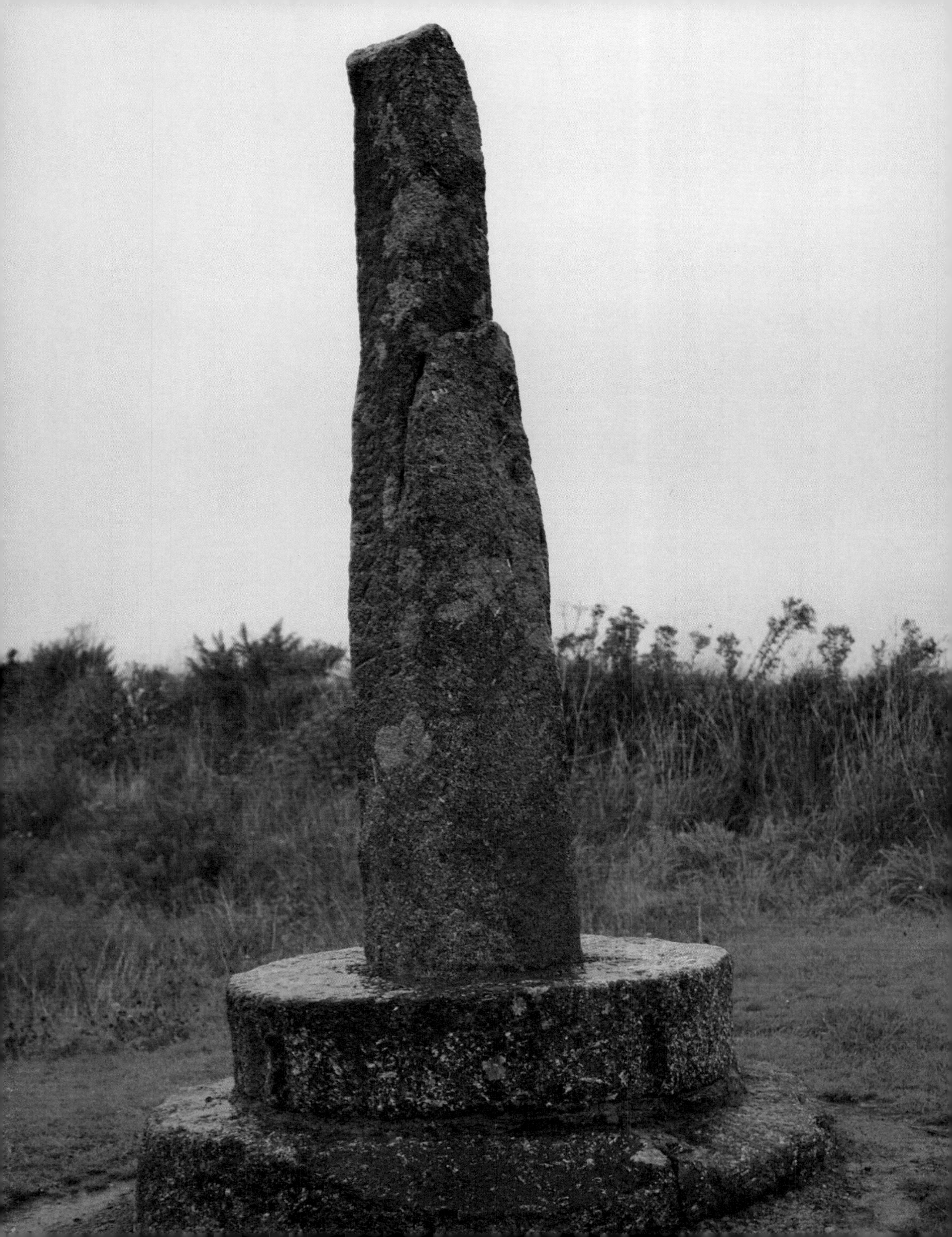

NUR EINE ERFINDUNG DER DICHTER?

Tristan und Isolde

»Meine Herren,
diese Erzählung ist sehr widersprüchlich . . .«

Thomas von Bretagne, 13. Jahrhundert

Die Randzonen Europas, wo die offene See an Felsklippen brandet und Stürme das Land umtoben, wo drei unterschiedliche Elemente aufeinandertreffen, diese Küstengebiete sind anders als das Binnenland – wilder, ursprünglicher, rätselhafter. Das gilt auch für »Land's End« im Westen der englischen Halbinsel Cornwall.

Rund zwanzig Meter hoch ragt das zersplittene Felsmassiv über den Atlantik; ein schmaler Grat von Granitgestein führt in die anrollende See. Weit reicht der Blick – im Norden bis zum Cap Cornwall und zum Brisons Rock, im Süden zum Armed Knight und dem Wolf Rock; geradeaus – Meilen entfernt – der Longships-Leuchtturm. Wenn die Sicht klar ist, sind am Horizont sogar schemenhaft die Scilly-Inseln zu erkennen.

Es ist ein Archipel von hundertfünfzig Inseln, von denen nur fünf bewohnt sind: St. Mary's, Tresco, St. Martin's, St. Agnes und Bryher. Zur Ferienzeit finden einige Urlauber hierher; die Inseln sind sonniger als das Festland. Der Golfstrom fließt vorbei; subtropische Pflanzen und Bäume gedeihen überall.

Schon in frühesten Zeiten war der Archipel besiedelt, wie Ganggräber und andere vorgeschichtliche Reste bezeugen. Auch die Schiffahrt kann in dieser Region auf eine lange Tradition zurückblicken – sie war allerdings mit beträchtlichen Gefahren verbunden: Viele Schiffe sind an den Felsen zerschellt. So werden im Museum der Insel Tresco Galionsfiguren von untergegangenen Schiffen aufbewahrt. Piraterie und Schmuggel waren ebenfalls nicht unbekannt. Viele Erzählungen über die wechselhafte Geschichte sind im Umlauf, vermischt mit Sagen und Legenden. Ursprünglich lag das Land höher, und der Archipel war eine einzige Insel. Heute noch sind bei Ebbe alte Steinmauern und Reste von Häusern auszumachen. Seeleute erzählen von den versunkenen Siedlungen des sagenhaften Reiches Lyonesse, das sich einst von den Scilly-Inseln bis Land's End erstreckt haben soll; es liege fünfzig Faden (rund hundert Meter) unter der Wasseroberfläche; es sei übrigens ein reiches Land gewesen mit herrlich gestalteten Städten und hundertvierzig Kirchen.

Der Untergang von Lyonesse, so geht die Sage, sei überraschend gekommen. Bei der Na-

Im Südwesten Cornwalls steht in der Nähe der Hafenstadt Fowey ein zwei Meter hoher Menhir, der eine lateinische Inschrift trägt. Aus dieser geht hervor, daß Tristan tatsächlich gelebt hat, und zwar im 6. Jahrhundert

Tristan und Isolde

turkatastrophe seien alle Menschen umgekommen – bis auf einen, Trevilian mit Namen. Er habe sich auf sein Pferd geworfen, sei wie verrückt den anstürmenden Wellen vorausgeritten und habe sich noch aufs Festland von Cornwall retten können. Angebliche Nachkommen – sie schreiben sich Trevelyan – tragen heute im Familienwappen ein Pferd, das aus dem Wasser steigt.

»Alle Segel sind schwarz«

Im legendären Lyonesse – dem britischen Atlantis – sind Figuren der Sage zu Hause, wie Sir Galahad, ein Ritter der Arthus-Runde. Auch Tristan (Tristram) soll hier aufgewachsen sein. Sein Vater war König Melodyas von Lyonesse, seine Mutter die Schwester König Marks von Cornwall, der in Tintagel residierte... Tristan kommt früh an den Hof seines Onkels Mark und wird hier in allen Arten der Kriegführung, der Jagd und der Falkenbeize ausgebildet. Er gilt als ein überaus geschickter und sehr mutiger Kämpfer und ist auch ein Meister beim Harfenspiel.

Eines Tages sendet der König von Irland, Angwyshaunce, seinen Schwager Morholt nach Tintagel, um fällige Tribute einzutreiben. Doch König Mark weigert sich, Zahlungen zu leisten. Er schlägt vor, den Streitfall durch einen Zweikampf zu entscheiden. So geschieht es. Morholt vertritt den irischen König und Tristan seinen Onkel.

»Nun bestiegen sie die Pferde und rannten mit eingelegten Lanzen mit solcher Wucht gegeneinander, daß die Ringhemden durchbohrt wurden und die Lanzenschäfte in Stücke flogen. Sie verwundeten einander, daß sie betäubt zu Boden stürzten und nicht mehr wußten, ob es Tag oder Nacht war.« Morholt fällt in dem Gefecht; Tristan wird durch den vergifteten Speer seines Gegners schwer verwundet; verschiedene Ärzte bemühen sich um ihn, aber nichts hilft.

Als Tristan hört, es gebe ein Heilmittel in Irland, das ihn retten könne, macht er sich auf die Reise zur großen Nachbarinsel. Hier trifft er die Tochter des Königs, Isolde, die in der Medizin bewandert ist und auch das gesuchte Medikament kennt. Sie behandelt Tristan und pflegt ihn gesund, während er ihr auf der Harfe vorspielt. Bald kehrt Tristan nach Cornwall zurück.

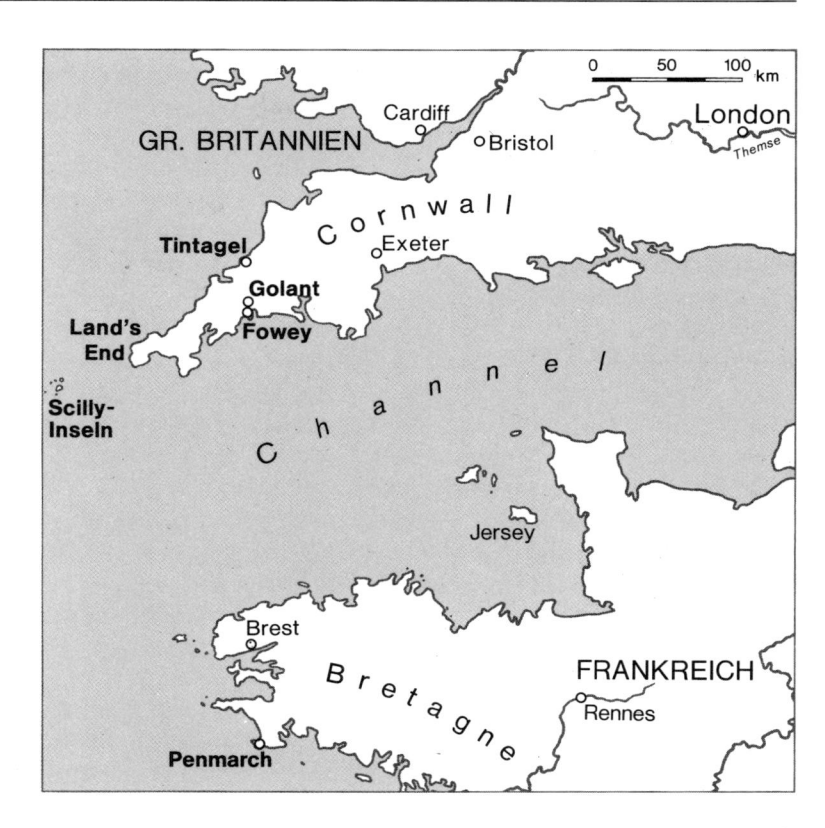

Eines Tages fängt König Mark ein goldenes Haar auf, das eine Schwalbe verloren hat. Der König sagt, er wolle um jeden Preis die Frau heiraten, der das Haar gehört habe. Da macht sich Tristan auf die Suche und gelangt wieder nach Irland. Hier tötet er zunächst einen Drachen, der das Land heimsucht. Dann trifft er Isolde, der das Haar gehört hat. Tristan übermittelt den Wunsch seines Onkels, der von Isolde und ihrem Vater zustimmend aufgenommen wird, und tritt zusammen mit der jungen Braut die Rückreise an. Nun wird Isolde auf der Seefahrt von einer Kammerfrau mit Namen Brangwayne begleitet. Ihr hat die irische Königin eine Flasche Wein gegeben, der ein Zaubertrank beigemischt ist: Er verbindet diejenigen, die ihn kosten, in ewiger Liebe miteinander. Der Wein ist für Mark und seine Braut bestimmt. Doch Tristan und Isolde trinken ihn auf der Überfahrt nach Cornwall, ohne von dem Geheimnis zu wissen, und werden ein Liebespaar – ihr Leben lang.

Ist die Sage von Tristan und Isolde nur eine Erfindung der Dichter? In den keltischen Regionen Cornwall und der Bretagne gibt es verschiedene Orte, die eine Beziehung zum Epos haben sollen

König Mark hört von einem Treffen zwischen Tristan und Isolde und versteckt sich über den beiden in einem Baum. Doch Tristan und Isolde erkennen im Teich das Spiegelbild des Königs und unterhalten sich über allgemeine Dinge. Daraufhin ist Mark zunächst von der Unschuld der beiden überzeugt

Bei einem zweiten Aufenthalt in Irland trifft Tristan auf einen Drachen, der das Land heimsucht. Tristan nimmt den Kampf mit dem Untier auf und erschlägt es

Dennoch heiratet Isolde König Mark.

In Tintagel treffen sich Tristan und Isolde oft heimlich. Mark erfährt davon und überrascht beide. Da fliehen Tristan und Isolde in den Wald Morois. »Sie kamen zwei Jahre nicht aus dem Wald, sahen kein Dorf, keinen Menschen, wußten nicht mehr, wann Sonntag, wann Alltag war, lasen die Zeit vom Stand der Sonne ab, bemüht, das Leben bei Hof zu vergessen.«

Indessen hat Mark Boten ausgesandt, um das Paar aufzuspüren. Die Kundschafter entdeckten auch die beiden. Tristan wird gezwungen, das Land zu verlassen, und geht in die »Kleine Bretagne«. Hier heiratet er ein Mädchen, das ebenfalls Isolde heißt, mit Beinamen Weißhand.

Nach vielerlei Abenteuern in der Bretagne wird Tristan in einem Kampf erneut verletzt, ebenfalls durch eine vergiftete Waffe. Nur Isolde von Cornwall ist in der Lage, ihn zu retten. So schickt Tristan einen Vertrauten mit Namen Governal nach Tintagel mit dem Auftrag, Isolde in die Bretagne zu holen. Governal war gesagt worden, bei der Rückkehr ein weißes Segel zu setzen, wenn Isolde an Bord sein werde, ein schwarzes, wenn dies nicht der Fall sein sollte.

Inzwischen ist Tristan durch seine Krankheit so geschwächt, daß er dem zurückkehrenden Schiff nicht entgegensehen kann. Er fragt daher seine Frau, von welcher Farbe die Segel seien. Isolde, eifersüchtig auf ihre Nebenbuhlerin, sagt, als sich das Schiff mit aufgeblähten weißen Segeln der bretonischen Küste nähert: »Alle Segel sind schwarz . . .«

Als Tristan dies hört, zerbricht sein Lebenswille. Er stirbt. Isolde von Cornwall findet nur den toten Geliebten. Sie ist so erschüttert, daß sie bald darauf ebenfalls stirbt. Der Tod der beiden zieht aber ein Wunder nach sich: Auf ihren Gräber wachsen zwei Rosenbüsche, deren Zweige sich so eng miteinander verschlingen, daß es unmöglich erscheint, sie voneinander zu trennen.

Das geschah, so wird erzählt, im Südwesten der Bretagne, und zwar auf der Halbinsel Penmarch. Megalithgräber und Menhire, zum Teil vom Meer bedeckt, und aufragende Steilküsten verleihen diesem Landstrich einen besonderen Charakter. Eine kleine Kapelle, im Westen des Ortes Penmarch, erinnert an den Tod der beiden Liebenden. Soweit die Sage, wie sie in dieser oder ähnlicher Form in Frankreich und England erzählt wurde und wird und wie sie in zahlreichen Darstellungen der europäischen Literatur ihren unterschiedlichsten Niederschlag gefunden hat.

Schwierige Spurensicherung

Der Hintergrund zum Epos ist – wie die Forschung zeigt – äußerst komplex. Es ist darum nicht einfach, die Entstehung eindeutig festzulegen. Uralte schottische, aber auch walisische, irische, bretonische, germanische und Elemente aus Cornwall fließen in der Fabel zusammen, die im Kern zweifellos keltischen Ursprungs ist. Es gibt Anklänge an das persische Epos »Wisramiani«, auch an arabische und altindische Märchen und antike Sagen, die in Westeuropa früh bekannt waren. So geht die Verwechslung der weißen und schwarzen Segel auf Theseus zurück, der bei der Rückfahrt nach Griechen-

Tristan ist als Brautwerber für seinen Onkel, König Mark, nach Irland gereist. Er bittet hier Isolde, die Frau seines Onkels zu werden. Isolde willigt ein und tritt zusammen mit Tristan die Rückreise nach Cornwall an, wie es der Holzschnitt aus dem Jahre 1484 zeigt

land vergaß, die schwarzen Segel durch weiße zu ersetzen, woraufhin sich sein am Land wartender Vater Aigeus ins Meer stürzte.

Die Anfänge der Erzählung dürften bei Chrétien de Troyes, dem altfranzösischen Epiker, der in der zweiten Hälfte des 12. Jahrhunderts lebte, zu finden sein, dem als Vorlage die sogenannte »Estoire« gedient hat. Andere Spuren führen zu dem Normannen Beroul und dem Anglo-Normannen Thomas. Der Germanist Karl Otto Brogsitter meint, daß spätestens seit der Mitte des 12. Jahrhunderts »die Tristan-Sage in verschiedenen Fassungen mündlich verbreitet war und daß um 1165 im französischen Bereich eine erste größere wirkliche Tristan-Dichtung entstanden sein muß, die Aufsehen erregt hat und von der im wesentlichen die späteren Dichtungen abhängig sind.«

Das Epos blieb auch in der Folgezeit faszinierend, so daß es immer wieder, zu allen Zeiten und in vielen Ländern aufgegriffen wurde, in Frankreich, England, Deutschland, Italien, Spanien oder Rußland. In Deutschland nahmen sich sehr früh die mittelhochdeutschen Dichter Eilhart von Oberge (1170) und Gottfried von Straßburg (etwa 1205–10) des Stoffes an. Es folgten später der Meistersinger Hans Sachs (1553) oder im 19. Jahrhundert die Romantiker Schlegel und Immermann sowie der Lyriker von Platen. Schließlich schuf Richard Wagner die Oper »Tristan und Isolde«, die 1865 in München uraufgeführt wurde. Die Oper beginnt auf der Überfahrt von Irland nach Cornwall mit den Worten:

Westwärts schweift der Blick:
Ostwärts streicht das Schiff.
Frisch weht der Wind der Heimat zu . . .

Während sich das Epos in der Bretagne weitgehend im Märchenhaften verliert, glaubt man in England, gewisse historische Spuren gefunden zu haben.

In einer der ältesten Fassungen der Romanze, jener des Normannen Beroul aus dem 12. Jahrhundert, gibt es zwei Ortsbezeichnungen: Einmal wird der Ort Lancien genannt, dann ein Kloster St. Sampson. Nun ist es angeblich gelungen, beide in Cornwall entdeckt zu haben, und zwar südlich von Bodmin, in der Gemeinde Golant, die hoch über dem fjordartigen Meereseinschnitt des Flusses Fowey liegt. Während sich der Ort Lancien auf die heutige Farm Lantyne oder auch Lantian bezieht, ist das alte Kloster mit der Pfarrkirche von Golant identisch, die nach dem heiligen Sampson benannt ist, der hier im 7. Jahrhundert gelebt haben soll.

Von der Kirche des Klosters berichtet Beroul: »Königin Isolde nahm es [ein Gewand von reicher Seide und mit Gold bestickt] und legte es auf den Altar als Opfergabe. Es wird noch in der Kirche von St. Sampson aufbewahrt, wie alle diejenigen bezeugen können, die es gesehen haben.«

Die heutige Pfarrkirche hat allerdings keine Beziehung zu diesen Worten — sie wurde erst im 16. Jahrhundert erbaut. Mit einer früheren Kirche an diesem Ort dürfte es sich anders verhalten, zumal ein alter Brunnen an dieser Stelle sehr weit in die Vergangenheit zurückreicht.

Die Beziehungen zwischen einst und jetzt haben das Interesse einiger Forscher geweckt. Sie riefen auch den Archäologen Dr. Ralegh Radford auf den Plan, der sich besonders um die Erforschung der Arthur-Sagen einen Namen gemacht hat. Der Wissenschaftler hat im Zusammenhang mit dem Tristan-Epos in den Jahren 1935 und 1936 verschiedene Ausgrabungen vorgenommen. Sein Unternehmen richtete sich dabei vornehmlich auf einen Erdhügel an der Straße nach Fowey, der seit alters her unter dem Namen »Castle Dore« bekannt war.

Radford legte in zwei Kampagnen eine erhöhte, kreisrunde, umwallte Anlage frei, rund siebzig Meter im Durchmesser. Sie geht bis auf vorrömische Zeiten zurück, war vorübergehend aufgegeben, aber im 5. oder 6. Jahrhundert wieder befestigt worden.

Eine Rekonstruktion der Baulichkeiten ließ sich aufgrund der Pfostenlöcher ermöglichen, die sich in der Farbe gut vom übrigen Erdreich abhoben. Die Löcher verdeutlichen, wo Balken gestanden hatten, die die Wände stützten, oder Pfosten, die ehemals das Dach getragen hatten.

Es ergab sich ein Grundplan für drei nebeneinander liegende und miteinander verbundene Gebäude, eine Haupthalle und zwei Nebenhallen. Sie glichen der Bankettbankhalle der irischen Könige von Tara aus dem 4. Jahrhundert v. Chr., wie sie auf einer Zeichnung im »Buch von Leinster« überliefert ist, das um 1160 am alten Königssitz Leinster entstand. In dieser alten irischen Bankettbankhalle verlief alles nach strengem Ritus: Jeder Platz war nach Rang und

Stand vorgeschrieben — wie auch der Braten, der dem einzelnen nach seiner gesellschaftlichen Stellung zustand. In der Haupthalle saß der König. Vor ihm traten Sänger und Spielleute auf.

Ähnlich muß es in Castle Dore gewesen sein.

Vielleicht lag hier — nicht im Tintagel der Sage — die wirkliche Residenz eines wirklichen Königs Mark. Dann könnte in der großen Halle — Radfort hat ihre Länge mit dreißig mal dreizehn Metern gemessen — Tristan mit seiner Harfe dem Herrscher von Cornwall vorgespielt haben, so wie es die Kacheln der Chertsey-Abtei aus dem 12. Jahrhundert zeigen, die heute im »Britischen Museum« zu London ausgestellt sind. — Wir verlassen Castle Dore.

Ein Menhir am Straßenrand

Als wir in Richtung auf die alte Hafenstadt Fowey weiterfahren, erhebt sich nach einigen hundert Metern, am Straßenrand, ein über zwei Meter hoher Stein, ursprünglich ein Menhir.

Wir halten und betrachten ihn genauer. Auf der einen Seite ist ein verwaschenes Kreuz eingeritzt, auf der anderen eine lateinische Inschrift in zwei Zeilen, die von oben nach unten laufen und besagen:

DRUSTANUS HIC IACIT
FILIUS CUNOMORI

Das heißt:

Hier liegt Drustanus,
der Sohn von Cunomorus

Drustanus ist Drystan-Tristan. Sein Vater war nach dieser Inschrift Cunomoris oder Cynvawr. Er ist historisch und war in der ersten Hälfte des 6. Jahrhunderts König von Cornwall.

Dann aber ist Tristan nicht eine Erfindung der Dichter und Barden. Er hat tatsächlich gelebt, und zwar 550 n. Chr. Sein Schicksal wird die Menschen so beschäftig haben, daß die Sänger ihn früh in ihre Erzählungen einbezogen. Später hat die farbige Sage dann solche Bedeutung erlangt, daß sie in den das Hochmittelalter beherrschenden Zyklus der Arthur-Legenden einbezogen wurde. So ist aus Tristan schließlich noch ein Ritter der berühmten Tafelrunde geworden.

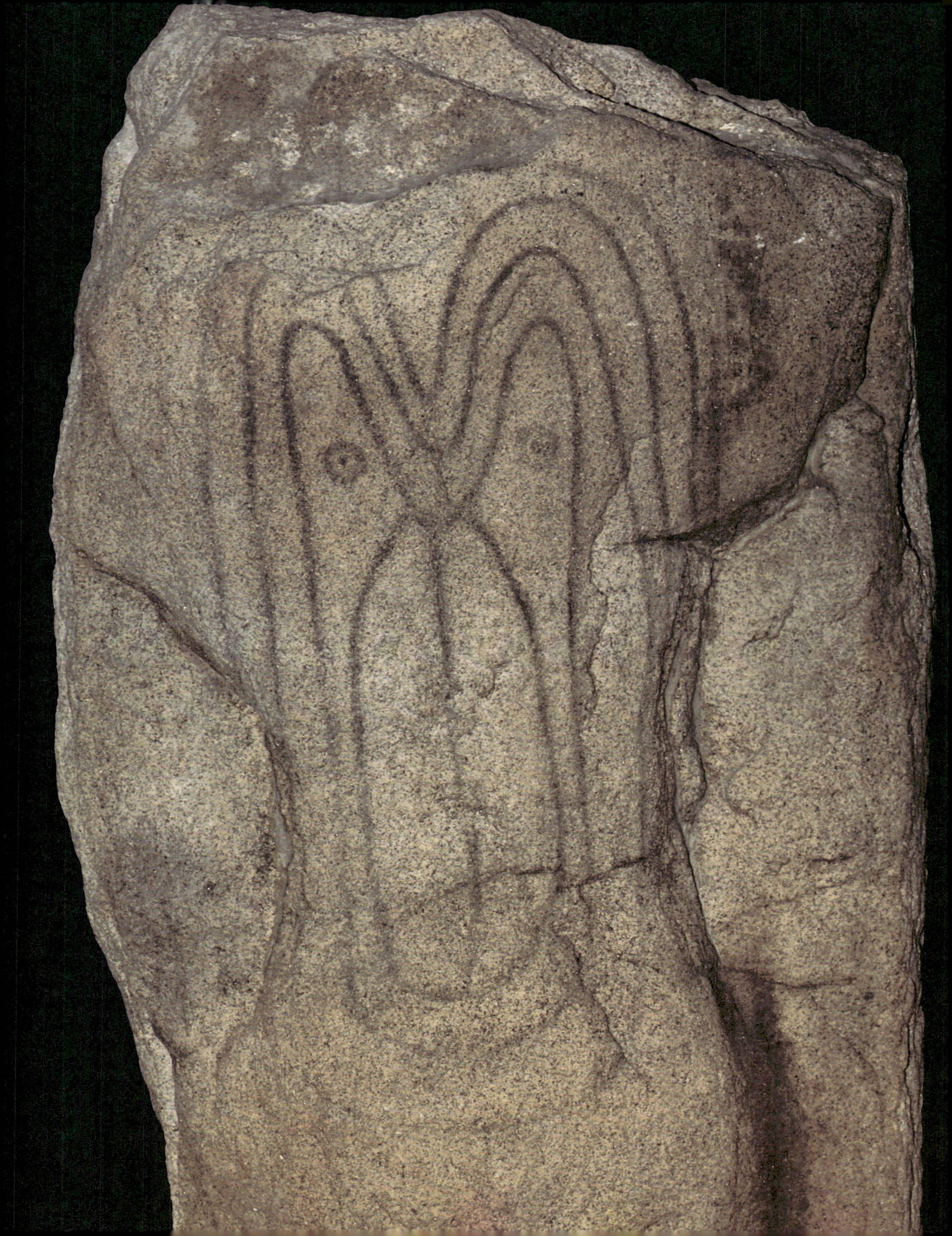

DER HEILIGE HAMMER »MEL BENIGUET«

Carnac

»Für mich erfüllte sich
ein jahrelang gehegter Traum,
als es mir vergönnt war,
das Land um Carnac zu besuchen.«

Hans Biedermann

Voulez-vous que je vous raconte la légende de Carnac? – Soll ich Ihnen die Legende von Carnac erzählen?« fragt die achtjährige Françoise und deutet auf die gewaltigen Steinreihen hinter sich, die Alignements. Sie erstrecken sich auf viele Kilometer nördlich Carnacs, in der Südbretagne.

Françoise soll uns diese Geschichte erzählen, und sie beginnt: »Die Granitblöcke dort sind versteinerte Menschen. Es waren einmal Soldaten. Durch einen Fluch wurden sie verdammt.«

Das kleine bretonische Mädchen berichtet weiter von dem phantastischen Geschehen, das der Lehrer den Kindern in der Schule erzählt hat...

Es war einmal ein Papst mit Namen Cornelius; er mußte vor den Heiden fliehen. Zusammen mit vierundzwanzig Gefährten verließ er Rom; das Gepäck war auf einem Wagen verladen, der von zwei Ochsen gezogen wurde.

Cornelius floh vor den ihn verfolgenden Truppen durch Italien und Gallien und gelangte an die bretonische Küste. Als er sich umwandte – und das geschah hier bei Carnac –, sah er die Soldaten in langen, breiten Reihen zur Schlachtordnung aufgestellt. Eine Armee marschierte gegen ihn.

In seiner Not verwünschte Cornelius die heidnischen römischen Krieger. Im selben Augenblick erstarrten die Tausende von Soldaten zu Steinblöcken...

Da stehen sie heute noch – in Le Ménec, in Kermario und in Kerlescan.

In Le Ménec allein sind es über tausend Steine, Menhire genannt. Sie sind bis vier Meter hoch, in elf Reihen gegliedert, in einer Breite von etwa hundert Metern. Sie ziehen sich in einer Länge von über einem Kilometer von Nordost nach Südwest. Hier schließt ein steinerner Halbkreis, Cromlech genannt, die Steinsetzung ab.

In Kermario, wo sich die Alignements fortsetzen, erreichen über tausend Steinriesen sogar eine Höhe von 6,40 Metern. Im darauffolgenden Kerlescan sind rund sechshundert Steine in dreizehn Reihen angeordnet. Insgesamt zählt man allein in der Umgebung von Carnac

Eine Granitplatte aus der Zeit der Megalithkultur, mit Strichen und Kreisen graviert, heute im Museum von Carnac (Bretagne), stellt nach Expertenmeinung die »Muttergöttin« dar

Unschätzbare Dienste haben dem Menschen der Frühzeit Steinbeile geleistet. Das Bild zeigt die Ritzung eines Steinbeils im Megalithgrab »Table des Marchands« bei Locmariaquer in der Bretagne

über dreitausend Menhire. Es ist die größte Ansammlung von Kultsteinen, die auf der Erde anzutreffen ist – eine Prozessionsstraße von phantastischem Ausmaß.

Noch an anderen Orten der Bretagne erregen Menhire von ungewöhnlicher Höhe und extremer Gestalt das Interesse der Besucher. Ein Steinblock in der Nähe von Dol mißt 9,50 Meter, und der Menhir von Kerloas ist zwölf Meter hoch. Der größte Menhir, größer als die ägyptischen Obelisken, der »Mané er Hroek« bei Locmariaquer, rund fünfzehn Kilometer östlich Carnacs, hat eine Länge von zwanzig Metern. Vor seiner Aufrichtung – bei den damaligen technischen Mitteln ein überaus schwieriger Vorgang – zerbrach er in vier Teile. Der längste mißt zwölf Meter; der mittlere Durchmesser beträgt fünf Meter; das Gesamtgewicht dieses gewaltigen Menhirs macht fast 350 Tonnen aus.

Über diese erstaunliche Steinkultur, die auf vier- oder vielleicht sogar fünftausend Jahre zurückgeht und sich vor allem von der Halbinsel Quiberon über Carnac bis in den Golf von Morbihan erstreckt, gibt es zahlreiche Theorien. Sie sind widersprüchlich, die Phantasie hat Spielraum. Die Auslegungen der Wissenschaftler stützen sich besonders auf Steinritzungen, auf bildlich-konkrete oder abstrakte Darstellungen. Sie sind selten bei Menhiren, wohl aber bei manchen Dolmen, ehemaligen Gräbern, die aus Trag- und Decksteinen bestehen und in früheren Zeiten von einem Erdhügel überwölbt gewesen sind.

Ein solcher Dolmen mit Gravuren befindet sich ganz in der Nähe des großen Menhirs von Locmariaquer. Er wurde unter dem Namen »Table des Marchands«, »Tisch der Händler«, bekannt. Bis vor einigen Jahrzehnten hatte das Grab das Aussehen einer großen Steinplatte von sieben Metern Länge und drei Metern Breite und wurde von wenigen Steinen getragen. Der ursprüngliche, das Grab umgebende Hügel war verschwunden. Mittlerweile ist er wieder aufgeschüttet, so daß heute der alte Zustand zu sehen ist.

Gebückt betritt man die niedrige, dunkle Totenkammer, die zum Inneren höher und breiter wird. Am Ende stößt der Besucher auf einen etwa drei Meter hohen Tragstein – in der Mitte von einer Sonne verziert, die von Hakenstäben umgeben ist. Stellt dies ein Kornfeld dar mit hängenden Ähren, die unter Sonnenstrahlen

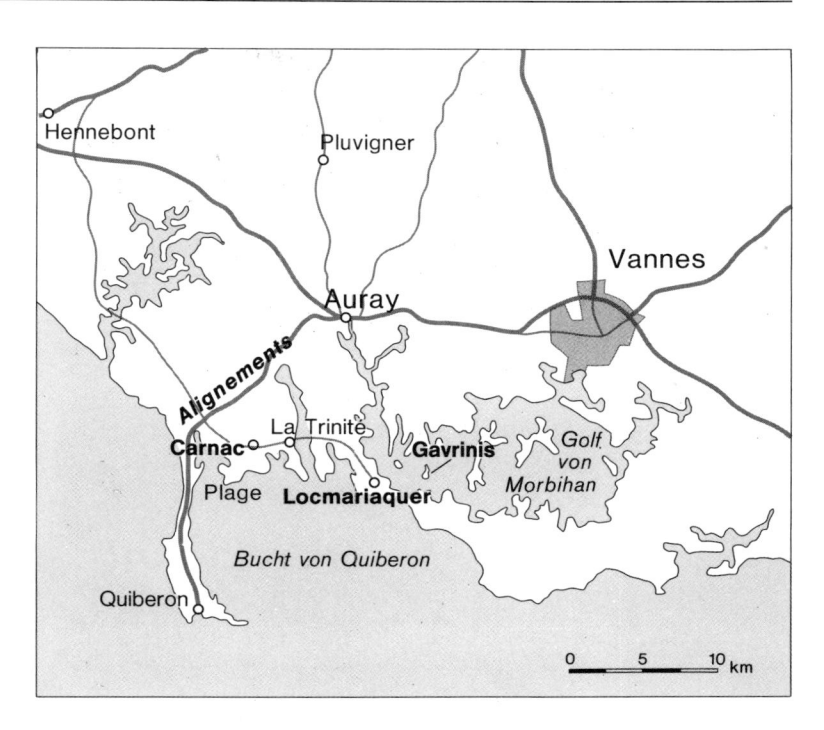

reifen? Am Deckstein zeichnet sich noch eine andere Gravur ab, ein Steinbeil, das als Pflug Verwendung fand.

Die größte Ansammlung von Kultsteinen aus der Vorgeschichte findet sich im Süden der Bretagne, in der Nähe des Ortes Carnac

Halbkreise, Schlangenlinien und Gitter

Als einer der bemerkenswertesten und schönsten Dolmen gilt jener von Gavrinis auf einer kleinen Insel im Golf von Morbihan, östlich von Locmariaquer. Hier wirken sich Ebbe und Flut besonders stark aus. Darum ist eine Fahrt nach Gavrinis in einem Ruderboot ein Kampf mit wilden Strudeln. Es scheint, als ob die aufgerührten Wasser den Zugang zur Toteninsel verwehren wollten.

Über Gavrinis wölbt sich ein acht Meter hoher Tumulus. Darunter liegt die Totenkammer, ein ehemaliges Königsgrab, 1832 von Archäologen ausgegraben. Ein dreizehn Meter langer Gang führt ins Innere. Im Dunkel, durch mitgebrachte Kerzen gespenstisch erleuchtet, sind über zwanzig Steinplatten mit Zeichen bedeckt, mit magischen Linien, die im flackernden Licht zu schemenhaften Mustern werden. Halbkreise zeichnen sich ab, Schlangenlinien und Gitter, eckige Konturen und auch weiche Formen. Beilklingen sind daruntergemischt, nach dem langgestreckten Muster der Steinbeile, wie sie in der Bretagne häufig gefunden worden sind.

Was die Zeichen bedeuten, welche Botschaften sie den Menschen früher einmal signalisiert haben mögen, wissen wir kaum. Allerdings gibt es zahlreiche Auslegungen. Eine geht dahin, daß die Ritzungen die abstrakte Form der Herrin des Totenreiches sind.

Ähnliches in noch genauerer Darstellung bringt ein gravierter Stein im Museum von Carnac. Die Granitplatte, früher ein Teil des etwa zwölf Kilometer nordöstlich von Carnac gelegenen Grabes von Luffang, ist mit vier, fünf konzentrischen Strichen von ovaler Form überzogen. Eine Vertikale schneidet die Gravur. Durch zwei kleine Kreise, jeweils noch verstärkt durch einen Punkt, wird das Bild menschenähnlich. Für den Direktor der prähistorischen Altertümer in Rennes, Monsieur Giot, ist es eine schematisierte, menschliche Figur, »zweifellos die Déesse-mère, die Mutter-Göttin«.

Eindringlicher noch wird die steinerne Vergangenheit, wenn Gräber, Skulpturen und Symbole dieser Kultur aus anderen Regionen Europas einbezogen werden. Die Epoche der Megalithbauten ist ja nicht nur auf die Bretagne beschränkt. Sie war auch am Mittelmeer, in Süd- und Westeuropa und Teilen Nordeuropas vertreten. Sie zog sich in einem großen Bogen von Malta über Sardinien, Korsika, die Balearen, Teile Spaniens und ganz Portugal über Frankreich, Irland, England und Schottland bis nach Dänemark, Südschweden und Norddeutschland.

Einige der Steinmale tragen Gravuren oder haben durch Skulptieren unverkennbare Zeichen hinterlassen. Auf Korsika hat der Franzose Roger Grosjean, ein Schüler des bekannten Prähistorikers Abbé Breuil, in den fünfziger Jahren vollplastische Köpfe aufgespürt. Mund, Nase und Augen sind aus dem Stein geschnitten. Einige Statuen tragen Schwerter und Dolche. Grosjean nannte diese Figuren »Paladine«. Sibylle von Cles-Reden, Expertin der Megalithkulturen, schreibt: »Alle Phasen des Werdens der Menhirstatue sind hier sichtbar. Man steht gleichsam vor dem schöpferischen Vorgang, in dem der alteuropäische Mensch aus magisch-religiösen Vorstellungen heraus zum Bildner wurde.«

Zauberei und rätselhafte Vorgänge

Für jene Bevölkerung, die viel, viel später Menhire und Dolmen kennenlernte oder sogar mitten unter ihnen wohnte, war der Hintergrund der alten Kultur völlig unbekannt. Die Menschen, im höchsten Grad über die Granitkolosse erstaunt, legten die Steinalleen so aus, wie sie ihrer Vorstellungswelt entsprachen.

Die Megalithbauten wurden damit Gegenstand der Sage.

Dabei spielen zwielichtige Wesen, wie etwa Feen, eine Schlüsselrolle. Feenhäuser oder Feengrotten werden viele Dolmen genannt. Für diese magischen Wesen war es ein leichtes, tonnenschwere Steinblöcke abzuschlagen, zu bewegen und aufzuschichten. Feen und andere Geister tanzten um Menhire und Dolmen in der Dunkelheit. Aus Aveyron in der Bretagne wird berichtet, daß man im vorigen Jahrhundert eine Fee überrascht hatte, als sie gerade dabei war, ihre roten Strümpfe anzuziehen. Man sperrte sie in ein Haus, das noch 1880 gezeigt wurde. Die Fee soll wenig später entschwunden sein.

Andernorts heißt es, daß Zwerge die Dolmen errichtet haben, darin wohnen und märchenhafte Dinge treiben. In noch anderen Regionen haben Riesen die Steine bewegt und zu Galerien oder Alignements aufgestellt.

Es wird auch berichtet, zu bestimmten Stunden würden die Steinblöcke lebendig, drehten sich um sich selbst oder rammten sich tiefer in den Boden. Es gibt »Springsteine« und »verrückte Steine«. Manche sollen nachts tanzen und am Morgen zum Wasser gehen, um sich zu waschen.

In den Dolmen ereignen sich jedenfalls die merkwürdigsten Dinge — so in »Wielands Schmiede« in Südengland: Reiter, die hier vorbeikommen und deren Pferde beschlagen werden müssen, brauchen nur ein Geldstück auf den »Zahlstein« zu legen und zu warten — in kurzer Zeit haben die Pferde nagelneue Hufeisen. Und in Wildeshausen, südwestlich von Bremen, erzählt man sich von zwei großen Steinsetzungen, sie seien ehemals Braut und Bräutigam gewesen.

Die Steine verfügen über zauberhafte Kräfte; sogar das Gras in der Nähe kann Wunder wirken; es ist ein gutes Mittel gegen Unheil. Auch mit sexuellen Praktiken werden Menhire und Dolmen oft in Verbindung gebracht. Einigen Dolmen in der Bretagne wird große Heilkraft zugesprochen; sie machen Kranke gesund, ob sie Fieber haben, Rückenschmerzen oder von Epilepsie befallen sind; von Dolmen mit großen Löchern wird berichtet, daß Kranke gesund werden, wenn sie sich durch diese Löcher zwängen. Im Museum zu Carnac werden Ketten aus prähistorischen Steinen gezeigt; diese »Gougad Paterenen« wurden früher von Kindern getragen und sollten gegen Krankheiten aller Art schützen. Einige Menhire wurden sogar zu Wallfahrtsorten; ein Kreuz über den Steinen bezeugte den Sieg des Christentums über den heidnischen Glauben.

Mit dem Heiligen Beil erschlagen

Unschätzbare Dienste haben den Menschen jener frühen Zeiten bei ihrer Arbeit die Steinbeile geleistet, auf denen weitgehend die damalige Kultur beruhte. Sie wurden aus verschiedenem Steinmaterial hergestellt und waren zum Teil sorgfältig poliert. Sie hatten magische Bedeutung. Daß sie in Grabkammern abgebildet wurden, ist kein Zufall.

Vom Heiligen Hammer, dem »Mel Beniguet«, hört man im Museum von Carnac, das einige Exemplare ausgestellt hat. Den Heiligen Hammer gibt es aber nicht nur hier, auch anderswo – und heute noch. Einer der bedeutendsten französischen Forscher auf dem Gebiet der Megalithkultur, Zacharie Le Rouzic, berichtet vom Silbernen Hammer in Rom, mit dem der Kopf eines verstorbenen Papstes dreimal berührt wird. Auch in Asien ist ein ähnlicher Brauch, der auf uralte Sitten zurückgeht, noch heute üblich. Als die bei einem Attentat ermordete indische Premierministerin Indira Gandhi 1983 beigesetzt wurde, mußte ihr Sohn Radjiv nach hinduistischem Ritus vor der Verbrennung den Kopf seiner Mutter aufschlagen, damit so ihr Geist entweichen konnte.

In der Bretagne ist der »Mel Beniguet« in vielen Kirchen an einem geheimen Ort aufbewahrt worden. Er diente dem Zweck, das Leben von alten, kranken Leuten, die nicht sterben konnten, symbolisch oder tatsächlich zu beenden. Auf einem Kongreß der »Association bretonne« im Jahr 1899 wurde darüber berichtet. Es wurde ein Fall geschildert, wie einem alten Mann das Steinbeil vor die Stirn gehalten wurde unter der Anrufung Gottes, er möge das Leben dieses Menschen beenden.

Sibylle von Cles-Reden beschreibt in ihrem Buch »Die Spur der Zyklopen« einen ähnlichen Fall nach einem Protokoll aus dem Jahre 1830. Das freiwillige Opfer war der 85jährige Mathô-Talen. Die Handlung lief in der Nähe von Pontivy in der Bretagne ab. Die älteste der im Bauernhof des Mathô-Talen anwesenden Frauen »näherte sich dem Kranken, schlug drei Kreuze und rief mit starker Stimme: ›Mathô-Talen, zum letzten Mal, übergib Gott Deine Seele, hier ist, was Dich von den Schrecken des Todes und der Last des Lebens befreien wird! . . .‹ Die Alte senkte dann den Stein auf seine Stirne und schrie mit gellender Stimme und erhobener Rechten: ›Durch die heilige Dreieinigkeit, im Namen des Vaters, des Sohnes und des Heiligen Geistes, Ruhe in Frieden, Mathô-Talen, dank des geweihten Hammers, der die Greise erlöst. Du hast gelebt!‹ Kaum hatte sie geendet, als der Sterbende mit letzter Kraft ›Danke mein Gott‹ hauchte und seinen Geist aufgab.«

Der Ritus, der mit dem »Mel Beniguet« verbunden ist, geht auf Jahrtausende zurück. Der Hammer, das neolithische Steinbeil, vereinte alle Zauberkraft in sich und war ehemals bei Opferungen Werkzeug der Priester.

Die kultischen Szenen fanden ihren Höhepunkt auf den Altarsteinen, von denen noch heute einer im Cromlech des Alignements von Le Ménec steht. Hier wurden in grauer Vorzeit – wie es auch bei anderen Zivilisationen der Fall gewesen ist – nicht nur Tiere geopfert, sondern auch Menschen.

Sie wurden mit dem Heiligen Beil erschlagen.

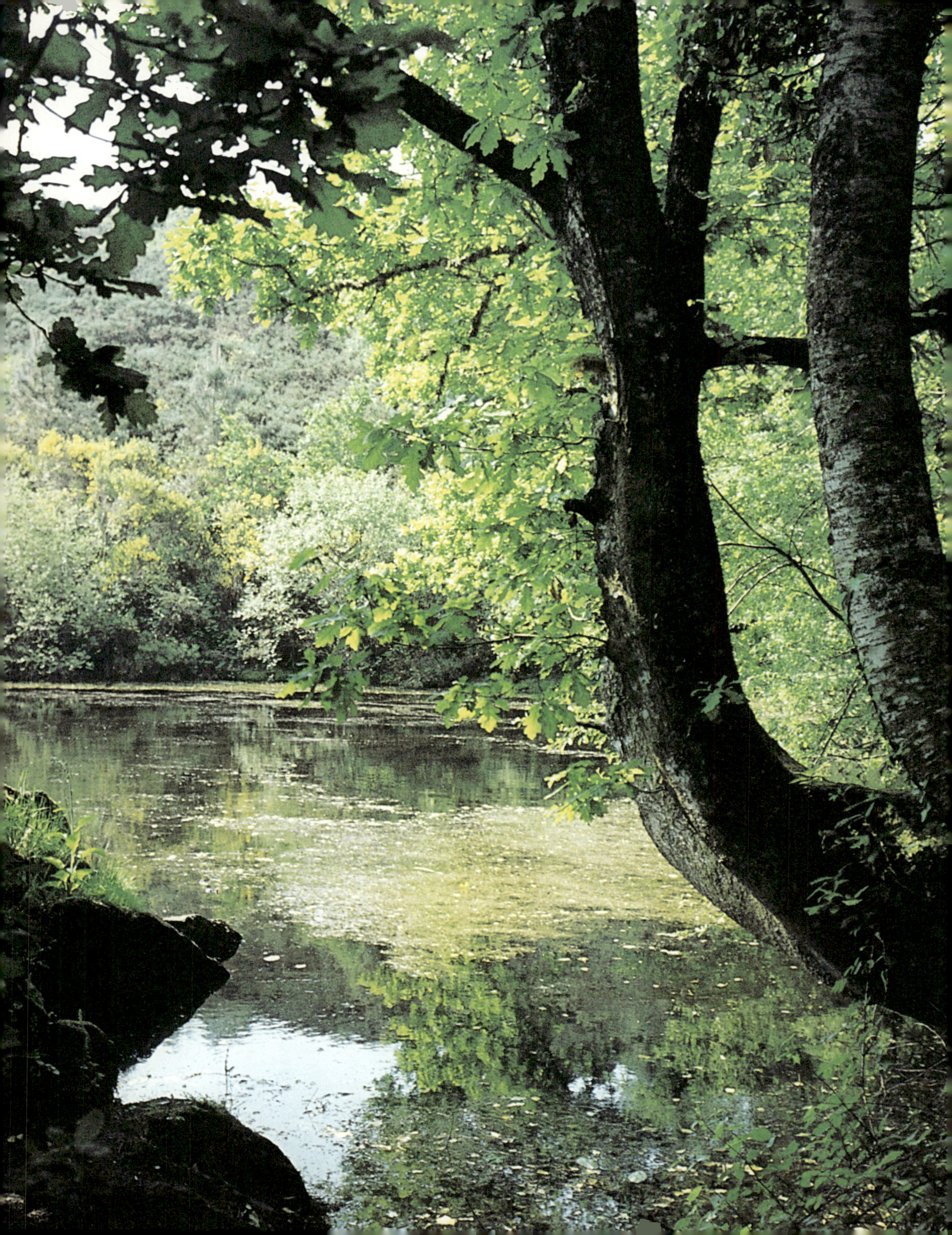

ZAUBERER ALLER ZAUBERER

Merlin

»Vom Wahnsinn des schicksalkündenden Sehers, von Merlin, schicke ich mich nun an, in unterhaltender Form Euch zu berichten.«

Aus Geoffrey von Montmouth's »Vita Merlini«, 1148

Das ist Zauberei! Das haben Menschen des Mittelalters oft gedacht bei Betrachtung von Stonehenge im Süden Englands, jenes eindrucksstärksten Denkmals vorgeschichtlicher Zeit. Jahrhundertelang vermochte man sich nicht vorzustellen, daß dieser gewaltige Steinkreis nördlich von Salisbury von Menschenhand errichtet worden ist.

Stonehenge (»Hängender Stein«) ist schon vor dreitausend Jahren als Zentrum einer kaum bekannten Kultur verlassen worden. Seit dieser Zeit ist es den zerstörenden Kräften der Natur und der Menschen ausgeliefert gewesen. Dennoch blieben erstaunliche Reste, die die ursprüngliche Anlage deutlich erkennen lassen.

Innerhalb eines Rundgrabens von über hundert Metern Durchmesser erhob sich ein gewaltiger Ring von vier Meter hohen Pfeilern aus Sandstein, durch Decksteine miteinander verbunden. Der Kreis umschloß einen zweiten Ring von kleineren Blausteinen aus geflecktem Dolorit. In diesem Kreis reckten sich fünf gigantische, bis zu sieben Meter hohe Trilithen auf, Dreifachsteine. Sie waren hufeisenförmig angeordnet und umstellten weitere Steine und den Altar, der eine Länge von fünf Metern aufwies.

Wissenschaftler, die verschiedene der umgestürzten Steine wieder aufgerichtet haben, sind zu dem Ergebnis gelangt, daß Stonehenge fast ein Jahrtausend lang das sakrale Zentrum der Megalithkultur gewesen ist. Der Beginn wird um 2200, das Ende um 1300 v. Chr. angesetzt.

Verbindung mit den Druiden?

Stonehenge hat immer die Neugier der Menschen geweckt. Es wurde diesem oder jenem Volk, diesen oder jenen Priestern zugeschrieben. Bemerkenswert ist dabei die angebliche Verbindung mit den Druiden, den »Hochweisen«, den Priestern der Kelten.

Die Sagen von Merlin und König Arthur führen in Frankreich seit dem 12. Jahrhundert in den Wald »Brocéliande«, dem heutigen »Wald von Paimpont«. Hier liegt im romantischen »Tal ohne Wiederkehr« ein nicht weniger romantischer See, der »Spiegel der Feen«

Das Stonehenge in England, der gewaltige Steinkreis der Megalithkultur, wird in der Sage in Zusammenhang gebracht mit dem Zauberer Merlin, der die großen Steinblöcke von Irland nach England gebracht haben soll

Diese Theorie ist nicht uninteressant. Sie wird noch heute von den Mitgliedern des 1781 in England gegründeten »Druidenordens« für bare Münze genommen. Der Orden versammelt sich jedes Jahr am 21. Juni am Stonehenge, wenn die Achse der Steine genau auf Sonnenaufgang zeigt. Das könnte ein Hinweis dafür sein, daß dieser sakrale Bezirk der Sonne gewidmet war.

Die Beziehung zu den Druiden wird aber von der Wissenschaft energisch bestritten: Als das Druidentum in England bestand, war Stonehenge schon fast seit tausend Jahren als Kultstätte nicht mehr benutzt worden. Dennoch könnte es sein, daß die Druiden später ihre gespenstischen Zeremonien an diesen eindrucksvollen Ort verlegt haben.

Eine Person der Sage, in der sich die Vorstellungswelt der Druiden spiegelt, wird jedenfalls mit Stonehenge in Verbindung gebracht. Es ist der Zauberer und Prophet Merlin. Er stand auf seiten der keltischen Briten und nahm an ihrem Schicksal teil.

In den frühen Zeiten Britanniens, so geht die Sage, trafen sich die Briten mit den eingewanderten Sachsen, um Siedlungsgebiete abzustecken. Die Briten erschienen, wie es vorher abgesprochen war, ohne Waffen, die Sachsen aber hatten ihre Schwerter versteckt dabei. Auf das Wort des sächsischen Anführers Hengist: »Ergreift die Waffen!«, stürzte sich jeder Germane auf den ihm am nächsten stehenden Briten und tötete ihn. So wurden bei dem »Verrat der langen Messer« 460 der einheimischen Führer umgebracht.

Für diese Gefallenen wollten die Briten, wie die Sage weiter erzählt, ein riesiges Denkmal errichten. Sie zogen in die Berge von Irland, nach Killara, um dort liegende Steine von ungewöhnlicher Größe nach England zu schaffen. Doch es war ihnen nicht möglich, die Steine zu bewegen. Da kam Merlin zu Hilfe. Durch seine »Weisheit, seine Gelehrsamkeit und sein Geschick« gelang es, die Steine an jenen Platz zu bringen, an dem der »Verrat der langen Messer« begangen worden war.

So ist der Sage nach Stonehenge entstanden, und so schildert Geoffrey of Monmouth, der »große englische Geschichtsschreiber« und »Phantast« des 12. Jahrhunderts, in der ersten schriftlichen Nennung dieses Steinkreises die Begebenheiten.

Es war Zauberei im Spiel ...

Ein Junge ohne Vater

Bei dem »Verrat der langen Messer« überlebt der britische Anführer, König Vortigern, er wird jedoch eingekerkert und kommt erst wieder frei, nachdem er den Sachsen große Teile seines Reiches überschrieben hat.

Vortigern fühlt sich sich auch weiterhin bedroht. Darum zieht er sich in den Nordwesten von Wales zurück. Am Fuß des höchsten Berges von Britannien, dem über eintausend Meter hohen Snowdon, sucht er Zuflucht. Er findet hier einen Bergkegel, der wie kaum ein anderer für eine Festung geeignet scheint. Als aber Maurer und Steinmetzen sich daranmachen, die Fundamente einer Burg zu errichten, stehen sie vor einem Rätsel: Was sie auch immer am Tag erbaut haben, stürzt in der Nacht zusammen.

Vortigern befragt seine Wahrsager und Zaubermeister, was zu tun sei. Diese erklären ihm, er könne den Bau nur unter besonderen Vorkehrungen vollenden; er müsse einen Jungen ohne Vater finden und sein Blut mit dem Kalk für den Bau vermischen; auch solle er die Fundamente der Festung mit dem Blut besprengen. Dann werde die Burg standhalten.

Vortigern läßt nun überall im Land nach einem Jungen fahnden, der keinen Vater hat (was immer man unter dieser Bedingung verstehen mag). Schließlich wird ein solches Kind in Südwales gefunden, in Carmarthen (der Junge heißt in der Schrift des Nennius, der um 826 seine »Britische Geschichte« verfaßt hat, ein Werk von sehr begrenztem Wert, Ambrosius, dessen »Vater« römischer Consul ist, während in der Darstellung der »Geschichte der britischen Könige« des Geoffrey of Monmouth das gesuchte Kind Merlin heißt).

Merlins Mutter (angeblich eine Nonne an der St. Peterskirche in Carmarthen) und der erst sieben Jahre alte Sohn werden vor König Vortigern gebracht, und die Mutter erklärt vor dem Thron, Merlins Vater sei ein übernatürliches Wesen.

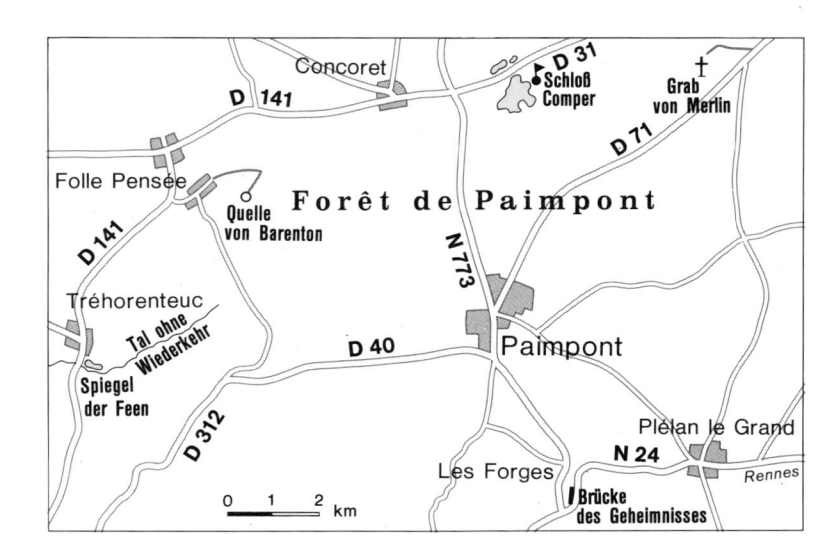

Vortigern will nun Näheres über die Beziehungen der Mutter zu diesem übernatürlichen Wesen erfahren. Die völlig verwirrte Nonne berichtet zögernd: »Das Wesen erschien mir in Gestalt eines schönen Jünglings. Er umarmte mich oft und küßte mich. Er sprach zu mir nur, wenn ich allein war. Er hat mich lange verfolgt und war dann plötzlich verschwunden. Darauf gebar ich ein Kind ...«

Nach Geoffrey war das seltsame Wesen, der Vater Merlins, ein Dämon.

In der Bretagne, im Wald von Paimpont, werden zahlreiche Örtlichkeiten mit dem Zauberer und Propheten Merlin in Verbindung gebracht

Satan tritt auf

Drastischer und christlich verbrämt sieht der burgundische Dichter Robert de Boron um 1200 die mysteriöse Vermählung zwischen dem Mädchen und der zwielichtigen Erscheinung: »Die Teufel in der Hölle waren recht besorgt über das Vordringen des Christentums. Sie sahen ihr Reich durch Gottes Sohn gefährdet und wollten Satans Sohn als Gegner, als Anti-Christ.«

So wurde der Teufel in besonderer Mission auf die Erde entsandt. »Er wählte sich als Opfer eine von der Not verfolgte Familie mit drei Töchtern. Die erste wurde von einem jungen Mann verführt und verfiel der Todesstrafe. Die zweite geriet durch den von der Hölle entsandten Teufel in die Hände einer Kupplerin. Als sie mit ihren Liebhabern das elterliche Haus betrat, wurde die dritte, besonders rechtschaffene, Tochter so erregt, daß sie vor dem Schlafengehen das Kreuzzeichen und das Abendgebet vergaß. So konnte sich der Teufel ihrer bemächtigen. Da sie aber am nächsten Morgen in aller Frühe beichtete und Absolution erhielt, verlor der Teufel zum größten Teil, was er glaubte, gewonnen zu haben.«

In alten Handschriften finden sich zu dieser Geschichte Zeichnungen, auf denen der gehörnte Satan und das Mädchen in Kissen friedlich beieinander liegen.

Der elfenartige Sproß der Verbindung zwischen dieser und einer anderen Welt hat von Jugend auf hellsichtige Fähigkeiten gehabt. Er war Mensch, Gott und Teufel in einer Gestalt, wobei kirchliche Berichte das Teuflische besonders hervorgehoben haben . . .

Als der junge Merlin nun vor König Vortigern steht, dessen neue Burg beim Aufbau immer wieder einstürzt, spricht der Junge von einer falschen Beratung der Hofzauberer. Als die beschuldigten Magiere vor dem Thron erscheinen, wünscht Merlin von ihnen zu wissen, warum denn das begonnen Werk stets zusammenfalle. Aber sie wissen es nicht.

Der junge Merlin enthüllt nun, unter den Fundamenten liege ein verborgenes Gewässer. Als man nachgräbt, findet man tatsächlich einen unterirdischen See. Merlin fragt die Wahrsager: »Sagt nun, ihr lügnerischen und schmeichlerischen Betrüger, was steckt in dem Gewässer?«

Sie schweigen erneut.

Merlin klärt sie auf: »Auf dem Grund des Sees schlafen zwei Drachen.«

Nun macht man sich daran und trocknet den Teich aus und findet die Drachen, einen roten und einen weißen. Die geflügelten Ungeheuer erwachen, stürzen sich schnaubend aufeinander und liefern sich einen verbissenen, tödlichen Kampf.

Vortigern wünscht nun zu wissen, was dies alles zu bedeuten habe, und Merlin antwortet: »Der rote Drachen symbolisiert die Briten, die vom weißen Drachen, den eingedrungenen Fremden, den Sachsen, unterdrückt werden. Die Kämpfe gehen nicht schnell zu Ende; die Täler werden sich vom Blut der Gefallenen rot färben. Doch die Briten werden dem Ungestüm der Eindringlinge widerstehen; denn der ›Eber von Cornwall‹ wird die fremden Völker unter seinen Füßen zerstampfen.«

Mit dem »Eber von Cornwall« war König Arthur gemeint.

»Und wie steht es um mich?« begehrt Vortigern zu wissen.

»Dir bleibt wenig Zeit«, erwidert Merlin. »Deine Gegner, die Brüder Emrys und Uther Pendragon, sind auf dem Weg, um dich zu bekämpfen. Sie haben die Bretagne verlassen. Sie werden dich in einem Turm verbrennen. Darum flieh von hier . . .«

Vortigern rettet sich in das Schloß Ganarew bei Archenfield. Doch hier stellen ihn seine Gegner. Sie umzingeln die Burg und stecken sie in Brand. Vortigern wird ein Opfer der Flammen. Die Voraussagung Merlins wird erfüllt . . .

Der Fels von Dinas Emrys

Die Burg, auf der der junge Merlin König Vortigern über die Ursachen des ständigen Einsturzes berichtete und dem Herrscher seine traurige Zukunft weissagte, scheint einen greifbaren Hintergrund zu haben.

Diese Burg, so erzählt man sich in dem ganz aus grauem Schiefer erbauten und im Touristenstrom des Nationalparks »Snowdonia« im Nordwesten Wales aufgeblühten Ort Beddgelert – und nicht nur hier –, sei der Fels von Dinas Emrys gewesen.

Wir stoßen auf diesen merkwürdigen Kugelberg, als wir in Beddgelert die Straße ins Nantgwynant-Tal einschlagen.

Die Felskuppe erhebt sich steil direkt an der Straße, isoliert, als natürliche Sperre für das Tal. Mühselig ist der Aufstieg. Wir verfehlen den ursprünglichen Aufgang im Westen, und damit wird die Kletterei zu einem kritischen Unterfangen an glatten Steinhängen.

Von der Spitze des Berges aber bietet sich ein ungewöhnlich reizvoller Blick auf eine beinahe alpine Landschaft, mit hohen, meist nackten Bergrücken, die sich zum Teil im Nebel verlieren, und dem eingeschnittenen Tal in der Tiefe, das sich über den See Llyn Dinas und den Paß von Llanberis rings um den gewaltigen Bergkegel des Snowdon zieht.

Dinas Emrys war stets eine Herausforderung.

In unserer Zeit bestand sie darin, festzustellen, welche Rolle diese aufragende Schieferklippe ehemals gespielt haben mag. Darum hat sich Dr. Savory vom Nationalmuseum in Wales darangemacht, die Hintergründe aufzudecken.

Zwei Jahre lang ließ er auf Dinas Emrys graben. Danach konnte er ein genaues Bild der Festung entwerfen und vermochte zu belegen, daß in dieser Burg ein britischer Herrscher residiert hatte, der bereits ein gewisses Maß an Luxus und Wohlstand gehabt haben muß.

Hier oben hat der Merlin der Sage geweissagt. Hier soll er davon gesprochen haben, daß unter den Fundamenten ein unterirdischer See liege, mit zwei Drachen, die sich bekämpften . . .

Und merkwürdig, Dr. Savory berichtet davon, daß der Zentralbau über einem sumpfigen Gelände errichtet wurde. Ein mooriger Tümpel breitet sich noch heute in den nordöstlichen Teilen der Festung aus, die direkt unter den Mauerresten eines Turmes liegen und auf der archäologischen Karte mit A, B und C verzeichnet sind. Von den Drachen fehlt allerdings jede Spur . . .

Savory hat auch einen recht genauen Zeitpunkt für den Herrscher angegeben, der hier residierte. Es soll gegen Ende des 5. Jahrhunderts gewesen sein. Damit wird eine Epoche angesprochen, die in der Geschichte von England und Wales am wenigsten erforscht ist. Es handelt sich um das »Dark Age«, das »Dunkle Zeitalter«, in dem auch die Legenden um König Arthur ihren Ursprung haben, eine Periode ohne schriftliche Berichte und darum auch fast ohne Geschichte. Sie begann mit der Loslösung Britanniens von Rom um 400 und endete mit der endgültigen Eroberung des Landes durch die Sachsen 633. In der Zwischenzeit war das Schicksal Britanniens völlig offen.

Diese Vergangenheit ist besonders fesselnd, weil in jener Zeit die Entscheidungen für die

Der Kugelberg »Dynas Emrys« am Fuß des Snowdon in Nordwales. Hier hat der Sage nach der Zauberer Merlin vor König Vortigern geweissagt. Ausgrabungen brachten Funde aus dem 5. Jahrhundert

Zukunft fielen. Die englische Historikerin Nora Chadwick schreibt dazu: »Die Periode, die unmittelbar auf die Römer folgt und vor der sächsischen Königszeit liegt, aber die kurze keltische Vorherrschaft einschließt, ist in vieler Hinsicht die interessanteste unserer Geschichte . . . Es ist die gestaltende Zeit. In diesem Abschnitt erwuchs der größte Teil der Sprache. Ideale und Überlieferungen entstanden, die noch weitgehend auf den britischen Inseln vorherrschen.«

Spuren in Wales und Schottland

In dieser weit zurückliegenden Zeit der Geschichte Britanniens, von der so wenig bekannt ist, soll Merlin gelebt haben. Aber hat er wirklich existiert?

Für Merlin gibt es zwei Spuren. Die eine führt nach Südwales, zum Römer-Abkömmling Ambrosius, der etwa um 480 n. Chr. in Carmarthen geboren wurde. In diesem Ort, dem alten Maridunum, finden sich noch heute Spuren aus römischer Zeit. Die steinernen Zeugen waren Anlaß genug, sich mit den einstigen Bewohnern zu befassen.

Nun mag es sein, daß ein römischer Consul in Carmarthen Beziehungen zu einem britischen Mädchen unterhalten hat, und dieser Beziehung könnte das »Besatzungskind« Merlin-Ambrosius entsprossen sein. Es ist wohl weit intelligenter gewesen als seine Kameraden. Als uneheliches »vaterloses« Geschöpf mag das Kind sodann ein ungewöhnliches Schicksal gehabt haben, gerade recht für phantastische Geschichten.

In Carmarthen ist die Erinnerung an Merlin bis heute wach geblieben.

Es gab dort lange Zeit eine uralte Eiche, von der viele glaubten, sie sei vom Zauberer selbst gepflanzt worden. Andere, skeptische Bewohner behaupteten, der Baum sei am 19. Mai 1659 von einem Schulmeister gesetzt worden. Die Eiche wurde jedenfalls im 19. Jahrhundert von einem Puritaner abgeholzt, dem es mißfallen hatte, daß sich die Ortsansässigen Tag und Nacht unter den Zweigen versammelten. Der Stumpf des Baumes ist noch in Carmarthen zu sehen und steht unter dem Schutz der Ortsbehörden, die sich mit dem Schicksal aussöhnen möchten. Denn eine alte Prophezeiung sagt beschwörend:

Fällt Merlins Baum,
Wird auch Carmarthen fallen.

Die zweite Spur von Merlin führt nach Schottland, zu einem Barden und Zauberer Merlin-Silvester oder auch Lailoken, der angeblich um 570 gelebt hat. Seine Person verband sich mit dem Wilden Mann der schottischen Wälder. Auch Geoffrey berichtet von diesem zweiten Merlin, und zwar in seinem Buch »Das Leben Merlins« (1148), in dem er sich unbekümmert über das hinwegsetzt, was er von dem ersten Merlin in der »Geschichte der britischen Könige« erzählt.

Der zweite Merlin hat seine übersinnlichen Fähigkeiten und die Gabe der Prophezeiung, so Geoffrey, durch eine Geisteskrankheit erlangt, durch ein Leben zwischen Wahnsinn und Wirklichkeit. In einer Schlacht, die 573 in der Nähe des heutigen Arthuret (bei Carlisle) stattgefunden hat, soll er irrsinnig geworden sein, als drei seiner Brüder in einem blutigen Gefecht den Tod fanden.

Geoffrey berichtet: »Er klagte um die Männer und wollte nicht aufhören zu weinen, streute Staub in sein Haar, zerriß die Kleider und wälzte sich auf der Erde. Peredur [ein Herrscher aus dem nordwestlichen Wales] wollte ihn trösten – und so auch die Edlen und Kriegsführer. Doch er wollte sich nicht trösten lassen und duldete nicht ihre beschwörenden Worte. Drei Tage hatte er nun schon geweint und alle Speisen verweigert, so groß war der Schmerz, der ihn verzehrte. Immer von neuem, ganz außer sich, füllte er mit Klagegeschrei die Luft, dann entwich er ungesehen in die Wälder. So hielt er seinen Einzug im Hain und war froh, unter den Eschen verborgen zu liegen; und er staunte über die wilden Tiere, die in den Lichtungen weideten. Bald lief er ihnen nach, bald eilte er ihnen voraus. Er nährte sich von den wilden Kräutern und ihren Wurzeln, er genoß die Früchte der Bäume und Sträucher und die Beeren des Dickichts; er wurde ein Waldmensch; er war gleichsam ein den Wäldern Geweihter.«

Am Königshof

Merlin gelangt später, nach den Schilderungen Geoffreys, an den Hof des Königs Rhydderch, eines in den Chroniken für Ende des 6. Jahrhunderts vielfach bezeugten kymrischen Herrschers. Königin ist Ganieda, Merlins Schwester.

Als Merlin eines Tages im Haar der Königin ein Blatt entdeckt, lacht er laut auf. Befragt nach seiner Munterkeit, sagt er, dies sei der Beweis für die Untreue Ganiedas. Das Blatt stamme von einem Stelldichein im Garten.

Rhydderch ist empört. Aber die kluge Königin meint: »Warum schenkst du einem Wahnsinnigen Glauben, der der Vernunft entbehrt und Lüge und Wahrheit vermischt! Mir wird es gelingen, dir zu beweisen, daß er phantasiert.«

Ganieda stellt Merlin eine Falle: Sie läßt ihm einen jungen Mann in dreifacher Verkleidung vorführen, damit er seine Todesart voraussagen solle. Merlin prophezeit einen Sturz vom Felsen, das Erhängen an einem Baum und Ertrinken in einem Fluß.

Die Königin glaubt, jetzt den Beweis für Merlins Unglaubwürdigkeit erbracht zu haben. Aber das Schicksal des jungen Menschen erfüllt sich, wie vorausgedeutet: Er stürzt von einem Felsen, bleibt im Gesträuch hängen und taucht mit dem Kopf im vorbeifließenden Strom unter.

Merlin hält es nicht mehr am Hof. Er bittet seine Schwester Ganieda, ihm im Wald ein entlegenes Haus zu errichten, »mit siebzig Türen und ebenso vielen Fenstern, durch die ich die Sterne betrachten kann, wenn sie über den nächtlichen Himmel ziehen. Sie werden mich belehren über die künftigen Geschicke von Volk und Herrschaft. Auch sollen Schreiber in gleicher Zahl zur Verfügung stehen, wohl unterrichtet darin, meine Worte niederzuschreiben und meine Weissagungen auf ihren Tafeln festzuhalten.«

Merlin wandert durch das von ihm gewünschte und auch erbaute Haus, hält Ausschau nach den Sternen und sagt die Zukunft Britanniens voraus. Zu ihm kommt auch der sagenhafte Waliser Taliesin, der im 6. Jahrhundert gelebt haben soll. Nennius berichtet von ihm. Taliesin gilt als Haupt der Barden, der keltischen Sänger und Dichter. Ihm sind alle profanen und religiösen Wissenschaften vertraut, und er versteht sich auf die Deutung des Vogelgesangs. Taliesin und Merlin diskutieren alle Dinge zwischen Himmel und Erde.

Als Merlin hört, im Wald sei eine neue Quelle aufgebrochen, macht er sich auf den Weg zum Gewässer. Es ist eine jener Heilquellen, die nach keltischen Erzählungen plötzlich dem Boden entspringen. »Merlin trank voll Entzükken und badete seine Schläfen in den Wellen: Das Wasser rann durch seine Kehle und seinen Magen und kühlte die Hitze in seinem Inneren. Da kehrte mit einem Mal die Vernunft zurück, und er erkannte sich selbst, und aller Wahnsinn fiel von ihm.«

Eine dämonische Erscheinung

Der Seher und Prophet in Schottland und der Zauberer und Wahrsager in Wales, die zunächst im Volksglauben und in den Sagen getrennt existiert haben, sind irgendwann unter dem Namen Merlin zu einer einzigen imaginären Person verschmolzen.

Den Hintergrund für die Ausbildung dieser märchenhaften Gestalt bilden Hoffnungen und Sehnsüchte der Menschen, mythische Vorstellungen, Okkultismus und Aberglauben. Sie vermischten sich mit religiösen Erwartungen, theologischen Spekulationen und politischen Wünschen und mündeten hier wie dort in einer dämonischen Erscheinung, die entweder vom Wahnsinn gezeichnet oder teuflisch-satanischer Abstammung war.

Daß diese zwielichtige Erscheinung keltischer Vorstellungswelt entstammt, ist nur natürlich, und daß die Ursprünge bis zu den Druiden zurückgehen, ist kaum erstaunlich. Denn im Druidentum liegt alles umschlossen, was Merlin kennzeichnet.

Über diese keltischen Priester sind wir durch antike Autoren recht gut unterrichtet. Gaius Julius Caesar schreibt im »Gallischen Krieg«: »Die Druiden stehen an der Spitze des gesamten Gottesdienstes, sie besorgen die öffentlichen und privaten Streitigkeiten und privaten

Opfer, sie sind die Lehrer und Vertreter der Religion; bei ihnen sucht die Jugend des Landes ihre Ausbildung, und sie stehen überhaupt bei den Galliern in hohen Ehren. Die Lehre der Druiden stammt, wie man glaubt, aus Britannien, und sie ist erst von dort nach Gallien verpflanzt worden, und auch jetzt noch begeben sich diejenigen, die die Sache recht gründlich lernen wollen, zu ihrer Ausbildung nach Britannien. Sie sollen eine große Menge von Versen auswendig lernen. Einige bleiben daher zwanzig Jahre in der Lehre. Es ist nämlich streng verboten, jene Sachen niederzuschreiben. Die Druiden wollen nicht, daß ihre Lehre unters Volk kommt. Vor allen Dingen suchen die Druiden die Unsterblichkeitslehre zu fördern. Außerdem beschäftigen sie sich ausgiebig mit den Gestirnen und ihren Bewegungen, mit der Macht und der Gewalt der unsterblichen Götter, und in diesem allen unterrichten sie auch die Jugend.«

Kalkulierbare Zukunft

Hoch im Kurs stand bei ihnen die Wahrsagerei, wie den Kelten überhaupt der Sprung vom Realen ins Irreale, in die sogenannte »Andere Welt«, mühelos möglich war. Sie bewegten sich zwischen beiden Ebenen mit gelassener Selbstverständlichkeit. Die Zukunft erschien ihnen als eine kalkulierbare Größe, die von den dazu Berufenen fast fehlerfrei vorauszusehen war.

Von dem britischen Druiden Diviciacus wird berichtet, er habe seine Weisheit insbesondere der Vogelschau entnommen. In Irland stützten sich die Druiden bei ihren Prophezeiungen auf Träume, Visionen und Zeichen, die sich ihnen im Trancezustand offenbarten und auf die Deutung der Eingeweide bei Tieropfern. Ferner war der Schlaf am Grab von bekannten Kriegern üblich – aus den Träumen wollte man die Offenbarung der Helden erfahren.

Von einer brutalen Sitte berichtet der Grieche Diodor, Zeitgenosse Caesars, in seiner »Geschichte der Völker«: »Wenn sie in einer bedeutenden Sache befragt werden, wenden sie einen ganz ungewöhnlichen, kaum glaubhaften Ritus an: Sie weihen einen Menschen und stoßen ihm ein Schwert ins Herz. Wenn der so Getroffene stürzt, erkennen sie aus der Art des Hinfallens, aus dem Zucken der Glieder und aus dem Fließen des Blutes die Zukunft.«

Die grausamen Riten stießen natürlich auf heftigen Widerspruch der Kirche, nachdem sich das Christentum auf den britischen Inseln durchgesetzt hatte. Trotzdem blieben viele Formen keltischer Zukunftsdeutung noch lange erhalten.

Sie wurden von den Barden aufgegriffen, den Sängern und Dichtern, die bis ins 15. Jahrhundert in Wales, in Irland und auch in Schottland Preis- und Kampflieder an den Höfen vortrugen.

Merlins Prophezeiungen

Durch die beiden Bücher Geoffrey of Monmouth's wurde Merlin im 12. Jahrhundert nicht nur auf den britischen Inseln ein Begriff, sondern in ganz Europa. Der keltische Zauberer gewann solch Ansehen hauptsächlich wegen seiner Prophezeiungen. Dabei gab es nicht nur die schriftlichen Weissagungen Merlins, wie Geoffrey sie formuliert hatte, sondern noch weit mehr mündliche.

Merlins Zukunftsdeutungen haben im Mittelalter die gleiche Wirkung ausgeübt wie im Alterum die Voraussagungen des Isarias, des jüdischen Propheten, oder der Sibyllen, der griechischen Seherinnen.

Die Mönche verdammten allerdings Merlins Wahrsagerei als Blendwerk der Hölle. Das zeigte aber keinerlei Wirkung. Im Gegenteil: Die Mahnungen stachelten die Menschen noch bedingungsloser an, den Weissagungen Merlins zu glauben. Seine Aussagen sind sogar entscheidend gewesen für die Entschlüsse von Fürsten und Königen, nicht nur in Wales und Schottland, auch auf dem Kontinent, besonders in Frankreich. Es gab kaum ein Ereignis von Bedeutung, das Merlin nicht vorhergesehen haben sollte, ob es die Eroberung Englands durch die Normannen, die Niederlage der Sachsen, die Kreuzzüge nach Palästina oder die Vertreibung der Engländer aus der Bretagne gewesen war.

Selbst 1431, beim Prozeß der Jeanne d'Arc, spielte Merlin eine Rolle. Die Jungfrau von

Eine französische Zeichnung aus dem Jahre 1290 zeigt den keltischen Zauberer Merlin beim Diktat seiner Prophezeiungen

Orléans soll ihre Richter daran erinnert haben, es gebe eine Prophezeiung, nach der Frankreich von einem Mädchen an der Loire gerettet würde. Das Zitat lautete: »Die Jungfrau vom Bois-Chenu wird die englische Besetzung aufhalten. Sie wird in den Flammen eines Schwefelrauchs umkommen, nachdem sie alle Festungen besucht hat.« Einer der Zeugen des zweiten Prozesses sagte aus, diese Weissagung habe im Buch von Merlin gestanden.

Die »Prophezeiungen Merlins« eigneten sich darum besonders zur Zukunftsdeutung, weil sie unklar und unbestimmt gehalten waren wie die Sibyllinischen Orakel und vieles aus ihnen herauszulesen war.

Die Zukunftsdeutungen waren bis ins 16. Jahrhundert in hohem Ansehen. 1564 sah sich die Kirche gezwungen, auf dem Konzil von Trient Merlins Bücher auf den Index zu setzen. Zu diesem Zeitpunkt kamen die Vorhersagen des Franzosen Nostradamus auf, des Leibarztes Karls des IX. Mit seinen zehn »Centuries« vermochte er die Wirkung der Prophezeiungen Merlins noch zu übertreffen.

Große und Kleine Bretagne

Die Sagen von Merlin haben nicht von ungefähr in Frankreich einen starken Widerhall gefunden. Die »Große« und die »Kleine Bretagne« sind lediglich hundertfünfzig Kilometer voneinander entfernt, getrennt nur durch den englischen Kanal. Wie schon die Namen besagen, müssen enge Bindungen zwischen beiden Ländern bestanden haben, und sie reichen weit zurück.

Vom 5. bis 7. Jahrhundert, während der sächsischem Einwanderung auf die britische Insel, wurde der Druck auf die eingesessene Bevölkerung so stark, daß sich die keltischen Stämme zurückziehen mußten. Sie flohen nach Cumberland, Wales und Cornwall. Diejenigen, die hier keine Zuflucht fanden, schifften sich ein. Die Verwegensten gelangten bis zur Iberischen Halbinsel und siedelten sich im Nordwesten von Spanien an. Die meisten gründeten auf dem Kontinent eine neue Bretagne.

So wurden aus Britanniens Briten die Bretonen der Bretagne. Sie hielten ständig Verbindung mit den Zurückgebliebenen in Cornwall, wobei die gemeinsame Sprache ein starkes Bindeglied war, die von Briten in Cornwall in die Bretagne gebracht worden ist und sich hier zum Teil bis heute erhalten hat.

Die neuen Einwohner hatten aber nicht nur die Sprache mitgebracht, sondern auch ihre Sitten und Religion. Und die Sagen glichen sich bald hier wie drüben. Sie wurden mündlich weitergegeben. Dafür gab es einen besonderen Berufsstand, die »Conteurs«: Als Kelten mit ungewöhnlicher Phantasie begabt, sind sie wahrscheinlich die faszinierendsten Erzähler Europas gewesen; sie sprachen bretonisch wie französisch; und sie berichteten von Merlin und von den Sagen um König Arthur — schon vor Geoffrey of Monmouth. Dabei öffnete ihnen die Doppelsprachlichkeit viele Türen.

Der Wirkungsbereich der Conteurs vergrößerte sich, als Wilhelm der Eroberer am 14. Oktober 1066 mit seinen Normannen den angelsächsischen König Harold schlug.

Es war die bedeutendste Schlacht, die jemals auf englischem Boden stattgefunden hat. Sie änderte den Verlauf der Geschichte der Insel vollständig. Mit den neuen Herrschern kamen auch Bretonen ins Land. Als Dank für ihren kämpferischen Einsatz erhielten sie größere Lehen. An den Höfen dieser Adligen waren die bretonischen Conteurs besonders beliebt, und mit ihnen kehrten die Geschichten aus dem Arthur-Kreis wieder zurück in das Land, in dem sie entstanden waren.

Einige Jahrzehnte später (1135) erschien Geoffreys »Geschichte der britischen Könige«. Geoffrey hat selbst vermerkt, er habe dabei als Quelle ein »sehr altes Buch in britischer Sprache« benutzt, das er dem Erzdiakon Walter in Oxford verdanke, der es aus der Bretagne mitgebracht haben soll. Diese Darstellung wird zwar angezweifelt, aber aufschlußreich bleibt der Bezug auf die Bretagne. Geoffrey sagt weiter, er meine die Bretagne, wenn er Britannien schreibe.

Mit Geoffrey begann der Siegeslauf der Arthur-Dichtung. Viele griffen den Stoff auf.

Sie alle wurden aber in den Schatten gestellt von Chrétien de Troyes (1150–90), der an den Höfen der Champagne und Flanderns lebte und fünf Romanzen über den Arthur-Kreis geschrieben hat. Seine Verse wurden das Ereignis der Höfe Westeuropas.

Schauplatz waren die britische Insel und die bretonische Halbinsel. Hier waren die Arthur- und Merlin-Sagen zu Hause, hier gingen sie von Mund zu Mund, und hier glaubten viele fest an die Realität der Persönlichkeiten, die die Erzählungen beherrschen.

Der magische Wald von Brocéliande

Die Sagen von Merlin und König Arthur und seiner Tafelrunde führen seit dem 12. Jahrhundert in Frankreich in ein Waldgebiet, das in den Frühzeiten fast die ganze Bretagne eingenommen hat.

Der Anglo-Normanne Wace war der erste, der die Ritterromanzen in diesem Wald spielen ließ. Er nannte ihn Brecheliant. Wace hat den Wald selbst aufgesucht, um Feen oder sagenhaften Rittern zu begegnen, und war enttäuscht, nichts Ungewöhnliches entdeckt zu haben:

Und in diesem Land von Brecheliant
Von dem die Bretonen oft Märchen erzählen,
Dorthin ging ich, um Wunder zu suchen.
Ich sah den Wald, und ich sah das Land.
Ich suchte Wunder, aber ich fand sie nicht . . .

Auch Chrétien de Troyes bezog den Wald in seine Verse ein. Er nannte ihn in seinem »Ivain« Brocéliande.

Sicherlich sind es die britischen Einwanderer gewesen, die den Namen in einer anderen Form mitgebracht haben. Vorbild wird der kaledonische Wald in Schottland gewesen sein, in dem Merlin-Silvester sich zurückgezogen hatte. Es ist der »Coet Celidon«. Faßt man den Begriff, stößt man auf die Wörter »Bro Celidon«. Daraus wurde »Brocéliande«.

In dieser urtümlichen und wilden Waldlandschaft der Bretagne entzündete sich die keltische Phantasie im Überschwang. Brocéliande wurde einer der großen Zauberwälder der Literatur. Er hat bis in die neuere Zeit die Einbildungskraft der Menschen beschäftigt. Besonders fühlte sich die Romantik angesprochen und verlor sich in übersteigerten Darstellungen. So beschreibt der französische Domherr Mahé den bretonischen Zauberwald im Jahre 1825 in folgender merkwürdigen Art: »Seufzende Gespenster erschienen dort in schauerlicher Gestalt unter fliegenden Drachen und anderen scheußlichen Tieren, und das Schweigen der Nacht wurde nur unterbrochen durch lärmende Schreie und Gebrüll, die das Erschrecken zu einem Höchstmaß steigerten.«

Brocéliande wurde später zum größten Teil abgeholzt. Aber ein Kernstück von siebentausend Hektar blieb erhalten – vierzig Kilometer westlich der Hauptstadt Rennes. Heute ist das Gehölz als »Forêt de Paimpont« bekannt. Es ist eine abwechslungsreiche Landschaft mit Hoch- und Niederwald, mit Gebüsch, Wiesen, Hügeln und Bergen, mit zahlreichen Quellen, Sümpfen, Seen, Schlössern und Herrensitzen verschiedenster Art.

Mittelpunkt ist der Ort Paimpont, der noch keine zweitausend Einwohner zählt. Eine Abtei mit alter Geschichte und einer Kirche aus dem 13. Jahrhundert spiegelt sich im kühlen, unbewegten See. In Paimpont trifft sich übrigens

Der »Spiegel der Feen« im Zauberwald »Brocéliande«, eingebettet in das »Tal ohne Wiederkehr«, das in der französischen Arthur-Sage eine große Bedeutung hat

jedes Jahr im August – das paßt gut hierher – der »Gorsedd«, eine Versammlung jener Bretonen, die noch den Druiden und Barden anhängen.

Die Landschaft um Paimpont ist voll Erinnerungen an Arthur und seinen Kreis.

Im Westen des Waldes, in Tréhorenteuc, in der Kirche der heiligen Onenne, der Schwester eines bretonischen Königs aus dem 7. Jahrhundert, wurde der Chor der alten Legende geweiht. Künstler gestalteten auf Glasfenstern, Mosaiken oder Gemälden den Weißen Hirsch von Brocéliande mit dem Kreuzzeichen, Christus mit dem Abendmahlkelch, aber auch Arthur und die Ritter der Tafelrunde mit dem Gral in der Mitte.

Von Tréhorenteuc führt uns ein Waldweg in die Berge zu einem mit Granitsteinen übersäten Steilhang über einem verlassenen Tal. Ein vom Dickicht fast ganz verdeckter Bach fließt in einen kleinen See, den sogenannten »Spiegel der Feen«. Das Tal heißt, kaum weniger romantisch, »Val sans retour«, »Tal ohne Wiederkehr«. Alle Ritter, die ehemals hierher gelangten und ihren Damen untreu waren, blieben dem Zauber des Tals und der Fee Morgan verfallen, die die falschen Liebhaber an sich fesselte.

Im Süden von Brocéliande überspannt eine alte Brücke den Bach l'Aff. Auch von dieser Brücke berichtet die Arthur-Sage. Hier soll des Königs Frau, Guinevere, dem glänzendsten Ritter der Tafelrunde, Lanzelot du Lac, ihre große Liebe gestanden haben. Damit begann eine Kette von Katastrophen, die schließlich sogar zum Tod von Arthur und zur Auflösung der Tafelrunde führten. Lanzelot war vom Schicksal begnadet wie auch verflucht. Er war menschlicher Abstammung, wurde aber bis zu seinem 18. Lebensjahr unter Wasser von Elfen und Feen erzogen. Daher sein Name Lanzelot vom See, der ebendiese Doppelnatur bezeugt.

Auch dieser See fehlt nicht im Zauberwald. Mit vielen kleinen Buchten breitet er sich vor dem mächtigsten Schloß des Waldes aus, das »Comper« genannt wird. Von der viertürmigen Burg, mehrfach zerstört, erzählt die Sage, hier habe der Herrscher Dymas mit seiner Tochter Viviane regiert. Die schöne Viviane, ein lebenslustiges Kind, und Merlin, Zauberer aller Zauberer, sind Hauptpersonen der Legenden von Brocéliande.

Die Quelle von Barenton

Ihre Sagen kreisen um die Quelle von Barenton, im Nordwesten des magischen Waldes.

Es heißt, wer diese Quelle aufsuchen möchte, müsse sich im Ort Folle Pensée (»Törichter Sinn«) einen Ortsansässigen als Führer mieten. Wir haben es unterlassen und glauben, mit Hilfe von Karte und Wegweisern, die Quelle zu finden.

Zunächst kommen wir auch im Reich König Arthurs gut voran. Die Nachmittagssonne spielt auf den Stämmen der Bäume und den Blättern. Ein Wasserlauf kennzeichnet den Pfad, der langsam bergan führt. Doch bald ist kein Weg mehr auszumachen, und Hinweisschilder fehlen. Auch die Karte versagt. Hier scheint eine Spur zu sein, dort eine, doch wenn wir ihnen folgen, geraten wir in undurchdringliches Gestrüpp oder in mannshohen Farn.

Früher waren solch Abkommen vom Weg und Verirren im Wald, der wenig Ortschaften, aber eine Ausdehnung von über hundertfünfzig Kilometern in der Länge hatte, gefährlich, und die zwielichtigen Wesen, an die jeder glaubte, haben die damaligen Wanderer bestimmt nicht mutiger gemacht.

Heute gibt es weniger Geister und Dämonen. Trotzdem treten wir den Rückzug an.

Doch am Waldausgang begegnen uns zwei Wanderer, die sich besser auskennen, der Porzellanmaler Jacques und seine Frau Lucienne aus Limoges. Sie haben hier oft ihren Urlaub verbracht, und sie führen uns zur Quelle von Barenton.

Die Quelle entspringt fast auf der Berghöhe in einer Waldlichtung. Sie ist von wenigen Bäumen umstanden, deren Wurzeln sich knorrig über den Boden ziehen. Das austretende Wasser fängt sich in einem Tümpel, der an den Rändern mit Natursteinen ausgemauert ist. Nach Chrétiens »Ivain«, »Löwenritter«, war die Quelle mit Smaragd gefaßt und mit Rubinen verziert. Zum Wasserschöpfen lag eine goldene Kelle bereit.

Wahrscheinlich ist die Quelle früher therapeutisch genutzt worden, obwohl neuere Untersuchungen ergeben haben, daß das Wasser keine Heilsubstanzen enthält, sondern nur

Kohlensäure und Stickstoff. Dennoch hat man früher geglaubt, daß Kranke hier genesen und schmächtige Kinder widerstandsfähig werden könnten. Geisteskranke sollten mit dem Quellwasser geheilt werden.

Neben der Quelle liegt ein langer breiter Stein. Die Legende berichtet, daß Merlin ihn oft als Ruheplatz wählte. Er heißt darum »Perron de Merlin«.

Die Verzauberung des Zauberers

Hier begegnet der Zauberer eines Tages Viviane, und Merlin verliebt sich augenblicklich in das elfische Wesen. Um Viviane zu gefallen, unterhält er sie mit Zauberkunststückchen. Er läßt einen Fluß erscheinen und wieder im Boden versickern. Dann bricht er einen Zweig und zieht damit einen Kreis im Sand. Darauf treten prächtig gekleidete Ritter auf, Damen, Edelfräulein und Pagen und singen zur Musik von Spielleuten. Als sie den Kreis betreten, den Merlin gezogen hat, vereinen sie sich zum Tanz. Mit höher steigender Sonne erwächst um die Gesellschaft ein dicht belaubtes, schattenspendendes Gebüsch, während auf den Wiesen Blumen sprießen.

Ein Wort von Merlin beendet das höfische Zauberspiel: Die Menschen verschwinden, die Musik verstummt.

Viviane ist begeistert von dieser Magie und solchem Magier. Sie will Merlin für sich, ganz allein. So fragt sie ihn, wie sie wohl einen Mann fesseln könne – ohne Ketten, Turm oder Mauern, und Merlin, obwohl er die Gefahr voraussieht, vertraut ihr sein Geheimnis an.

Als Merlin sich nach einer Wanderung niedergelegt hat und eingeschlafen ist, macht sich die übermütige und eifersüchtige Viviane daran, den Zauberer zu verzaubern. Neunmal geht sie im Kreis, neunmal wiederholt sie die magischen Worte. Dann ist Merlin durch seinen eigenen unauflöslichen Zauber an diesen Platz gefesselt. Seine Geliebte aber kommt und geht, wie es ihr gefällt.

Indessen ist Arthur, dessen Ratgeber Merlin inzwischen ist, tief besorgt. Viele Ritter seiner Tafelrunde ziehen aus, Merlin zu finden. Schließlich entdeckt Gawain ihn im Wald von Brocéliande. Er sieht ihn nicht, er vernimmt nur seine Stimme. Es ist das letzte Mal, daß man von ihm etwas hört.

So geht die Sage.

Sie weiß aber auch vom Grab des Zauberers zu berichten. Es liegt im Osten des Waldes, südwestlich von St. Malon-sur-Mel. Von Ranken überwucherte Steine in einem Kornfeld bilden die angebliche Beisetzungsstätte des Magiers; dieses »Grab« ist jedoch nur eines von vielen. Ein anderes liegt in Carmarthen, weitere finden sich in Tintagel (Cornwall), in Nouquetran (Schottland), in Nevyn oder auf der Insel Bardsey (Insel der Barden); die beiden letzteren haben die Waliser ins Gespräch gebracht.

Lucienne aus Limoges, Kennerin des Waldes und aller Merlin-Geschichten, gibt uns noch eine Ergänzung: »Der ›Perron de Merlin‹ galt lange als Stein von wasserspendender Kraft. Goß man Quellwasser über den Block, erhob sich bald ein furchbares Unwetter. Ein endloser Regen ging über der Waldregion nieder. In Zeiten der Trockenheit zogen darum die Bauern von Concoret zur Quelle, um Regen zu erbitten. Der Pfarrer schritt der Prozession voran. An der Quelle tauchte er das Kreuz ins Wasser und besprengte damit den Stein. Die letzte Bittprozession ist 1835 gewesen.«

Luciennes Schilderung regt uns an, es dem Pfarrer nachzutun. Mit einer Handvoll Wasser möchten wir den »Perron de Merlin« anfeuchten, um zu beobachten, was geschieht.

Doch Lucienne hindert uns.

»Das dürfen Sie nicht! Wir haben es vor ein paar Jahren getan, und das Gewitter kam tatsächlich – mit Blitz, Donner und Wolkenbruch . . . C'était terrible!«

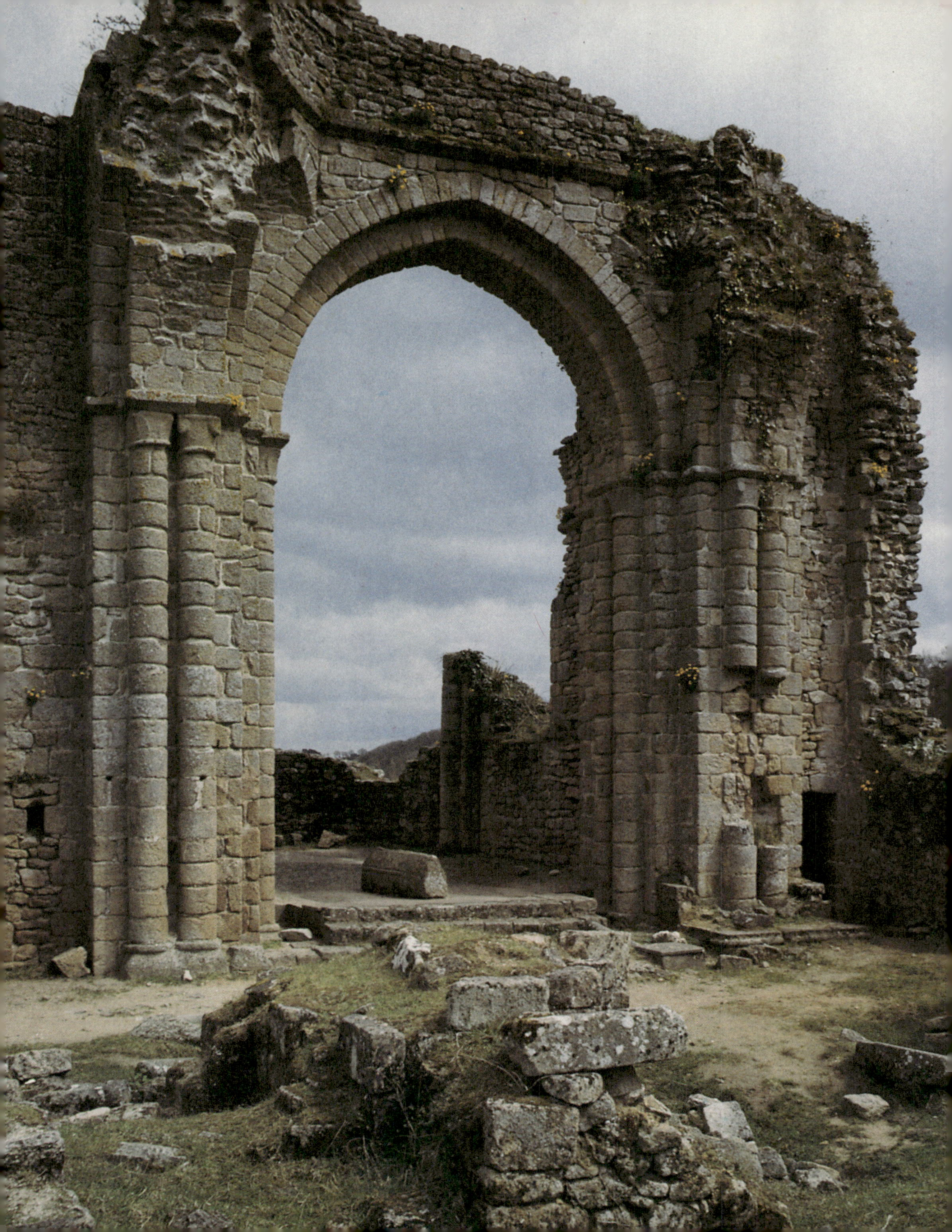

»ES GILT ZU STERBEN, MADAME«

Blaubart

»Wer von unseren Lesern hat nicht in seiner Kindheit mit unendlichem Behagen und Entsetzen das berühmte Märchen von Barbe-bleue erzählen hören?«

August Wilhelm Schlegel, 1797

Unter den vielen Tausenden von Sagen und Märchen, die im Verlauf von Jahrhunderten in Europa erdacht, erzählt und aufgeschrieben wurden, haben einige ganz besondere Aufmerksamkeit gefunden, weil sie hintergründig sind, die Zuhörer oder Leser in starkem Maß gefesselt oder auch zutiefst erschreckt haben. Zu diesen Erzählungen gehört das Märchen vom Blaubart. Es wurde von dem französischen Schriftsteller Charles Perrault (1628–1703) aufgeschrieben und hat zusammen mit anderen Märchen aus seiner Feder die europäische, nicht zuletzt auch die deutsche Literatur beeinflußt.

Perraults Märchen beginnt so: »Es war einmal ein Mann, der hatte schöne Häuser in der Stadt und auf dem Land, Tafelgeschirr und Gold und Silber, kostbare Möbel und Kutschen, die ganz und gar vergoldet waren. Aber unglücklicherweise hatte dieser Mann einen blauen Bart; das machte ihn so häßlich und abschreckend, daß alle Frauen und Männer vor ihm davonliefen.«

Das Rätsel der Geheimkammer

Die Erzählung geht – in Kurzform – folgendermaßen weiter: Blaubart hat schon mehrere Frauen geheiratet, doch niemand weiß, wo sie geblieben sind. Nun hat eine seiner Nachbarinnen zwei schöne Töchter, und Blaubart will gern eine von ihnen heiraten. Doch die Mädchen mögen nicht. Da lädt Blaubart sie mit Mutter, Freunden und Freundinnen auf eines seiner Landgüter ein, wo man acht Tage ein Fest nach dem anderen feiert. Das findet die Jüngere ganz aufregend; schließlich meint sie, Blaubart sei doch ein ehrenwerter Mann; so wird bald darauf die Ehe geschlossen.

Nach einer Weile muß Blaubart verreisen. Vorher übergibt er seiner Frau eine Reihe von Schlüsseln, und zwar für die Möbelspeicher, für das Tafelgeschirr, für Truhen mit Gold und Silber, für Schatullen mit Juwelen sowie einen

Im Westen Frankreichs, südlich der Loire, liegt die gewaltige Festungsanlage Tiffauges, ehemals im Besitz des Barons Gilles de Rais, der hier zahlreiche Morde begangen hat

Hauptschlüssel für alle Zimmer. Schließlich händigt er ihr auch noch einen kleinen Schlüssel aus und sagt: »Es ist der Schlüssel zur Kammer am Ende des langen Ganges im unteren Stockwerk: Öffnet alles, geht überall hin – doch was diese kleine Kammer betrifft, so verbiete ich Euch, dort hineinzugehen, und ich verbiete es Euch so sehr, daß Ihr, wenn Ihr sie dennoch betreten solltet, meinen ganzen Zorn zu gewärtigen hättet.«

Nachdem Blaubart abgereist ist, besichtigt die junge Frau alle Zimmer und schließt jede Truhe auf. Dann will sie trotz des scharfen Verbotes wissen, was wohl in der Geheimkammer ist. So geht sie ins untere Stockwerk, nimmt den kleinen Schlüssel und öffnet die Tür. Da sieht sie, »daß der Fußboden ganz mit geronnenem Blut bedeckt war und daß sich in dem Blut die Körper mehrerer toter, längs der Mauern aufgehängter Frauen spiegelten: Das waren alle die Frauen, die Blaubart geheiratet und eine nach der anderen umgebracht hatte.«

Vor Schreck über das grauenhafte Bild fällt der jungen Frau der Schlüssel aus der Hand. Schnell hebt sie ihn auf, verschließt die Tür und entfernte sich. Doch da bemerkt sie, daß der Schlüssel mit Blut befleckt ist. Sie versucht, ihn zu säubern, aber das mißlingt, weil der Schlüssel verzaubert ist.

Als Blaubart heimkehrt, fordert er die Schlüssel zurück. Die Frau gibt sie ihm, bis auf den von der geheimen Kammer. Sie tut es mit solch zitternder Hand, daß er sofort errät, was vorgefallen ist. Als sie schließlich doch den kleinen Schlüssel beibringt, der immer noch voll Blut ist, sagt Blaubart: »Ihr habt in die geheime Kammer gewollt. Nun gut, Madame, Ihr werdet dort hinkommen und Euren Platz einnehmen bei den Damen, die Ihr dort gesehen habt.« Und weiter ruft er aus: »Es gilt zu sterben, Madame, und das sofort.«

Die entsetzte Frau, die Augen in Tränen gebadet, bittet darum, ihr wenigstens Zeit für ein Gebet zu lassen. Das wird ihr gewährt.

Als sie nun allein ist, steigt sie nach oben und ruft ihrer Schwester Anne zu, sie möge schnell auf den Turm des Hauses steigen, um zu sehen, ob ihre Brüder kommen, mit denen sie für diesen Tag verabredet ist. Anne steigt nach oben, und die junge Frau fragt in großer Hast, ob sie nichts erkenne. Anne antwortet: »Ich sehe nichts als die Sonne, die stäubt, und das Gras, das grünt.«

Inzwischen schreit Blaubart, seine Frau solle sofort herunterkommen, sonst komme er nach oben. »Noch einen Augenblick«, lautet die Antwort. Dann ruft sie ihrer Schwester zu: »Siehst du noch immer nichts?« Jetzt sagt Anne: »Ich sehe zwei Reiter.« – »Das sind unsere Brüder«, ruft die junge Frau.

Nun beginnt Blaubart, so laut zu brüllen, daß das Haus erbebt. Die arme Frau geht furchtsam nach unten und wirft sich Blaubart zu Füßen, ganz verweint und mit aufgelösten Haaren.

»Das hilft gar nichts«, sagt Blaubart kalt, »es geht ans Sterben.« Bei diesen Worten greift er zum Hirschfänger und will ihr den Kopf abschlagen.

Doch da kommen die Brüder ins Haus. Blaubart erkennt sie und flieht, um sich zu retten. Aber die beiden greifen zu ihren Degen und erstechen den Tyrann, bevor er die Freitreppe des Hauses erreicht hat.

Soweit Perraults Erzählung.

Wie Eva im Paradies

Das Märchen, 1697 zuerst im Druck erschienen, fand schnell Beachtung. Das Interesse wuchs und ist bis heute erhalten geblieben. Der Stoff wurde von Dichtern, Märchensammlern, Sagenforschern, von Zeichnern und Malern aufgegriffen. Für Psychologen und Psychoanalytiker war er von besonderem Interesse. Es ging um wissenschaftliche Untersuchungen, literarische Darstellungen, Opern, Komödien, Tanzstücke, Filme und Hörspiele.

In einer Operette erhoben die Franzosen Grétry und Sédain Blaubart 1789 in den Fürstenstand. Ludwig Tieck machte ihn 1797 zum Ritter, der er im deutschen Sprachraum geblieben ist. Die Brüder Grimm nahmen Blaubart 1812 in ihre »Kinder- und Hausmärchen« auf, um die Erzählung später wieder herauszunehmen, da sie zu sehr geistiges Eigentum eines anderen war. Die Liste jener, die vom Stoff gepackt waren, ist lang: William M. Thackeray (1843), Alphonse Daudet (1861), Jacques Offenbach (1866), Maurice Maeterlinck (1890), Herbert Eulenberg (1905), Béla Bartók (1911),

Karl Schloßleitner (1911), André Savoir (1921), Pina Bausch (1977/81), Max Frisch (1982), Michel Tournier (1983) und viele andere.

Das Stück hat Generation um Generation gefesselt: Ein Mann mit blauem Bart, der jedem Furcht einflößt; das geheime Zimmer, das niemand betreten darf; der verzauberte Schlüssel, von dem kein Blut entfernt werden kann; der unheimliche Mörder, der Frauen kaltblütig umbringt und im Gruselkabinett aufhängt ...

Solch Stoff ist eine Herausforderung, die Deutungen verlangt. Davon gibt es manche. Blaubart war das Symbol eines Mannes in einer Zeit absoluter Herrschaft, in der allerdings die Frauen höherer Gesellschaftsschicht sich immer mehr und mehr durchzusetzen versuchten und die Welt der Männer an Autorität verlor. Blaubart wurde zur »Chiffre für männliches Verhalten in der bürgerlich-patriarchalisch strukturierten Gesellschaft der Neuzeit« (Hartwig Suhrbier, Journalist und Schriftsteller). In anderen Auslegungen wird Blaubart – die Perversion des männlichen Prinzips – zur Verkörperung des Niederträchtigen, des Teufels, und wird die Tür zur Geheimkammer zum Zutritt zur Unterwelt. Die Frau – Verkörperung des weiblichen Prinzips – wird von dem ungeklärten Geheimnis angezogen. Ihre unstillbare Neugier setzt sich über das strikte Verbot hinweg, wie es einst Eva im Paradies tat – mit schlimmen Folgen.

Auch Perrault hatte hintergründige Überlegungen, als er seine Märchen niederschrieb. Jeder seiner Erzählungen war eine Moral beigegeben, mit der er die Verhaltensweisen seiner Zeit beeinflussen wollte. Er hat auch den Blaubart nicht frei erfunden, sondern mündliche Überlieferungen und Aufzeichnungen verwandt. Welche, das ist nicht bekannt. Vielfach wird aber angenommen, sein Archetypus, also das Urbild, sei Gilles de Rais gewesen, der von 1404 bis 1440 in der Vendée und der Bretagne gelebt hat.

Der »Stein der Weisen«

Baron Gilles de Rais (auch Retz genannt) hatte sich in Feldzügen gegen die Engländer ausgezeichnet und auch neben Jeanne d'Arc in Orléans gekämpft. Wegen seiner Verdienste war er zum Marschall von Frankreich ernannt worden. Er besaß große Ländereien und Burgen – Champtocé, wo er geboren worden war, Machecoul, Pouzauges, Bourgneuf und Tiffauges. Trotz seiner umfangreichen Besitzungen war er in ständiger Geldnot, da er ein überaus aufwendiges Leben führte. Als er vom »Stein der Weisen« erfuhr, versuchte er, diesen »Pierre philosophale« zu finden. In Angers hörte er, daß ein Soldat, der wegen Ketzerei verurteilt worden war, ein geheimnisvolles Buch über Alchimie und Teufelsbeschwörung besaß. Er lieh sich das Buch aus und las es mit gespanntem Interesse mehrfach. Dann ließ er verlauten, er suche Magiere und Alchimisten, die ihm bei der Auffindung des »Steins der Weisen« behilflich sein sollten. Daraufhin meldeten sich verschiedene Personen auf der Burg von Tiffauges. Der berühmteste war ein gewisser François Prélati, vierundzwanzig Jahre alt, ein Florentiner.

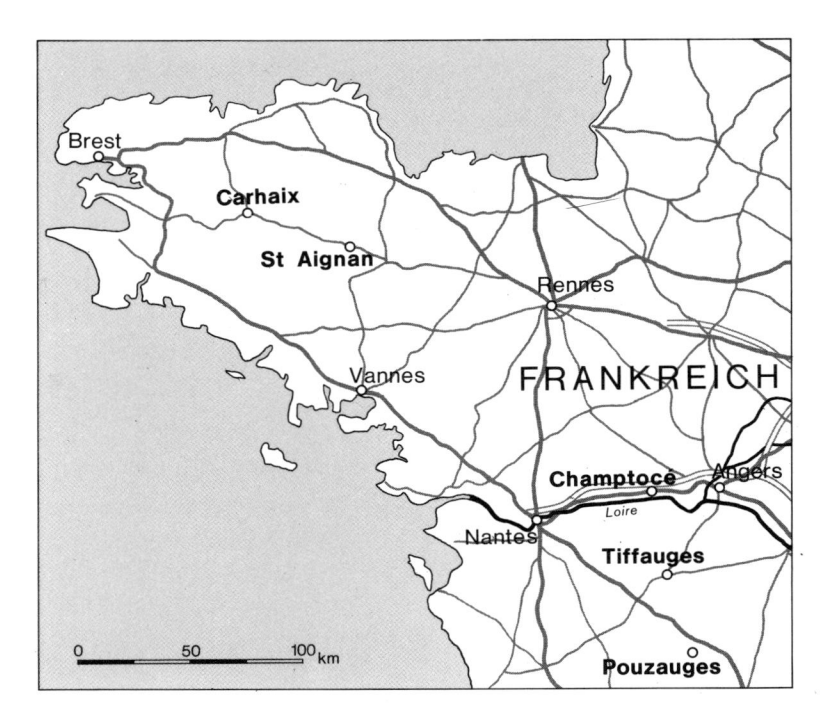

Mit Prélati, aber auch mit anderen, unternahm Gilles in geheimen Sitzungen alle nur denkbaren Versuche, um mit Hilfe des »Großen Elixiers« Gold zu gewinnen, den Schlüssel zu Reichtum, Prestige und Macht. In den Kellerräumen der Burg brodelten Chemikalien aller Art. Essenzen wurden in merkwürdig geformten Retorten gemischt. Blut wurde als Katalysator beigegeben, um gewünschte Reaktio-

Das Märchen »Blaubart« hat interessante Hintergründe. Einmal geht es um den Baron Gilles de Rais mit seinen Schlössern Tiffauges, Champtocé und Pouzauges, dann auch um einen keltischen Räuberfürsten in der Bretagne

nen hervorzurufen. Es wurden Zauberformeln gesprochen, die die Geister beschwören sollten.

Es ging um die Dämonen Baron, Bélial, Satan und auch Beelzebub, den obersten aller Geister. Seltsamerweise wurden sie im Namen Gottes angerufen. Eine Formel lautete: »Bélial, Baron, Satan, Beelzebub, ich befehle euch im Namen des allmächtigen Gottes, vor uns zu erscheinen!« Der Zauberspruch fand seine Fortsetzung mit den Worten: »Hört meine Stimme: Ich verspreche euch alles außer meiner Seele und meinem Leben, wenn ihr bereit seid, mir Wissen und Macht zu verleihen!«

In den halbdunklen Räumen, durch Fackeln nur spärlich erhellt, wurden über einem Kohlefeuer Weihrauch, Aloe und Myrrhe verbrannt, die einen betäubenden Geruch verbreiteten. Dazu opferten Gilles de Rais und seine Helfer Blut von Tieren, von Hähnen und weißen Tauben. Doch kein Dämon zeigte sich, kein Beelzebub erschien, um den Alchimisten zu Diensten zu sein. Der »Pierre philosophale« wurde nicht entdeckt, auch nicht, nachdem Prélati seinem Herrn erklärt hatte, es gebe noch ein letztes Mittel: Man müsse Menschen opfern, und zwar Kinder. Prélati hätte nicht gewagt, diesen Vorschlag zu unterbreiten, wenn er nicht von den Untaten des Gilles de Rais gewußt hätte. Dieser hatte seit Jahren zahlreiche Kinder umgebracht, um seine abartigen, sadistischen Neigungen zu befriedigen.

Die gewaltige Festung Tiffauges

Die Morde sind in verschiedenen Schlössern begangen worden, hauptsächlich in Tiffauges, südöstlich von Nantes, in dessen Besitz Gilles durch seine Heirat gelangt war. Noch heute stehen Reste dieser Burg auf einem Plateau über dem Zusammenfluß der Crûme mit der Sèvre. Tiffauges ist einst eine der größten Verteidigungsanlagen Frankreichs gewesen, mit achtzehn Türmen und gewaltigen Mauern. Rund tausend Menschen lebten hier. Heute steht am Zugang zur Burg ein Schild mit dem Hinweis, dies sei das Schloß von Gilles de Rais, dem »Barbe Bleue«.

Vieles ist zerstört worden. Am besten erhalten blieben zwei massige Wehrtürme, der »Tour ronde« und der »Tour du Vidame«. Der letztere gilt als das bemerkenswerteste Bauwerk der Anlage. Er ist in viele Stockwerke gegliedert und nach allen Regeln der Verteidigung erbaut.

Im oberen Teil macht der Kustode auf ein eigenartiges Echo aufmerksam. Es trägt leise gesprochene Worte rings um den Rundgang, obwohl Sprecher und Zuhörer durch meterdicke Mauern getrennt sind. Der Kustode erlaubt sich hier makabre Scherze: »Es spricht zu Ihnen«, so ruft er mit dunkler Stimme, »Gilles de Rais. Fährt Ihnen nicht jetzt der Schrecken in die Glieder?« Solche Späße treibt er auch, nachdem er abwärts gestiegen ist, während die Besucher oben bleiben. Er benutzt das »Steinerne Telefon«, eine Aushöhlung in einer Säule, die wie eine Rohrleitung den Turm durchzieht. Er ruft nach oben: »Hier, Beelzebub, Teufel aller Teufel. Ich bin soeben dem Burgherrn erschienen!« Ein höllisches Gelächter schließt sich an.

Der Kustode bringt uns zu der eigentlichen Burg mit Kapelle und Krypta aus dem 11./12. Jahrhundert, dem Donjon, dem Hauptturm, aus dem 12. und der Burg aus dem 14. Jahrhundert.

»Und wo haben sich die Verbrechen abgespielt?«

Der Kustode zeigt auf den Unterbau des Donjon mit einem verschütteten Zugang. »Hier«, sagt er, »die dicken Mauern ließen auch die lautesten Schreie der Opfer nicht nach draußen dringen.«

Der Mann hat viele Bücher über Gilles de Rais gelesen, er kennt auch die Prozeßakten aus den Herbsttagen von 1340.

Die verschwundenen Kinder

In jenen Jahren kursierten zunehmend Gerüchte über Kinder, die verschwunden waren. Die Berichte kreisten immer um die Burgen von Gilles de Rais. Helfer des Marschalls, so hieß es, hätten Kinder angesprochen und sie mit

Zusagen aller Art auf die Schlösser gelockt. Die Kinder wären nie zurückgekehrt. In der Umgebung von Machecoul war sogar zu hören, auf der Burg äße man kleine Kinder.

Die Oberen wußten Bescheid, was vor sich ging. Aber sie mochten sich nicht mit einem so mächtigen Mann wie Gilles de Rais anlegen. Doch dann beging der Marschall einen schweren Fehler: Wegen einer Grundstücksangelegenheit kam es mit einem gewissen Guillaume le Ferront zum Streit; Gilles drang mit einigen seiner Leute während der großen Messe in die Kirche Saint-Etienne-de-Mer-Morte ein, verhaftete le Ferront und setzte ihn auf Tiffauges fest. Das rief den Bischof von Nantes, Malestroit, auf den Plan, die rechte Hand Jean V., des Herzogs der Bretagne; der Bischof wollte und konnte den Überfall auf die Kirche nicht ungestraft lassen. Da ihm gleichzeitig Klagen gegen Gilles von Eltern vorlagen, die ihre Kinder vermißten, und auch Nachreden von Zauberei im Umlauf waren, kam es zum Prozeß. Gilles mußte sich vor einem geistlichen und weltlichen Gericht wegen Zauberei, Unzucht und des Übergriffs auf eine Kirche verantworten. Der Prozeß begann am 18. September und endete am 25. Oktober 1340.

Vorzeigen der Folterwerkzeuge

Zunächst war Gilles anmaßend, bestritt jede Schuld und beleidigte sogar das Gericht. Aber seine Komplizen machten genaue Angaben über seine Verbrechen und belasteten ihn damit schwer. Doch Gilles weigerte sich, irgend etwas einzugestehen. Erst als ihm die Folterwerkzeuge vorgeführt wurden, verlor er die Fassung. Einen Tag später war er zur Aussage bereit. Nun berichtete er alles in breiter Ausführlichkeit. Damit ergoß sich für Stunden eine Flut kaum glaublicher Ungeheuerlichkeiten über die Richter. Der Schreiber, der das Protokoll führte, hatte große Schwierigkeiten, die Vulgärausdrücke, die zur Sprache kamen, ins Lateinische zu übersetzen.

»Wieviel Kinder haben Sie in den verflossenen acht Jahren erwürgt?«

»Zweihundert – wenigstens...«

Am 25. Oktober war die letzte große Sitzung. Der Gerichtssaal war überfüllt. Bevor die Verbrechen des Angeklagten verlesen wurden, befahl der Präsident dem Gerichtsdiener, indem er auf die große Christusfigur an der Wand deutete: »Bedecken Sie das Bild unseres Herrn mit einem Tuch.« Wie vorherzusehen, lautete der Gerichtsspruch: Tod durch Hängen und Verbrennen.

Baron Gilles de Rais, Marschall von Frankreich. Der Stich von Ferron befindet sich in der Nationalbibliothek von Paris. Der Volksglaube hat Gilles mit dem »Ritter Blaubart« identifiziert

Am Tag danach läuteten in Nantes alle Glocken. Tausende von Menschen begaben sich auf den Vorhof der Kirche Saint-Pierre. Es wurden Litaneien gesungen, und die Gläubigen antworteten. Da eine gegen Gilles ausgesprochene Exkommunikation wieder aufgehoben worden war und Gilles seine Untaten bereut hatte, war er ein Sünder, dem man auf dem Weg ins Jenseits beistehen wollte.

»Betet für ihn!« war auf dem Kirchenvorplatz zu hören.

Vor der Stadt waren indessen drei Scheiterhaufen errichtet worden, jeder von einem Galgen überragt. Gilles bestieg als erster die Richtstätte und rief: »Barmherziger Gott, ich vertraue mich Dir an!« Zur Menge gewandt, sagte er: »Ich bin Euer christlicher Bruder. Ich habe Eure Kinder umgebracht. Aber um der Leiden unseres Herrn willen flehe ich Euch an, mir zu vergeben. Betet für mich!«

Die Flammen schlugen hoch. Der Henker zog die Schlinge um den Hals fest. Gleich darauf wurde der Erwürgte aus dem Feuer gezogen. Einige Frauen bemächtigten sich des Leichnams, richteten ihn etwas her und legten ihn in einen Sarg. Unter dem Gesang von Bußpsalmen bildete sich ein Trauerzug zur Kirche Notre Dame de Carmel. Hier wurde der Sarg beigesetzt.

Denkmal für den Barbe Bleue

Auf dem Platz, wo das Urteil vollstreckt worden war, hat die Tochter des Hingerichteten, Marie de Rais, bald darauf zur Erinnerung an ihren Vater ein Sühnemal errichten lassen. Die Bewohner von Nantes nannten es später »Denkmal des Barbe Bleue.«

So endet der Bericht des Kustoden.

Er hat ihn oft den vielen Besuchern von Tiffauges vorgetragen. Für ihn ist es Routine, nicht für die Durchreisenden. Verschiedene Fragen bleiben. Eine, mehr die Forschung betreffend, lautet: »War Gilles de Rais tatsächlich der Blaubart?«

Der Kustode sagt: »In Tiffauges ist man weitgehend davon überzeugt.«

Die Wissenschaft, die sich so eingehend mit dem Phänomen Barbe Bleue befaßt hat, ist allerdings seit geraumer Zeit der Meinung, daß Gilles de Rais als Archetypus nur sehr indirekt, wenn überhaupt, in Frage kommt. Bei Perraults Märchen spielt ja das Verhältnis zu Frauen die entscheidende Rolle, bei Gilles überhaupt nicht.

Nun gibt es viele Märchen mit »blaubartartigem« Charakter. Sie finden sich in Volkserzählungen verschiedener Länder, in Griechenland, Estland, im gälischen und baskischen Sprachraum, auch außerhalb Europas. Märchen von einem Mädchenräuber oder Mörderbräutigam waren im Mittelalter außerdem im deutschen Sprachraum bekannt. So erzählte man sich in Flandern die Geschichte vom Frauenmörder Halewijn. Die verbotene Kammer scheint dagegen aus dem Orient übernommen worden zu sein, aus den Erzählungen von Tausendundeiner Nacht.

Der grausame Fürst Comorre

Ob Perrault sich auf diese Erzählungen gestützt hat, ist unbekannt. Wahrscheinlich jedoch hat der französische Schriftsteller von einer bretonischen Sage, die von dem Räuberfürsten Comorre, dem Blaubart aus frühester Zeit, gehört . . .

In der Bretagne lebte einst der Fürst Comorre. Er hatte einen schrecklichen Ruf. Nachdem er bereits vier Ehefrauen umgebracht hatte, heiratete er eine fünfte, Tréphine, Tochter des Königs von Vannes. Ihr Schicksal war vorgezeichnet. Als sie ein Kind erwartete, packte ihn der Zorn. Er ließ Tréphine einsperren. Es gelang ihr zwar, zu fliehen, doch die Aufregung führte zu einer Frühgeburt. Als Comorre die Flucht seiner Frau bemerkt hatte, setzte er ihr nach. Er holte sie ein und schlug ihr und dem Kind den Kopf ab.

Doch Gott, so berichtet die Legende, duldete die abscheuliche Tat nicht. Der Vater von Tréphine, der wunderbarerweise von den Morden gehört hatte, benachrichtigte seinen Freund, den Abt und Heiligen mit Namen Gildas. Beide ritten zur Stelle der Untat. Der Abt sagte nur ein Wort, und die Opfer waren wieder lebendig. Alsdann machten sich alle auf den Weg zur Burg Comorres. Der Unhold hatte sich hier hinter den Mauern verschanzt. Da löste sich der Neugeborene, er war Trémeur genannt worden, aus den Armen der Mutter, ging auf die Festung zu, nahm eine Handvoll Erde und warf sie gegen die Burg. »Das ist das Gericht der Dreieinigkeit!« rief er. Bei diesen Worten stürzten die Bastionen ein und begruben Comorre unter sich . . .

Ein Steinhügel oberhalb des Ortes Saint-Aignan, im Zentrum der Bretagne gelegen, soll die Reste der alten Festung beherbergen, so wird berichtet. Geht man von hier bergauf, gelangt man zu einer Kapelle, die rings von Bäumen umstanden ist. Hier soll nach der Ortslegende der Doppelmord geschehen sein. Ein farbiges Fenster im Chor der Kleinkirche stellt Tréphine und Trémeur dar mit der Palme des Martyriums.

Auch in Carhaix, im Westen der Bretagne, erinnert man sich der alten Zeiten. Die Kirche des Ortes ist Trémeur gewidmet, der später Mönch im Kloster Rhuys gewesen sein soll und heilig gesprochen wurde. Das gotische Nordportal der Kirche zeigt ihn unter einem Baldachin, den Kopf in den Händen, von zwei geflügelten Engeln umgeben.

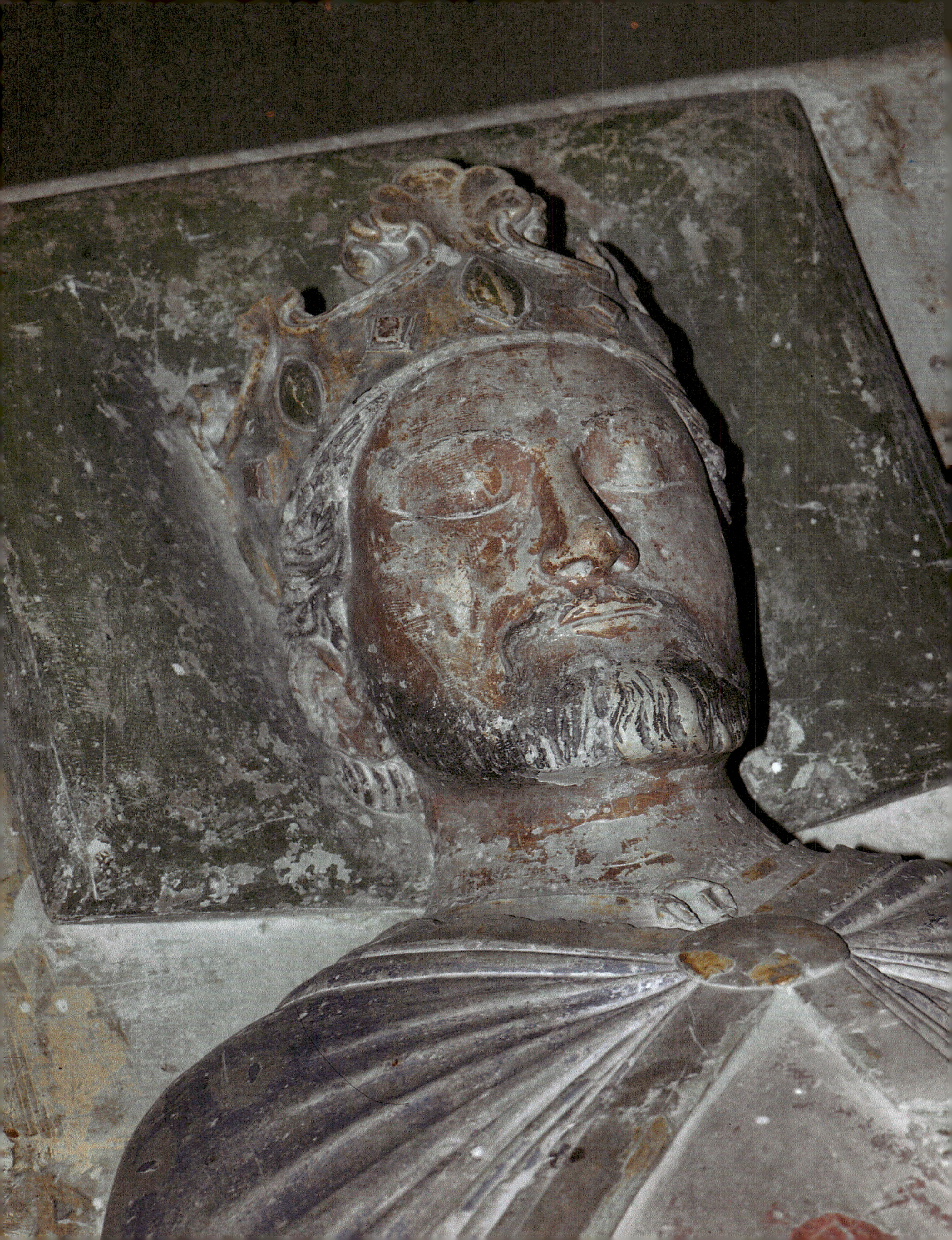

DER GRÖSSTE ABENTEURER SEINER ZEIT

Richard Löwenherz

»Wir stammen vom Teufel ab und kehren wieder zu ihm zurück.«

*»Romanze von Richard Löwenherz«,
13. Jahrhundert*

Eine der farbigsten Gestalten des Hochmittelalters war Richard I., König von England aus dem Hause Anjou-Plantagenet. Er lebte von 1157 bis 1199 und wurde als Richard Löwenherz (Cœur de Lion) bekannt, war ein Riese von Gestalt, hatte blondes, wallendes Haar und verfügte über Bärenkräfte, galt als verwegener Draufgänger, der keine Gefahr scheute. Unglaubliches wurde von seinen Taten berichtet. Selbstbeherrschung war ihm fremd. Er war überheblich, arrogant, egozentrisch, habgierig, verschwenderisch und grausam.

Er liebte auch Musik und Dichtung und schätzte die Troubadoure, die Dichter an den Höfen Südfrankreichs. Diese Sänger, die ihre Lieder meist selbst vertonten, von Hof zu Hof zogen und ihre »Kanzonen« vortrugen, haben die Dichtung Europas nachhaltig beeinflußt. Der erste unter ihnen, wenngleich kein Fahrender, war Richards Großvater, Wilhelm IX. von Aquitanien (1087–1127). Eifrige Förderin der Troubadoure war auch Richards Mutter, Eleonore von Aquitanien (1120–1204), eine der ungewöhnlichsten Frauen der Geschichte. Wo sie Hof hielt, waren Sänger nicht fern. Sie war Königin von Frankreich als Frau Ludwigs VII. Nach ihrer Scheidung heiratete sie Heinrich II. und wurde Königin von England. Eine bemerkenswerte Wandlung – jedenfalls aus heutiger Sicht.

Eleonore war extravagant – und ihr Sohn Richard nicht minder. Er liebte das Leben in jeder Form, beging auch »widernatürliche Sünden«, was immer darunter zu verstehen war. Um dafür die Vergebung der Kirche zu erhalten, legte er barhäuptig und mit bloßem Oberkörper öffentliche Beichten ab wie vor dem Kaplan Renaud de Mayac vor einer Kirche in Messina. In der Nachfolge seines Vaters wurde er König von England. Aber das Land blieb ihm gleichgültig bis auf die Tatsache, daß es dem Herrscher hohe Steuern einbrachte. Richard fühlte sich in Aquitanien heimisch, dem Land seiner Mutter. Am Hof von Poitiers hatte er auch Gedankenaustausch mit seiner Halbschwester, Marie von Champagne, die ihm – wie seine Mutter – Literatur nahebrachte und ihn lehrte, Verse zu dichten über Minne und Ritterschaft.

Nur zweiundvierzig Jahre alt wurde Richard Löwenherz. Der Sarkophag des englischen Königs befindet sich in der Abtei von Fontevrault in Frankreich

Er lag mit fast jedem in Streit

Richard hat mit fast jedem in Streit gelegen – außer mit seiner Mutter, deren Lieblingsprinz er war. Er legte sich mit den Brüdern an und kämpfte lange Jahre gegen seinen Vater. Dabei ging es immer um Macht, territorialen Besitz oder Geld. Richard wurde bald zur Figur phantastischer Erzählungen, schon zu Lebzeiten und erst recht nach seinem Tod. In der nur sekundär zu erschließenden »Romanze von Richard Löwenherz« aus der ersten Hälfte des 13. Jahrhunderts, auf die die meisten Sagen zurückgehen, wird Richard mit dem Ausspruch zitiert: »Wir stammen vom Teufel ab und kehren wieder zu ihm zurück.« Der dämonische Hintergrund seines Königshauses, das Haus der Plantagenets, war vielfach im Gespräch. Cäsarius von Heisterbach schrieb Anfang des 13. Jahrhunderts: »Die Könige, die nun in Britannien regieren, das wir jetzt England nennen, von ihnen wird gesagt, sie stammen von einer dämonischen Mutter ab.«

Verbindungen zum Übersinnlichen tauchen immer wieder auf. So soll Richard dreimal ein Engel erschienen sein und ihm Befehle erteilt haben, die er befolgte und damit gut beraten war. Beim vierten Mal zeigte sich – es war während des dritten Kreuzzuges – vor Ascalon der heilige Georg den völlig erschöpften Truppen Richards, sprach ihnen Mut zu und feuerte sie an. Daraufhin wurde die Schlacht gewonnen.

Schon Richards Jugend wurde verherrlicht. Als er 1163 – er war sechs Jahre – mit Vater, Mutter und Geschwistern nach England fuhr, zeigte er sich tollkühn. Es war Winter und bitterkalt. Die Wellen gingen hoch. Als von der Biskaya sturmartige Böen aufzogen, mußte das Hauptsegel gerafft werden. Bei diesem Manöver sah man plötzlich hoch in den Wanten neben den Matrosen den jungen Richard.

Königin Eleonore und das begleitende Gefolge saßen indessen, in dicke Mäntel gehüllt, unter einem schützenden Segeltuchdach. Aber König Heinrich und der Schiffskapitän bemerkten, was sich oben in den Wanten abspielte. Heinrich brüllte durch den Sturm, Richard solle sich sofort nach unten scheren. Der Junge hangelte darauf auf Deck und tat, als ob nichts gewesen wäre. Heinrich war außer sich über den Leichtsinn des Kindes, der Kapitän aber meinte: »Der Junge hat Mut. Er hat ein Löwenherz.«

Wie es zu dem Beinamen kam, das wird allerdings für sein späteres Leben ganz anders erzählt.

Richards ungewöhnliche Kraft

Richard war von Modred, einem Bösewicht aus der Arthur-Sage, gefangengenommen und ins Gefängnis geworfen worden. Nun hatte Modred eine Tochter mit Namen Margery. Sie verliebte sich in den Gefangenen. Als sie erfuhr, daß ihr Vater einen Anschlag gegen Richard plante, war sie entschlossen, ihrem Geliebten beizustehen. Sie hörte nun, Modred wolle einen ausgehungerten Löwen in Richards Zelle lassen. Diese Kunde überbrachte sie dem Gefangenen. Darauf bat Richard, sie möge ihm vierzig seidene Taschentücher besorgen, was auch geschah. Mit diesen Tüchern umwickelte Richard seine Faust und empfing den Löwen, der schnaubend und brüllend in die Zelle kam, mit kalter Entschlossenheit. Als das Raubtier zum Sprung ansetzte und sein Maul weit geöffnet hatte, stieß Richard dem Löwen die umwickelte Faust tief in den Schlund, packte das Herz des Tieres und riß es heraus.

Mit dem noch zuckenden Herz in der Hand schritt er seelenruhig in die Königshalle, wo Modred im Kreis seiner Fürsten saß. Lässig tauchte er das blutige Fleisch in das Salz, das auf dem Tisch stand, und verzehrte das Herz zum maßlosen Erstaunen der Anwesenden. Modred gab ihm daraufhin den Namen »Löwenherz«.

Richard hatte noch einen anderen Beinamen. Er lautete »Yea and Nay« – »Ja und Nein« oder »Oc e Non«, wie es im Provenzalischen heißt. Den Namen hatte der Troubadour Bertrand de Born dem König gegeben. Das Wort war der Bibel entnommen, und zwar dem Matthäus-Evangelium (5,37). Hier heißt es: »Eure Rede aber sei ja-ja, nein-nein. Was darüber ist, das ist vom Argen.«

Bertrand wollte damit zum Ausdruck bringen, daß Richard in seinen Entschlüssen nie wankelmütig war. Das bezog sich besonders auf seine Kriegsführung, für die er einen sechsten Sinn besaß.

Viele Sagen beziehen sich auf den dritten Kreuzzug, an dem Löwenherz teilgenommen hat. Eine der zahlreichen Legenden schildert die ungewöhnliche körperliche Kraft von Richard: Als die englische Flotte sich dem Hafen von Akkon näherte und die Zufahrt mit einer eisernen Kette gesperrt war, habe sich Richard, so wurde erzählt, auf das größte Schiff begeben und Kurs auf die Kette nehmen lassen. »Dann lehnte er sich über Bord und zerschmetterte die Kette mit einem einzigen Hieb seiner Streitaxt.«

Eine andere Sage ist äußerst grausam. Löwenherz war in Palästina erkrankt. Als das Fieber nachließ, überfiel ihn Heißhunger, und er verlangte nach einer Mahlzeit mit Schweinefleisch. Da die islamische Welt jedoch kein Schweinefleisch kennt, Richards Hunger aber immer unerträglicher wurde, nahm ein älterer Ritter den Koch beiseite und befahl ihm, einen jungen Sarazenen zu erschlagen, zu häuten, zu würzen und ihn zu rösten. Richard aß das Fleisch und fiel danach in einen tiefen Schlaf. Als er erwachte, war er gesundet und nahm sofort wieder an den Kämpfen teil. Er drang in die feindlichen Linien ein und schlug alle nieder, die sich ihm entgegenstellten. Ins Lager zurückgekehrt, überfiel ihn erneut gewaltiger Hunger, und er befahl dem Koch, den Kopf des Schweines aufzutischen, von dem er zuvor gegessen hatte. Der Koch sagte, er habe den Kopf nicht mehr. Darauf antwortete Richard, wenn er den Kopf nicht herbeischaffe, verliere er den eigenen. Darauf servierte der Koch den Kopf des Sarazenen. Richard war überrascht, brach in Gelächter aus und rief: »Ist Sarazenenfleisch so gut?« Seine Streitkräfte, so Richard weiter, würden in Palästina niemals Hunger leiden, solange es Sarazenenfleisch gebe.

Die Geschichte hat noch eine Fortsetzung. Bei den Waffenstillstandsverhandlungen zwischen Christen und Muselmanen kam es zu Unstimmigkeiten, weil die Sarazenen nicht in der Lage waren – wie abgemacht –, das Heilige Kreuz beizubringen. Richard lud daraufhin Beauftragte von Saladin, dem Sultan von Ägypten und Syrien, zu einem Essen ein. Insgeheim hatte Richard vorher die Prominentesten seiner Gefangenen enthaupten lassen. Die Köpfe der Sarazenen, rasiert und gekocht und mit einem pergamentenen Namenszettel versehen, wurden den Gesandten vorgesetzt. Diese erstarrten vor Schreck, zumal sie ein ähnliches Schicksal für sich selbst befürchteten. Doch Richard ließ danach ein normales Essen servieren. Als die Gesandten wieder aufbrachen, sagte Richard dem Ältesten von ihnen, er möge Saladin ausrichten, daß den Engländern nichts besser munde als ein Sarazenenkopf und die englischen Kreuzfahrer das Land nicht eher verlassen würden, bis sie jeden Sarazenen verspeist hätten.

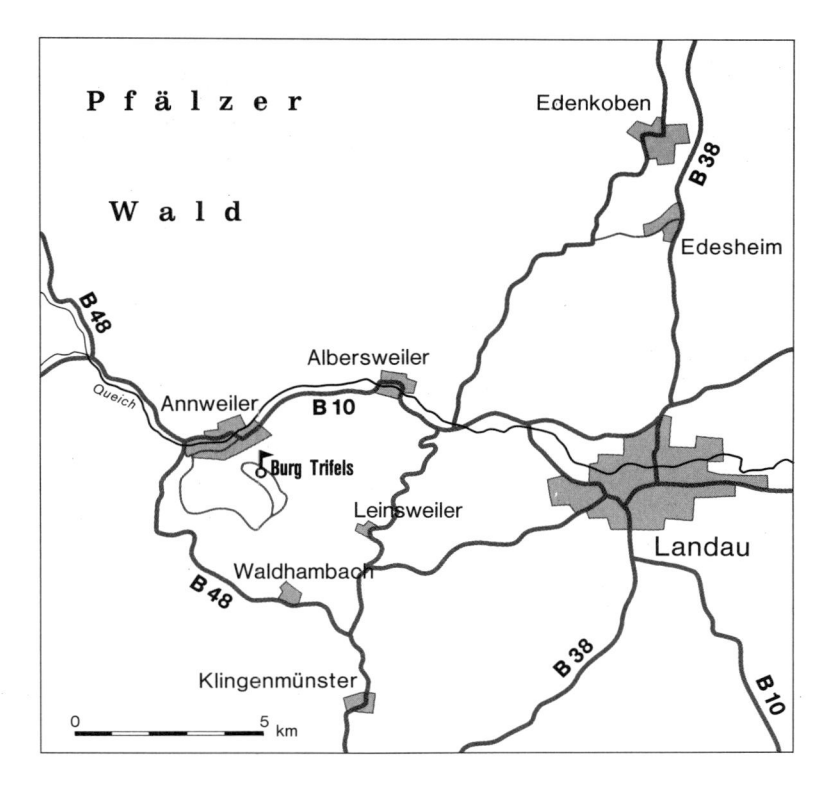

Westlich von Landau liegt Burg Trifels. Hier wurde Richard Löwenherz von seinem deutschen Gegenspieler, Kaiser Heinrich VI., gefangengehalten

Über zweitausend wurden hingerichtet

Solche Sagen entstanden nicht von ungefähr, vielmehr aufgrund der Greuel, die sich während und nach den Kämpfen in Palästina abgespielt haben. So hatte Saladin 1188 eine große Zahl christlicher Gefangener töten lassen. Richard tat es ihm nach der Eroberung von Akkon im Sommer 1191 gleich, als sich die Erfüllung des Waffenstillstandsvertrags lange hinauszog: Er ließ über zweitausend Gefangene hinrichten.

Richard war am 17. Juli in das besiegte Akkon gelangt. Es war ein glorreicher Einmarsch gewesen. Löwenherz hatte sich als Held des Tages gefühlt — wie des Kreuzzuges überhaupt — und hatte darum auch das beste Quartier der Stadt, die Burg des Sarazenenherrschers Saladin, beansprucht. Doch in diesem Palast wohnte bereits Leopold V. von Österreich. Die Standarte der Babenberger mit fünf schwarzen Adlern auf goldenem Grund wehte über den Zinnen der Burg.

Als Löwenherz das sah, geriet er in maßlosen Zorn. Er befahl, die Standarte herunterzuholen, und ließ sie in den Schmutz treten. Diese Tat sollte für seinen Rückzug schlimme Folgen haben.

Im Land seines Erzfeindes

Löwenherz begann seine Rückreise am 9. Oktober 1192. Sie wurde geheimgehalten, denn die meisten Wege waren gefährdet. In Deutschland war Heinrich VI. sein Gegner, in Frankreich Philipp, in Österreich Leopold. Richard versuchte darum, diese Länder zu vermeiden. Er wollte über Zypern und Korfu ins Reich von Tankred von Sizilien gelangen. Durch mancherlei Mißgeschick, darunter auch ein Schiffbruch vor Aquileja, gelangte er aber nach Österreich, in das Land seines Erzfeindes Leopold. Beim Weitermarsch machte er Rast in dem kleinen Ort Erdberg, heute ein Außenbezirk von Wien. Hier bezog er ein leerstehendes Jagdhaus.

Nun war in der kleinen flüchtenden Gruppe ein Grafenkind, Gottfried. Der Page sprach deutsch und wurde darum mehrfach in den Ort zum Einkaufen geschickt. Da Winter war und Gottfried erbärmlich fror, lieh Löwenherz dem Jungen seine Handschuhe, auf denen ein großes R gestickt war mit einer Krone darüber. Als einige Dorfbewohner die Stickerei auf den Handschuhen sahen und Gottfried auch noch mit Gold bezahlte, war schnell ruchbar, daß Richard in der Nähe sein mußte, von dessen geheimer Durchreise die Bevölkerung gehört hatte. Als Leopold erfuhr, Löwenherz halte sich wahrscheinlich in Erdberg auf, ritt er zum Jagdhaus, das seine Leute ausfindig gemacht hatten. Er drang in die Hütte ein, um seinen Gegner persönlich zu stellen, vergaß aber nicht die vorgeschriebenen Regeln, die bei einer fürstlichen Gefangennahme zu beachten waren: Löwenherz löste sein Schwert und übergab es Leopold; dieser blickte kurz darauf und reichte es zurück; ein Kaplan namens Anselm, der zugegen war, schrieb später, die Rittersitten seien voll und ganz eingehalten worden.

Gefangener auf Burg Dürnstein

Löwenherz ist am 20. Dezember gefangengenommen worden. Im gleichen Monat wurde er einem Vasallen von Leopold, Hadmar I. von Kuenring, übergeben. Dieser nahm Löwenherz auf seine Burg Dürnstein in der Wachau und ließ ihn streng bewachen. Ständig war Richard von einigen Männern mit gezogenem Schwert umgeben.

Hier nun setzt wieder eine Sage ein.

In England oder Frankreich wußte niemand, wo Löwenherz geblieben war. Da machte sich ein Spielmann mit Namen Blondel auf den Weg, um den König zu finden. Er war von Jugend an mit Richard befreundet und bereiste nun die Burgen und Schlösser, von denen er annahm, hier könnte Löwenherz möglicherweise gefangengehalten werden. Dabei gelangte er auch zur Burg Dürnstein und hörte von einem rätselhaften Gefangenen. Blondel konnte aber zunächst nicht in Erfahrung bringen, wer der Gefangene war. Er vermutete jedoch, es müsse sein Freund Richard sein, und bat den Burgherrn darum um längeren Verbleib. Da er ein brillanter Sänger war, wurde Blondel gern die Erlaubnis erteilt. So unterhielt er wochenlang den Burgherrn und sein Gefolge. Zu Ostern jedoch, als Blondel am Fuß des Turmes allein im Garten war, blickte Richard durch den schmalen Sehschlitz seiner Zelle und erkannte den Jugendfreund. Löwenherz wollte Blondel

Bei seiner Rückkehr vom Kreuzzug im Jahre 1192 wurde Löwenherz in Österreich gefangengenommen und für mehrere Monate auf die Burg Dürnstein in der Wachau gebracht

jedoch nicht anrufen, da dies zu gefährlich schien, und überlegte, wie er sich bemerkbar machen konnte. Da hörte er ein Lied von Blondel, das beide in der Jugend gedichtet und vertont hatten, das aber sonst niemand kannte:

Deine Schönheit, hübsche Frau,
Sieht jeder mit Entzücken;
Doch kann dein makelloses Wesen
Keine Leidenschaft entfachen.
Darum sehe ich geduldig zu,
Wenn niemand – wie auch ich – auserwählt
wird.

Richard erwiderte mit dem Schluß des Liedes:

Keine Schöne kann mein Herz verwunden,
Wenn sie ihre Gunst verteilt
Und nach allen Seiten lächelt,
Ohne sich für jemand zu entscheiden:
Ich wollt' eher hassen
Als Liebe teilen mit den andern.

Als Blondel diese Strophe hörte, wußte er, daß nur Löwenherz der Gefangene sein konnte. Wenig später brach er nach England auf und informierte dort Freunde des Königs. Daraufhin wurden zwei Ritter nach Österreich entsandt, um die Bedingungen für die Freilassung zu erfahren.

»Löwenherz-Wein« an der Donau

In Dürnstein lebt diese Sage heute noch wie an kaum einem anderen Platz. Die Landschaft an der Donau mit Bergen, Wäldern, der Burgruine auf der Höhe, den alten Gassen, Mauern und Häusern, oft Schöpfungen der Barockzeit, mit Weinbergen und Wein tut ein übriges, um eine gelöste Stimmung zu schaffen. Vielfach wird die Erinnerung an Löwenherz und Blondel beschworen. Romantisch sind in Dürnstein vor allem die Sommerabende auf der Hotelterrasse des »Richard Löwenherz« über der Donau, wenn in den Gläsern der »Löwenherz-Wein« funkelt oder der »Löwenherz-Rosé-Cabinet«.

Zurück zur geschichtlichen Überlieferung. Danach wurde Richard im März 1193 von Leopold dem deutschen Kaiser Heinrich VI. übergeben. Dieser ließ den königlichen Gefangenen von Dürnstein auf die Burg Trifels überstellen.

Der Trifels liegt am Rande des Pfälzer Waldes, der sich an der deutschen Weinstraße entlangzieht, westlich von Landau. Steil fallen hier die Berge in die Oberrheinische Tiefebene ab. An den Hängen reihen sich Befestigungen aus dem Mittelalter. Zum Teil sind es die alten Reichsburgen, von denen der Trifels die wichtigste war. Die Burg wurde oberhalb des Ortes Annweiler auf einer Felsplatte von 145 mal 40 Metern errichtet.

Zur Stauferzeit galt der Trifels als Symbol deutscher Kaisermacht. Rund hundertfünfzig Jahre sind hier die Reichskleinodien aufbewahrt worden: Krone, Zepter, Reichsapfel, Reichsschwert und Reichskreuz. Vom Mainzer Goldschmied Hupert ausgeführte Nachbildungen sind heute in der Schatzkammer der Burg ausgestellt.

Auch auf dem Trifels – wie zuvor in Dürnstein – waren Löwenherz Wächter beigegeben. Aber der Gefangene durfte sich hier freier bewegen. Er konnte Besucher aus England empfangen und sich mit ihnen beraten. Außerdem erhielt er Schreibutensilien und Siegellack und konnte Briefe schreiben, an wen er wollte. Hier verfaßte er auch die Verse:

Zwar redet ein Gefangener, übermannt
Von Schmerz und Pein, nicht eben mit
Verstand;

Doch dichtet er, weil so das Leid er bannt.
Freunde hab' ich viel, doch karg ist ihre Hand.
Schon liege ich, weil sie kein Geld gesandt
Zwei Winter hier in Haft . . .

Doch weiß ich, daß ich nicht mehr lange Zeit
Hier schmachten werde in der Haft.

»Verkauft wie ein Ochs oder Esel«

Richard hat seine Überstellung an den deutschen Kaiser als besonders niederträchtig empfunden. Nach seiner Freilassung schrieb er an den Papst, der Österreicher Leopold habe ihn

Nach seiner Haft auf der Burg Dürnstein wurde der englische König auf die Burg Trifels überstellt. Das Bild zeigt den Kaisersaal der Festung nach seiner Renovierung

an den deutschen Kaiser verkauft, als sei er ein »Ochs oder Esel«.

Für den Kaiser war Löwenherz eine hochrangige Figur im üblichen politischen Intrigenspiel. Für seine Freigabe verlangte er 150 000 Silbermark von England, 100 000 Mark sofort, 50 000 später. Die Summe war für damalige Verhältnisse ungeheuerlich und konnte kaum aufgebracht werden. In England wurde darum eine besondere Steuer erhoben. Die Kirchen schmolzen Gold- und Silberschätze ein.

Außerdem wurde Löwenherz Anfang Februar 1194 im erzbischöflichen Palast von Regensburg einer demütigenden Prozedur unterworfen. Kirchliche und weltliche Fürsten waren erschienen, auch der englische Hochadel und die Mutter von Richard, Eleonore. Heinrich VI. betrat im Kaiserornat mit der Krone Karls des Großen den Raum und setzte sich auf den Thron. Löwenherz erschien und bat »vor Kaiser und Reich« um Verzeihung für die Tat, die einer seiner Ritter begangen, und dafür, daß er den Übeltäter nicht bestraft hatte.

Der Kaiser nickte zustimmend und erklärte, es solle Gnade vor Recht ergehen. Doch bestehe er darauf, daß Löwenherz seine Krone und alle seine Länder dem Kaiser übergebe. Er würde sie als Lehen zurückerhalten.

Eine Erniedrigung sondersgleichen

Als der Kaiser dies verkündet hatte, wurden empörte Stimmen von englischer Seite laut. Löwenherz antwortete nicht und verließ den Raum. Tagelang diskutierte er mit seinem Gefolge, was zu tun sei. Er sah aber ein, daß er die Freiheit nur gewinnen konnte, wenn er der Forderung nachkam. So kniete er einige Tage später vor dem Kaiser nieder und überreichte ihm seine Krone. Heinrich VI. stieg vom Thron und übergab Richard das Doppelkreuz als Zeichen dafür, daß dieser sein Land als Lehen nun von ihm zurückerhielt.

Für Richard war dies eine Erniedrigung sondersgleichen. Aber er wußte einen Ausweg. Um dem Vasallenstatus und dem Huldigungseid wieder zu entgehen, ließ er sich am 17. April 1194 in Winchester zum zweiten Mal zum englischen König wählen.

Von einem Pfeil tödlich verletzt

Im März 1199 belagerte Richard die Festung Châluz, südwestlich von Limoges gelegen. Während einer nächtlichen Inspektion der Befestigungsanlagen wurde er von einem Armbrustpfeil in der Schulter getroffen. Nach dem Herausschneiden des Pfeils entzündete sich die Wunde. Der Zustand verschlimmerte sich von Tag zu Tag. Richard Löwenherz war nicht mehr zu retten. Er erlag seiner Verwundung Anfang April 1199, erst zweiundvierzig Jahre alt.

Der Sage nach mußte Richard deshalb sterben, weil der Pfeil vergiftet war. Weiter heißt es in den legendären Erzählungen, daß der verwundete König von seiner Lagerstatt aus den Befehl gab, alle Gefangenen, die gemacht worden waren, hinzurichten. Den Soldaten aber, der den Pfeil auf ihn geschossen hatte und der auch in Gefangenschaft geraten war, ließ er zu sich kommen. Er fragte ihn, wie er heiße und warum er auf einen Unbewaffneten geschossen habe. Die Antwort: »Ich heiße Bertran Gurdon. Sie haben meinen Vater und meine beiden Brüder bei früheren Kämpfen getötet.« Richard vergab dem Soldaten, schenkte ihm die Freiheit und ließ ihm noch hundert Schilling überreichen.

Auf Wunsch von Richard wurde sein Herz in der Kirche von Rouen beigesetzt, weil er die Normannen so geliebt hatte. Sein Körper wurde in der Abteikirche von Fontevrault bestattet. Hier ruhen heute unter farbigen steinernen Skulpturen vier Mitglieder des Hauses Plantagenet: Richard neben seiner Mutter Eleonore, die in ihren Händen ein Buch hält, wohl die Bibel; zur Rechten von Eleonore ihr zweiter Mann, der Vater von Richard, Heinrich II.; neben ihm Isabelle von Angoulême, die dritte Frau von Johann ohne Land, der nach Richard König von England wurde.

Die Gruft der Plantagenets erinnert an eine Sage, die bald nach dem Tode von Heinrich II. erzählt wurde. Während der Beisetzungsfeierlichkeiten in Fontevrault 1189 habe sich Löwenherz der Bahre seines Vaters genähert. Da sei Blut aus der Nase des Verstorbenen geflossen. Dies war nach alten Überlieferungen der Beweis dafür, daß sich der Mörder seinem Opfer genähert hatte.

Ähnliches ist aus der Nibelungensage bekannt. Als Siegfrieds Mörder, Hagen, sich der Bahre seines Opfers näherte, brach die tödliche Wunde wieder auf. Bei dieser Erzählung handelt es sich um eine alte Fabel, die in vielen Ländern bekannt war und ihren Ursprung in gerichtlichen Untersuchungsmethoden frühester Zeit zu haben scheint. Nach England ist die Sage mit der Sachseneinwanderung ins Land gekommen. Shakespeare benutzte die Legende in seinem Drama von Richard III. Hier ruft Anna, als der Leichnam Heinrichs VI. in einem offenen Sarg hereingetragen wird, dem Herzog von Gloster zu:

Ihr Herren seht! Des toten Heinrichs Wunden
Öffnen den starren Mund und bluten frisch.
Erröte, schnöde Mißgestalt!
Denn deine Gegenwart ließ dieses Blut
ausfließen . . .

Nun hat Löwenherz seinen Vater nicht umgebracht. Aber die Sagenerzähler hatten nicht vergessen, daß Richard im zeitweiligen Verbund mit dem französischen König Philipp seinen Vater bekämpft hat, um das Nachfolgerecht als englischer König zu erhalten. Insofern verdeutlicht die Sage etwas, was die Geschichtsschreibung nicht immer so klar hervorhebt.

Die Gräber der Plantagenets haben im Verlauf der Zeit schwer gelitten. Hugenotten im 16. und Revolutionäre im 18. Jahrhundert haben Zerstörungen angerichtet, und Napoleon machte im Jahr 1804 aus der Abtei ein Gefängnis. Erst im 20. Jahrhundert wurde der alte Zustand in etwa wiederhergestellt. Mehrfach hat die englische Krone versucht, die Gräber nach Westminster oder Windsor überführen zu lassen. Das wurde stets abgelehnt, da die Plantagenets auch Grafen von Anjou waren und ihre letzte Ruhestätte in Fontevrault selbst bestimmt hatten. Im übrigen war Richard zwar König von England, hat sich aber auf der Insel insgesamt nur wenige Monate aufgehalten. Auch sprach er kein Englisch.

Sagenschöpfer und -erzähler haben Löwenherz groß aufgebaut. Seine negativen Seiten haben sie dabei manchmal vergessen. Sie haben dafür ihren Helden lieber mit anderen sagenhaften Gestalten verglichen, mit Alexander dem Großen, Karl dem Großen, mit Roland und Oliver oder mit Personen der Arthursage. Als Löwenherz in Sizilien war, soll er das berühmte Schwert von Arthur, Excalibur, dem Normannen Tankred übergeben haben. Und als die Sage von Robin Hood in England populär wurde, stellte man sogar eine Verbindung zwischen diesem und Löwenherz her. Der königliche Herrscher, der angeblich den Geächteten im Sherwood-Forest aufgespürt und an seinen Hof geholt hat, soll nicht Edward gewesen sein, sondern Löwenherz, sagen einige Erzähler. Sie wünschten nicht nur das Happy-End, sie wollten auch möglichst viele Helden in einer einzigen großen Geschichte auftreten lassen.

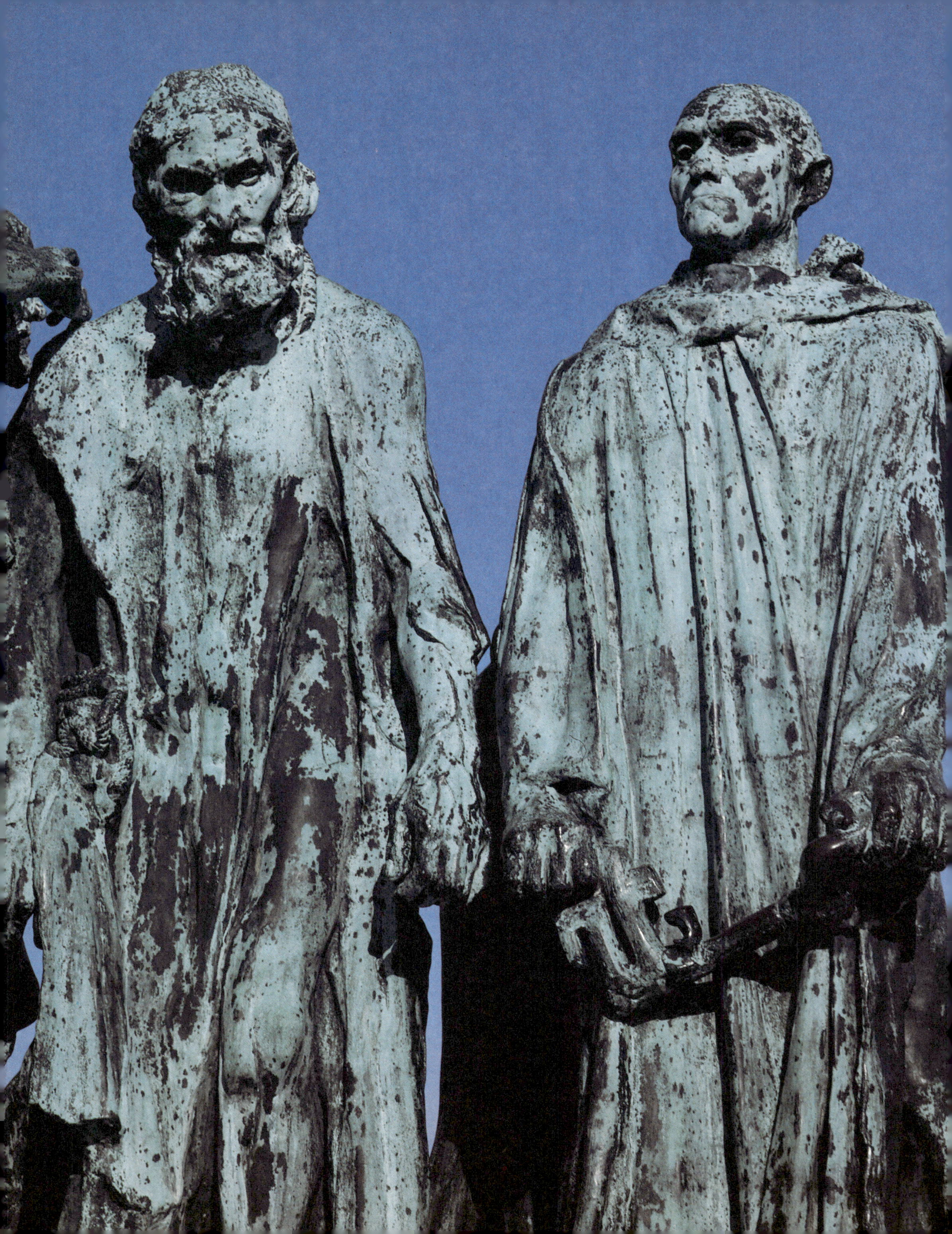

DAS MENSCHLICHE DRAMA IM AUGUST DES JAHRES 1347

Die Bürger von Calais

»Mit Grauen des neuen Tages sollen sechs der
gewählten Bürger aus dem Tor aufbrechen – barhäuptig
und unbeschuht und den Strick im Nacken!
So will der König von England die Schlüssel annehmen!«

*Englischer Offizier zu den Bürgern von Calais im
Drama von Georg Kaiser, 1914*

Die Geschichte steckt voller Merkwürdigkeiten. Von einer solchen wird aus dem 14. Jahrhundert berichtet. Damals lebte Johann von Luxemburg (1310–46), König von Böhmen, der vorübergehend mit Frankreich verbündet war. Obwohl erblindet, nahm er am 26. August 1346 an einer Schlacht der Engländer gegen Franzosen teil.

Der Kampf fand drei Kilometer westlich von Crécy statt, zwischen Abbeville und Montreuil, nicht allzuweit von der Kanalküste entfernt. Johann war gewillt, sich in die vorderste Front des Kampfes zu begeben, um mit dem Schwert auf die Engländer einzuschlagen, obwohl er die gegnerischen Ritter gar nicht erkennen konnte und auch nicht in der Lage war, sich zu verteidigen.

Warum solche Wahnsinnstat? War Johann wegen seiner Erblindung voller Komplexe, hat er bewußt den Tod gesucht, oder war es die »chronisch ritterliche Schwäche für spektakuläre Taten«, von der die amerikanische Historikerin Barbara Tuchman berichtet? Jedenfalls ist der böhmische König im Kampf gefallen.

An das Ereignis erinnert heute in der weiten Ebene von Crécy ein verwittertes Steinkreuz. Deutlich erkennbar Johanns Wappen, ein Löwe, darunter ein Degen. Dazu die letzten Worte des Königs:

*Ich bitte Sie nachhaltig,
mich so weit
nach vorn zu führen,
daß ich kämpfen kann.*

Seinen Platz in der Historie hat Crécy aber hauptsächlich aus anderen Gründen. Nicht darum, weil Kanonen eingesetzt wurden; sie gelangten kaum zur Wirkung; vielmehr deshalb, weil die Engländer unter Eduard III. (1312–77) eine neue Kriegstaktik anwandten und damit die Franzosen überrumpelten: Sie setzten gut trainierte Langbogenschützen ein und abgesessene Ritter, die der bis dahin üblichen Kampfart, der die Franzosen folgten, weit

Die Skulptur der »Bürger von Calais« von Auguste Rodin vor dem Rathaus in Calais. Der französische Bildhauer schuf die Plastik in Erinnerung an das menschliche Drama des Jahres 1347. Das Bild zeigt zwei der Gruppe, rechts Eustache de Saint Pierre mit dem Stadtschlüssel

Das Kreuz von Crécy im Nordwesten Frankreichs erinnert an den Tod Johann von Luxemburgs, des Königs von Böhmen, und an die Schlacht vom 26. August 1346 zwischen Engländern und Franzosen

überlegen waren. Tuchman schreibt: »Die englischen Ritter waren zu Fuß, vor ihnen die Bogenschützen, neben ihnen die Spießträger und die mörderischen Waliser, die mit ihren langen Messern unter den Gestürzten umhergingen und ihnen ein Ende bereiteten . . . Was dann auf französischer Seite folgte, war ein Chaos von gedankenlosem Draufgängertum, Pech, Fehlern, Disziplinlosigkeit . . .«

Crécy ist für den Historiker ferner bedeutsam, weil mit dieser Schlacht der Hundertjährige Krieg zwischen England und Frankreich begann. Der Grund: Die englischen Herrscher wollten auch Könige von Frankreich werden, und dieses Ziel haben sie durch die Jahrzehnte hindurch erbittert verfolgt.

Nach ihrem spektakulären Sieg marschierten die Engländer nach Norden an der Küste entlang in Richtung auf das knapp hundert Kilometer entfernte Calais. Dieser Hafen, ein wichtiger Schnittpunkt geostrategischer Interessen, war im 13. Jahrhundert Hauptpunkt der Passage nach England geworden. Darum setzte Eduard alles daran, Calais in seinen Besitz zu bringen.

Die lange Belagerung

Als die englischen Truppen vor die Stadt gelangten, glaubten sie, die Festung bald in die Knie zwingen zu können. Aber die Belagerung zog sich lange hin. Eduard blockierte alle Zugänge, zog Gräben, ließ Verschanzungen anlegen und Rammböcke auffahren. Er setzte auch Kanonen ein. Aber die Bürger von Calais gaben nicht auf. Sie wußten, was ihnen bei einer Übergabe der Stadt bevorstehen würde. So ging Monat um Monat ins Land. Es wurde Frühling und Sommer. Erst jetzt wurde die Lage der Eingeschlossenen bedrohlicher.

Eine französische Flotte, die sich am 26. Juni Calais näherte, wurde von den Engländern am Einlaufen gehindert. Auch ein französisches Heer unter dem Befehl von König Philipp, das am 27. Juli vor der Stadt erschien, blieb erfolglos und zog sich zurück.

Damit war die Lage aussichtslos. Die letzten Vorräte waren verbraucht. Die Menschen aßen Katzen und Hunde, Ratten und Mäuse. Der Stadt blieb keine Wahl: Sie mußte sich im August 1347 ergeben.

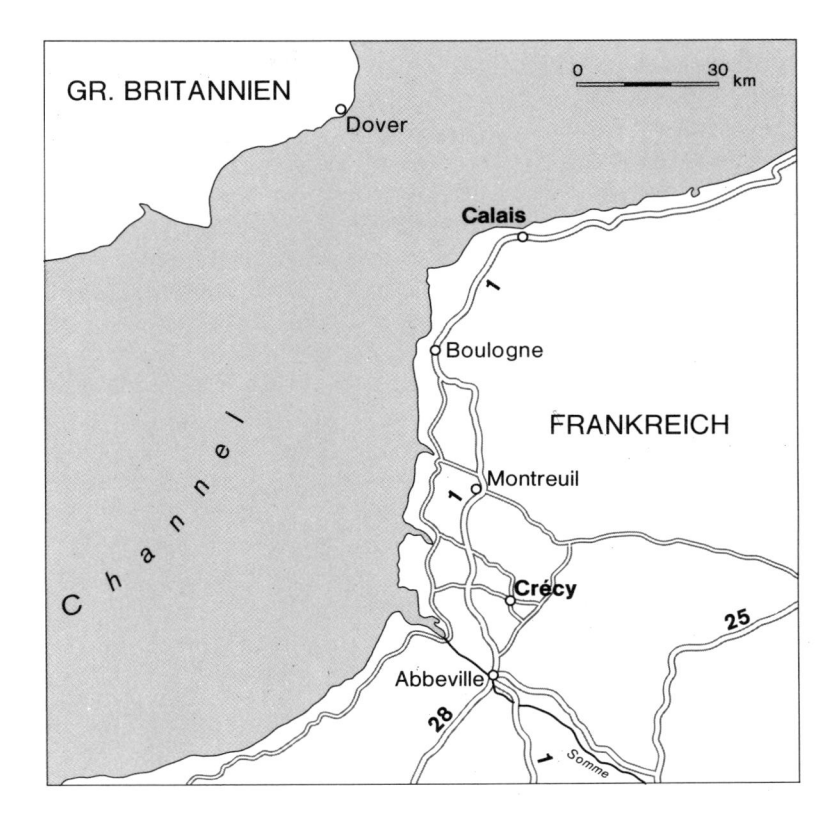

Bei den Kapitulationsverhandlungen wurde bekannt, daß der englische König die Einwohner nur dann vor dem Schlimmsten bewahren wollte, wenn sechs Bürger, unter Todesdrohung und schmachvollsten Bedingungen, die Schlüssel der Stadt Calais überbringen würden.

Über diese menschliche Tragödie berichtet Jean Froissart (1337–1410). Der Historiker und Dichter hat die Begebenheit in sein umfangreiches Werk »Die Chroniken von Frankreich« eingeflochten, das viele Jahrzehnte französischer Geschichte bis zum Jahr 1400 behandelt. Unter Zugrundelegung von diesem und anderem Material ergibt sich das nachstehende Bild der Kapitulation . . .

Der englische König Eduard III. erklärte nach einer Belagerung von elf Monaten seinem Berater Gautier de Mauni: »Sie werden zur Stadtmauer gehen und dem Gouverneur von Calais, Jean de Vienne, mitteilen, daß die größte Gnade, zu der ich bereit bin, darin besteht, daß sechs der würdigsten Bürger zu mir kommen müssen, barhäuptig, barfuß, nur mit einem Hemd bekleidet, mit Stricken um den Hals, um mir die Schlüssel der Stadt und der Festung zu

Am Ende einer langen Belagerung spielte sich in der strategisch wichtigen Stadt Calais um die Mitte des 14. Jahrhunderts das große menschliche Drama ab

übergeben. Den Einwohnern will ich dann das Leben schenken.«

»Monseigneur«, erwiderte Gautier, »ich werde die Botschaft dem Gouverneur gern übermitteln.«

Alle Glocken läuteten

Als Jean de Vienne die Bedingungen des englischen Königs erfahren hatte, ließ er in der Stadt alle Glocken läuten, woraufhin sich die Bevölkerung auf dem Markt versammelte. Alle wollten die Neuigkeiten hören, selbst die Menschen, die vom Hunger so entkräftet waren, daß sie zum Markt getragen werden mußten. Nachdem die Einwohner sich versammelt hatten, erläuterte der Gouverneur ihnen die englischen Forderungen und sagte, daß man nicht anders handeln könne, als es der König verlange, und daß man eine baldige Antwort geben müsse. Als die Bürger diesen Bericht von Jean de Vienne gehört hatten, begannen sie zu schluchzen und zu weinen. Schließlich erhob sich einer der reichsten Bürger, Eustache de Saint-Pierre, und sagte: »Im Vertrauen auf unseren Herrgott werde ich der erste sein, der sich freiwillig meldet, um die Bürger der Stadt zu retten. Ich werde vor dem englischen König erscheinen, wie er es verlangt.«

Bald darauf erhob sich ein anderer angesehener Bürger, der zwei schöne Töchter hatte, und sagte, er wolle sich zu seinem Gefährten gesellen. Es war Jean d'Aire. Danach stand ein dritter auf, Jacques de Wissant, ein reicher Mann, und sagte, auch er sei bereit. Ihm folgte Pierre de Wissant. Schließlich meldeten sich noch ein fünfter und ein sechster. Alle ließen sich so herrichten, wie der englische König es gefordert hatte. Dann schritten sie zum Stadttor. Der Gouverneur ließ es öffnen, ging auf Gautier zu, der ihn erwartet hatte, und sagte: »Monsieur Gautier, hiermit übergebe ich Ihnen als Gouverneur der Stadt die sechs Bürger und schwöre, daß dies die ehrbarsten Männer von Calais sind. Ich bitte darum, daß Sie sich bei dem englischen König für die guten Leute einsetzen, damit sie nicht getötet werden.«

Gautier übernahm die sechs Bürger, führte sie vor den englischen König und sagte: »Monseigneur, hier bringe ich Ihnen die Vertreter der Stadt Calais, so wie Sie es befohlen haben.«

Die Bürger warfen sich vor dem König zu Boden, hoben die Hände und sagten: »Edle Herren und edler König. Wir überbringen Ihnen die Schlüssel der Stadt und der Burg von Calais und übergeben Sie Ihnen zu Ihrem Gefallen. Wir sind gekommen, um die Bewohner von Calais zu retten, die soviel Schweres erleiden mußten. Haben Sie Erbarmen mit uns.«

Alle baten um Gnade

Da gab es keinen auf dem Platz, der nicht vor Mitleid weinte, außer dem König. Eduard hatte ein hartes Herz und befahl, den Leuten sofort den Kopf abschlagen zu lassen. Doch alle Barone und Ritter baten um Gnade. Aber der König wollte nicht nachgeben. Da sagte Gautier: »Monseigneur, wenn Sie kein Mitleid haben mit diesen Männern, die sich aus freien Stücken Eurer Großmut unterworfen haben, um andere zu retten, dann wird man künftig von einer großen Grausamkeit sprechen.«

Doch der König antwortete: »Schweigen Sie, Gautier. Der Kampf um Calais hat so vielen meiner Leute das Leben gekostet, daß diese Männer sterben müssen.«

Da trat die Königin Philippa vor und zeigte große Menschlichkeit. Sie weinte vor Mitleid, warf sich vor ihrem Herrn auf die Knie und sagte: »Monseigneur, seit ich die See in großer Gefahr überquerte, habe ich Sie um nichts gebeten. Nun ersuche und bitte ich Euch mit gefalteten Händen, daß Sie aus Liebe zum Sohn unserer Jungfrau Maria willen Erbarmen mit den Männern haben möget.«

Der König zögerte. Dann blickte er auf seine Frau, die in Tränen vor seinen Füßen lag. Das erweichte sein Herz. Er sagte: »Sie bitten mich so sehr, edle Frau, daß ich nicht widersprechen kann. Ich übergebe diese Männer darum Ihrer Obhut.«

Die gute Frau antwortete: »Monseigneur, allerherzlichsten Dank.«

Dann erhob sich die Königin, hieß auch die Bürger aufstehen, führte sie in ihre Kammer, ließ sie einkleiden und gab ihnen zu essen, was sie wünschten.

Die Bürger von Calais

Der alte Wachtturm von Calais. Der Überlieferung nach soll der Gouverneur der Stadt, Jean de Vienne, von diesem Turm aus den Einwohnern die Kapitulationsbedingungen des englischen Königs bekanntgegeben haben

Calais wurde englisch

Die sechs Bürger konnten zu ihren Angehörigen zurückkehren. Aber die Leidenszeit der französischen Bewohner war damit nicht beendet; sie mußten die Stadt räumen. An ihrer Stelle zogen Engländer ein; Calais wurde eine mächtige Kriegsfestung. Unter ihrem Schutz entwickelte sich die Wirtschaft schnell, eine Münze entstand, beträchtliche Einkünfte flossen ständig dem britischen Hof zu, der diese wirtschaftlich und militärisch wichtigste Zone der »Gegenküste« für alle Zeiten beherrschen wollte. Die Engländer sind dann für über zweihundert Jahre geblieben. Erst 1558 gelang es Herzog François de Guise, Calais für Frankreich zurückzuerobern.

Von der damaligen Befreiung zeugen heute bunte Glasfenster im Rathaus. Auch die Belagerung von 1346/47 ist auf den Fenstern in lebhaften Farben dargestellt. Außerdem gibt es im Rathaussaal ein riesiges Wandgemälde der Künstlerin Jeanne Thil, das die sechs Bürger vor dem englischen König zeigt, während Philippa, vor Eduard kniend, um das Leben der Unglücklichen bittet.

Die französische Literatur hat das Schicksal von Calais als heroischen Stoff für die Nationalgeschichte im 18. Jahrhundert entdeckt, und bald interessierten sich auch andere Nationen für dieses ungewöhnliche, menschlich anrührende Ereignis einer vergangenen Zeit. Dennoch wäre die Belagerung der Stadt wohl nur eine nationale Begebenheit geblieben — denn die literarischen Versuche, einschließlich des Einakters von George Bernard Shaw, haben nicht überzeugen können —, hätte sich nicht ein Bildhauer von Bedeutung, Auguste Rodin, mit dem Schicksal der »Bürger von Calais« auseinandergesetzt. Rodin wurde 1884 mit dem Stoff vertraut, als die Stadt einen Wettbewerb für ein Denkmal von Eustache de Saint-Pierre ausschrieb, und sich der französische Bildhauer daran beteiligte. Aber Rodin wollte keine Plastik, wie sie zu Hunderten zu finden ist. Er erklärte: »Ich kenne all die abgedroschenen Plattheiten, welche die Bildhauerei für die großen Männer bereit hat und für die Monumente, die man ihnen errichtet.«

Rodin wollte außerdem die sechs in einer Gruppe darstellen.

Doch die Stadtväter hatten andere Vorstellungen; sie wünschten eine einzige Gestalt. Rodin, der Froissarts Bericht über die Belagerung mehrfach gelesen hatte, blieb hartnäckig; schließlich gab das Komitee, das sich für die Errichtung des Denkmals gebildet hatte, nach. Doch als die Stadtväter Rodins Modell zu sehen bekamen, gab es erneut Differenzen. Das Komitee hatte sich etwas anderes vorgestellt, etwas Großartiges, Heroisches. Nun sahen sie Verängstigte, Verzweifelte, von der Erwartung des Todes gezeichnet. Sie sagten: »Nicht so stellten wir uns bisher unsere ruhmreichen Mitbürger auf ihrem Gang ins Lager des englischen Königs vor. Die Niedergeschlagenheit, die sich in ihrer Haltung ausdrückt, verletzt uns in unserem Glauben . . .«

Kein strahlendes Heldentum

Es bedurfte großer Anstrengung, das Komitee davon zu überzeugen, daß strahlendes Heldentum abwegig gewesen wäre, die Situation verfälscht hätte und künstlerisch unannehmbar gewesen wäre. Schließlich stimmte das Komitee zu, nachdem sich der Bürgermeister von Calais, Dewavrien, unermüdlich für Rodins Auffassung eingesetzt hatte.

Rodin brauchte viel Zeit, um seine Komposition fertigzustellen. Er machte zahlreiche Studien, modellierte, verwarf, modellierte erneut. Als das Werk schließlich vollendet war, fehlte der Stadt Calais das Geld. So blieb die Skulptur sieben Jahre in einem Pferdestall in Paris untergestellt. Erst 1895 wurde das Werk enthüllt in Anwesenheit des Künstlers, des französischen Staatspräsidenten und zahlreicher anderer Persönlichkeiten, wie einer Tafel am Fuß des Denkmals zu entnehmen ist.

Da steht nun heute vor dem Rathaus in Calais diese Gruppe verzweifelter Menschen. Es ist der Augenblick, in dem die sechs die Stadt verlassen und sich ins Lager des englischen Königs begeben. Sie ahnen nicht, daß die englische Königin ihr Leben retten wird. Sie glauben, einer Hinrichtung entgegenzugehen. Da fällt jede Pose. Es bleibt nur ein furchtbares Erschrecken.

Einer von dieser trostlosen Gruppe hebt die Hand, er deutet an, daß man aufbrechen müsse; ein anderer wendet sich noch einmal dem Stadttor und den dort stehenden Menschen zu; ein weiterer birgt sein Gesicht in den Händen in völliger Hilflosigkeit; ein Älterer blickt mit halb geschlossenen Augen zu Boden; wieder ein anderer steht wie angewurzelt, von Verzweiflung gezeichnet, den Stadtschlüssel in den Händen — Eustache de Saint-Pierre. Und alle im Büßerhemd, den Strick um den Hals, wie eine Gruppe von Verbrechern, den Tod vor Augen . . .

Das ist nicht der »glorreiche« Entwurf, wie ihn sich das Komitee erhofft hatte. Künstlerisch entstand aber eine Plastik hoher Vollendung, Rodins Meisterwerk.

Die Gruppe der sechs hat überdauert. Sie hat den Ersten und den Zweiten Weltkrieg überstanden und die fast völlige Zerstörung der Stadt. Noch etwas blieb erhalten, die Tour de Guet, der Wachtturm aus dem 13. Jahrhundert, der sich mit seinen grau-braunen Steinen kantig über die mit gänzlich neuen Häusern besetzte Place d'Armes erhebt. Von diesem Turm aus — so geht die Sage in Calais — habe der Gouverneur Jean de Vienne die Einwohner über die grausamen Bedingungen informiert, die der englische König der Stadt auferlegt hatte.

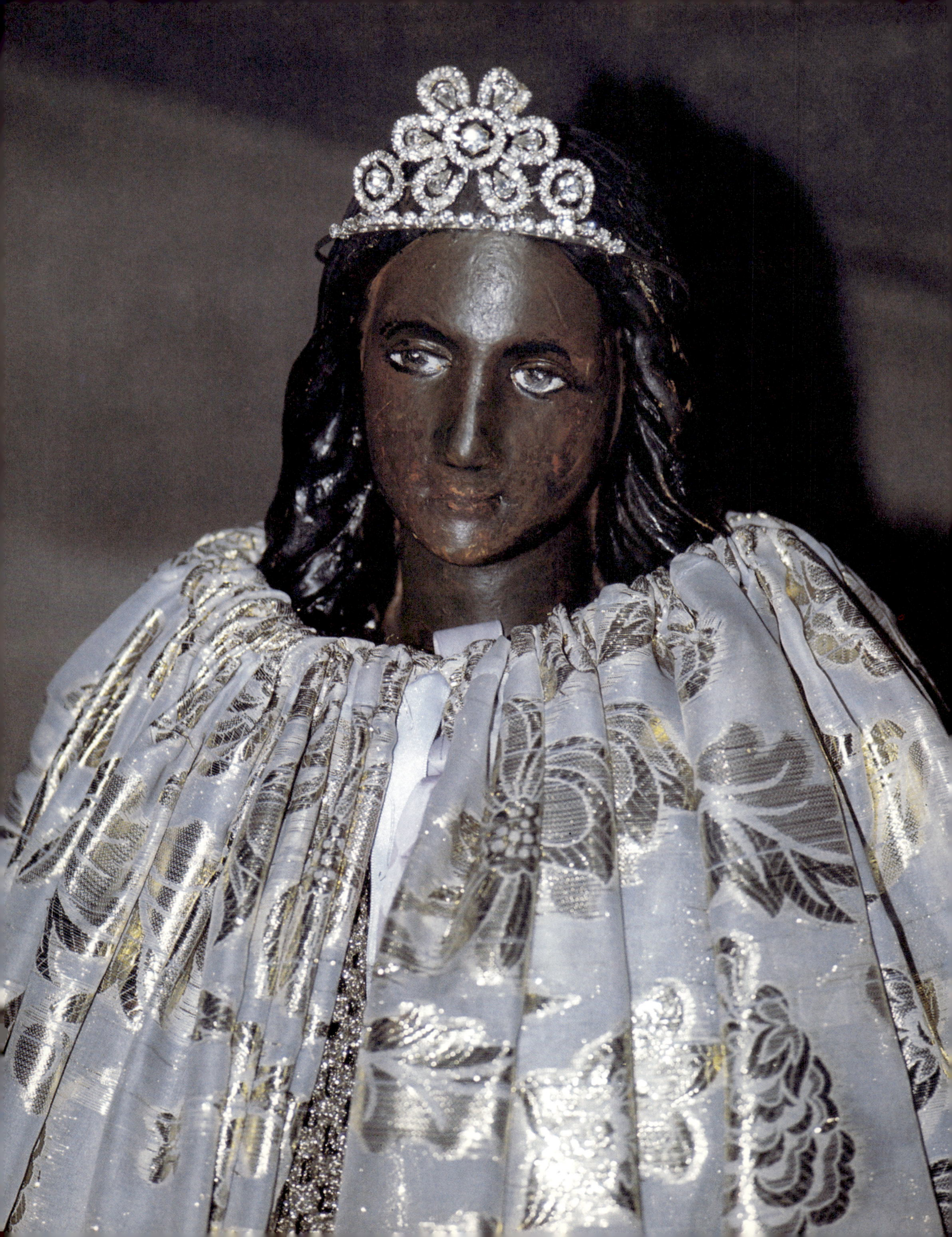

MALER, ZIGEUNER UND HEILIGE

Exotische Camargue

»Nach den Zigeunern lang noch schaun
Mußt ich im Weiterfahren,
Nach den Gesichtern dunkelbraun,
Und schwarzlockigen Haaren.«

Nikolaus Lenau

Auf dem Boulevard Moulin, an der östlichen Ausfahrt von St. Rémy, liegt das kleine Hotel »Van Gogh«. Hier wohnen Reisende, welche oft die Provence aufsuchen, die nicht nur die südfranzösische Landschaft, sondern auch ihre Menschen lieben und sich für ihre Vergangenheit interessieren.

Am Nebentisch sitzt Nicole beim Frühstück. Die junge Dame wohnt in Paris. Sie ist zum zwölften Mal hier. Sie kommt meist im Frühling. »Dann«, so sagt sie, »entfaltet die Landschaft besonderen Charme. Der Blütenduft liegt auf den Feldern. Das Licht gewinnt an Kraft.«

Nicole ist vielseitig: Sie schwärmt vom Hof der provenzalischen Trobadors in Les Baux, von den römischen Mosaiken in Vaison-le-Romain; sie erinnert sich gern der Mauern von Aignes-Mortes und des romanischen Kreuzgangs von Montmajour; sie weiß auch, in welchem Restaurant im Alten Hafen von Marseille die schmackhafteste Bouillabaisse dieser Region zubereitet wird.

Das Licht der Provence

Die junge Pariserin liebt nicht zuletzt die Maler, die in der Provence gewesen sind: Paul Cézanne, Henri Matisse, Auguste Renoir, Claude Monet, Paul Gauguin, Pierre Bonnard, Raoul Dufy, Camille Pissarro und natürlich Vincent van Gogh. »Kein Wunder, daß sie hierhergefunden haben«, wirft sie ein. »Hier schwelgt alles in wilden Farben. Die Natur wird dramatisch. Alphonse Daudet hat einmal gesagt: ›Die ganze schöne provenzalische Landschaft lebt nur durch das Licht‹, und seinen Tartarin von Tarascon ließ er sagen: ›Der französische Süden ist eine Landschaft, wo die Sonne alle Gegenstände so eigentümlich beleuchtet, daß sie in ganz anderer Dimension erscheinen als in der Wirklichkeit.‹« Die künstlerische Verwandlung der Dinge mit Hilfe von Palette, Leinwand und Pinsel gilt besonders für Vincent

Die Schwarze Sara, Patronin der Zigeuner, in der Krypta der Kirche Les Saintes Maries de la Mer. Zu dieser ihrer Schutzgöttin wallfahren jedes Jahr Tausende von Zigeunern

148 Exotische Camargue

Blick auf die Kirche von Les Saintes Maries de la Mer. Das Gemälde von Vincent van Gogh befindet sich heute im Rijksmuseum Kröller-Müller in Otterlo, Niederlande

Exotische Camargue

van Gogh. Für ihn, den Nordländer, war der Süden eine einzigartige Herausforderung. Er löste sich von der herkömmlichen Darstellung und versuchte eine aufgetupfte Farbgebung; er bevorzugte Gelb als Farbe der Sonne und brachte damit auch die übrigen Farben zu stärkerer Leuchtkraft. Zudem übersteigerte er alle Sujets. Er glaubte, so schrieb er 1888 in der Camargue, daß die Zukunft einer neuen Kunst im Süden liege. Weiter sagte er: »Das Mittelländische Meer hat eine Farbe wie die Makrelen, also wechselnd, man weiß nicht recht, ist es grün oder violett, man weiß nicht, ist es blau, denn eine Sekunde später schimmert es rosa oder grau.« Für van Gogh war diese Region, waren See und Land mit der brennend heißen Sonne, auch eine Gefahr. »Man muß die Farben noch mehr übersteigern«, war seine Devise. Das führte letztlich für ihn – der physisch und psychisch labil war – zu Grenzen der Malerei und der eigenen Person.

»Ich mag seine Bilder von den Zigeunern«, sagt Nicole, »von den Fischerbooten am Strand mit ihren roten, grünen und blauen Farben, auch das Gemälde mit dem Blick über die Lavendelfelder auf Saintes Maries. Ich mag diese Bilder, weil ich die Camargue liebe. Wenn ich in die Provence fahre, suche ich jedes Mal die Camargue auf.«

»Hier hat sich manches verändert.«

Pferde, Stiere und Flamingos

»Natürlich. Die Touristen kommen in Scharen. Doch wenn Sie die richtigen Straßen nehmen, erleben Sie immer noch viel. Sie müssen die Routen wählen, die unmittelbar am Großen See entlangführen, oder den Deichweg, der Saintes Maries mit dem Leuchtturm La Gacholle verbindet. Dann sehen Sie die weißen Pferde, die schwarzen Stiere mit den lyraförmigen Hörnern oder die Flamingos, die mit ihrem Weiß-Rosa-Gefieder zu Tausenden das Brackwasser abschreiten auf der Suche nach Krebstierchen.«

Wir sind von St. Rémy über Les Baux und Arles wieder einmal in dieses große Schwemmland gefahren, in einen Erdstrich, der so exotisch ist wie kein anderer in Frankreich.

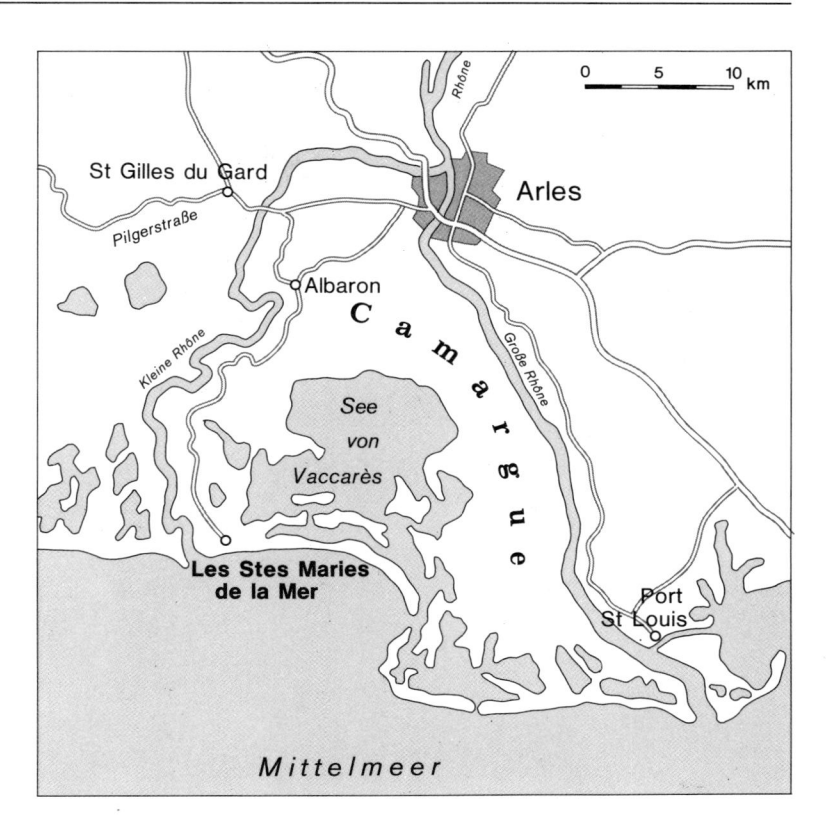

Das eigenartige Dreieck am Meer, begrenzt vom Hauptfluß der Rhône im Osten und der kleinen Rhône im Westen, mit dem großen See von Vaccarès in der Mitte, hat sich im Verlauf von Jahrhunderten und Jahrtausenden gebildet und verändert sich immer noch mit Inseln, Halbinseln, Buchten und Rinnsalen. Über Tamarisken, Schilfdickicht und Sümpfe streift der Blick und verliert sich in der endlosen Ebene. Salzige Gewässer überziehen das Land mit Kräutern, die nur in Salzwasser gedeihen. Dann gibt es Landstriche, in denen fast jede Vegetation fehlt. Es sind die »Sansouires«. Wenn über diesen im Hochsommer und im Herbst die Sonne glüht, flimmert die Luft in heißen Schwaden und ruft immer wieder ganz phantastische Luftspiegelungen hervor. Das ist die Fata Morgana, die die exotische Camargue verzaubert.

Reales wird irreal.

Der Franzose Henry Aubernal meint: »Im Bewußtsein der Einheimischen vermengen sich die historischen Tatsachen mit seit alters her eingewurzelten Sagen so sehr, daß der Mythos wirklicher zu werden scheint als die Wirklichkeit.«

Das große Schwemmland der Camargue ist so exotisch wie kein anderer Landstrich Frankreichs. Mittelpunkt ist die Stadt Les Saintes Maries de la Mer

Das alte Anatilia

Das bezieht sich auf die Gegenwart und noch mehr auf die Vergangenheit. Wenn Bauern auf den Feldern Scherben oder Münzen entdecken aus früheren Zeiten, was nicht selten geschieht, fragen sie sich oft, woher der Fund stammen könne und aus welcher Zeit. Es sind ja viele Völker und Kulturen in der Provence ansässig gewesen, Griechen, Römer, West- und Ostgoten oder auch Franken. Die Antwort verliert sich dann manchmal im Sagenhaften, wenn es heißt: »Das könnte ein Stück aus dem alten Anatilia sein.« Anatilia ist eine Stadt, die in dieser Region gelegen haben soll. Sie habe einmal die Camargue beherrscht und sei groß und reich gewesen, wird erzählt. Es gibt auch gewisse schriftliche Hinweise. Der römische Schriftsteller Plinius hat von dem Ort berichtet, auch Ptolomäus aus Alexandria. Gestützt auf diese Angaben, hat man versucht, die Lage festzustellen. Das war überaus schwierig. Manche wollen allerdings Anatilia dort verifiziert haben, wo sich heute der See Vaccarès ausdehnt. Träfe dies tatsächlich zu, wäre die Stadt völlig überflutet worden und untergegangen wie das bei Wollin gelegene sagenhafte Vineta in der Ostsee.

Eine andere Erzählung, eine Legende, beherrscht bis heute die Region. Sie geht aus vom Neuen Testament. Hier wird im Lukas-Evangelium, Kapitel 24, berichtet, wie nach dem Tod Christi einige Frauen aus Galiläa das Grab des Gekreuzigten aufsuchten, das mit einem Stein verschlossen war:

Aber am ersten Tag der Woche sehr früh kamen sie zum Grab und trugen bei sich die wohlriechenden Öle, die sie bereitet hatten. Sie fanden aber den Stein weggewälzt von dem Grab und gingen hinein und fanden den Leib des Herrn Jesu nicht. Und als sie darüber bekümmert waren, siehe, da traten zu ihnen zwei Männer mit glänzenden Kleidern. Sie aber erschraken und neigten ihr Angesicht zur Erde. Da sprachen die zu ihnen: Was sucht ihr den Lebenden unter den Toten? Er ist nicht hier, er ist auferstanden. Gedenkt daran, wie er euch gesagt hat, als er noch in Galiläa war . . .

Und sie gingen weiter weg vom Grab und verkündeten das alles den elf Jüngern und den anderen allen. Es waren aber Maria von Magdala und Johanna und Maria, des Jakobus Mutter, und die anderen mit ihnen. Die sagten das den Aposteln.

Die Legende, wie sie in der Camargue verbreitet ist, berichtet nun weiter vom Schicksal dieser Frauen, von Maria Magdalena (Salome), der Mutter der Apostel Jakob und Johannes, und von Maria Jakubäa, der Mutter Jesu. Die Frauen wurden nach der Auferstehung Christi in Palästina verfolgt. Eines Tages hat man sie zusammen mit anderen – darunter Lazarus und Maximin – in Jaffa auf eine Barke gedrängt, die weder Ruder noch Segel hatte. Dann stießen die Verfolger das Boot in die hochgehende See. Jetzt eilte noch ein braunhäutiges Mädchen mit Namen Sara herbei, die Dienerin der beiden Marien, und flehte die Frauen an, sie mitzunehmen. Da riß Maria Magdalena ihren Schleier von der Schulter und warf ihn ins Meer: Der Schleier blähte sich auf, und über ihn schritt Sara zum Boot der beiden Frauen.

Eigentlich wäre das Schiff verloren gewesen. Es hätte in den Stürmen des Mittelmeeres untergehen müssen. »Doch von der Vorsehung geleitet«, so berichtet eine Aufzeichnung des Bistums Aix, »legte das Schiff glücklich am Provence-Ufer an.«

Die Bekehrung der Provence

Lazarus und Maximin waren die ersten, die auf gallischem Boden das Christentum verkündeten. Sie drangen ins Innere des Landes vor und begannen auch mit der Bekehrung der Provence. Die beiden Marien blieben indessen mit Sara in der Uferregion und verkündeten dort den neuen Glauben. Als sie starben, wurden sie beigesetzt, wo heute die Kirche Les Saintes Maries de la Mer steht.

Die Legende der Marien ist einfach zu erzählen. Weit schwieriger ist es, in die Geschichte der Kirche vorzudringen. Die Gründung dürfte im 5./6. Jahrhundert gewesen sein. Im 12. Jahrhundert war sie unter dem Namen »Marie de Ratis« bekannt, später hieß sie »Notre Dame de la Mer«. Den heutigen Namen erhielt sie erst 1837.

Die Kirche ist ein eigenartiger Bau. Gelbbraune Quader, kaum von Fenstern durchbrochen, wachsen in den stahlblauen Himmel, überragt von einem dreifach gezackten Turm mit vier Glocken. Der beherrschende Eindruck sind die Mauern, aufgelockert durch Stützpfeiler, Zinnen und Rundgänge. Die Kirche gleicht einer Festung und war es auch. Im Mittelalter hat der Bau oft als Schutzraum gedient, in den sich die Bevölkerung zurückzog, wenn sarazenische Korsaren vom Strand einfielen. Die wehrfähigen Männer verteidigten die Kirche dann von den oberen Rundgängen und Zinnen. Hatten sich die Piraten zurückgezogen, machte sich die Bevölkerung daran, die verwüsteten Wohnhäuser wieder aufzubauen.

Das Innere der Kirche steht durchaus im Einklang mit dem Äußeren. Es gibt nur ein Hauptschiff. Die Bögen an den Wänden und im Chor sind romanisch, nur die Bögen im großen Tonnengewölbe sind leicht gotisch geformt. Der Gesamteindruck ist wuchtig, klar und überzeugend.

Pilgerfahrt nach Santiago

Die Verbindung der beiden Marien mit der Kirche verliert sich im Ungewissen. Zwar gibt es ein Dokument, das die Bindung untermauern soll, doch der betreffende Schriftsatz ist ein späterer Einschub. Das Dokument geht zurück auf Gervais de Tilbury, einen gebürtigen Engländer, der Anfang des 13. Jahrhunderts in Arles lebte. In diesem Text heißt es, »daß die beiden Marien, die sich am Ostermorgen zum Grab begaben, hier beigesetzt sind«. Den späteren Einschub haben Geistliche vorgenommen, um die Aufmerksamkeit auf ihre Kirche zu lenken. Das schien ihnen geboten, um zu verhindern, daß das Gotteshaus in Vergessenheit geriet. Denn in jenen Zeiten hatte sich in Frankreich und Spanien sowie anderen Ländern Europas etwas Umwälzendes ereignet, das die christliche Gesellschaft zutiefst beeinflußte: Die Pilgerfahrt nach Santiago de Compostela im Nordwesten Spaniens.

Diesen »Jakobsweg« beschritten jedes Jahr Hunderttausende von Pilgern bei ihrer Wallfahrt. Sie waren unverdrossen für Monate unterwegs, und viele haben ihr Ziel nie erreicht. Auf dem zum Teil schwierigen Routen wurden Unterkünfte, Spitäler, Kirchen und Kapellen errichtet. Zur Orientierung und Erläuterung der Hintergründe entstand im 12. Jahrhundert der erste Reiseführer der Welt. Ausgangspunkte für die Pilger waren Paris, Vézelay, Le Puy und Arles. Kirchen, die am Weg lagen, wurden großartig ausgebaut. Gotteshäuser, die abseits standen, fanden dagegen kaum Beachtung – so auch die Kirche in der Camargue.

Die Kirche von Les Saintes Maries de la Mer erinnert auf den ersten Blick an eine Festung

Um das Gotteshaus zu retten, erfolgte der Einschub im Text de Gervais des Tilbury. Nicht nur das. Es wurde auch versucht, die angebliche Tatsache der Beisetzung durch eine spektakuläre Aktion zu erhärten. Im Jahre 1448 bat René, König von Neapel und Herzog der Provence, Papst Nikolaus V. um Genehmigung, die Suche nach den Gebeinen der Marien aufnehmen zu dürfen. Nach der Erteilung der Erlaubnis wurde mit der Suche begonnen, die schnell erfolgreich war. »Die Grabungen, die im Sommer 1448 vorgenommen wurden«, schreibt der Mönch Buenner vom Orden der Benediktiner, »führten zur Auffindung von Gebeinen, die als diejenigen der Heiligen Marien ausgegeben wurden.«

»Am Anfang war die Straße«

Am 3. Dezember desselben Jahres wurden die Reliquien in Anwesenheit des Königs, des Hofes und zahlreicher Prälaten in einer Kapelle im Turm der Kirche beigesetzt. Damit war ein mächtiger Anreiz für die Pilger gegeben, auch die Camargue aufzusuchen. Die Kirche der beiden Marien lag zwar nicht am Hauptwallfahrtsweg, wohl aber an einer Abzweigung, und war leicht in die Pilgerfahrt einzuordnen. Die Kirche war damit gerettet. »Ohne die Kenntnis des Jakobsweges ist es schwierig, die Kirche ›Notre Dame de la Mer‹ zu verstehen«, sagt Buenner. Und der große Deuter epischer Sagen, der »Chansons de Geste«, der Franzose Joseph Bédier, schrieb in den zwanziger Jahren dieses Jahrhunderts: »Am Anfang war die Straße. In allen Ländern, zu allen Zeiten haben die Menschen mit Sagen die alten Straßen eingedeckt.«

Heute sind die ursprünglichen Reliquienschreine nicht mehr vorhanden. Sie wurden während der Französischen Revolution aus der Kapelle geholt und verbrannt. Teile der Gebeine konnten aber, so erzählt man sich, gerettet werden. Sie wurden in einem neuen Schrein beigesetzt, der wieder in der alten Kapelle im Turm der Kirche untergebracht ist. Dreimal im Jahr, am 24. Mai, am 22. Oktober und am 3. Dezember, wird der Reliquienschrein aus der Kapelle ins Mittelschiff der Kirche herabgelassen.

Eine magische Zeremonie

Das Hauptfest ist am 24. Mai. An diesem Tag strömen Tausende von Menschen nach Saintes Maries, vor allem Zigeuner, die aus vielen Gegenden Europas hierherkommen. Am Morgen drängt eine bunte Menge in den halbdunklen Kirchenraum, während der Doppelschrein mittels Seilen langsam ins Kirchenschiff gesenkt wird. Hände strecken sich den Reliquien entgegen, brennende Kerzen werden hochgerissen, man hört ekstatische Rufe.

Nach dieser fast magischen Zeremonie begeben sich einige Zigeuner an die nördliche Innenmauer, wo in einer Nische die beiden Marien als bunte Holzschnitzarbeiten mit Weihrauchgefäßen, in einer Barke stehend, auf die Menge herabblicken. Die Heiligen werden heruntergenommen, in farbige Tücher gehüllt und aus der Kirche getragen, wo sie von einer begeisterten Menge begrüßt werden. Die Zigeuner tragen die Statuen durch den Ort, der ganz im Zeichen dieses Feiertages steht. Der Weg führt durch ein Spalier der »Guardians«, der Hirten von Pferden und Stieren. Diese »Cowboys« der Camargue sind mit schwarzen Jacken und breitkrempigen Hüten bekleidet und neigen ihre »Stierlanzen«, Stangen mit einem eisernen Dreizack am vorderen Ende, wenn die Prozession vorbeizieht. Unter anfeuernden Rufen und lautem Beifall der Zuschauer führt der Zug zum Strand. Die »Guardians«, die sich der Prozession angeschlossen haben, reiten ins Meer, so weit, bis die Wellen an die Steigbügel spülen. Auch die Zigeuner mit den Heiligen waten ins Wasser. Nun gleitet eine Barke heran mit dem Erzbischof von Aix en Provence, während die Menge ringsum zu den Marien aufschließt. Unter Beten und Gesang segnet der Bischof die Heiligen, die Menschen und das Meer.

Ein ähnliches Schauspiel wiederholt sich mit dem Idol der Zigeuner, der Statue der Sara, einer Holzfigur mit braunem Gesicht und schwarzen Haaren, auf denen ein silbriges Diadem glitzert. Die in ein besticktes Seidengewand gekleidete Patronin wird aus der Krypta der Kirche geholt und ebenfalls durch den Ort ins Meer geleitet, unter Gitarrenspiel, Gesängen und lauten Rufen. »Vive Sainte Sara!« ist zu hören oder »Sara-la Kâli!«

Die Zigeuner kamen aus Indien

Kâli? Was der Name bedeutet, darüber ist gerätselt worden. Man kam aber meist zu keinem rechten Ergebnis. Dennoch gibt es einen Schlüssel. Kali ist ein altindisches Wort und bedeutet »Die Schwarze«. Es ist eine Göttin, die Dämonen bekämpft. Diese Göttin haben die Zigeuner aus Indien mitgebracht, dem Subkontinent, den sie vor vielen Jahrhunderten verlassen haben, um im 15. Jahrhundert Europa zu erreichen. Noch anderes stammt aus ihrer alten Heimat: ihre Sprache, die teilweise an Sanskrit erinnert, die alte literarische Kunstsprache, und ihre Musik, die, wie Franz Liszt erkannte, indischen Ursprungs ist.

Solche Hintergründe sind den Zigeunern, den Roma, den Sinti, den Gitanes, den Manouche oder wie die Stämme sonst noch heißen mögen, nur in etwa bekannt. Doch sie alle glauben felsenfest daran, daß Sara eine der Ihren ist, eine braune Königin, gar eine Göttin, weniger eine Begleiterin der beiden Marien, die sie aber dennoch verehren.

Die Zigeuner, die zum großen Teil die Tage vom 24./25. Mai bestimmen, glauben, daß dieses große Fest am »Mittelländischen Meer« eigentlich *ihr* Fest ist – und so unrecht haben sie ja nicht: Denn sie geben doch diesen Tagen den phantastischen, fast orientalischen Rahmen.

Ihre Königin, die Schwarze Sara, lassen sie zurück, nachdem sie noch in der Krypta viele große Kerzen entzündet haben. Ihre Wohnwagen – sie werden nicht mehr von Pferden gezogen wie zu Zeiten van Goghs – rollen in alle Richtungen davon. Sie begeben sich wieder als ewige Nomaden auf die Straßen der Welt, »wo die Sagen und Legenden ihren Anfang nehmen«.

PTOLEMEVS

DER BERÜHMTESTE ALLER SEHER UND ASTROLOGEN

Nostradamus

»Und dies geheimnisvolle Buch,
Von Nostradamus' eigner Hand,
Ist dir es nicht Geleit genug?«

Johann Wolfgang von Goethe: »Faust I«

Voilà! Michel Nostradamus!« sagt René, seit dreißig Jahren Kustode in Salon in der Provence. Er deutet dabei auf eine Wachsfigur mit grauem Vollbart, mit einem schwarzen Barett auf dem ergrauten Haar. »Nostradamus« ist mit rotem Hemd bekleidet, darüber trägt er einen schwarzen Talar. Er hat einen Federkiel in der Hand, ein Blatt Papier vor sich, das auf einem Tisch mit grüner Decke liegt. Der Astrologe grübelt über Weissagungen, die ihm in nächtlicher Eingebung zuteil geworden sind.

Wir sind im Haus des französischen Wahrsagers in der Straße, die nach ihm benannt wurde. Hier hat der Prophet, Astrologe und Arzt bis 1566 gelebt. Es ist ein Steinhaus mit mehreren Etagen. Im kleinen Hof wurde eine Bronzefigur aufgestellt, die den Astrologen aus moderner Sicht darstellt, die rechte Hand auf den Himmelsglobus gelegt. Eine andere Plastik, in herkömmlicher Art und aus Stein, steht am Place de Gaulle.

»Nach mancherlei Wanderjahren, dem Studium der Medizin und der erfolgreichen Tätigkeit als Pestarzt kam er nach Salon«, sagt der Kustode. »Hier ließ er sich als Arzt nieder. Seine Tätigkeit entsprach nicht unbedingt der üblichen Schulmedizin. Er heilte nicht nur Kranke, er verkaufte seinen weiblichen Patienten auch Schminke, Schönheitspulver und Liebestränke und verabreichte den Männern ›Herkules-Tabletten‹. Besonders befaßte er sich mit der Astrologie. Schon sein Großvater mütterlicherseits hatte ihn Astrologie und Astronomie gelehrt. Er stellte auch Horoskope. Jedes Jahr gab er einen Almanach heraus mit Prophezeiungen über das Wetter, bevorstehende Katastrophen, Epidemien oder Kriege. Sein wichtigstes Werk waren die ›Centuries‹.«

»Wie kam er zur Astrologie?«

Überall gab es Hellseher

»Das war üblich. Viele seiner Kollegen waren Astrologen. In jeder Stadt gab es Hellseher, die die Zukunft voraussagten. In Paris waren es im

Diese Wachsfigur stellt Nostradamus dar. Sie befindet sich in seinem ehemaligen Haus in Salon-en-Provence, wo der berühmte Seher bis zu seinem Tod wohnte

In Saint Rémy in der Provence, wo Nostradamus geboren wurde, ist diese Straße nach dem Astrologen benannt worden

16. Jahrhundert allein dreißigtausend. Jeder Fürst zog Astrologen zu Rat.«

»Wie ging er bei seinen Weissagungen vor?«

»Das hat Nostradamus in seinen Schriften dargelegt. Im Vorwort zum ersten Band der ›Centuries‹ spricht er davon, wie er nachts, völlig allein, auf einem ehernen Schemel Platz nimmt, während eine ›winzige Flamme aus der Einsamkeit aufsteigt und andeutet, woran man nicht vergeblich glauben soll‹. Er sagt weiter, daß er eine Rute in der Hand halte und ins Reich des Branchos versetzt werde [Branchos war ein Sohn des Apoll]. Er hat vor sich ein Wasserbecken, das die Füße und auch den Saum seines Kleides benetzt. Wörtlich sagt er: ›Meine Stimme zittert . . . das Göttliche läßt sich bei mir nieder.‹«

»Er hat sich also in Ekstase versetzt, ähnlich der Trance, wie sie von vielen Völkern aus alten und neuen Schriften bekannt ist . . .«

»Wie sie auch von der Pythia im griechischen Delphi erzählt wird.«

»Und die Astrologie?«

Auf der Terrasse seines Hauses

»Nostradamus hat nachts oft oben auf der Terrasse seines Hauses zugebracht und die Gestirne beobachtet. Er war – wie damals üblich – davon überzeugt, daß es zwischen dem Lauf der Sterne und den irdischen Vorgängen, besonders der menschlichen Existenz, enge Beziehungen gibt, die der Astrologe erkennen und messen könne. Einblicke, die Nostradamus aus dieser Grundlage gewann, hat er in Zusammenhang gebracht mit seinen Erfahrungen aus der Ekstase, wobei die astrologischen Erkenntnisse eher Kontrollfunktionen hatten.«

Der Kustode verweist auf ein Bild an der Wand, das den weißhaarigen Propheten darstellt, umgeben von Aufzeichnungen und Schriften, beim Blick durchs Fernrohr. Dem Besucher kommen dabei allerdings Bedenken, denn das Fernrohr wurde erst um 1600 in Holland erfunden, Nostradamus starb aber 1566.

Der Kustode deutet auf ein anderes Bild. Es zeigt Katharina von Medici, verwitwete Königin von Frankreich, mit ihrem Sohn, dem jungen Karl IX., für den sie die Regierung wahrnahm, zusammen mit Nostradamus. In der Mitte steht ein nackter Knabe, Heinrich von Navarra. Er hat die Kleider abgelegt, weil Nostradamus nur dann – so sagte er – die Zukunft exakt voraussagen konnte. Über Heinrich soll Nostradamus geweissagt haben, er, der Hugenotte war, werde zum katholischen Glauben übertreten und König von Frankreich werden. Dies trat auch ein: Heinrich konvertierte und bestieg als Heinrich IV. den Thron. Die Weissagung soll, wie der Kustode erläutert, am 18. Oktober 1564 im Schloß Empéri stattgefunden haben, das in nächster Nähe des Hauses von Nostradamus liegt.

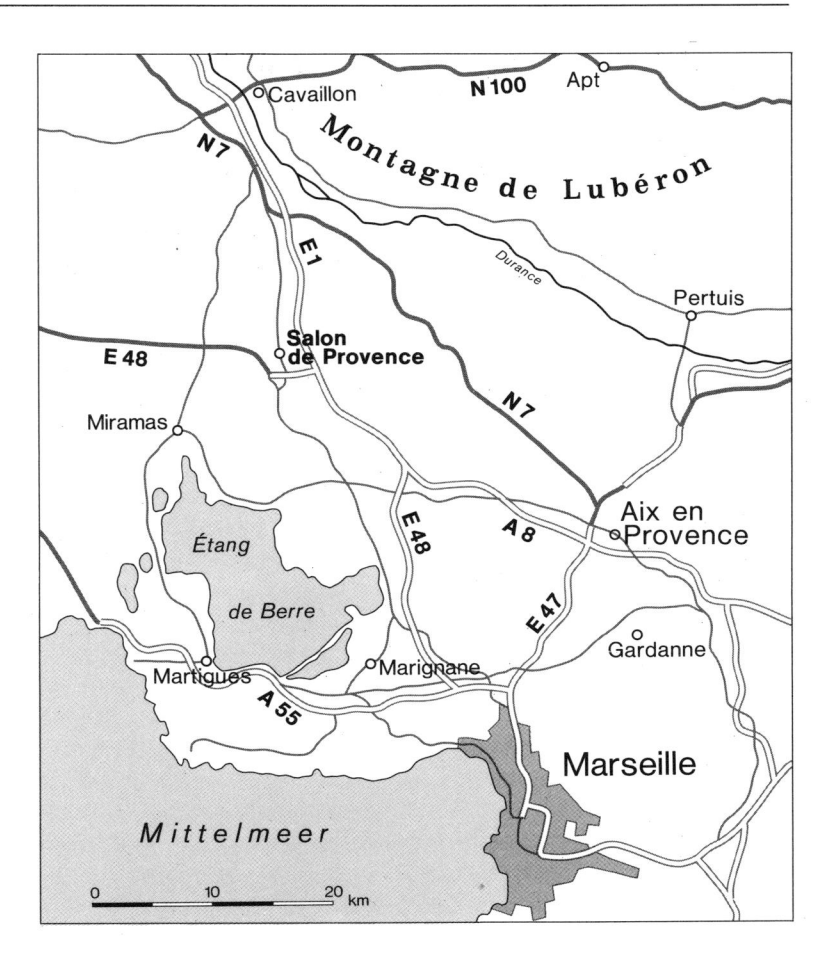

Der Kustode berichtet weiter, Nostradamus habe schon früher engere Beziehungen zum Königshaus gehabt. »Er war königlicher Leibarzt und Hofastrologe. Besonders Katharina interessierte sich für Nostradamus, da sie starkes Interesse an okkulten Wissenschaften und der Magie zeigte. Ihr hat Nostradamus überdies geweissagt, daß ihre drei Söhne – Franz, Karl

Der Astrologe Nostradamus hat in Salon de Provence gelebt. Noch heute steht in dieser Stadt sein Haus. Seine Gebeine ruhen in der Kirche Saint Laurent

und Heinrich – Könige von Frankreich würden. Dieser etwas unverständliche Spruch bewahrheitete sich, als Franz als König mit siebzehn starb, Karl ebenfalls als König mit dreiundzwanzig und der dritte der Söhne als Heinrich III. die Regentschaft antrat.«

»Häufig hört man von einer Weissagung über seinen Vater, Heinrich II., den Gemahl von Katharina . . .«

»Dieser Spruch ist berühmt. Er findet sich als fünfunddreißigste Strophe der ersten Hundertschaft der ›Centuries‹ und lautet:

Der junge Löwe wird den älteren überwinden
Auf dem Schlachtfeld in einem Duell.
Die Augen wird er ihm ausstechen im
goldenen Käfig.
Zwei Spiele und ein weiteres, um grausam
zu sterben.

Der Tod des Königs

Der junge Löwe soll ein Graf Montgomery gewesen sein, der ältere Löwe Heinrich II. Beide traten gegeneinander in einem Turnier an. Dabei wurde das Visier des Königs (ebenjener ›goldene Käfig‹) durch einen Lanzenstoß des Grafen durchbrochen. Die Lanzenspitze drang in das rechte Auge des Königs. Heinrich starb an der Verwundung neun Tage später. – Nostradamus hatte seinen Spruch Jahre vorher niedergeschrieben.«

Das wichtigste Werk des Nostradamus sind – wie bereits gesagt – seine »Centuries« (Hundertschaften). Dabei geht es um Prophezeiungen von »1555 bis zum Ende der Welt im Jahr 3797«. Die Weissagungen sind in zehn Centurien zusammengefaßt, wobei eine Centurie aus hundert gereimten Vierzeilern (Quatreins) besteht. Die ersten sieben Hundertschaften (die siebte hat allerdings nur vierundvierzig Strophen) widmete er 1555 seinem Sohn Cäsar. Die folgenden drei Centurien wurden König Heinrich III. überreicht.

In Ergänzung dessen, was der Kustode uns berichtet hat, lesen wir noch im Vorwort zu den »Centuries« I bis VII: »Im Lauf der Sterne, die von Gott bewegt werden, lassen sich die großen Ereignisse herauslesen. Damit kann der Mensch hinter Gottes Planen und Walten blicken.« Und in einem Vorwort zu den »Centuries« steht zu lesen: »Meine nächtlichen und prophetischen Berechnungen sind mehr aus einem natürlichen Instinkt entstanden und begleitet von dichterischer Raserei als durch die Regeln der Poesie und meist zusammengestellt und abgestimmt mit astronomischer Berechnung.«

Das von Nostradamus gewählte Wort »Raserei« – französisch »fureur« – gilt als Grundbegriff der Prophetie. Der ekstatische Zustand, ausgelöst von Kräften »der Nachtseite der Kultur«, ist häufig von besonderen Erscheinungen begleitet. So steht diese »Bloßlegung des Unterbewußten« meist in Verbindung mit Krämpfen und Zuckungen, die Gesichtszüge entstellen sich, der Atem stockt, die Sinne schwinden (Peuckert).

Die rätselhaften Verse

Die Verse der »Centuries« sind in einem altertümlichen Französisch geschrieben, durchsetzt mit lateinischen und griechischen Wörtern, mythischen Begriffen und eigenartigen Bildern. Sie sind unklar, vieldeutig, voller Wortversetzungen und Deckwörtern und manchmal gänzlich unverständlich. Nostradamus hat dazu gesagt, er habe diese Form gewählt, um Schwierigkeiten aus dem Weg zu gehen. Solche Überlegungen allein haben aber nicht zu den dunklen Versen geführt. Sie sind vom »Furor« geprägt, und vielleicht hat er auch darum ein Übriges zur Verschlüsselung getan, weil nur so – wie er wußte – der große Wurf der Prophetie gelingen konnte.

Jedenfalls sind die Quatreins rätselhaft. Helmut Swoboda, der 1979 die Hellseher von der Antike bis in die Gegenwart kritisch gewürdigt hat, meint dazu, daß »jeder einzelne Quatrein des Nostradamus bereits seinen Zeitgenossen nicht klar verständlich war, dem Franzosen von heute noch weniger sagt und bei der Übertragung in eine andere Sprache völlig der Willkür des Übersetzers ausgeliefert ist«. Erschwerend kommt noch hinzu, daß zu verschiedenen Zei-

*Die erste Gesamt-
ausgabe der
Prophezeiungen
des Nostradamus,
gedruckt in Lyon
im Jahre 1568*

LES
PROPHETIES
DE M. MICHEL
NOSTRADAMVS.

Dont il y en a trois cens qui
n'ont encores iamais esté
imprimées.

Adioustées de nouueau par
ledict Autheur.

A LYON,
PAR BENOIST RIGAVD.
1 5 68.
Auec permission.

ten dreiste Fälschungen an den Texten vorgenommen worden sind.

Bei seinen Texten hat Nostradamus Daten meist vermieden. Nannte er dennoch Zahlen, hat er sich verschiedentlich getäuscht. So hatte er Karl IX. ein Lebensalter von neunzig Jahren vorausgesagt; der König starb aber schon mit dreiundzwanzig. Kaiser Rudolf III. prophezeite er eine zweifache Heirat und einen Sohn als seinen Nachfolger; doch Rudolf blieb unverheiratet und kinderlos.

Solchen Fehlern ist Nostradamus in den »Centuries« weitgehend ausgewichen. Er drückte sich so aus, daß viele Deutungen möglich waren. Der amerikanische Kulturhistoriker Will Durant sagt dazu: »Das Weissagungsbuch ist von so geschickter Zweideutigkeit, daß es später kaum ein geschichtliches Ereignis gab, auf das nicht die eine oder andere Äußerung bezogen werden konnte.« Helmut Swoboda erklärt, wenn unter nahezu tausend vieldeutigen und unverständlichen Versen ein paar seien, die sich als Vorhersage späterer Ereignisse deuten ließen, so sei das beinahe unvermeidlich.

Nostradamus hat manchen Vorläufer gehabt. Weissagungen gab es zu allen Zeiten, bei allen Kulturen und allen Völkern. Große Beachtung hat dabei etwa die »Offenbarung des Johannes« gefunden mit ihren verschleierten Prophezeiungen. Immer wieder gab es Weissagungen vom bevorstehenden Weltuntergang, ohne daß dieser erfolgt ist, und die Merlinschen Prophezeiungen haben lange Zeit die Gemüter bewegt, die Voraussagen der Sibyllen in der Antike nicht minder.

Das »Geheimnis« der großen Pyramide

Zukunftsdeutungen bzw. die »Aufdeckung von Geheimnissen« hat es bis in die neuere Zeit gegeben. Der Schotte Piazzi-Smyth behauptete Ende des vorigen Jahrhunderts, in der großen ägyptischen Pyramide sei eine Geheimwissenschaft verborgen – die Abmessungen des Baues seien der Schlüssel für wichtige Erkenntnisse. Die Wissenschaft lehnte die Schrift zwar ab, aber manche sprachen dennoch von versteckten Prophezeiungen, die auf dem Pyramidenfeld von Gizeh abzulesen seien. Als der deutsche Kultur- und Geschichtsphilosoph Oswald Spengler nach dem Ersten Weltkrieg sein Buch »Der Untergang des Abendlandes« herausbrachte, wurde diese Prophezeiung von mancher Seite als hellsichtige geschichtliche Voraussage gewertet – aber das Abendland dürfte im Gegensatz dazu noch eine große Zukunft haben. Ein anderer Prophet, Karl Marx, sprach von der fortschreitenden Verelendung der Industriearbeiter, doch diese haben heute einen Lebensstandard erreicht wie nie zuvor.

Prophezeiungen sind skeptisch zu werten. Das hat man oft nicht wahrhaben wollen, im Gegenteil. Darum hat das Buch von Nostradamus Triumphe gefeiert – zum Beispiel während der Französischen Revolution, zur Zeit Napoleons, um das Jahr 1870, im Ersten Weltkrieg und danach und wieder in unserer Zeit. Unter anderem will man aus den »Centuries« herausgelesen haben:

- die Hinrichtung des englischen Königs Karls I. 1649;
- die Hinrichtung Marie Antoinettes 1793;
- den deutschen Einmarsch in Österreich 1938;
- den Beginn des Zweiten Weltkriegs 1939;
- die Staatsgründung Israels 1956;
- das Ende der Regierung des Schah 1979.

Der deutsche Schriftsteller Kurt Allgeier meint sogar, daß »der Seher von Salon Atomexplosionen, Luftkriege, moderne Seeschlachten und U-Boot-Kriege vorhergesehen hat«. Er habe auch Raketen, Weltraumfahrzeuge und den Einsatz von ABC-Waffen beobachtet. Wer aber die entsprechenden Passagen in den »Centuries« nachliest, stellt fest, daß in dem Buch von diesen Ereignissen nicht die Rede ist.

Der vierte Weltkrieg

So sind denn auch künftige Begebenheiten, wie sie von zeitgenössischen Hellsehern aus den Schriften des Nostradamus herausgelesen werden, entsprechend zu bewerten:

○ Nachdem 1987 der dritte Weltkrieg ausgebrochen ist, kippt 1998 die Erdachse, und die Pole verlagern sich;
○ wird im Jahr 2000 Rom durch einen Atomangriff zerstört;
○ beginnt 2076 der vierte Weltkrieg.

Nostradamus, am 14. Dezember 1503 in St. Rémy geboren, war jüdischer Abstammung. Sein Vater war bereits zum katholischen Glauben übergetreten, und die Konversion wurde in der Kirche »Notre Dame« in St. Rémy vollzogen. Darum nannte sich die Familie – gegen ein Entgelt von 20 Dukaten – »Notredame«, woraus nach der üblichen Sitte, den Namen lateinisch zu schreiben, »Nostradamus« wurde. Warum der Übertritt zum Christentum erfolgte, ist nicht bekannt. Es mag eine Glaubensangelegenheit gewesen sein oder auch nicht. Die Juden konnten sich in der Provence damals jedenfalls ziemlich frei bewegen, auch wenn sie gelbe Hüte tragen mußten. Das Judentum hat in dieser Region auch eine nicht unbeträchtliche Rolle gespielt, vornehmlich im Geld- und Wechselgeschäft, das den Christen untersagt war. Bei diesen Geschäften standen die Juden sogar unter dem Schutz der Kirche, der auf das 14. Jahrhundert zurückging, als die Päpste in Avignon residierten.

Michel Nostradamus hat seine jüdische Herkunft nicht vergessen. Er erinnerte sich auch der Tatsache, daß seine Vorfahren zum hebräischen Stamm Isaschar gehört hatten, von dem verschiedene alttestamentarische Propheten bekannt sind. So gab es für Nostradamus auf seinem Weg zum Weissager eine Brücke in die Vergangenheit.

Die katholische Kirche hat den Prophezeiungen des Nostradamus immer kritisch gegenübergestanden. 1781 kamen seine Schriften sogar für längere Zeit auf den Index, weil er angeblich den Untergang des Papsttums vorausgesagt hatte.

Dennoch ruhen seine Gebeine in einer Kirche, im Stift Saint Laurent in Salon. Das Grab findet sich – vom Chor aus gesehen – in der dritten Kapelle rechts. Dort hat seine Frau, Anne Ponsard, ihren Mann mit folgender Inschrift beisetzen lassen:

Hier ruht der sehr berühmte Michel Nostradamus, nach dem Urteil aller Sterblichen der einzige, der würdig war, mit einer fast göttlichen Feder die künftigen Ereignisse der ganzen Welt aufzuschreiben. Er hat 62 Jahre, 6 Monate und 17 Tage gelebt – er starb in Salon 1566. Die Nachwelt möge seine Ruhe nicht stören.

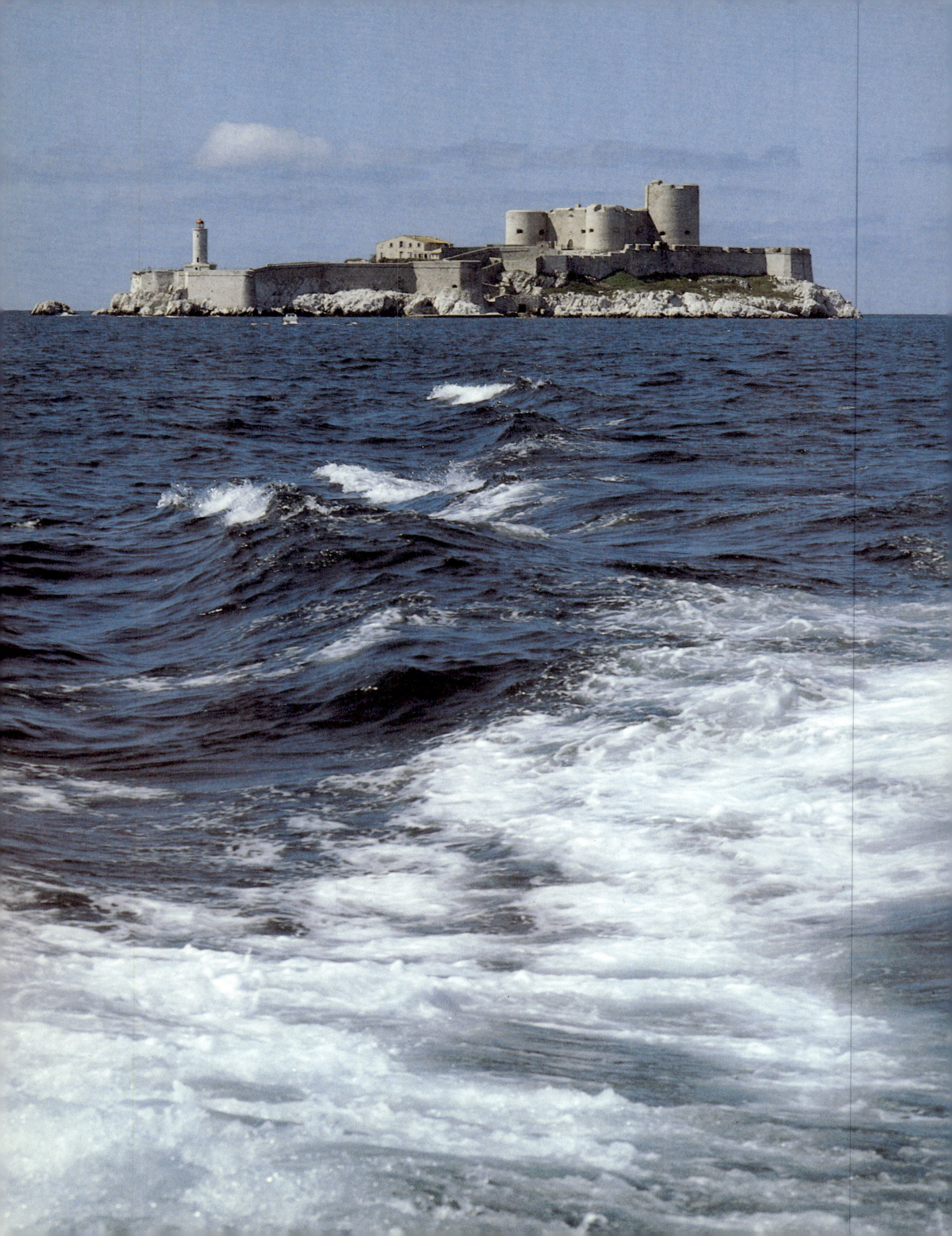

PHANTASIE WIRD WIRKLICHKEIT

Der Graf von Monte Cristo

»Der Graf von Monte Cristo ist auch heute noch ein fesselndes Buch voller Abenteuer.«

Amelia Bruzzi

Der Kurort Laffrey in den westlichen Ausläufern der französischen Alpen, in der Dauphiné, liegt über neunhundert Meter hoch. Von hier hat man einen großartigen Blick auf die Stadt Grenoble sowie auf die Gebirgsmassive der »Grande Chartreuse« und der »Chaîne de Belledonne«. Die Gäste, die nach Laffrey kommen, wohnen im »Hotel Napoléon« oder im »Bivouac Napoléon«. In beiden Häusern ist die Erinnerung an den Kaiser lebendig. Das hat seinen Grund: Im Süden des Ortes, auf dem Weg zur Stadt La Mure, hat vor mehr als hundertfünfzig Jahren ein Ereignis von historischer Bedeutung stattgefunden, in dessen Mittelpunkt Napoleon stand. Zur Erinnerung wurde an der Nordseite des »Lac de Laffrey« auf einem großen Steinfundament ein Bronzedenkmal des Kaisers errichtet. Mit Zweispitz, die Rechte im Uniformmantel, reitet Napoleon auf Grenoble zu.

Napoleon auf dem Weg nach Paris

Und dies hat sich am 7. März 1815 hier abgespielt: Etwa elfhundert Soldaten, darunter die Alte Garde mit Bärenfellmützen, marschieren nach Norden. In einer offenen Kutsche sitzt der Kaiser, der am 26. Februar seine Verbannungsinsel Elba verlassen hat und am 1. März bei Cannes gelandet ist, um in Frankreich wieder die Macht an sich zu reißen. Da melden die Lanzenreiter, die der Truppe vorausgeschickt sind, das vor ihnen das 5. Infanterieregiment in Schlachtordnung aufgestellt ist. Auf Befehl aus Paris soll es Napoleon gefangennehmen.

Der Kaiser verläßt die Kutsche und steigt auf sein Pferd. Durchs Fernrohr betrachtet er die Soldaten, die einst mit ihm große Schlachten

Die Festung Château d'If, dem Marseiller Hafen vorgelagert. Sie hat längere Zeit auch als Gefängnis gedient. Hier ist nach dem Roman von Alexandre Dumas der Seemann Edmond Dantès vierzehn Jahre lang Gefangener gewesen

geschlagen haben. Er reitet weiter, steigt ab und geht zu Fuß, die Hände auf dem Rücken. Ein Kommando ertönt: »Feuer!« Nichts geschieht. Jetzt steht Napoleon dem 5. Regiment auf wenige Schritte gegenüber. Er sieht in die Augen ratloser, verwirrter Menschen – und ruft ihnen zu.: »Soldaten des Fünften, erkennt Ihr mich? Wenn einer unter Euch ist, der seinen Kaiser erschießen will, so mag er es tun. Hier bin ich!«

Die Gewehre bleiben gesenkt, kein Schuß fällt. Die Soldaten brechen vielmehr in frenetischen Jubel aus. Sie rufen, was sie früher so oft getan haben: »Vive l' Empereur!« Napoleon, der an die sechzig Schlachten geschlagen hat und trotz seiner Menschenverachtung ein Idol der Soldaten war, spürt, daß er immer noch Macht über Menschen hat, daß er sie bedingungslos unter seinen Willen zwingen kann.

Laffrey war ein Beginn. In allen Städten, durch die der Kaiser seinen Weg nahm, der heute »Route Napoléon« genannt wird, liefen die Truppen zu ihm über. Selbst Marschall Ney, Saarländer von Geburt, der versprochen hatte, den Kaiser in einem Käfig nach Paris zu bringen, konnte sich dem Taumel nicht widersetzen, der die Menschen ergriffen hatte, und wurde erneut Gefolgsmann des Korsen. Das kam ihm letztlich teuer zu stehen: Als die neuerliche Machtergreifung Napoleons zu Ende gegangen war und man ihn auf St. Helena verbannt hatte, wurde Ney standrechtlich erschossen.

Es war eine paradoxe Zeit

Es war eine verwirrende, eine paradoxe Zeit: Ein General machte sich auf den Wogen der Revolution zum Kaiser, strebte die Weltherrschaft an, verlor das Spiel, kehrte nach einem Gewaltstreich für hundert Tage zurück und verlor erneut. Wer in diesen Tagen Partei für die eine oder andere Seite ergriffen hatte, wer in hohe Stellungen aufgerückt war, der mußte beim jeweiligen Szenenwechsel büßen. Auch kleine Leute gerieten in größte Schwierigkeiten. Wer einen Rivalen loswerden, wer eine persönliche Feindschaft zu seinen Gunsten entscheiden wollte, der verdächtigte seinen Gegner. Manchmal genügte eine anonyme Anzeige, um einen Unschuldigen ins Gefängnis zu bringen.

So geschah es in Marseille . . .

Geheimauftrag auf Elba

In den Februartagen 1815 war der französische Dreimaster »Pharao« auf der Heimreise, als der Kapitän des Schiffes, Leclère, schwer erkrankte und bald darauf verstarb. Der Erste Offizier, Edmond Dantès, kaum neunzehn Jahre alt, übernahm das Kommando. Vor seinem Tod hatte Leclère seinen Stellvertreter noch beschworen, auf dem Rückweg die Insel Elba anzulaufen, um dem General Bertrand ein Paket zu bringen. Dantès tat wie befohlen und sprach bei dieser Gelegenheit auch Napoleon. Vom General erhielt er den Auftrag, einen Brief in Paris abzugeben.

Diese Angelegenheit wurde in Marseille nach dem Einlaufen der »Pharao« ruchbar; Neider schmiedeten daraus ein Komplott. Obwohl Dantès völlig unschuldig war und mit Politik nicht das geringste zu tun hatte, wurde der junge Seemann als bonapartistischer Agent verdächtigt und angezeigt. Der zweite Staatsanwalt in Marseille, Villefort, verhörte ihn; er öffnete den Brief, den Dantès in Paris übergeben sollte, erkannte mit Schrecken, daß seine eigene Familie in einen Staatsstreich verwickelt war, und verbrannte das Schreiben. Dantès ließ er verhaften.

Ein schlimmes Schicksal nahm seinen Lauf. Dantès wurde auf ein Boot gebracht, das noch in der Nacht aus Marseille auslief. »Man hatte die Insel Ratonneau, auf der ein Leuchtturm blinkte, zur Rechten gelassen und war, an der Küste entlangrudernd, bis auf die Höhe der Bucht der Katalonier gelangt.« Das schreibt Alexandre Dumas der Ältere (1802–70) in dem Buch »Der Graf von Monte Cristo«. Es handelt sich zwar um einen Roman, aber er trifft die Atmosphäre jener Tage. Dumas erzählt weiter: »Dantès sah zweihundert Meter vor sich den schwarzen Felsen, auf dem sich das düstere Kastell If erhebt. Diese seltsame Form, dieses Gefängnis, von einem unheimlichen Schrecken umgeben, diese Feste, die seit dreihundert Jahren Marseille mit unseligen Überlieferungen umgibt, machte auf Dantès, als sie so plötzlich vor ihm erschien – ohne daß er daran dachte –, die Wirkung, welche auf den zum Tod Verurteilten der Anblick des Schafotts hervorruft.«

Eingekerkert auf dem Kastell If

Edmond Dantès wurde im Kastell If eingekerkert. Er blieb hier selbst während der »Zeit der Hundert Tage«. Als Napoleon nach der für ihn verlorenen Schlacht bei Waterloo Frankreich längst wieder verlassen hatte und auf St. Helena interniert war, gab es schließlich eine Überprüfung der Gefangenen. Doch im Register von Dantès stand: »Wütender Bonapartist, hat Anteil an der Rückkehr von der Insel Elba genommen. Im geheimen Gewahrsam und unter strenger Aufsicht zu halten.« Da inzwischen die Royalisten wieder die Macht übernommen hatten, die die Anhänger Napoleons weiterhin mißtrauisch beobachteten, war eine Begnadigung gänzlich ausgeschlossen ...

Dantès ist vierzehn Jahre auf der Insel. Da vernimmt er eines Tages ungewohnte Geräusche an der Gefängniswand. Wenige Tage später kriecht ein Gefangener in seine Zelle, der geglaubt hat, sich einen Weg in die Freiheit gegraben zu haben. Es ist der Italiener Abbé Faria. Er macht Dantès zum Erben eines riesigen Schatzes, der auf der Insel Monte Cristo vergraben liegt. Als Faria stirbt, sieht Dantès eine Chance zur Flucht. Er holt den Toten aus einem Sack, in den dieser eingenäht ist, kriecht selbst hinein und schließt den Sack wieder. Er will sich auf dem Friedhof begraben lassen, in der Hoffnung, sich aus der Erde wieder befreien zu können. Doch es gibt keinen Friedhof auf der felsigen Insel. Tote werden, mit einer Eisenkugel von 36 Pfund, ins Meer geworfen. Das geschieht auch mit Dantès. Aber es gelingt ihm, freizukommen. Schwimmend erreicht er Land. – Dantès sucht die Insel Monte Cristo auf und hebt dort den unermeßlichen Schatz. Unter dem Pseudonym eines Grafen von Monte Cristo nimmt er alsdann furchtbare Rache an seinen Feinden von einst ...

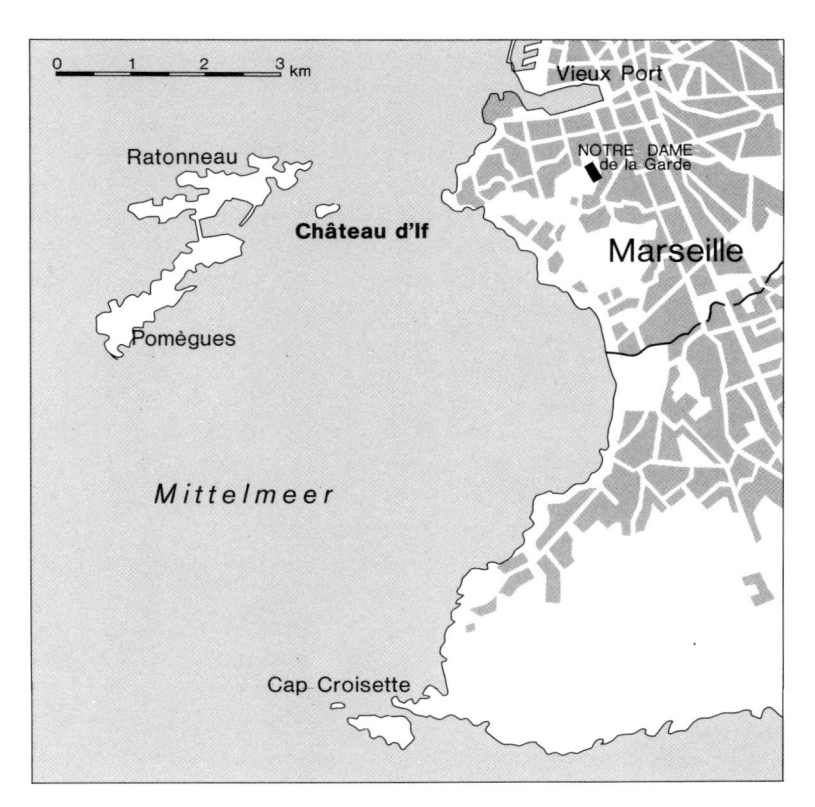

Westlich von Marseille liegt Château d'If, knapp eineinhalb Kilometer von der westlichsten Spitze der Hafenstadt entfernt

Im Alten Hafen von Marseille

Das Buch vom Grafen von Monte Cristo ist nicht zu vergleichen mit den Werken eines Victor Hugo, Stendhal, George Sand oder eines Gustave Flaubert. Es ist vielmehr eine spannende Volkslektüre. Darum hat auch fast jeder das Buch gelesen. Vor allem kennt man natürlich in Marseille die Erzählung und macht sich ein Bild von den auftretenden Personen. Man durchforscht auch die Ortsatmosphäre, die Dumas aus der Sicht des 19. Jahrhunderts beschreibt: die Rue de Noaille und die Allée de Meillan, das Dorf der Katalonier, wo nordspanische Fischer wohnten und die Freundin von Dantès, Mercedes; das Gasthaus »Réserve«, wo Dantès seine Verlobung feierte und auch das Komplott gegen ihn geschmiedet wurde; schließlich den Hafen, den Alten Hafen, wie man heute sagt.

Dort, wo die Canebière auf den Alten Hafen stößt, am Quai des Belges, liegt heute immer ein Motorboot bereit, das Ausflügler zu den der

Küste vorgelagerten Inseln bringt, auch zum Kastell If. Das Boot verläßt in langsamer Fahrt den Kai und zieht an Yachten vorbei, die an roten Tonnen festgemacht haben. Hinter ihnen erhebt sich auf einem über hundertfünfzig Meter hohem Berg die Kathedrale Notre Dame de la Garde. Das Hafenbecken verengt sich. An Steuer- und Backbord-Seite ragen die Mauern der Forts St. Nicolas und St. Jean auf. Jetzt gewinnt das Schiff an Fahrt. Voraus zeichnen sich bereits die drei Inseln ab: Pomègues, Ratonneau und If.

Die Insel If, eineinhalb Kilometer von Marseille entfernt, mit einem Umfang von 200 mal 168 Meter, steigt größer und größer aus tiefblauen Wellen. Über den Felsen recken sich die mächtigen Mauern, die im Zickzack die Insel umschließen. Auf der einen Seite der Leuchtturm, auf der anderen der Zentralbau der Befestigung mit drei mächtigen Rundtürmen. Der größte von ihnen, »Saint Christophe«, 22 Meter hoch, liegt gegenüber der Nachbarinsel Ratonneau und beherrscht die hohe See, während die beiden anderen, »Saint Jaume« und »Maugouvert«, auf den Hafen ausgerichtet sind. Auf jedem Turm ist eine Plattform. Hier standen die Kanonen. Sie hatten ein solch umfassendes Schußfeld, daß kein feindliches Schiff passieren konnte. In der Festung, auf Befehl des französischen Königs Franz I. in der Zeit von 1524 bis 1531 erbaut, lag eine Garnison von zweihundert Mann.

Ein seltsamer Besucher

Der Name If bedeutet Eibe. Die Insel wurde danach benannt, weil sie ursprünglich mit Eiben bedeckt war. Im 14. Jahrhundert waren die drei Inseln von Fischern bewohnt. Im Januar 1516, also vor dem Festungsbau, erhielt Château d'If einen seltsamen Besucher, ein Nashorn. Es kam aus Indien als Geschenk für den portugiesischen König, der es an den Papst weitergeben wollte. Während des Aufenthaltes auf If strömte die Bevölkerung hierher, da das Nashorn bis dahin in Europa gänzlich unbekannt gewesen war. Albrecht Dürer, der eine Zeichnung von dem Rhinozeros gesehen hatte, machte danach seinen berühmten Holzschnitt. Auf dem Weitertransport kam Unheil über das Nashorn. Das Schiff geriet in einen Sturm, lief auf einen Felsen auf, und das Nashorn ertrank. Es wurde aus dem Meer gefischt, ausgestopft und dem Papst zugestellt.

Am 4. März 1660 besuchte Ludwig XIV. die Insel in Begleitung seiner Kusine, der Prinzessin Montpensier. Sie schreibt in ihren Memoiren: »Ich hatte große Eile, von dort fortzukommen, denn das Kastell hatte das Aussehen eines Gefängnisses, und die habe ich mein Leben lang gehaßt.« Irgendwann wurde das Château tatsächlich Gefängnis. Manchmal waren hier sogar einige hundert Gefangene kurzfristig untergebracht, bevor sie nach Algerien oder Guayana verschifft wurden.

Zwischenzeitlich sind im Kastell auch »schwarze Schafe« angesehener Familien gewesen. So wurde der französische Politiker Graf Mirabeau (1749–91), ein vieldeutiger Charakter, auf Wunsch seines Vaters wegen dauernder Frauengeschichten und hoher Schulden hier interniert. Er nutzte die Zeit auf der Insel und schrieb ein Buch über den Despotismus. Einige Jahre später sollte eine andere, kaum weniger umstrittene Persönlichkeit, der Schriftsteller Marquis de Sade (1740–1814), eingeliefert werden. Doch der Haftbefehl wurde geändert, und de Sade kam in ein anderes Gefängnis.

An den mit Eisenstäben vergitterten Zellen sind Tafeln bekannter Personen angebracht, die hier Gefangene gewesen sind. An einer Zelle im Untergeschoß lesen wir:

Zelle von
Edmond Dantès
Graf von
Monte Cristo

Also hat Dantès wirklich gelebt? Er war kein Produkt dichterischer Phantasie?

Dumas hat gesagt, er könne nur über Örtlichkeiten schreiben, die er gesehen habe, und zu diesen Orten »drängen jene Personen, die ich beschreibe«, was immer das bedeutet.

Jedenfalls ist das Kastell If greifbare Wirklichkeit. Gleiches gilt für die Insel Monte Cristo. Sie liegt südlich Elba, zwischen Korsika und Italien. Dumas hatte Monte Cristo im Jahre 1842 auf einer Kreuzfahrt im Mittelmeer gesehen, als er in Begleitung des Prinzen Louis

Der Graf von Monte Cristo

Im Roman »Der Graf von Monte Cristo« berichtet Alexandre Dumas, wie ein Gefangener, der Abbé Faria, im Château d'If einen Gang gegraben hat, um in die Freiheit zu gelangen. Der Gang endet aber in der Zelle von Edmond Dantès, dem späteren Grafen von Monte Cristo

Napoleon war, des späteren Napoleon III. Zur damaligen Zeit war die Insel — etwa zehn Quadratkilometer groß und über sechshundert Meter hoch, aus Granitfelsen bestehend — Zufluchtsort für Schmuggler. Dumas erinnerte sich an den Namen, als er an seinem Buch arbeitete und einen Titel für das Werk suchte wie auch ein romantisches Versteck für den phantastischen Schatz des Abbé Faria.

Und wie steht es um die Person von Edmond Dantès?

»Der Diamant und die Rache«

Dazu folgender Hintergrund: Damals war ein Buch mit dem Titel »Erinnerungen aus den Archiven der Pariser Polizei«, das 1838 erschienen war, Dumas in die Hände gefallen. In diesen Aufzeichnungen hatte er einen zwanzig Seiten langen Artikel entdeckt: »Der Diamant und die Rache«. Der Bericht fand das Interesse des Schriftstellers, und er machte darum ein Eselsohr auf der Seite, wo der Artikel begann.

Die Darlegungen bildeten die Grundlage zum »Graf von Monte Cristo«. In dem Polizeibericht geht es um einen jungen, verlobten Schuhmacher namens François Picaud. Dieser ging eines Tages im Jahre 1807 zu einem ihm bekannten Caféhaus-Besitzer, Mathieu Loupian, und traf hier noch drei Trinkgenossen. Picaud erzählte von seiner bevorstehenden Heirat mit einem Mädchen, das über ein Vermögen von hunderttausend Goldfranken verfüge. Als Picaud gegangen war, sagte der neidische Loupian: »Die Hochzeit wird nicht stattfinden. Ich werde der Polizei erzählen, er sei ein Agent.« So geschah es, und die Polizei wurde tätig. Ein übereifriger Kommissar verfaßte einen Bericht und übermittelte ihn dem Polizeiminister. Daraufhin wurde der unglückliche Picaud nachts aus dem Bett geholt und verschwand. Sieben Jahre war er im Gefängnis. Hier hatte er einen politischen Gefangenen kennengelernt, den italienischen Prälaten Farina, und hatte ihn gepflegt. Der Sterbende vermachte ihm einen geheimen Schatz in Mailand. Nachdem Picaud wieder frei war, machte er sich auf die Suche nach dem Schatz und fand ihn auch. Nun ging er daran, diejenigen, die in das Komplott verwickelt waren, zu bestrafen und umzubringen.

Aus diesen Unterlagen hat Dumas seinen Roman geformt. Er erschien vom 28. August 1844 an bis zum 15. Januar 1846 in 139 Fortsetzungen im Feuilleton des »Journal des Débats« und hatte einen ungeheuren Widerhall. Die Publikation war eine der großen Sensationen jener Zeit. Hunderte von Lesern schrieben an die Zeitung, um vorzeitig zu erfahren, wie die Geschichte ausgehe. Die Drucker des Verlages wurden bestochen, damit sie das Schicksal von Dantès ausplauderten. Als der Roman als Buch erschien, wurde er sofort zum Bestseller.

Sechshundert Gäste waren geladen

Dumas hat mit dem »Monte Cristo« und seinen zahlreichen anderen Büchern gut verdient. Sein Jahreseinkommen betrug etwa 200 000 Goldfranken, für damalige Zeiten eine riesige Summe. Er verdiente nicht nur sehr gut, er gab das Geld auch mit vollen Händen aus: So baute er sich zwischen Bougival und Saint Germain auf einer bewaldeten Anhöhe ein Schloß für 500 000 Franken; zur Einweihungsfeier im Juli 1848 waren an die sechshundert Gäste geladen. Dumas erhielt Besuch aus aller Welt und umgab sich mit Tieren aller Art, fünf Hunden, drei Affen, einem Kater, einem Goldfasan und einem Geier. Es kam schließlich, wie es kommen mußte: Trotz hoher Einkommen machte Dumas bankrott; sein Schloß wurde zwangsversteigert.

Dumas, Enkel eines Kreolen (Nachkomme eines weißen romanischen Einwanderers in Lateinamerika) und einer Negerin, hatte eine ungeheure Phantasie, aber er vermochte oft nicht zu erkennen, wo sie endete und wo die Wirklichkeit begann. So erging es aber nicht nur ihm, sondern auch manchem seiner Leser. Verschiedene glaubten, was Dumas im »Grafen« erzählt hatte, sei Wirklichkeit gewesen. Dumas schreibt dazu: »Wenn Sie nach Marseille kommen, wird man Ihnen das Haus von Morel [dem Reeder von Dantès] zeigen, das Haus der Mercedes an der Rue des Catalans und die Kerker von Dantès und Faria im Château d'If.«

Überzeugt von der Wahrheit des Romans

Dumas berichtet auch von einer Aufführung seines »Monte Cristo« im »Théâtre Historique« in Paris. Dafür brauchte er eine Zeichnung vom Kastell If als Dekoration. Der Maler schickte die gewünschte Zeichnung und schrieb dazu: »Ansicht des Château d'If von der Stelle, von der Dantès hinabgestürzt wurde.« Dumas berichtet außerdem, in Marseille habe es Leute gegeben, die die Personen aus dem Roman persönlich gekannt haben wollen. Im Kastell habe es überdies einen Fremdenführer gegeben, der nicht nur den Gang zeigte, den Abbé Faria für seine Flucht gegraben habe, sondern der auch Federn aus Fischbein verkaufte, die der Abbé während seiner Gefangenschaft hergestellt haben soll.

Der französische Schriftsteller Etienne Cluzel schreibt dazu im Jahre 1960: »Zahlreiche Besucher, die den Roman gelesen haben, oder auch nicht, sind von der Wahrheit der Geschichte endgültig überzeugt. So wurde die Imagination eines Dichters Wirklichkeit.«

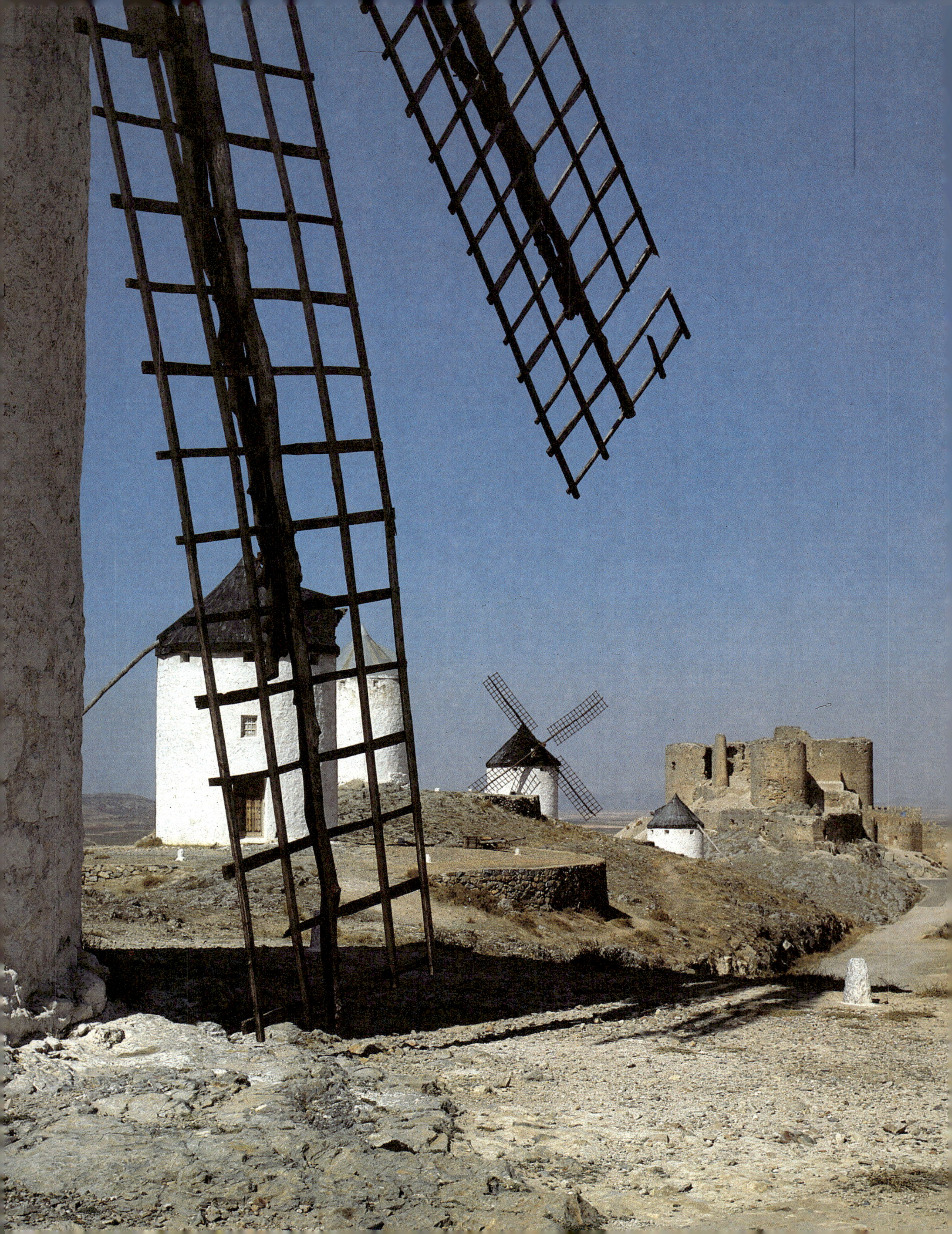

ES LOHNT DER WEG DURCH DIE MANCHA

Don Quijote

»Es erschien ihm nämlich angemessen und nötig,
sowohl zur Verherrlichung seines eigenen Namens
wie auch zu Nutz und Frommen des eigenen Gemeinwesens,
daß er selbst ein fahrender Ritter werde
und mit Wehr und Roß die ganze Welt durchziehe,
um Abenteuer aufzusuchen.«

Cervantes über »Don Quijote«, 1605

Der Eingang zum ebenerdigen, weißgekalkten, mit roten Ziegeln gedeckten Bau war verschlossen. Auch nach mehrfachem Klopfen rührte sich nichts hinter dem Tor. Da kamen zwei Mädchen vorbei, sonntäglich gekleidet, und deuteten auf ein Haus schräg gegenüber. Dort, sagten sie, sei der »Llave«, der Schlüssel. Wir betraten den Hof des Hauses, einige Hühner flatterten erschrocken beiseite, und dann erschien eine Frau, von der Bechterew-Krankheit gebeugt. Sie kannte unseren Wunsch, trocknete ihre Hände an der Schürze ab, griff einen langen, rostigen Schlüssel und ging mit uns über die Straße.

Sie zeigte auf eine Kachelinschrift an der Wand: »Cueva de Modrano« — »Gefängnis von Modrano«, dann auf eine Schrifttafel rechts neben dem Eingang. Darauf stand, dies sei das Gefängnis, in dem Don Miguel de Cervantes begonnen habe, seinen »Don Quijote« zu schreiben, das bemerkenswerte Buch der Weltliteratur. Der Inschrift war das Wort »Autentica« vorgesetzt, womit bedeutet werden soll, daß dies hier — im Ort Argamasilla de Alba in der Mancha — wirklich das Gefängnis war, in dem Cervantes längere Zeit zugebracht hatte (wegen der Armut, in der er fast ständig lebte, geriet der Dichter verschiedene Male mit den Gesetzen in Konflikt).

Hier hat Cervantes sein Buch begonnen

Hat man den Eingang durchschritten und einen Raum, der im Stil der Bauernhöfe der Mancha gebaut und eingerichtet ist, steht man in einem größeren Hof, von dem aus eine Treppe in die

Oberhalb von Consuegra in der Mancha stehen diese Windmühlen. An solche Mühlen hat Cervantes gedacht, als er den aussichtslosen Kampf Don Quijotes beschrieb

unterirdische Cueva führt. Lampen erleuchten das ehemalige Gefängnis. An der Wand ein Schwert, eine Lanze und ein Helm; linker Hand eine Steinbank mit einer Matte belegt; davor ein Holztisch mit zwei Schemeln; auf dem Tisch eine Kerze und ein Federkiel.

An diesem Tisch hat — wenn die Überlieferungen in Argamasilla zutreffen — Cervantes die ersten Kapitel seines Buches »El Ingenioso Hidalgo Don Quijote de la Mancha« begonnen. Das ist Ende des 16. Jahrhunderts gewesen. Cervantes damals: »Oft griff ich zur Feder, um sie [die Vorrede zum Roman] niederzuschreiben, und oft ließ ich sie wieder fallen, weil ich nicht wußte, was ich schreiben sollte. — In so einer verzweifelten Lage saß ich einmal da, das Papier vor mir, die Feder hinterm Ohr, den Arm auf dem Schreibtisch und den Kopf in der Hand und sann darüber nach, was ich nun sagen wollte.«

Weiter schrieb Cervantes: »Was konnte meinem unfruchtbaren, verwahrlosten Kopf Besseres entspringen als die Geschichte eines trockenen, verschrumpften, verstiegenen Querkopfes voll seltsamer Einfälle, davon sich nie jemand etwas träumen ließ; ein Werk, das seinen Geburtsort, das Gefängnis, nicht verleugnen kann.«

Das Umfeld und die Person dieses Querkopfes schildert der Autor im ersten Kapitel seines Werkes sehr farbig. Er habe in einem Dorf in der Mancha gewohnt, »auf dessen Namen ich mich nicht besinnen mag«. Sein Hidalgo habe zu jenen gehört, die einen Spieß und einen Schild im Waffenschrank hatten, einen dürren Klepper im Stall und ein Windspiel zur Jagd. Mittags eine Suppe, in der mehr Rind- als Hammelfleisch war, abends gewöhnlich ein Ragout, sonnabends Rührei mit Hirn, freitags Linsen und sonntags als Zugabe ein Täubchen.

Schnell kommt Cervantes zur besonderen Charakterisierung seines Helden: »Nun muß man wissen, daß sich besagter Junker, sooft er nichts zu tun hatte, das heißt den größten Teil des Jahres, damit beschäftigte, Ritterbücher zu lesen, und zwar mit solchem Eifer und Behagen, daß er darüber die Jagd und selbst die Verwaltung seines Vermögens vergaß.«

Es war schlimm, was sich da im Kopf des Helden abspielte. Durch zuviel Lesen dieser Bücher und zuwenig Schlaf »dörrte das Gehirn so aus, daß er den Verstand verlor. Er füllte sich den Kopf mit allem an, was er in seinen Büchern fand, als da sind: Verzauberungen, Fehden, Schlachten, Herausforderungen, Wunder, Zärtlichkeiten, Liebeshändel, Seestürme und andere Tollheiten mehr; und so tief arbeitete er sich hinein, daß ihm endlich dieser Wust von Hirngespinsten, den er las, als die verbürgteste Geschichte der Welt erschien«.

Diesen Don Quijote hat ein Künstler der Stadt Argamasilla de Alba, der Bildhauer Cayetano Hilario, in Stein abgebildet. Als Denkmal steht er in einem kleinen Park nahe der Kirche San Juan. In der Rechten hält er eines der Ritterbücher, die Linke ist beschwörend nach oben gerichtet, während er aufwärts blickt in seine magische Welt.

Behext von wirren Vorstellungen

Don Quijote war bald von seinen wirren Vorstellungen so behext, daß er wie seine Vorbilder ein fahrender Ritter werden wollte, um mit Rüstung und Roß die Welt zu durchziehen, Abenteuer zu bestehen und all dem nachzueifern, von dem er gelesen hatte. Er putzte also ein paar alte Waffen und entdeckte auch eine alte Pickelhaube. Um diese in einen Turnierhelm zu verwandeln, machte er sich aus Pappe ein neues Unterteil, das, an der Sturmhaube befestigt, ihr ungefähr das Aussehen eines riesigen Helmes gab. Einige eingezogene Blechstäbe sollten für Stabilität sorgen.

Als Pferd wählte er einen Klepper, der nur aus Haut und Knochen bestand. Er nannte das Pferd »Rosinante« — von »rocin« (Klepper) und »antes« (voraus) —, denn das Pferd war dazu bestimmt, allen Rössern der Welt voranzuschreiten. Seinen eigenen Namen — Quixada, Quesada oder Quixano — Cervantes machte verschiedene Angaben — änderte er in Don Quijote de la Mancha.

»Nun, da seine Waffen geputzt, die Pickelhaube in einen Helm verwandelt und er und sein Klepper glücklich umgetauft waren, schien ihm nichts mehr zu fehlen als eine Dame, in die er sich verlieben könnte; ein fahrender Ritter ohne Liebe war ja nur ein Baum ohne Blätter und Frucht.« Als Dame wählte er sich aus einem benachbarten Dorf ein Bauernmädchen, in das er einmal verliebt gewesen war, obgleich das Mädchen weder davon gewußt, noch sich darum gekümmert hatte. Sie hieß Aldonza Lorenzo. Don Quijote nannte sie Dulcinea del Toboso, weil sie aus El Toboso gebürtig war. Der Name klang ihm so melodisch und bedeutsam wie die anderen, die er sich und seinem Klepper gegeben hatte.

Der Bildhauer Cayetano Hilario, der oft und gern den Don Quijote gelesen hat, mochte bei seinen künstlerischen Arbeiten auf Dulcinea keinesfalls verzichten, zumal sie im Roman eine überaus wichtige Rolle einnimmt. So meißelte er aus grauem Stein ein Bauernmädchen von kräftiger Figur mit geschnürtem Mieder, Bluse und langem Rock, eine umgeschlagene Schürze darüber und einen Krug in der Hand. Es ist der Typ von jungen Frauen, wie sie noch heute auf den Feldern der Mancha arbeiten. Keinesfalls ist die Skulptur aber eine Prinzessin, wie Don Quijote sich seine Dulcinea vorgestellt hatte.

Sancho Pansa – so hieß der Bauer

Im Park von Argamasilla fehlt der Schildknappe Don Quijotes nicht. Cayetano Hilario sah ihn als untersetzte Gestalt mit Leibgürtel, einem breitkrempigen Hut und einem Ledersack in der Rechten. Er ist der Bauer damaliger Zeit, heutigen Landwirten ähnlich. Nach Cervantes' Schilderung war der Knappe ein Nachbar Don Quijotes, ein guter Kerl, »wenn anders man einen armen Teufel ›gut‹ nennen kann – der aber an seinem Verstand nicht eben schwer zu tragen hatte. Unter anderem sagte ihm auch Don Quijote, er solle ihm nur entschlossen folgen, denn vielleicht wolle ihm das Glück wohl, und er gewinne durch ein Abenteuer, ehe er sich versehe, eine Insel, auf der er ihn dann zum Statthalter einsetzen werde. Auf diese und ähnlich herrliche Versprechungen hin verließ Sancho Pansa – so hieß der Bauer – Weib und Kind und trat als Schildknappe in die Dienste seines Nachbarn.«

So ritten Herr und Knecht, dieses merkwürdige Paar der Weltliteratur, eines Nachts von dannen, ohne von jemandem gesehen zu werden. Sie scheuten die Nachbarn, weil sie fürchteten, diese würden sie der Lächerlichkeit preisgeben. »Sie ritten während dieser ersten Nacht so scharf dahin, daß sie mit Tagesanbruch sicher waren, nicht mehr gefunden zu werden, wenn man sie auch suchen sollte.«

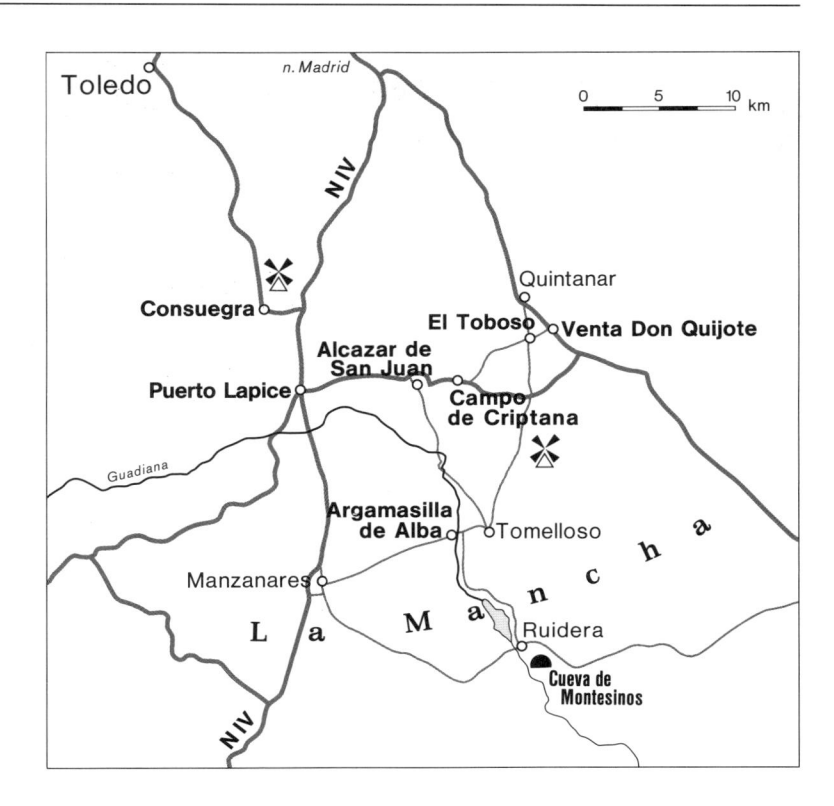

Sancho Pansa, auf einem kleinen Grautier, betrachtete während des Ritts seinen Herrn, hoch zu Rosinante, wobei ihm auffiel, welch jämmerliche Figur Don Quijote auf seinem müden Klepper abgab. Sancho, nie verlegen um Worte, sprach darauf vom »Ritter von der traurigen Gestalt«. Don Quijote fragte, wieso Sancho ihn so genannt habe. Dieser antwortete: »Das will ich Euch sagen, gestrenger Herr. Ich besah Euch vorhin ein Weilchen beim Schein der Fackel ... und da schien mir plötzlich, Ihr zeigtet Euch seit kurzem in so jämmerlicher Gestalt, wie ich nur jemals eine gesehen habe.«

Don Quijote war keineswegs entrüstet über die Bemerkung; ganz im Gegenteil, er war bereit, die Bezeichnung für sich zu übernehmen, da alle Ritter zu allen Zeiten einen Beinamen hatten. »Der eine hieß Ritter vom flammenden Schwert, der andere Ritter vom Einhorn, ein dritter der Damenritter, ein vierter Ritter vom Phönix, ein fünfter Ritter vom Greifen, ein sechster der Todesritter.«

Südöstlich von Toledo beginnt das Gebiet der Mancha, einer Landschaft mit extrem mediterranem Trockenklima, die eine natürliche Steppenvegetation aufweist

Er reitet noch heute durchs Land

So trabte Don Quijote durch die Lande, und so reitet er noch heute durch die Mancha; denn in den Orten, die in Verbindung stehen mit dem Roman, findet sich sein Bild am Ein- oder Ausgang als eine Art Schattenriß an weißen Wänden. Der Ritter von der traurigen Gestalt zieht seiner Wege auf Rosinante mit Helm, Schild und Speer. Auch in Argamasilla de Alba – ». . . un lugar de la Mancha« steht über dem Bild, ». . . ein Ort der Mancha« heißt es im Roman.

Don Quijotes Abenteuer gehen zurück auf seine Ritter-Albernheit, von der er nicht lassen kann. Kennzeichnend dafür ist der Kampf um Mambrins Helm. Von diesem hatte Don Quijote in seinen Büchern gelesen, nun wollte er ihn um jeden Preis gewinnen. Gelegenheit dazu gab es, als er mit Sancho Pansa die Mancha durchstreifte und ihnen ein Reiter auf einem Esel entgegenkam. Der Reiter, ein Barbier auf dem Weg zu Kunden, hatte etwas auf dem Kopf, das wie Gold glänzte. Es war ein messingnes Barbierbecken, das er nur deshalb auf dem Kopf trug, weil es regnete. Don Quijote jedoch hielt den Barbier für einen Ritter mit Goldhelm, legte die Lanze an, sprengte auf den »Ritter mit Goldhelm« los und rief: »Verteidige dich, nichtswürdiges Geschöpf, oder liefere mir gutwillig das aus, was mir mit großem Recht gebührt!« Der Barbier, zu Tode erschrocken, fiel rückwärts vom Esel, floh übers Feld und ließ sein Becken im Stich. Nun hatte aber Sancho Pansa seinem Herrn bedeutet, die Kampfbeute könne kein Goldhelm sein, sondern sei nur das Utensil eines Barbiers. Doch der gestrenge Ritter ließ sich von seiner Illusion nicht abbringen und trug das Messingbecken stolz als Mambrins Helm viele Tage.

Oft ist Don Quijote mit diesem eigenartigen Kopfschmuck abgebildet worden. So zeigt ihn eine Büste im Gefängnishof von Argamasilla mit dem Barbierbecken. Auch ein Denkmal für die beiden Romangestalten in Alcazar de San Juan stellt den Ritter von der traurigen Gestalt mit Mambrins Helm dar, während Rosinante mit vorgestrecktem Hals kläglich ausschreitet und Sancho Pansa auf seinem Grautier eine recht dümmliche Figur abgibt, obwohl er in gewissen Dingen durchaus klüger war als sein Herr.

Der Weg der Illusionen

Auf der Straße des Don Quijote, auf dem Weg der Illusionen, ist mancher geritten und gefahren, nicht zuletzt Cervantes, der die Geschichten und Possen, die sich hier zugetragen haben sollen, aufgeschrieben hat. Er hat die Dörfer und kleinen Städte gekannt, er hat die Gasthöfe und Wirtshäuser aufgesucht und den Erzählungen zugehört, die von Bauern und Maultiertreibern beim Wein erzählt wurden. Er hat diese bunte Welt dann in seinen Roman eingeflochten. Und wer heute – Jahrhunderte nachher – die Mancha durchstreift, der glaubt, noch etwas von der alten Zeit wahrzunehmen. Zwar hat sich vieles verändert: Asphaltstraßen durchziehen schnurgerade die Region, Autos fahren vorbei, Verkehrsschilder geben Hinweise, aber die Zeit der großen Umwälzungen, der Technik, diese Zeit hat die Mancha noch nicht erreicht. So steckt die Straße des Don Quijote noch voller Merkwürdigkeiten und bizarrer Begegnungen. Es lohnt auch heute noch, den Weg durch die Mancha zu nehmen. Dies tat schon kurz nach dem Ersten Weltkrieg der spanische Schriftsteller Azorin; andere sind ihm gefolgt.

Auch wir sind die Mancha auf- und abgefahren – von Madridejos nach Belmonte, von Quintanar nach Valdepeñas, von dort zum Campo de Montiel und in die anschließende Sierra Morena. Auf der Straße N 301 trafen wir dabei auf die »Venta de Don Quijote«, einen langgestreckten Bau, unten mit Natursteinen ausgemauert, die Wände sonst weiß gekalkt. Die Fenster sind vergittert, der ziegelüberdachte Eingang ist verschlossen. Die Hofeinfahrt wird von einem Wachhund gesichert. »Perro« ist auf dem Futternapf zu lesen. Nähert sich ein Fremder, beginnt ein wütendes Gebell, denn die »Venta« ist kein Gasthof mehr. Sie wäre auch kaum zu erwähnen, wenn nicht an der Straßenfront die Possen und Abenteuer des »gestrengen Herrn Ritter« in zahlreichen gro-

Die sogenannte »Casa de Cervantes«, das »Haus von Cervantes«, in Alcala de Henares. In diesem Ort soll Cervantes geboren sein

ßen Kachelbildern aufgezeichnet wären. Obwohl einige Steine ausgebrochen sind, stellt alles doch einen einzigartigen »Bildersaal des Lebens von Don Quijote« dar: Der Kampf mit den Windmühlen ist zu sehen, die Begegnung mit der angebeteten Dulcinea, das Gefecht mit den Weinschläuchen, der Ritterschlag und manches mehr.

Wo könnte der Ritterschlag erfolgt sein? Wo ist jener Gasthof, in dem sich nach Cervantes Schilderungen recht merkwürdige Ereignisse abgespielt haben?

Im Roman lesen wir, daß Don Quijote, als er nach anstrengendem Ritt eine Schenke erblickte, sein Pferd zur Eile antrieb, denn der Tag ging zur Neige. Weil sich aber in seinem Kopf alles, was er erlebte, im Sinn der Ritterbücher veränderte, »so erschien ihm auch die Schenke auf den ersten Blick als ein Schloß mit vier Türmen und silberstrahlenden Zinnen, dem auch die Zugbrücke und die tiefen Gräben nicht fehlten, wie man dergleichen Burgen immer darstellt«.

An der Tür erblickte er zwei Dirnen von den »Zünftigen« — sie erschienen ihm als anmutige Edelfräulein. Im gleichen Augenblick blies ein Hirt sein Horn, um mit diesem Signal seine Schweine vom nahen Stoppelfeld heimzutreiben. Für Don Quijote war dies das Signal, das seine Ankunft im Schloß meldete. Den Wirt, der nun erschien, hielt er für den Kastellan und redete ihn auch an, wie es einer solchen Person nach den Ritterbüchern zukam.

Don Quijotes Ritterschlag

Nun war der Wirt ein Schalk, der schnell erkannte, daß es unter dem Helm seines Gastes nicht ganz richtig zuging. Damit es in der Schenke am Abend tüchtig etwas zu lachen geben sollte, beschloß er, auf die Grillen seines Gastes einzugehen. Er war auch bereit, dem Wunsch von Don Quijote nachzukommen und ihn zum Ritter zu schlagen. Die rituelle Waffenwache, die dem feierlichen Akt vorherzugehen hatte, sollte Don Quijote im Hof des »Kastells« vornehmen. Das geschah auch.

»Don Quijote legte seine Rüstung auf den Trog eines Ziehbrunnens, faßte seinen Schild, nahm den Spieß in die Faust und wandelte mit feierlichem Anstand vor dem Trog auf und nieder.« Der Wirt erzählte indessen in der Schenke von der Narrheit seines Gastes, und alle wunderten sich über diese Art von Wahnsinn und sahen dem Ritter von weitem zu, wie er »bald in ernster Haltung umherwandelte, bald, auf den Speer gestützt, die Augen unverwandt geraume Zeit auf seiner Rüstung ruhen ließ . . .«

Da scheint es angebracht, einen Zeitsprung vorzunehmen. Verlassen wir die neunziger Jahre des 16. Jahrhunderts, als Cervantes den ersten Teil seines Romans niederschrieb, und begeben wir uns in die Gegenwart, nach Puerto Lapice an der Hauptstraße N IV von Madrid nach Granada. Hier liegt die »Venta del Quijote«, ein Gasthof im alten Stil. Um einen geräumigen Innenhof sind Tische und Stühle gruppiert, abgeschirmt von schiefen Ziegeldächern. Zaumzeug, Ochsenjoch, ein Pflug und Heugabeln hängen an den Wänden. Zwei Bottiche, über 1,50 Meter hoch, erinnern daran, daß es in der Mancha keinen Mangel an Wein gibt. Neben der Bar ein Raum mit zwölf Weinbottichen von abenteuerlicher Größe. Bemerkenswert — und damit schließt sich der Kreis zu früheren Zeiten — ist ein aus Eisenblech gefertigter Don Quijote, abgemagert, die Beine wie von einem Storch, so den Ritter von der traurigen Gestalt treffend symbolisierend. Er hält den Speer in der Hand und hat die Augen geschlossen, als träume er von Burgen, Edelfräulein, von Gefechten und Zauberern, während die Enden seines Schnurrbarts wie Eberzähne vorragen. Vor diesem gestrengen Herrn, am Wassertrog, lehnt die Rüstung: Harnisch, Helm und Schild. Das ist Don Quijote auf seiner ehrenvollen Waffenwache vor dem Ritterschlag.

Und so ging es bei dieser Zeremonie zu, wenn wir die Uhr erneut korrigieren, sie diesmal um einige Jahrhunderte zurückstellen und wieder den Ausführungen von Cervantes folgen: »Der Wirt holte sogleich ein Buch, in dem er Rechnungen führte über die den Maultiertreibern verabreichte Spreu und Gerste, und schritt, begleitet von einem Burschen, der ein Lichtstümpfchen trug, und von den beiden erwähnten Dirnen, auf Don Quijote zu. Er befahl ihm, niederzuknien, und murmelte etwas aus seinem Schuldverzeichnis, als spräche er ein frommes Gebet; mitten im Lesen erhob er die Hand und gab dem Junker einen derben Schlag in den Nacken, dann einen sanfteren mit seinem eigenen Degen auf den Rücken, und dabei murmelte er immerfort zwischen den Zähnen. Als dies geschehen war, befahl er einer der Damen, dem Ritter das Schwert umzugürten, was sie denn auch mit großer Anmut und Selbstverleugnung tat, denn es kostete sie nicht wenig Mühe, sich bei all diesen Zeremonien des Lachens zu enthalten.«

In der Mancha lebte die Bevölkerung im 16./17. Jahrhundert weitgehend vom Weinanbau, und das ist heute noch so. Wein gibt es zu allen Mahlzeiten, und nur beim Wein kommen die Gespräche recht in Fluß. Große Mengen von Wein werden an andere Provinzen geliefert. So sind riesige Flächen mit Reben besetzt; die Felder ziehen sich bis zum Horizont. Im Oktober steht die Mancha ganz im Zeichen der Lese: Überall sind die Bauern auf den Feldern; ständig rattern Traktoren mit Anhängern, bis oben mit Trauben gefüllt, über die Straßen. Kein Wunder, daß Wein und Schenken im Roman von Cervantes oft eine Rolle spielen.

Die ganze Kammer stand voll Wein

Da gibt es die Geschichte von Don Quijotes Traum in einem Gasthof. Der fahrende Ritter glaubte, mit einem Riesen zu kämpfen, sprang aus dem Bett, nahm seinen Degen und schlug wild um sich. Dabei hatte er die Augen geschlossen, weil er immer noch schlief. Indessen hatten die Weinschläuche, die in der Kammer hingen, die Hiebe und Stiche Don Quijotes erhalten, und die ganze Kammer stand voll Wein. Der Wirt war empört, als er den Unfug sah, stürzte sich auf seinen Gast und schlug heftig auf ihn ein. Aber der Ritter war immer noch nicht wach. Schließlich holte jemand einen Eimer Wasser und überschüttete Don Quijote damit. Erst danach wachte er auf.

Auch Sancho Pansa, der sonst meist die Verrücktheiten seines Herrn durchschaute, war diesmal vom Wahnsinn angesteckt. Er suchte überall nach dem Kopf des Riesen, den Don Quijote angeblich abgeschlagen hatte. »Ich habe mit eigenen Augen gesehen«, rief er, »wie der Kopf herunterflog und das Blut wie aus einem Brunnen herauslief.«

Der Kampf mit den Windmühlen

Am bekanntesten ist Don Quijotes Kampf mit den Windmühlen. Die Mühlen, die wahrscheinlich durch die Araber nach Europa gekommen sind, fanden in Spanien schnell Verbreitung. Die vier hölzernen Flügel wurden mit Segeltuch bespannt und bewegten über ein hölzernes Triebwerk den Mahlstein. Zu den Zeiten von Cervantes war die Mancha weithin mit Windmühlen überzogen, die meist eng zusammenstanden.

Im Roman heißt es von den beiden Reitern: »Eben entdeckten sie dreißig bis vierzig Windmühlen auf dem Feld, wie man sie in jener Gegend findet. Kaum hatte Don Quijote sie erblickt, so sprach er zu seinem Schildknappen: ›Das Glück führt unser Unternehmen besser, als wir es verlangen konnten; denn sieh, Freund Sancho, dort zeigen sich dreißig oder mehr ungeschlachte Riesen, mit denen ich ein Treffen zu halten und ihnen sämtlich das Leben zu nehmen gedenke. Mit ihrer Beute wollen wir den Anfang machen, uns zu bereichern. Es ist ein redlicher Krieg, und es geschieht Gott zu Dienst und Ehren, wenn man solch böse Brut vom Angesicht der Erde vertilgt.‹ ›Was für Riesen?‹ fragte Sancho Pansa. ›Die du dort siehst‹, erwiderte sein Herr, ›die mit den langen Armen, denn manche haben ihrer, die sind an die zwei Meilen lang.‹ ›Gebt wohl acht, gestrenger Herr, was Ihr tut‹, sagte Sancho, ›denn was wir dort sehen, das sind keine Riesen, sondern Windmühlen, und was Ihr für die Arme haltet, das sind die Flügel, die den Mühlstein treiben, wenn der Wind sie dreht.‹«

Doch dem närrischen Ritter war nicht zu helfen. Er gab seinem Roß die Sporen, sprengte mit lautem Feldgeschrei auf die Mühlen los und rief: »Flieht nicht, ihr feigen, elenden Geschöpfe, ein einziger Rittersmann kündigt euch Fehde an.« Als ein leichter Wind die Flügel bewegte, rief der Rittersmann: »Ha, wenn ihr auch mehr Arme ausstreckt als der Riese Briareus, ihr sollt mir doch die Zeche bezahlen!« Damit empfahl er sich seinem Fräulein Dulcinea, deckte sich mit dem Schild, legte die Lanze an und sprengte mit seiner Rosinante im Galopp auf die erste Mühle los. Als er gegen einen Flügel einen kräftigen Stoß führte, wurde er so herumgeschleudert, daß die Lanze zersplitterte und der Gaul mit seinem Ritter fürchterlich zu Boden geschleudert und zugerichtet wurde. Don Quijote aber glaubte, daß ein böser Zauberer, der ihm schon immer zu schaffen gemacht hatte, schuld an allem war und die Riesen in Windmühlen verwandelt hatte, um ihm die Ehre des Sieges zu rauben. – Soweit diese Episode.

Bei seiner Niederschrift hat Cervantes an Mühlen in diesem oder jenem Ort gedacht. Es bleibt unklar, welchen Platz er wirklich gemeint hat, da die Ortsangaben nicht präzise sind. Nun gibt es in der Mancha noch heute Mühlen aus früheren Zeiten, zum Beispiel jene von Consuegra. In diesen Ort bringt uns eine Straße, die nach Don Diego Rodriguez, dem Onkel des Cid, benannt ist, auf eine Anhöhe. Der Weg führt an einer Burgruine vorbei, dem »Castillo Molinos«, dann steht man auf der Hochfläche. Hier herrscht fast immer ein beträchtlicher Wind. Neun Mühlen sind noch erhalten geblieben, weiße Rundbauten mit schwarzem Dach, das mit den Flügeln nach der Windseite gedreht werden kann. Ungewöhnlich ist der Blick. Er reicht über Consuegra hinweg über andere Siedlungen und Felder bis an die zwanzig Kilometer weit.

Auch ein anderer Ort, Campo de Criptana, etwa fünfundvierzig Kilometer östlich von Consuegro, hat ein beachtliches Mühlenfeld. Mehr als zehn Windmühlen erheben sich über dem Ort und ragen gespenstisch in den Himmel. Manche Fremden kommen hierher und wandern angeregt von einer Mühle zur andern, von denen einige Namen tragen wie »El Sardinero«, »El Burletta« oder »El Infanto«. Die Bewohner von Campo de Criptana behaupten steif und fest, dies seien tatsächlich jene Mühlen, mit denen Don Quijote sich herumgeschlagen bzw. die Cervantes beim Schreiben seines Romans gemeint habe.

Beim Durchstreifen der Mancha haben wir manchmal die Hauptstraßen verlassen und sind auf Feldwege ausgewichen. Dann wirkt die Landschaft mit ihren weiten Feldern, der roten Erde, den krüppeligen Weinreben, den Olivenbäumen und Hügeln am Horizont noch ursprünglicher. Die Hitze, die drückend über allem liegt, wird zu gewissen Stunden gänzlich unerträglich. Man denkt dann wohl an Sätze im »Don Quijote« wie den folgenden: »Er zog fürbaß, bis die Sonne plötzlich mit solcher Hitze hervorbrach, daß sie ihm sicherlich das Gehirn verbrannt hätte, wenn er noch eins gehabt hätte.«

Staubwolken über der Mancha

Am Nachmittag ziehen häufig mächtige Wolken auf, tauchen den Himmel in unwahrscheinlich wilde Farben und entladen sich schließlich in heftigen Gewittern. Auf diesen abseitigen Wegen ist der Reisende allein. Manchmal zeichnet sich eine Staubwolke ab; man weiß zunächst nicht, was sich dahinter verbergen mag. Kommt man näher, ist es eine Herde blökender Schafe, die von Hirten und ein oder zwei kläffenden Hunden zusammengehalten wird.

Das hat auch Don Quijote erlebt. Er sagte darauf zu seinem Kumpan: »Siehst du jene Staubwolke, Sancho, die sich dort erhebt? Sie wird von einem starken Kriegsheer aufgewirbelt, das dahergezogen kommt und aus mancherlei Völkerschaften besteht.« »Das müssen aber zwei Heere sein«, sagte Sancho Pansa, »denn dort auf der anderen Seite erhebt sich ebensolche Staubwolke.« Don Quijote sah dorthin, und da es sich wirklich so verhielt, freute er sich außerordentlich; denn er glaubte zuversichtlich, es seien zwei Heere, die sich hier begegnen und in dieser weiten Ebene eine Schlacht liefern wollten; war doch sein Kopf ständig voll von den Kämpfen und Verzauberungen, den Abenteuern, Liebesgeschichten und Herausforderungen, die er in seinen Ritterbüchern gelesen hatte.

In Wirklichkeit wurden die Staubwolken von zwei großen Schaf- und Hammelherden verursacht, die von verschiedenen Seiten her kamen, die man jedoch wegen des dichten Staubes nicht erkennen konnte, bis sie ganz nahe waren. »Aber Euer Gestrengen, was sollen wir tun?« fragte Sancho. »Was?« versetzte Don Quijote. »Den Hilfsbedürftigen und Unterlegenen beistehen. Siehe, Sancho, das Heer, das uns da entgegenkommt, führt und befehligt der große Kaiser Alifantaron, Herr der großen Insel Trapobana; das andere aber, das von hinten kommt, gehört seinem Feind, dem König Garamanter.«

»Hörst du nicht das Wiehern der Rosse?«

Don Quijote und Sancho Pansa stellten sich auf einen Hügel, so daß sie die beiden Herden, die unserem Ritter als Heere erschienen, gut hätten erkennen können – wenn der Staub ihnen nicht die Aussicht genommen hätte. Indessen sagte Don Quijote: »Hörst du nicht das Wiehern der Rosse und das Rollen der Trommeln?« »Ich höre nichts als das Blöken der Schafe«, sagte Sancho. So verhielt es sich ja auch wirklich. Aber Don Quijote sagte: »Ich bin Manns genug, der Partei den Sieg zu verschaffen, der ich zu Hilfe eile.« Er gab Rosinante die Sporen und schoß den Hügel hinab wie ein Blitz, er sprengte in die Schafe hinein und begann sie niederzustoßen, als schwänge er seine Lanze gegen Todfeinde. Die Hirten, die das sahen, nahmen ihre Schleudern zur Hand und schossen faustgroße Steine auf ihn ab. Ein großer Kiesel zerschlug ihm zwei Rippen, ein anderer Stein traf ihn so schwer, daß zwei Finger zerquetscht und darüber hinaus noch drei oder vier Zähne getroffen wurden. Don Quijote stürzte von seiner Rosinante. Die Hirten, die glaubten, sie hätten ihn umgebracht, nahmen ihre toten Tiere und machten sich eilends auf und davon.

Das Gefängnis in Argamasilla de Alba. In dieser »Cueva« hat Cervantes, wie eine Tafel am Gefängniseingang besagt, sein Buch »Don Quijote de la Mancha« begonnen

Die Höhle von Montesinos

Einige Örtlichkeiten im Roman sind genau zu lokalisieren. Dazu gehört die Höhle von Montesinos. Man erreicht sie, wenn man von der Nord-Süd-Autostraße in Manzanares auf die Route N 430 nach Osten abbiegt in Richtung Albacete. Nach rund fünfzig Kilometern, beim Ort Ruidera, führt ein Weg nach Südosten an einer Reihe von Seen entlang, die von Bergen eingekesselt sind. Es ist eine freundliche Ferienlandschaft, die von vielen Spaniern aufgesucht wird. Zahlreiche Sommerhäuser sind hier entstanden. Irgendwann führt der Weg auf eine Anhöhe und zum Eingang der Höhle. Felsblöcke liegen umher, einige Bäume wachsen hier. Thymian, Tuja und Lavendel decken den Boden. Der Einstieg in die Höhle erfolgt von oben über in Stein geschlagene Stufen. Ist man etwa zehn Meter abgestiegen, öffnen sich zur Rechten weite Gewölbe, schwach erleuchtet durch elektrisches Licht. Der Strom wird von Solarzellen gewonnen, die auf dem Plateau an einem Mast angebracht sind.

Beim weiteren Vordringen in die unterirdische Welt werden Fledermäuse aufgeschreckt, so wie damals, als Don Quijote sich abseilen ließ. Der Ritter forderte dabei Sancho und einen Begleiter auf, das Seil nachzulassen – so glitt er auf den Grund der Höhle hinab. In dem Augenblick, als er verschwand, sprach Sancho den Segen über ihn und sagte, indem er tausend Kreuze schlug: »Gott stehe dir bei und bringe dich gesund und wohlbehalten ans Tageslicht zurück.«

Don Quijote blieb wohl eine Stunde unten. Als er wieder nach oben gezogen worden war, erzählte er, er habe mehrere Tage in der Höhle zugebracht. Er berichtete von merkwürdigen Erlebnissen, von einem Königspalast, den er gesehen hatte, und vom Burgherren Montesinos, von dem die Höhle ihren Namen führt, von dessen Freund Durandarte, von dem die Sage berichtet, und von Merlin, dem großen Zauberer. Schließlich sei ihm sogar seine verehrte Dulcinea von Toboso erschienen. Auch andere Figuren wie Guinevere aus der Arthursage sollten verzaubert in der Höhle sein, berichtete Don Quijote.

Auf der Suche nach Fräulein Dulcinea

Als Sancho seinen Herrn so sprechen hörte, war es ihm, als müßte er vor Lachen bersten. Es wurde ihm klar, daß sein Herr ein ausgemachter Narr war.

Das hatte Sancho nun schon mehrfach erlebt, ganz besonders, wenn es um Dulcinea von Toboso ging. Auf dieses Fräulein war Don Quijote ganz verrückt. Er hatte darum seinen Schildknappen als Sendboten in diesen Ort geschickt. Doch Sancho Pansa hatte dort nichts gesehen und nichts erlebt und verstrickte sich, als Don Quijote Einzelheiten von der Erkundung hören wollte, in ein Gestrüpp von Lügen. Unter anderem, so sagte Sancho, erwarte Dulcinea ihren Ritter in El Toboso. Daraufhin machten sich beide auf den Weg.

»Als der zweite Tag sich neigte, entdeckten sie die große Stadt El Toboso. Dieser Anblick erfüllte Don Quijotes Seele mit Freude, Sanchos aber mit Trauer; denn er kannte Dulcineas Haus nicht und hatte die Dame so wenig gesehen wie sein Herr. Es war um Mitternacht, als Don Quijote und Sancho in El Toboso einzogen. Man hörte nichts außer Hundegebell. Von Zeit zu Zeit schrie ein Esel, grunzten Schweine, miauten Katzen.«

Don Quijote ritt voraus und geriet bald an einen Bau, der einen großen Schatten warf. Er glaubte zunächst, es sei die Burg von Dulcinea. Doch dann erkannte er, daß dies kein Schloß, sondern die Hauptkirche des Ortes war. »Wir sind an die Kirche geraten, Sancho«, sagte Don Quijote. »Ich hatte Euer Gnaden erzählt«, warf Sancho ein, »wenn ich mich recht erinnere, daß das Fräulein in einem Sackgäßchen wohnen müsse – en una callejuela sin salida.« »Gott verdamme mich, du Esel«, rief Don Quijote, »wo hast du je gesehen, daß königliche Schlösser und Burgen in Sackgassen gebaut sind?« »Wie kann ich das Haus finden«, sagte Sancho, »wenn ich es nur einmal gesehen habe, während Ihr selbst es nicht findet und es schon tausendmal gesehen haben müßt?« »Habe ich dir nicht schon tausendmal gesagt, daß ich die unvergleichliche Dulcinea in meinem ganzen Leben noch nicht gesehen, daß ich die Schwelle ihres Palastes noch nie betreten habe?«

Die erste beste Bäuerin

Man kam überein, El Toboso wieder zu verlassen. Don Quijote sollte vor dem Ort warten, Sancho indessen zurückkehren und Dulcinea aufsuchen. Am nächsten Tag ritt Sancho allein zurück und überdachte seine Lage: »Wenn mein Herr weiß für schwarz und schwarz für weiß ansieht, wie er bewies, als er Windmühlen für langarmige Riesen, Schenken für Schlösser, Schafherden für bewaffnete Feinde hielt, so wird es mir nicht schwerfallen, ihm weiszumachen, daß eine Bäuerin, die erste beste, die mir über den Weg kommt, Fräulein Dulcinea sei.« Mit diesen Gedanken beruhigte sich Sancho Pansa.

Auf dem Rückweg sah er drei Bauernmädchen auf drei Eseln aus El Toboso kommen. Da machte er sich eilends auf den Weg zu seinem Herrn und meldete ihm, Fräulein Dulcinea komme mit zwei Frauen »Euer Gnaden« entgegengeritten.

Als die Mädchen die beiden erreicht hatten, warf sich Sancho auf die Knie und rief: »König!, Herzogin der Schönheit. Möge Eure Hoheit und Herrlichkeit die Gnade haben und geneigtest geruhen, diesem Ritter, Eurem Gefangenen, eine huldreiche Aufnahme zu schenken . . .« Inzwischen hatte Don Quijote sich neben Sancho auf die Knie niedergelassen und starrte mit wirrem Blick das Mädchen an, das Sancho Königin und Gebieterin genannt hatte. Als er aber nur ein Bauernmädchen sah, das nicht einmal hübsch, sondern ein aufgedunsenes Gesicht und eine platte Nase hatte, war er so verwundert, daß er den Mund nicht zu öffnen wagte. Die Bäuerinnen waren nicht weniger erstaunt, und »Dulcinea« rief: »Schert euch in Kuckucks Namen aus dem Weg und laßt uns vorbei!« Alle drei machten sich aus dem Staub, ohne sich auch nur umzudrehen. Da sagte Don Quijote: »Siehst du, Sancho, welchen Haß die Zauberer auf mich haben, daß sie mich sogar des Glücks berauben, das mir gewährt worden wäre, wenn ich meine Dame in ihrer wahren Gestalt erblickt hätte . . .«

Wer heute nach El Toboso kommt, der stößt bald auf den Marktplatz mit der Kirche, die Don Quijote zunächst für den Palast seiner Angebeteten gehalten hatte. In drei Stockwerken erhebt sich der aus dem 16. Jahrhundert stammende kantige Turm über die meist niedrig gebauten Häuser. Gegenüber – welch merkwürdiges Schauspiel – kniet der Ritter von der traurigen Gestalt vor Dulcinea, die keine Prinzessin ist, sondern das einfache Bauernmädchen. Beide Figuren sind aus Eisenblech.

Don Quijote hält Waffenwache in der »Venta del Quijote« in Puerta la Pice. Die im Hof stehende Skulptur ist einer Szene aus dem Buch von Cervantes nachgebildet

Eine Art Palast mit zwei Wappen

Hinter den Figuren steht an der Hauswand der Ausspruch Sancho Pansas: »en una callejuela sin salida«. Neugierig folgt der Reisende dem Hinweis, findet aber keine Sackgasse, sondern

Don Quijote auf seinem Pferd Rosinante und Sancho Pansa auf seinem Esel. Denkmal auf der Plaza España in Madrid

eine durchgehende Straße und in dieser eine Art Palast mit zwei Wappen über dem Eingang. Das mehrstöckige Gebäude ist vornehm eingerichtet, auch der Garten ist großzügig angelegt. Das Haus könnte der Palast der Dulcinea sein. In El Toboso hört man von dem Anwesen, es sei der ehemalige Wohnsitz der Ana Zarco de Morales, mit der Cervantes ein amouröses Abenteuer gehabt habe. Cervantes habe den Vornamen Ana in Dulci Ana verwandelt, woraus Dulcinea geworden sei.

Kehren wir zum Marktplatz von El Toboso zurück, der Stadt, von der Don Quijote sagte, sie werde wegen Dulcinea »in künftigen Jahrhunderten so berühmt und bekannt werden wie Troja durch Helena, und zwar mit größerem Recht und größerem Ruhm«. Nun ist El Toboso tatsächlich bekannt geworden – nicht nur wegen Dulcinea, sondern auch durch eine bibliophile Institution, die »Biblioteca Cervantina«. In einem Gebäude nächst dem Ayuntamiento, dem Rathaus, wird das Buch von Cervantes in zahlreichen Ausgaben vorgestellt, in über dreißig verschiedenen Sprachen, auch in Arabisch, Hebräisch, Persisch, Bulgarisch und sogar in Keltisch. Die Bücher sind von vielen Persönlichkeiten signiert. Wir finden das Autogramm des Königs Juan Carlos, das von US-Präsident Ronald Reagan oder das der britischen Ministerpräsidentin Margret Thatcher; der englische Schauspieler Alec Guinnes hat sich eingetragen und der spanische Schriftsteller Menendez Pidal; Hindenburg hat ein Buch mit seiner Unterschrift geschickt, ebenso Walter Scheel. Bundespräsident Richard von Weizsäcker schrieb im Juni 1985: »Mit besten Wünschen für die Heimat der Dulcinea.« Auch Diktatoren fehlen nicht – Hitler, Mussolini und Peron.

Don Quijote ist zu einer sagenhaften Figur Europas geworden wie Hamlet, Don Juan oder Faust. Nicht nur, weil er, wie Turgenjew meinte, eine der lächerlichsten Gestalten ist, die je ein Dichter gezeichnet hat, sondern weil er auch eine zwiespältige, widersprüchliche Person ist. Gleiches gilt für Sancho Pansa.

Von Sancho wird folgendes gesagt: »In seiner Arglosigkeit zeigt er oft solchen Scharfsinn, daß es ein wahres Vergnügen ist, sich zu fragen, ob er einfältig war oder geistreich geredet hat. Er spricht von Bosheiten, die einen Schalk vermuten lassen, und er redet wieder Albernheiten, die seine Dummheit bezeugen. Er bezweifelt alles und glaubt doch alles; und wenn ich denke, er falle in den Abgrund seiner Torheit, so tritt er plötzlich mit höchst verständigen Einfällen auf, die ihn in den Himmel heben.« Der Begleiter des »Ritters von der traurigen Gestalt« ist manchmal spröde, hat dann wieder ein weiches Herz. Als er seinen Esel wiederbekommt, der ihm gestohlen worden war, umarmt er ihn und ruft: »Oh, mein Goldschatz, mein Herzensgrauchen! Wie ist es dir ergangen, lieber alter Kamerad?« Und dabei herzt und küßt er ihn, als wäre er ein Mensch.

Erst recht doppelgesichtig ist Don Quijote. Im zweiten Band des Werkes heißt es von einem Domherrn, daß dieser nicht wußte, ob er sich mehr über den hohen Grad von Don Quijotes »Verrücktheit« wundern sollte oder über dessen gesunden Menschenverstand, den er sonst in seinen Reden und Gedanken verriet, denn »er verlor nur dann Bügel und Zügel, wenn man mit ihm von Dingen des Rittertums sprach«.

Eine unsterbliche Tragikomödie

Diese Vielschichtigkeit der Charaktere erhöht den Reiz des Buches, in dem die menschliche Natur nicht einseitig gut oder böse, großartig oder miserabel, närrisch oder vernünftig geschildert wird, sondern – das gilt besonders, je weiter die Erzählung fortschreitet – als eine Mischung von Tugenden und Untugenden. Das kommt nicht von ungefähr. Dies ist die Summe von Cervantes' Lebenserfahrungen, wobei ihn besonders beeindruckt hat, daß Menschen in hoher und höchster Stellung oft von Verrücktheiten besessen sind und von diesen weder lassen wollen noch können. So ist sein Werk, wie Egon Friedell sagt, weit mehr geworden als eine bloße Verspottung des zeitgenössischen verstiegenen Ritterromans, sondern die unsterbliche Tragikomödie des menschlichen Idealismus.

Daß das Buch von Heinrich Heine begeistert aufgenommen wurde, ist nicht erstaunlich. Hermann Hesse sagte, Don Quijote sei eines der grandiosesten und zugleich entzückendsten Bücher aller Zeiten. Und häufig wird Cervantes zu den fünf Großen der Weltliteratur gerechnet – zusammen mit Homer, Dante, Shakespeare und Goethe. Und noch etwas ist bemerkenswert: Nächst der Bibel ist der »Don Quijote« das meistgedruckte Buch.

Der Ruhm setzte schon bald nach dem Erscheinen ein. Alle Welt sprach über Don Quijote, jeder schmunzelte über die Späße und Episoden. Auch König Philipp III. von Spanien war von dem Buch angetan. Als er eines Tages auf dem Balkon seines Palastes in Madrid stand, beobachtete er einen Studenten, der ein Buch las. Von Zeit zu Zeit unterbrach er seine Lektüre und versetzte sich heftige Schläge gegen die Stirn, wobei er sein Tun mit Begeisterungs- und Heiterkeitsausbrüchen begleitete. Darauf sagte der König: »Dieser Student ist entweder verrückt, oder er liest den Don Quijote.«

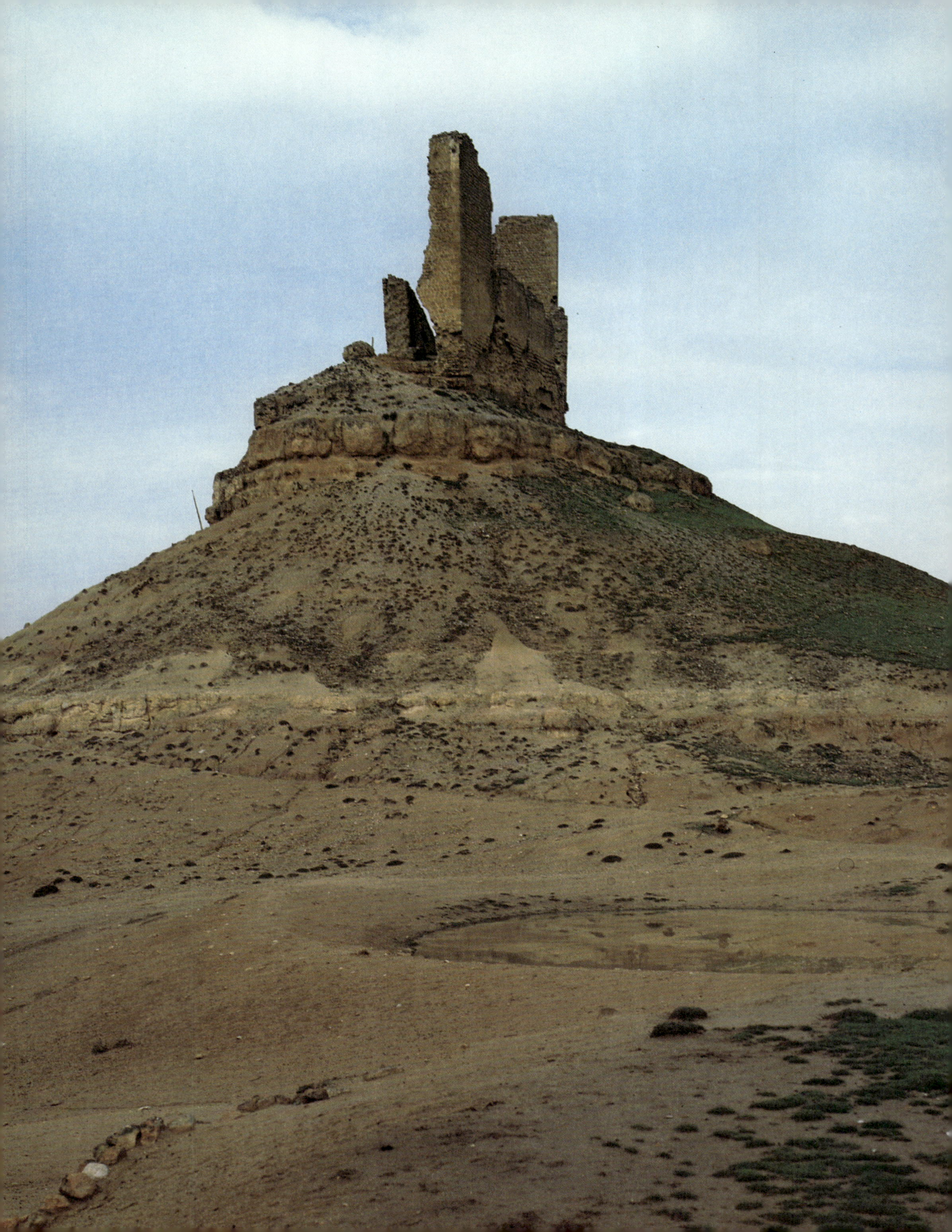

DER CID IST NICHT VERGESSEN

Das spanische Nationalepos

»Jetzt beginnt das Lied vom Helden aus Bivar, dem Cid Rodrigo.«

»El Cantar de mio Cid«, um 1140

Medinaceli ist ein kleiner Ort in Nordspanien, nahe der Route N II, die von Saragossa nach Madrid führt. Die Siedlung liegt zwölfhundert Meter hoch auf einem Felsplateau in beherrschender Position über dem Fluß Jalón. Verwinkelt sind die Straßen. Die jetzt etwas gebrechlichen Häuser — früher ansehnliche Bauten, die alte Wappen über dem Eingang tragen — bezeugen, daß Medinaceli in der Vergangenheit eine wichtige Rolle gespielt hat. Manche Besucher gehen heute den alten Spuren nach, hauptsächlich Spanier. Für sie hat dieser Ort, der nur fünfzehnhundert Einwohner zählt, keine geringe Bedeutung. Sie nehmen darum gern Erinnerungen mit und kaufen sie im Souvenirgeschäft neben der Kirche. Dort gibt es alles, was ein Touristenherz erfreut.

Der Inhaber ist kein Spanier; er kommt aus einem weit entfernten Land, aus den Vereinigten Staaten. Er war Oberst der US-Armee und hat längere Zeit in der Bundesrepublik zugebracht. An Deutschland hat er viele Erinnerungen; meist sind sie positiv. »Neben Großbritannien«, sagt er, »ist es das einzige Land, auf das wir uns verlassen können.« Hinsichtlich des Klimas in Mitteleuropa macht er allerdings eine negative Anmerkung: »Das Wetter ist miserabel.« Für jemanden aus Kalifornien, aus San Francisco, der in Spanien lebt, ist solche Feststellung verständlich.

Vernarrt in Medinaceli

Der Oberst a.D. — nennen wir ihn Bill Johnson — ist nicht nur Souvenirgeschäfts-Inhaber, sondern auch Gastprofessor an der Universität Madrid. Er mag Spanien, und in diesen Ort, in

Burgruine aus der Zeit des Cid im Tal des Jalón

dem er jetzt lebt, ist er vernarrt. »Hier spiegelt sich die Geschichte des Landes in besonderer, auch widersprüchlicher Eindringlichkeit«, meint er. Damit überläßt er das Geschäft seiner kleinen, schwarzhaarigen Verkäuferin und begibt sich mit uns auf einen Rundgang durch Medinaceli.

»Den dreitorigen Römerbogen am Ortseingang haben Sie sicherlich gesehen«, sagt er. »Das ist nicht die einzige Erinnerung an die Antike.« Damit führt uns Johnson zu einem Straßenaufbruch und scharrt etwas Sand beiseite. Kleine, farbige Steinchen werden sichtbar. »Ein römisches Mosaik«, sagt er. »Wir haben es kürzlich freigelegt. Wegen der kommenden Wintermonate wurde es wieder zugedeckt. Im Frühjahr gehen die Arbeiten weiter.«

Wir gelangen zur Stadtmauer, an der Römer, Westgoten und Araber gearbeitet haben. An einem Freiplatz, in nächster Nähe eines alten Tores, erhebt sich ein aus mehreren Steinen zusammengesetzter Pfeiler. Johnsons Erklärung: »Das sind Reste der alten Kirche. Es ist auch ein Hinweis darauf, daß hier — vor rund tausend Jahren — ein Palast gestanden hat, der geschichtlich von Interesse ist.« »Und wer hat sich hier aufgehalten?«

»Zum Beispiel Almansor, Minister und Feldherr des Kalifen von Cordoba, der fast unentwegt Schlachten geführt hat, wohl an die fünfzig. Er kämpfte gegen die Christen mit Leidenschaft, gegen ihre Städte, Festungen und Klöster; er brandschatzte, plünderte, machte Gefangene; er gelangte bis zum Nordwesten Spaniens, bis nach Santiago de Compostela, zur damaligen Zeit der größte Wallfahrtsort der Christenheit. Die dortige Jakobskirche legte er in Schutt und Asche; die Gefangenen mußten die schweren Kirchenglocken auf ihren Schultern bis nach Südspanien tragen; die Glocken dienten dann in der Moschee von Cordoba als Lampen.«

»Und was tat Almansor in Medinaceli?«

»Er hatte auf seinem letzten Raubzug das Kloster La Rioja zerstört und kam auf dem Rückweg nach Cordoba über Medinaceli. Hier starb er im August 1002.«

»Und außer Almansor . . .?«

»Es gibt noch manche Namen. Vor allem ist Medinaceli durch den Cid bekannt geworden. Er lebte einige Jahrzehnte später als Almansor, von 1043 bis 1099. Der Name Cid kommt aus dem Arabischen, aus ›seyd‹, was ›Herr‹ bedeutet. Sein eigentlicher Name war Rodrigo Díaz. Da er aus Vivar bei Burgos kam, hatte er noch den Beinamen ›de Vivar‹. Außerdem hieß er, da er ein erfolgreicher Feldherr war, ›Campeador‹, ›Kämpfer‹. Auch der Cid hat sich in dem Palast aufgehalten, der an diesem Platz gestanden hat.«

Der Kämpfer Cid

Johnson führt uns noch zum Markt. An einem der ältesten Häuser, das sich mit Rundbögen zum Platz hin öffnet, befindet sich eine Tafel mit den Worten:

*Für
Rodrigo Díaz de Vivar
den Kämpfer Cid
der diese historische Stadt
Medinaceli
unsterblich gemacht hat*

Dazu Bill Johnson: »Rodrigo Díaz ist, wie Sie wissen, durch das Epos ›El Cantar de mio Cid‹, das spanische Nationalepos, weltberühmt geworden. Es ist das älteste spanische Schrift- und Literaturdenkmal. Nach einer begründeten Annahme ist dieses Buch — wenn nicht in einem Kloster bei Burgos — hier geschrieben worden. Medinaceli — im Epos Medina — wird mehrfach im Cantar genannt.«

Wir haben das Lied daraufhin durchgesehen und fanden den Ort unter anderem bei Reisen genannt, die von Burgos nach Valencia führten. Eine solche Landfahrt unternahmen die Frau des Cid, Jimena, und ihre Töchter, Doña Elvira und Doña Sol. Sie standen dabei unter dem Schutz des Neffen des Cid, Albar Fáñez. Es war eine lange Reise, die im Kloster San Pedro de Cardeña begann:

*Von San Pedro bis Medina
werden sie fünf Tage brauchen.*

In Medina, einer bedeutenden Burganlage damaliger Zeit, wurden aufwendige Feste begangen.

Dann brach die Gesellschaft nach Südosten auf, den Flußtälern folgend, über das Campo de Taranz nach Molina, wo der Maure Albengalbón sie empfing:

*Als sie aus Medina zogen,
überquerten sie den Jalón,
durch den Arbujuela aufwärts
ritten sie, den Sporn am Pferd.
Und die Mata de Taranz dort,
bald liegt sie auch hinter ihnen,
bis sie nach Molina kommen,
wo Albengalbón der Herr ist.*

Die Ortsangaben sind genau, die Namen der Städte, Berge und Flüsse zutreffend. Die Personen sind weitgehend historisch. Daraus kann geschlossen werden, daß das »Poema« bald nach dem Tod des Cid verfaßt worden ist. Dies muß etwa um 1140 der Fall gewesen sein. Das Original existiert nicht, sondern liegt nur in einer einzigen Kopie aus dem Jahre 1307 vor.

Neun Monate Winter, drei Monate Hölle

»El Cantar de mio Cid«, 3735 Verse lang, beginnt im Norden Spaniens, im damaligen Königreich Kastilien und León, in Vivar, zehn Kilometer nördlich von Burgos. Hier ist der Cid um 1043 geboren worden. Vivar liegt auf einer Hochebene des Flusses Duero. Das Klima ist kontrastreich. »Hier herrrschen neun Monate Winter und drei Monate Hölle«, besagt ein geflügeltes Wort. Die Häuser stehen isoliert.

Menéndez Pidal (1869–1968), der bedeutende Forscher auf dem Gebiet der spanischen Sprache und Literatur, beschreibt sie folgendermaßen: »Im Inneren ist die alte Küche mit dem Kamin und dem großen Rauchfang, unter dem sich die Familie versammelt, um sich von den rauhen Schneestürmen des Winters zu erholen, während der Rauch durch den Kamin streicht und die dort aufgehängten Fleischwaren räuchert.« Die Einwohner des Ortes sind stolz auf ihren Sohn, darum nennen sie den Ort »Vivar del Cid«. Außerdem errichteten sie 1963 ihrem Helden ein Denkmal. Da steht der Cid als Ritter aus dem Mittelalter, gewappnet, das Schwert gezogen.

Der Cid war von König Alfons VI. unter seine Ritter aufgenommen und mit einer Base des Königs, eben jener Jimena, verheiratet worden. Um 1080 beauftragte der König Rodrigo Díaz, einen Tribut einzuholen, den die Mauren in Andalusien jährlich an Kastilien zu entrichten hatten. Bei seiner Rückkehr wurde der Cid von mißgünstigen Höflingen angeklagt, große Teile des Tributs unterschlagen zu haben. Daraufhin wurde Rodrigo 1081 vom König verbannt. Zusammen mit sechzig seiner Männer verließ er Vivar:

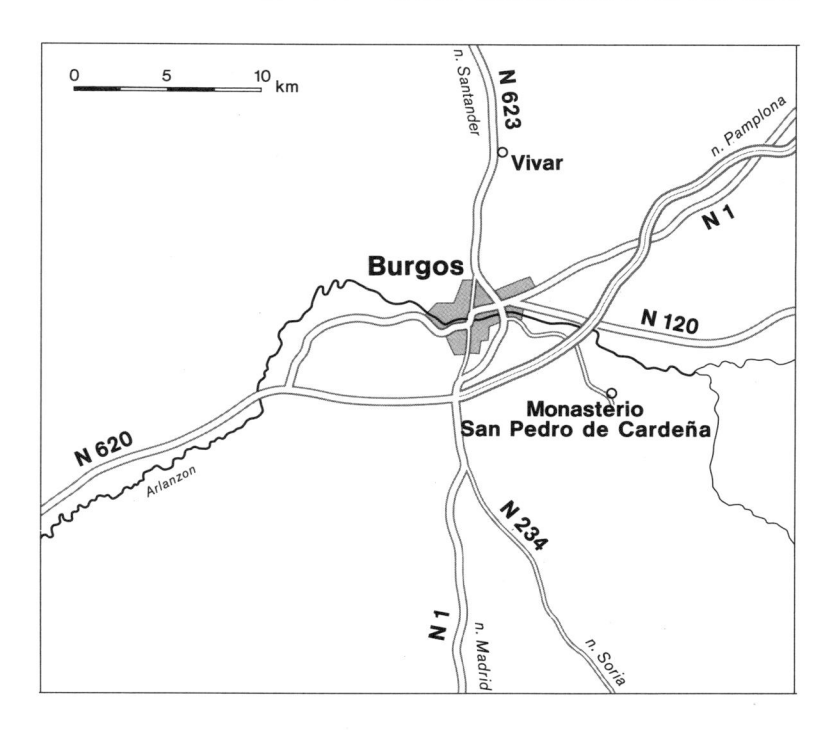

*Zog dann aus Vivar mit ihnen,
langsam ritten sie nach Burgos.
Ließen dort die starken Vesten
— jetzt enterbt, verlassen — liegen.
Aus des Helden Augen tropften
traurig Tränen, und noch einmal
wandte er den Kopf. Noch einmal
schaute zurück der Cid zum Abschied.*

In Burgos wagte niemand, Rodrigo Díaz und seinen Männern beizustehen:

*. . . keiner will es wagen,
weil dem Cid der eigne König
großen Groll trug und ihm zürnte.
Noch die Nacht gerade vorher
war ein Schreiben angekommen,
eine Warnung, schwer versiegelt:
Keiner soll dem Cid Ruy Díaz
Waffe oder Herberg geben.*

In Burgos gibt es manche Erinnerung an das spanische Nationalepos. Der Cid, eine historische Persönlichkeit, wurde in Vivar geboren. Enge Beziehungen unterhielt er mit dem Kloster San Pedro de Cardeña

*Soll es dennoch einer wagen,
muß er all sein Hab verlieren
und dazu noch seine Augen.*

Sand gegen Gold und Silber

Für den Cid war die Lage hoffnungslos. Da verfiel der Geächtete auf eine List: Er wollte den beiden Juden Rahel und Vidas aus Burgos zwei Kisten übergeben, die angeblich mit Schätzen, tatsächlich aber mit Sand gefüllt waren. Dafür sollten beide dem Cid 600 Mark in Gold und Silber zahlen. Bedingung: Sie durften die Kisten ein Jahr lang nicht öffnen.

Im »Cantar« begab sich der Vetter des Cid, Antolínez, zu den beiden Juden, um den Handel perfekt zu machen, und sagte:

*»Unser Cid Rodrigo Díaz
ist geächtet und verstoßen.
Große Schätze bringt er mit sich,
die, versteckt, er sich zurückhielt.
Will behalten nur das Beste.
Mit dem Gold, dem allerfeinsten,
hat er angefüllt zwei Laden.
Wißt ihr doch, daß unser König
ihn aus seinem Reich vertrieben.
Seine Häuser, seine Burgen,
all sein Erbe muß er lassen.
Kann die Truhen auch nicht tragen,
denn sie würden ihn verraten.
So läßt er in euren Händen
sie als Pfand, die schweren Truhen
gegen klingende Dukaten.
Nehmt die Kästen und versteckt sie.
Doch vorher müßt ihr schwören,
beide, niemals sie zu öffnen,
ein ganzes Jahr, von diesem Tag an.«*

Der merkwürdige Tausch, der nach dem »Cantar« im Ghetto von Burgos zustande kam, wird im Lied breit ausgemalt, und es entsteht der Eindruck, es habe sich um ein tatsächliches Ereignis gehandelt. Solche Vermutung wird dadurch verstärkt, daß in der Kathedrale von Burgos der »Cofre de el Cid« aufbewahrt wird, eine alte, wurmstichige Holztruhe, verschlossen und mit Eisenbändern gesichert. Sie ist in der Sakristei hoch an der Wand aufgehängt. Die Truhe wird sorgsam gehütet. »Fotografieren streng verboten« heißt es, als ob es sich um ein Staatsgeheimnis handelt. Dabei ist die Wahrheit sehr prosaisch: Die Geschichte hat sich gar nicht zugetragen; es ist eine Legende aus dem Orient; schon der Grieche Herodot hat sie erzählt. Aber die Sage paßte dem Verfasser des Epos ins Konzept.

Die Wiedereroberung Spaniens

Der Autor des »Poema« berichtet weiter, wie der Cid, bevor er Kastilien verließ, noch seine Frau und Töchter im Kloster San Pedro de Cardeña aufsuchte. Dieses Kloster besteht noch – es liegt einige Kilometer östlich von Burgos. Es ist ein breit ausladender, mit wuchtigen Türmen versehener Bau, an den sich eine gotische Kirche anschließt. Kaum ein anderes Gebäude in Spanien steht so im Zeichen des Cid wie dieses Kloster. Über dem Eingangstor prangt ein Relief des »Campeador«, hoch zu Roß. Er stößt eine Lanze auf unter Pferdehufen liegende maurische Könige. Damit wird die Reconquista symbolisiert, die Wiedereroberung Spaniens, die Befreiung von der maurischen Herrschaft, der Sieg des Christentums über den Islam. Die engen Beziehungen des Cid zu diesem Kloster haben auch dazu geführt, daß Rodrigo Díaz und seine Frau Jimena in Cardeña beigesetzt wurden. Noch gibt es den Sarkophag in der Kirche. Die Gebeine wurden allerdings 1842 nach Burgos überführt und ruhen heute unter der mächtigen Kuppel der Kathedrale, überdeckt von einer Marmorplatte.

Wie der »Cantar« schildert, nahm der Cid in Cardeña Abschied von Frau und Kindern, scharte seine Männer um sich und ritt nach Südosten, um sich in Sicherheit zu bringen.

*Locker lassen sie die Zügel,
und die Schar beginnt zu reiten
aus dem Reich von Don Alfonso.
Ihre Frist ging bald zu Ende.
Diese Nacht noch kam Rodrigo
nach dem Ort Can Espinazo,
und noch viele stießen zu ihm,
um dem Zug sich anzuschließen.
Andern Tags früh am Morgen*

*weiter reiten sie zur Grenze.
Jetzt verließ er seine Lande,
unser Cid Rodrigo Díaz.*

Ein regelrechter Raubritterfeldzug

Sie gelangten nach Castejón am Oberlauf des Henares und eroberten den Ort mühelos. Andere Städte und Burgen wurden genommen. Es war ein regelrechter Raubritterfeldzug, im »Cantar« aber keineswegs so bezeichnet. Hier ist es vielmehr ein gerechter Krieg, sogar von Gott gebilligt. Sankt Gabriel, der Rodrigo Díaz im Traum erschien, sagte ihm:

*»Guter Cid, der Herr ist mit dir.
Er begleitet dich durchs Leben!«*

Erhebliche Beute kam zusammen und wurde aufgeteilt:

*Der Cid läßt genau berechnen,
wieviel jedem davon zusteht.
Reichlich Lohn wird seinen Rittern,
hundert Mark in Silber jedem.
Und die Hälfte davon, fünfzig,
kriegt ein jeder von dem Fußvolk.
Und den fünften Teil der Beute
nimmt mein Cid als seinen Anteil.*

Manche Schätze beanspruchte der Cid für sich allein, so etwa den legendären Gürtel der ehemaligen Sultanin Sobeida, ein Wunderwerk asiatischer Juwelierkunst aus Gold, Perlen und kostbaren Steinen. Die Frau des Cid trug ihn fortan mit Stolz.

Auch für die Gefolgsleute blieb reicher Gewinn; er munterte die Männer auf. Ihr Kampfgeist wuchs; sie nahmen eine Festung nach der anderen. War eine Stadt gefallen, mußte sie überdies langjährigen Tribut zahlen; so nahmen Reichtum und Einfluß des »Campeador« ständig zu.

War eine Burg stark befestigt, versuchte Rodrigo, sie mit List zu nehmen. So brach er beispielsweise eine Belagerung scheinbar ab, ließ den Gegner aus der Burg kommen, wendete dann blitzschnell seine Truppe, vernichtete die Verfolger und drang durch die offenen Tore in die Festung ein. So gewann er Alcoçer, eine starke Bastion mit ausgedehnten Mauern und zahlreichen Wehrtürmen. Noch heute stehen ansehnliche Reste hoch über der Stadt Calatayud.

Dreitausend Mann unter den Fahnen

Mit der wachsenden Beute, dem eroberten Reichtum, war es auch möglich, ein Ritterheer von einiger Bedeutung (etwa dreitausend

Auf dem Markt von Medinaceli ist am ältesten Haus des Platzes eine Tafel zwischen den Rundbögen angebracht, die sich auf den Cid bezieht. Der Text lautet: »Für Rodrigo Diaz de Vivar, dem Cid Campeador, der diese historische Stadt Medinaceli unsterblich gemacht hat«

Mann) aufzustellen. Solch Heer war teuer. Ein Pferd kostete soviel wie etwa fünfundzwanzig Ochsen und eine Rüstung genausoviel. Der Ritter hatte übrigens nicht nur ein Pferd, sondern mehrere. Auf den Feldzügen ritt er zunächst auf einem »Zelter«, während das Schlachtpferd von einem Schildknappen geführt wurde. Darauf folgten Maultiere mit Waffen und Gepäck. Erst bei bevorstehendem Kampf legte der Ritter seine Waffen an und bestieg das Schlachtroß.

Kampfpferde hatten Namen, manche waren berühmt. Das galt auch für das Pferd des Cid. In Vivar erzählt man sich dazu folgende Geschichte: Der Cid kam einmal in den Ort, um sich aus einer größeren Herde ein Pferd auszusuchen, als ein schweres Unwetter aufzog. Die Tiere flüchteten, bis auf eins. Da rief der Hirte diesem zu: »Folg den andern nach, du Tölpel!« Doch das Pferd blieb wie angewurzelt stehen. Darauf sagte der Cid: »Wenn das Tier sich nicht vor Blitz und Donner fürchtet, ist es das richtige Schlachtroß für mich.« Der Cid kaufte das Pferd und nannte es »Babieca«. Im »Cantar« wird allerdings eine andere Geschichte erzählt: Hier heißt es, Don Rodrigo habe das Tier nach einer Schlacht dem Maurenkönig von Sevilla abgenommen. Wie auch immer: »Babieca« — das heißt nichts anderes als Tölpel — ist das berühmteste Pferd der Geschichte geworden. Im »Poema« heißt es:

Schön gesattelt ist Babieca
und geschmückt mit der Schabracke.
Unser Cid steigt in den Sattel,
nimmt die Waffen zum Turnier.
Auf Babieca seinem Roß
reitet Cid Rodrigo Díaz,
läuft ein Rennen, das bei allen
Staunen und Bewunderung auslöst.
Und berühmt von diesem Tag an
war Babieca in ganz Spanien.

Auch König Alfons von Kastilien hatte Wunderdinge von Babieca gehört. Als er nach den großen Erfolgen des Cid diesen wieder in Gnaden aufgenommen hatte, traf er Don Rodrigo in Toledo und wünschte, daß dieser sein Pferd vorführte:

Also spornt der Cid sein Pferd
und ließ es so herrlich laufen,
daß ein jeder dies bewunderte ...

Und der Cid mit seinem Roß
kommt zurück vor seinen König:
»Mit Babieca, meinem Renner,
hast zu laufen mir befohlen;
nicht bei Mauren, nicht bei Christen
findet man ein Pferd wie dieses.
Euch, mein König, will ich's geben,
wollt es gnädig von mir nehmen.«

Ein Grabstein für Babieca

Doch Alfons wies das Angebot zurück: »Wenn ich's nähme, so hätte es doch keinen solchen Herrn wie jetzt«, sagte er. So blieb Babieca das Pferd des Cid, bis dieser starb. Babieca überlebte seinen Herrn um zwei Jahre und wurde im Kloster San Pedro de Cardeña begraben. Am 12. April 1952 wurde für das Pferd sogar ein Erinnerungsstein errichtet, mit Versen aus dem »Cantar«. Es sind Worte des Königs, die dieser an den Cid richtete:

»Dieses Roß ist Euer würdig,
gegen Mauren anzureiten,
sie zu schlagen, zu verfolgen.
Der, der es Euch nehmen wollte,
hätte Gottes Schutz nicht mehr.
Roß und Reiter, alle beide, ehren uns.«

Der Cid ist ohne Babieca kaum denkbar; darum werden beide meist zusammen abgebildet; wie etwa bei dem Denkmal in Burgos am Platz Primo de Rivera, am Ufer des Arlanzón. Hier stampft Babieca als Renner in die Schlacht, im Sattel der Cid als wilder Haudegen. Das Denkmal entspricht allerdings kaum heutigem Geschmack, vielleicht einigen Zeilen des »Cantar«. Der Cid trägt Panzerhemd und Helm, sein Mantel weht. In der Linken hat er die Zügel, in der Rechten das gezogene Schwert. Es ist das berühmte »Colada«, das er in einer Schlacht gegen den Grafen Ramón von Barcelona gewinnt:

Sieger in dem Treffen
ist mein Cid, der zu guter Stund geboren.
Doch Graf Ramón, der geht
gefangen aus der Feldschlacht.
Auch sein Schwert, genannt Colada,

Das spanische Nationalepos

*hat mein Cid von ihm genommen.
Diese Waffe ist so prächtig,
daß sie tausend Gulden wert ist.*

Vom »Colada« wurden Wunderdinge erzählt. Gleiches gilt für ein anderes Schwert, das der Cid 1094 in der Schlacht um Cuarte von dem König der Marokkaner erbeutete. Dieses Schwert heißt »Tízona«. Eigentum der Grafen von Falces, wurde es im Krieg 1936 geraubt und tauchte bei der Einnahme der Burg Figueras wieder auf mit dem schriftlichen Hinweis: »Dies ist das Schwert des Cid. Haltet es in Ehren!« Heute ist es in der Sammlung des Heeresmuseums zu Madrid ausgestellt.

Der Bart als Talisman

An der Bronzefigur des Cid in Burgos ist noch etwas bemerkenswert: der wallende Bart, der die ganze Brust bedeckt. Das ist nicht zufällig. Als der »Campeador« von König Alfons in die Verbannung geschickt wurde, fühlte sich der Cid zu Unrecht ausgestoßen. Aus Protest ließ er sich den Bart wachsen:

*Lang gewachsen war der Bart ihm,
länger schon und immer länger,
seit der Cid es damals sagte,
als er aufbrach, der Verfemte,
aus der heißgeliebten Heimat:
»Um die Liebe meines Königs,
der des Landes mich verwiesen,
und als Zeichen meiner Trauer
soll mir keine Schere schneiden
nicht ein Haar von meinem Bart,
mag man auch darüber reden
bei den Mauren oder Christen.«*

Der Bart wurde dann zum Talisman, zum Wahrzeichen des siegreichen Kämpfers. Ein Unterlegener mußte um seinen Bart fürchten wie Graf Ordóñez, den der Cid bei Cabra besiegt hatte. In Toledo rief der »Campeador« dem Grafen zu:

*»Nie hat jemand meinen Bart geschüttelt,
so wie ich gezaust den Euren
bei dem Angriff einst in Cabra,
als ich jene Burg erstürmte
und sie nahm wie Euch beim Barte.«*

»Der mit dem langen Bart« wird der Cid oft im Epos genannt. Sein Aussehen, wenn er gewappnet und gerüstet auf Babieca einherstürmte, verbreitete Angst und Schrecken unter den Gegnern. In der Legende heißt es, kein Sarazene habe seinen Blick ohne Zittern ertragen können. Noch in fast aussichtsloser Lage gelang es ihm, das Kriegsglück für sich zu entscheiden.

Freunde und Gefolgsleute spürten das Charisma, das von ihm ausging und sich auf alle übertrug. Seine Truppe – es waren Söldner, Abenteurer und Hergelaufene – walzte alles nieder, was sich ihr entgegenstellte. So drang der Cid tief in muselmanisches Gebiet ein. Er

Der Cid Rodrigo Diaz mit wallendem Bart auf seinem berühmten Pferd Babieca. Dieses Bronzedenkmal steht in Burgos

machte sich die Gebiete zwischen Teruel und Saragossa tributpflichtig, stieß zum Mittelmeer vor, besiegte die Mauren von Murviedo, dem antiken Sagunt, dem heutigen Sagunto, belagerte Valencia und nahm es nach zwanzigmonatiger Belagerung im Juni 1094 ein.

Die Rache der Infanten

Die Töchter des Cid wurden durch Vermittlung des Königs mit den Infanten von Carrión verheiratet; doch diese hatten es nur auf die Reichtümer des Schwiegervaters abgesehen. Überdies gehörten die Infanten zum Hochadel, der Cid und seine Töchter aber nur zum Kleinadel; dadurch ergaben sich nicht unbeträchtliche Spannungen. Da die Infanten feige Naturen waren und man ihnen dies öffentlich vorwarf, wollten sie sich rächen. Sie vollzogen die Rache an ihren Frauen, den Töchtern des Cid. Im Wald von Corpes peitschten sie beide aus und ließen sie halbtot liegen. Félez Muñoz, ein Neffe des Cid, fand und rettete sie. Als der Cid von der widerlichen Tat seiner Schwiegersöhne erfuhr, forderte er eine Gerichtssitzung. Sie fand bald darauf in Toledo statt. Hier wurde ein Zweikampf beschlossen, in dem die Infanten von Männern des »Campeadors« besiegt und danach zu Verrätern erklärt wurden. Die Töchter des Cid aber heirateten die Infanten von Navarra und Aragón und wurden Königinnen dieser Länder. ». . . und wenn sie nicht gestorben sind, dann leben sie noch heute«, möchte man beinahe im Stil der alten bekannten Märchen fortfahren.

Natürlich steckt viel Sagenhaftes im Epos, Phantastisches, Erfundenes. Der Cid wird idealisiert, wird zum Helden ohnegleichen. »Aber geschichtlich betrachtet«, meint der Spanien-Experte Rudolf Grossmann, »war er ein rauher, ungeschliffener, hartherziger Freischarführer, skrupellos in der Wahl seiner Mittel«, wenn er auch in einigen Fällen Nachsicht hat walten lassen. Das kritische Verhältnis des Königs gegenüber dem Cid wird im »Cantar« darauf zurückgeführt, daß Alfons von Beratern umgeben war, die gegen den »Campeador« intrigierten, wie etwa Graf García Ordóñez. Der argwöhnische König hat nicht zuletzt den so erfolgreichen Cid als ernsthaften Rivalen gefürchtet. Ferner ist das Verhältnis zu den Mauren im Lied nur teilweise richtig wiedergegeben. Es war nicht durchweg feindlich. Der Cid hat ja sechs Jahr lang dem islamischen König von Saragossa gedient und auch Kämpfe gegen die Christen geführt. Er wurde erst ein erbitterter Gegner der Sarazenen, als diese die islamischen Almoraviden – eine Dynastie der Berber – aus Afrika ins Land holten. Damit war das häufig friedliche Nebeneinander von Christen und Mohammedanern beendet. Trotzdem konnten die Muselmanen dem Cid ihre Anerkennung manchmal nicht versagen. So schreibt der Maure Ibn Bassam: »Und doch war dieser Mensch – die Geißel seiner Zeit – durch die ihm eigene, weitblickende Energie, durch die männliche Stärke seines Charakters und seinen heldenhaften Mut ein Wunder unter den großen Wundern des Herrn.« Zutreffend geschildert ist im Epos das Verhältnis zu materiellen Dingen. Die Kämpfe und Kriege wurden ja hauptsächlich geführt, um Reichtümer zu gewinnen, um von den Besiegten Tribute zu erlangen.

Ersatz für fehlende Geschichtsschreibung

Im Vergleich zu anderen europäischen Epen bleibt das rein Sagenhafte aber in Grenzen. Während der Siegfried aus dem »Nibelungenlied« ein Held aus dem Märchenwald ist, der sich unsichtbar machen kann und einen gefürchteten Drachen erlegt, während sich das Reich von König Arthur im Nebelhaften verliert und Rolands Horn »Olifant« über die Pyrenäengipfel hinweg bis nach Frankreich schallt, bleibt der »Cantar de mio Cid« in realen Bereichen. Menéndez Pidal hat im Lied 29 historische Personen erkannt. Er sieht das Epos darum als »Ersatz für die [damals] nicht existierende Geschichtsschreibung«. Sicher ist auch, daß wesentliche Ereignisse des 11. Jahrhunderts in Spanien durch den Cid mitbeeinflußt wurden.

Auf die heroische Dichtung, deren Mittelpunkt der Cid in Spanien ist, hat man sich besonders zu der Zeit berufen, als das Land Weltgeltung besaß. Später gab es auch andere Stimmen. Der kritische Spanier Joaquin Costas warnte um die Jahrhundertwende davor, »die Gegenwart mit dem Ruhm der Vergangenheit zu schmücken«. Er sagte: »Schließt vor allem das Grab des Cid mit einem siebenfachen Schlüssel!« Der Aufruf fand bei einigen Intellektuellen Widerhall, bei anderen Personen gar nicht. Dieser Zwiespalt ist verständlich. Es geht um ein Problem, bei dem sich die meisten Nationen schwertun. Der englische Historiker Nevil Johnson meint: »Die Geschichtskenntnisse, die für ein Geschichtsbild herangezogen werden müssen, sind unvermeidlich selektiv und überwiegend schmeichelhaft: Geschichte im Volksmund schließt immer einen Schuß Verklärung und Beschönigung ein.«

Das gilt für alle Nationen, für Engländer, Franzosen, Amerikaner, ganz besonders für die Russen. Sollen die Spanier eine Ausnahme machen?

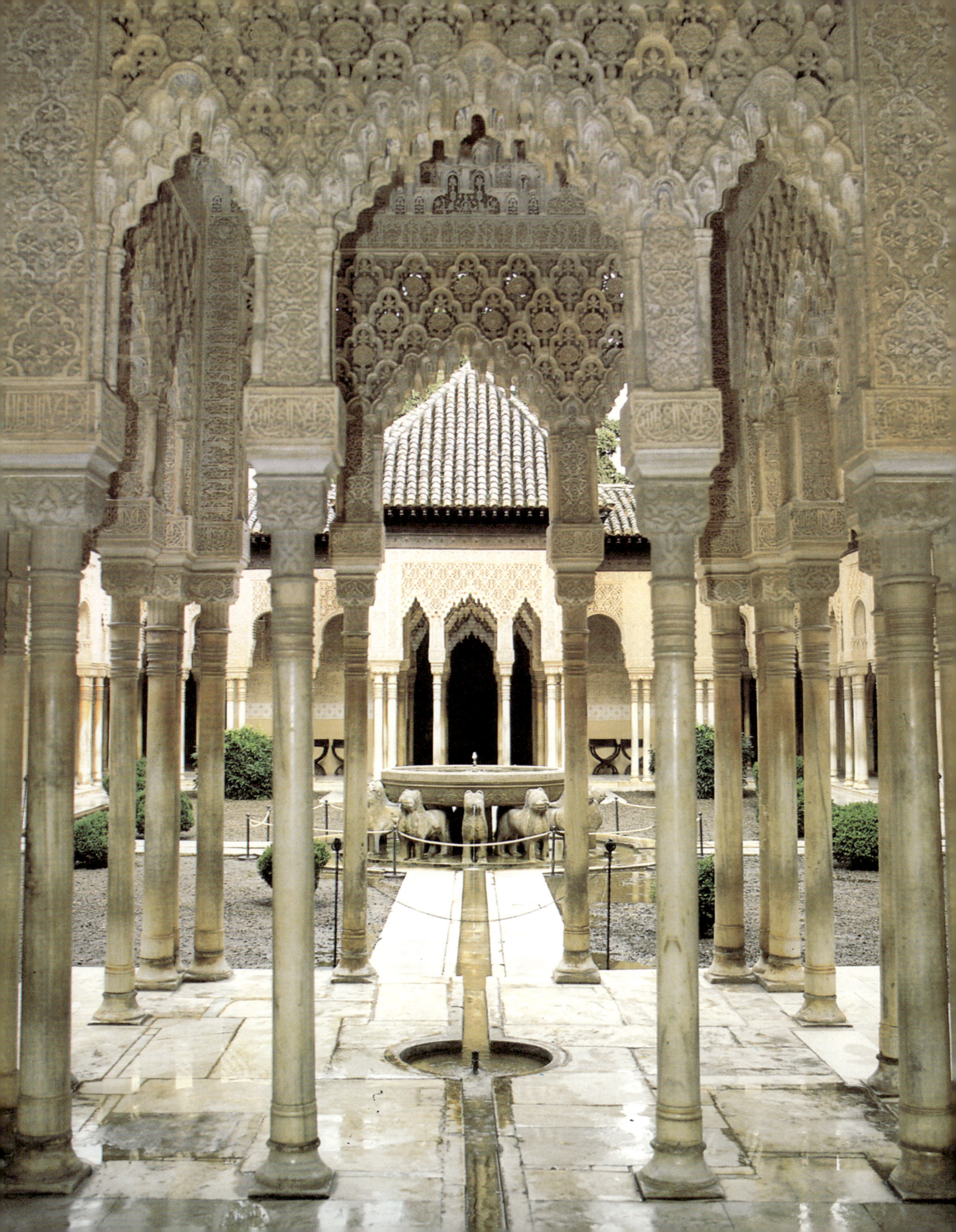

STEINGEWORDENE TAUSENDUNDEINE NACHT

Die Alhambra

»Fünf- bis sechshundert Jahre lang dienten fast ausschließlich Übersetzungen arabischer Werke, vor allem der Naturwissenschaft, als Grundlage für den Unterricht an den Universitäten Europas.«

Gustave Le Bon

Eine der gewaltigen Festungen Europas ist die Alhambra. Gigantisch erheben sich die rosaroten Mauern und Türme vor den Bergen der Sierra Nevada, deren über dreitausend Meter hohe schneebedeckte Spitzen sich in einem stahlblauen Himmel verlieren. 720 Meter lang ist die maurische Burg und 220 Meter breit. Sie diente nicht nur der Verteidigung. Sie beherbergte auch Audienzhallen, Moscheen, Bäder, Mausoleen, Verwaltungsgebäude, Wohnhäuser, Werkstätten und Gärten. Auf einem in die Stadt Granada vorgeschobenen Ausläufer der Berge errichtet, war die Alhambra Festung (Alcazaba), Palast (Alcázar) und Stadt (Medina). Einschließlich der Soldaten lebten in dieser Festung manchmal über dreißigtausend Menschen.

Dreiundzwanzig Türme sichern den Bereich. Eine der Bastionen ist die »Torre de la Justicia«, der »Turm der Gerechtigkeit«. Das massive Mauerwerk wird von zwei hintereinander liegenden hohen Toren durchbrochen. Fast immer sammeln sich hier Besucher, und stets wird der Führer einer solchen Gruppe auf eine Besonderheit des Turms verweisen, auf eine oberhalb des äußeren Bogens in den Stein modellierte Hand und auf einen Schlüssel über dem inneren Hufeisenbogen. »Die fünf Finger der Hand«, pflegen die Fremdenführer zu sagen, »bedeuten die fünf Grundgebote des Korans: das Bekenntnis, daß es nur einen Gott gibt, Allah; das Gebot für Waschungen und Gebete; das Fasten im Monat Ramadan; Spenden für die Armen und schließlich die Pflicht der Pilgerfahrt nach Mekka«. Der Schlüssel, so erklären die Führer weiterhin den Besuchern, sei das Symbol der Macht.

Über beide Zeichen ist oft nachgedacht worden; dabei haben sich noch andere Auslegungen ergeben. Sie wurden einbezogen in die Geschichten, die man sich von der Alhambra erzählt. In diesen Märchen und Sagen sind die beiden Steinritzungen zu magischen Zeichen geworden. Eine dieser Erzählungen reicht weit zurück . . .

Die Alhambra, der ehemalige Königspalast der Maurenherrscher in Granada. Ein Durchblick in den Löwenhof

Der Magier und Astrologe aus Ägypten

In Granada herrscht der maurische König Aben Habuz. Sein Land ist von Feinden umgeben, die oft Angriffe gegen ihn unternehmen. Eines Tages kommt ein Magier und Astrologe aus Ägypten mit Namen Ibrahim Ibn Abu Ajub nach Granada und wird vom König gut aufgenommen. Gegenüber seinem Gast beklagt sich Aben Habuz über seine feindlichen Nachbarn. Darauf sagt ihm der weise Ibrahim, er wisse ein Mittel, das seinem Reich Schutz verleihen könne. Darüber ist der König hoch erfreut und bittet seinen Gast, alles zu tun, damit Granada künftig vor Überfällen gesichert sei.

Ibrahim macht sich umgehend an die Arbeit. Schon bald ist sein magisches Kunstwerk gefertigt — ein eherner maurischer Reiter mit Schild und senkrecht stehender Lanze in einem hohen Wachtturm. Der Reiter, so erklärt Ibrahim, werde die Wachmannschaften warnen, wenn sich feindliche Truppen Granada nähern sollten. Jetzt wartet der König darauf, daß sich dieser Schutz bewährt, und eines Morgens ist es soweit. Ein Wächter bringt die Nachricht, der Reiter habe sich bewegt: Er blicke nach der Sierra Elvira, während die Lanzenspitze auf den Paseo de Lope zeige. Der König will seine Truppen alarmieren. Doch der Astrologe entgegnet, dies sei unnötig. Er führt Aben Habuz in den geheimen Turm. Dort ist neben dem Reiter eine Art Schachbrett, auf dem sich kleine, hölzerne Soldaten bewegen. »Dies sind deine Gegner«, sagt der Weise. »Willst du sie verwirren oder umbringen, so berühre mit der Lanze des Reiters die Truppen.« Der König tut es. Darauf stürzen die Krieger zu Boden oder verfallen in ein mörderisches Handgemenge. Aben Habuz läßt nun Kundschafter nach dem Paß von Lope senden. Sie kommen mit der Botschaft zurück, unter den feindlichen Soldaten sei ein Streit ausgebrochen. Es habe ein Kampf aller gegen alle stattgefunden.

Andere Niederlagen seiner Gegner folgen; bald wagt keiner mehr, granadisches Gebiet anzugreifen. Doch eines Tages bewegt sich der Reiter wieder; er zeigt diesmal mit der Lanze auf die Berge von Guadix. Aber die kleinen Figuren auf dem Schachbrett verhalten sich ruhig. Der König schickt dennoch einen Trupp Soldaten aus und befiehlt ihnen, das Gebirge von Guadix zu durchkämmen. Doch die Kundschafter finden nichts als ein Christenmädchen von großer Schönheit.

Der König befiehlt es zu sich und befragt das Mädchen. Es sagt: »Ich bin die Tochter eines Gotenfürsten, der noch vor kurzem das Land beherrschte. Doch die Soldaten meines Vaters wurden plötzlich auf unerklärliche Weise vernichtet.«

Da flüstert Ibrahim dem König zu: »Hüte dich vor diesem Mädchen. Ich lese Zauberkraft in seinen Augen.« Er sagt weiter, wenn Aben Habuz die junge Gotin zu sich nehme, könne dies Unheil bedeuten. Er solle darum das Mädchen ihm, dem Magier, überlassen, denn er wisse, wie man mit Zauberinnen umzugehen habe. Doch der König will davon nichts wissen und behält das Mädchen für sich.

Bald darauf kommt es in Granada zu einem Aufstand gegen Aben Habuz, den der eherne Reiter nicht angezeigt hat. Die Revolte wird niedergeschlagen. Da geht der König zum Magier und fragt ihn, was er tun solle, um künftig in Frieden leben zu können. Ibrahim antwortet: »Entferne die Ursache des Unfriedens, das ungläubige Mädchen.«

»Lieber gebe ich mein Königreich auf«, ist die Antwort.

»Du läufst Gefahr, beides zu verlieren«, sagt Ibrahim.

»Ich suche eine Zuflucht, in der ich mich aus der Welt und ihren Unruhen zurückziehen kann.«

»Und was gibst du mir, wenn ich den Wunsch erfülle?« fragt Ibrahim. »Du kannst den Lohn selbst bestimmen«, ist die Antwort.

Der sagenhafte Garten von Irem

Nun erinnert Ibrahim den König an den sagenhaften Garten von Irem, von dem im Koran die Rede ist und von dem die Mekka-Pilger märchenhafte Dinge erzählen. Er selbst, so sagt der ägyptische Weise weiter, habe den Garten einmal in der arabischen Wüste gesehen: »Es war

Die Alhambra

eine märchenhafte Stadt mit Palästen, Bäumen, Blumen und Springbrunnen. Aber es gab keine Einwohner. Erschrocken verließ ich den Ort. Als ich mich umwandte, um noch einmal einen Blick auf Irem zu werfen, war die Stadt verschwunden.«

Der König wirft ein: »Ist nicht auch in den Märchen von Tausendundeiner Nacht die Rede vom Garten Irem, dem Paradies auf Erden?«

»Gewiß«, antwortet Ibrahim. »In der 476. Nacht berichtete Scheherazade dem Sultan Scheherban in Samarkand davon. Sie erzählte die Geschichte vom König Schaddab, der sich ein Paradies auf Erden wünschte. Er ließ eine viereckige Stadt bauen mit dreihunderttausend Schlössern, jedes ruhte auf tausend Säulen, die mit Smaragden besetzt waren. Fünfhundert Jahre dauerte der Bau. Als er beendet war, ließ Schaddab Teppiche, Vorhänge, Ottomanen und seidene Betten in die Schlösser bringen, auch Speisen und Getränke, Weihrauch, Aloe, Ambra und Kampfer. Dann zogen zehntausend reich geschmückte Mädchen in die Stadt mit Gefolge und Dienerschaft. Schaddab wollte damit alles übertreffen, was es jemals auf der Welt an Prunk und Palästen gegeben hat.«

Nach einer Pause fährt Ibrahim fort: »Ich kenne die Zauberformel für ein Wiedererstehen des Garten von Irem. Ich besitze auch das ›Buch vom Großen Wissen‹ des Königs Salomon, das für den Bau der Märchenstadt unerläßlich ist. Ich könnte dir darum, o König, oberhalb der Stadt Granada dieses Paradies neu erstehen lassen.«

»Baue mir den Garten Irem«, ruft da der König aus, »und du sollst alles haben, was du nur willst.«

»Ich bin bescheiden«, sagt der Magier. »Ich wünsche mir nur das Lasttier mit seiner Bürde, das zuerst durch das Portal des Palastes schreitet.«

Einer der großartigsten Paläste

Der König willigt ein, und Ibrahim macht sich an die Arbeit. Auf dem Zugang zum Berg läßt er einen mächtigen Turm errichten. In den zentralen Keilstein des ersten Hufeisenbogens meißelt er eigenhändig die große Hand und in den Schlußstein des zweiten Bogens den großen Schlüssel. Über beide Zeichen spricht er geheime Formeln. Alsdann macht er sich tagelang auf dem Plateau über der Stadt zu schaffen. Als er seine Arbeiten beendet hat, geht er zum König und sagt: »Auf dem Berggipfel steht nun einer der großartigsten Paläste, die es je gegeben hat, mit großen Sälen, herrlichen Hallen, betörenden Gärten und kühlen Brunnen. Das ist der neu erstandene Garten Irem.«

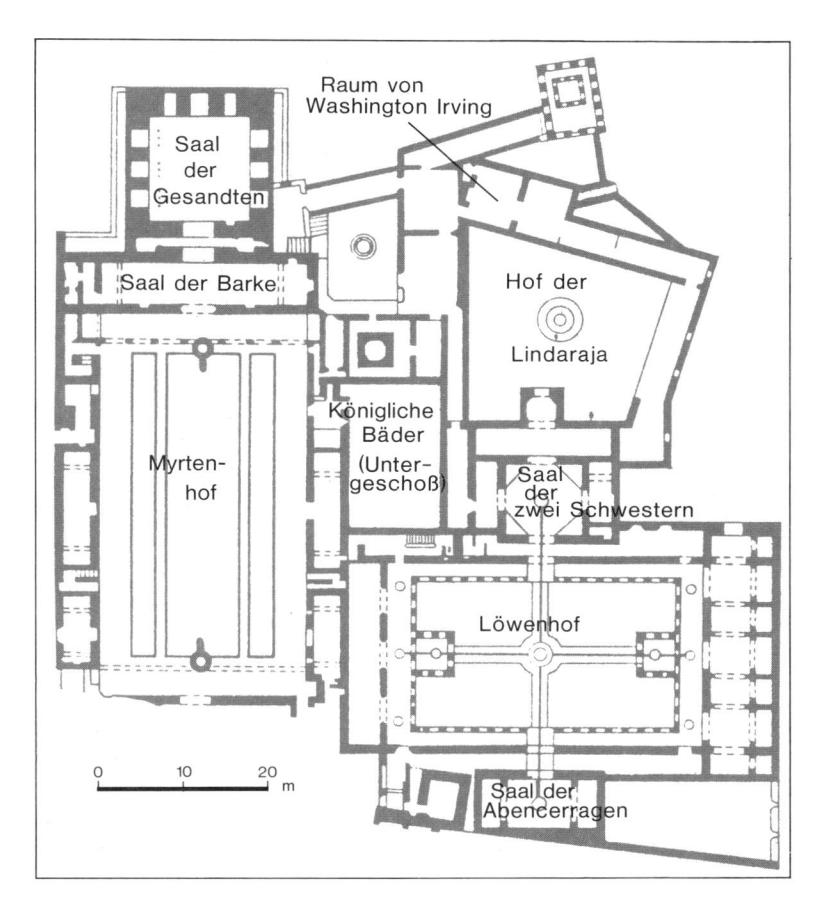

Am nächsten Tag reitet der König mit der gotischen Prinzessin und dem Magier aus Ägypten zum Berg. Doch als Aben Habuz Ausschau hält, kann er nirgendwo den Palast entdecken. »Das ist das Geheimnis«, sagt der Weise. »Niemand wird ihn sehen, der nicht zuvor den zaubergeschützten Torweg durchschritten hat.« Als sich nun die drei dem Portal genähert haben, zeigt der Weise dem König die mystischen Zeichen am Turm und sagt: »Erst wenn die steinerne Hand zum Schlüssel im Keilstein greift, bricht der Zauber.«

Die gotische Prinzessin ist indessen weitergeritten. »Sieh«, ruft Ibrahim, »mein versproche-

In Granada kennt man viele Sagen und Märchen, die sich auf die Alhambra beziehen. Die Karte zeigt die Örtlichkeiten des maurischen Königspalastes

ner Lohn – das erste Tier, das mit seiner Last den Torweg durchschreitet.«

Da übermannt den König heller Zorn: »Du Hundesohn der Wüste«, ruft er aus. »Scherze nicht über deinen König, deinen Herrn und Meister!«

»Deinen Meister?« wiederholt Ibrahim Ibn Abu Ajub. »Ich lache über dich und deinesgleichen!« Damit ergreift er die Zügel des Pferdes, auf dem die Prinzessin sitzt, stößt seinen mit Hieroglyphen verzierten Zauberstab in die Erde und versinkt mit dem Mädchen in der Mitte des Torgangs im Boden...

Habuz hat noch mehrfach versucht, das verheißene Bauwerk zu finden. Aber der Palast blieb verborgen.

Das Königsgeschlecht der Nasriden

Jahrhunderte gingen vorüber. Andere Geschlechter kamen – so die Nasriden. Sie erbauten 1238 oberhalb Granadas auf dem Berg Asabika die Burg Alhambra. Die Paläste und Gärten entstanden im 14. Jahrhundert unter Jusuf I. und Mohammed V. So wurde Irem, das Paradies auf Erden, das Märchen aus Tausendundeiner Nacht, im nachhinein Wirklichkeit. Der Zauber des Weisen vom Nil hat indessen seine Wirkung verloren. Jeder, der heute die beiden Hufeisenbögen durchschreitet, sieht ein steinernes Märchen vor sich, wie es in dieser Art in Europa einzigartig ist und sich auch nicht in Córdoba oder Sevilla wiederholt. Solch Palast ist heute kaum in Nordafrika zu finden und nur bedingt im Nahen Osten. Er ist nur vergleichbar mit den Bauten der Mogulen in Nordindien, in Delhi und Agra.

Die Außenmauern sind gewaltig und abweisend. Aber im Innern haben die Baumeister den Orient in phantastischer Eleganz entstehen lassen. Der islamische dekorative Stil zeigt sich in wechselnden, kühnen und immer neuen Einfällen. Das Gesetz der Schwere scheint außer Kraft gesetzt. Dem südspanischen, heißen Klima entsprechend entstanden prachtvolle Innenhöfe, die die prunkvollen Paläste miteinander verbinden. Schlanke Säulen, einzeln oder gebündelt, mit Fuß- und Halsringen verziert, tragen ornamentierte Kapitelle. Darüber spannen sich Rundbögen, manchmal breit gedehnt, manchmal in Hufeisenform. Die Wände leuchten in farbigen Fayencen, durchzogen von Weisheiten, die in verschlungener arabischer Schrift festgehalten sind, während einige Decken zu fast unwirklichen Kuppeln von graziöser Verspieltheit werden.

Der letzte Maurenseufzer

Da ist der Saal der Gesandten, ein Prachtbau mit Durchblicken auf die tief unten liegende Stadt. Hier entschied sich das Schicksal des letzten Maurenkönigs Boabdil, als dieser nach Gesprächen mit seinem Kronrat beschloß, die Alhambra und sein gesamtes Herrschaftsgebiet den spanischen Königen zu übergeben. Darauf gingen am 2. Januar 1492 über dem orientalischen Märchenschloß die Fahnen der Könige von Kastilien hoch. Von Boabdils Auszug ist in Granada auch eine Sage bekannt. In dieser heißt es, der König habe vom Gipfel der Berge der Alpujarra einen letzten Blick auf die Alhambra geworfen, um sich weinend abzuwenden und ins afrikanische Exil zu gehen. Der Felsen, von dem der König noch einmal auf seine Residenz niederblickte, heißt heute »El último suspiro del moro«, »Der letzte Maurenseufzer«. Und die Mutter von Boabdil, eine harte Herrschernatur, soll gesagt haben: »Du tust gut daran, wie ein Weib zu beweinen, was du als Mann nicht verteidigen konntest...«

Wir durchschreiten im Palastbezirk den Saal der Barke, das Vorzimmer zum Saal der Gesandten, mit den Wappen der Nasriden und ihrem Wahlspruch »Nur Allah allein ist Sieger«. Der Saal öffnet sich nach Süden zum Myrtenhof, umsäumt von Myrtenhecken und durchzogen von einem großen Wasserbecken, in dem sich Tore, Säulen, Stuckfassaden und der Comares-Turm spiegeln.

Dann der Hof der Lindaraja – in dem Lebens- und Orangenbäume dichte Schatten werfen und ein Springbrunnen aus gezackter Schale sein Wasser hochschießt; weiter die vollständig erhaltenen Bäder im Untergeschoß, in denen nach Volksmeinung blinde Musiker arabische Melodien spielten; und der Saal der beiden Schwestern, mit einer Kuppel von architektoni-

Die Alhambra

Der Eingang zur Alhambra: Das Tor der Gerechtigkeit. Über den beiden Hufeisenbögen befinden sich die zwei magischen Zeichen: Schlüssel und Hand

schen Scheinformen, solch gewagten Strukturen, daß nur Stuckmaterial die Stabilität garantiert; schließlich der Löwenhof.

Ein Hof zum Träumen

Zwölf kleine Raubkatzen tragen eine zwölffache Schale, die mit einem Schriftband versehen ist, auf dem Verse des Dichters Zamrak zu lesen sind. Aus der Mitte steigt ein Wasserstrahl, und Wasser sprüht auch aus den Mäulern der Löwen und fließt in vier schmalen Kanälen in runde, in den Boden eingelassene Becken. Rings um den Hof ziehen sich reich ornamentierte Säulengänge mit zwei Pavillons an den Schmalseiten.

Der US-Amerikaner Washington Irving, der Schriftsteller und Diplomat (1783–1859), schreibt: »Der besondere Reiz dieses alten Palastes liegt in der ihm innewohnenden Macht, träumen zu lassen und Bilder aus der Vergangenheit hervorzuzaubern, die die Wirklichkeit hinter dem schönsten Schleier der Illusion verbergen.«

Geträumt wird auch noch heute in diesem ehemaligen Harem der Könige von Granada. Trotz des Ansturms der Fremden aus aller Welt, die täglich durch den Palast strömen, verharren einige Besucher für Stunden im Hof, nehmen Platz in den breiten hölzernen Stühlen, blicken auf den Wald von über hundert zierlichen Säulen und auf die Löwen in der Mitte. Manche Schriftsteller sehen die Löwen allerdings weniger romantisch als kritisch. So meint der amerikanische Schriftsteller James A. Michener: »Das Rudel von Granitlöwen gleicht eher zahmen Hunden als wilden Dschungeltieren.« Und H.V. Morton sagt: »Sie wirken wie eine Truppe zahmer Zirkuslöwen, die eine Vorstellung zu geben geruhen und die darauf dressiert sind, den Brunnen zu stützen.«

Doch, was soll's. Romantische Naturen lassen sich ihre Illusionen nicht rauben. Als wir das erstemal hier waren – das ist lange her –, hörten wir von einer jungen Französin, die jeden Tag zur Alhambra hinaufstieg und immer wieder in den Löwenhof kam und immer erneut das Rudel der graugelben Tiere betrachtete. Am letzten Tag streichelte sie die kleinen Bestien und sagte, leicht bewegt: »Au revoir, au revoir mes doux lions. – Auf Wiedersehen, auf Wiedersehen, meine süßen Löwen.« Heute darf solch liebevoller Abschied nicht mehr sein. Der direkte Zutritt zu den steinernen Ungeheuern ist mit Seilen versperrt. Wer sie übersteigt, wird durch gellende Pfiffe der Wärter verwarnt.

Die Ausrottung der Abencerragen

Trotz aller Absperrung und trotz des Menschengedränges hat der Maurenpalast nur wenig an Reiz eingebüßt. Das gilt auch für den Generalife, das Sommerschloß der Könige, etwas oberhalb der Alhambra. Mit seinen Pavillons und weitläufigen Gärten mit Blumen von betörender Pracht, mit Springbrunnen, Teichen und Wasserspielen ist der Generalife wahrscheinlich der schönste Garten der Welt. Auch hier spielt die Sage. Am »Patio de la Sultana« (»Hof der Sultanin«), in der Nähe von kleinen Wasserbecken mit zwei alten Zypressen, soll sich ein folgenschweres Ereignis abgespielt haben. Eine Schwester Boabdils habe sich 1485 an diesem Ort heimlich mit einem Ritter vom Stamm der Abencerragen getroffen. Das Rendezvous wurde beobachtet und hatte ein grausames Nachspiel im sogenannten »Saal der Abencerragen«, südlich des Löwenhofs: Hier wurde das Geschlecht ausgerottet, zumal die Abencerragen auch nach dem Königsthron getrachtet haben sollen. Die roten Flecken im weißen Pflaster werden von den Fremdenführern als verbliebene Blutspuren gedeutet. Durch eine kleine Tür im Saal sollen die jungen Ritter einzeln hereingeführt und dann dem Henker übergeben worden sein.

Die Sage von den Abencerragen wurde später von dem französischen Schriftsteller François René Vicomte Chateaubriand (1768–1848) zu einer Novelle verarbeitet und diente dem italienischen Komponisten Luigi Cherubini (1760–1842) als Vorlage für eine Oper.

Auf der Alhambra kennt man noch eine andere Geschichte von diesem maurischen Geschlecht. Es heißt, oft in der Nacht seien im Löwenhof Geräusche zu vernehmen, die sich anhörten, als ob sich hier Menschen versam-

Ein spanischer Stich zeigt die Alhambra in romantischer, zeitgenössischer Darstellung

Eine Tafel in den Räumen um den »Hof der Lindaraja« besagt, daß hier im Jahre 1829 der Amerikaner Washington Irving seine Geschichten von der Alhambra geschrieben hat

melten. Man will auch das Klirren und Rasseln von Ketten und Ringen gehört haben, unterbrochen von Stöhnen, Seufzen und Weinen. Nun mögen solche Geräusche vielleicht durch das Wasser entstehen, das in Röhren und Kanälen zu den verschiedenen Brunnen fließt. Die Sagenerzähler geben sich aber mit solcher Erklärung durchaus nicht zufrieden, sondern meinen, der seltsame nächtliche Lärm rühre von den Geistern der Ermordeten her, die oft zum Schauplatz ihrer Leiden zurückkämen, um die Rache des Himmels auf ihre Mörder herabzurufen.

Die Sage berichtet auch von einem ausgedienten Soldaten, der auf der Alhambra als Fremdenführer eingesetzt war. Als er eines Abends durch den Löwenhof ging, hörte er in der Halle der Abencerragen Schritte. Er trat näher und erkannte vier Mauren im vergoldeten Harnisch, mit Schwertern in Silberscheiden und Krummdolchen, die mit Edelsteinen besetzt waren. Die Mauren winkten dem Mann, er solle zu ihnen kommen. Doch der Veteran bekam es mit der Angst zu tun und stürzte Hals über Kopf aus dem Palast. Die nächtlichen Erscheinungen wollten, so wird weitererzählt, dem Mann nur die Stelle zeigen, wo die Abencerragen ehemals ihre Schätze vergraben hatten.

Irving wohnte mehrere Monate in der Alhambra

Diese Sage und andere wie jene vom »Turm der Infantinnen«, von den »Drei schönen Prinzessinnen«, vom »Prinzen al Kamél«, von der »Rose der Alhambra«, den »Verschwiegenen Statuen« wie auch der Erzählung vom »Weisen aus Ägypten« hat Washington Irving gesammelt. Er schreibt dazu: »Wie viele Legenden, Sagen und Erzählungen, wahre und erfundene Geschichten, wie viele spanische und maurische Lieder und Balladen von Liebe und Haß, Krieg und Kampf, Leben und Sterben, Rittern und Knechten sind mit diesem romantischen Bau [der Alhambra] aufs engste verwoben.«

An Irving erinnert in Granada noch heute ein Hotel mit seinem Namen, da der Amerikaner mehrere Monate in der Alhambra gelebt hat. Im Komplex der Lindaraja hängt eine Erinnerungstafel an ihn, auf der es heißt:

Washington Irving
schrieb in diesen Räumen seine
Erzählungen von der Alhambra
im Jahr 1829

Irving berichtet in seinem Buch von der Zeit der Maurenherrscher: »Fern ihrer alten Heimat liebten sie das Land, das, wie sie meinten, ihnen von Allah geschenkt worden war, und bemühten sich, es mit all dem zu verschönern, was zu irdischem Glück eines Menschen beitragen konnte ... Wißbegierige Studenten aller Länder sah man in den Gängen der Universitäten von Toledo, Córdoba, Sevilla und Granada. Angezogen vom Wissen großer Lehrer, kamen sie ins Maurenreich, um sich arabische Kultur anzueignen und die Schriften der großen Männer und Klassiker des Altertums zu studieren, die zur Bildung und Formung europäischer Lebensäußerungen und westlicher Kultur so maßgebend wurden. Freunde von Poesie und Musik, große Mystiker und Denker gingen nach Córdoba und nach Granada.«

Einiges bleibt nachzutragen.

Auch von hoher Toleranz: Die arabische Weltkultur

Die islamische Herrschaft in Spanien dauerte mehr als ein Dreivierteljahrtausend. Dabei hat die Gesamtzahl der von Afrika ins Land Gekommenen nur kaum über 200 000 Mann betragen. Die wirtschaftlichen Fortschritte unter den neuen Herren waren außerordentlich. Mit Hilfe der Bewässerung wurden die Ernten vervielfacht; Industrien entstanden; der Handel nahm einen großen Aufschwung. Die Wissenschaft erlebte eine ungewohnte Blüte. Es gab eine arabische Weltkultur.

Die moslemischen Herrscher Spaniens waren während gewisser Perioden auch von hoher Toleranz. In solcher Zeit entstand die Lehre von den drei Ringen, von der Symbiose Islam-Christentum-Judentum, die der Dichter und Philosoph Gotthold Ephraim Lessing im 18. Jahrhundert zur Grundlage seines Bühnenstücks »Nathan der Weise« gemacht hat. So hat das maurische Spanien mit seinen geistigen Zentren – zu denen auch die Alhambra gehörte – Grundlagen gelegt, die bis in unsere Zeit gültig geblieben sind.

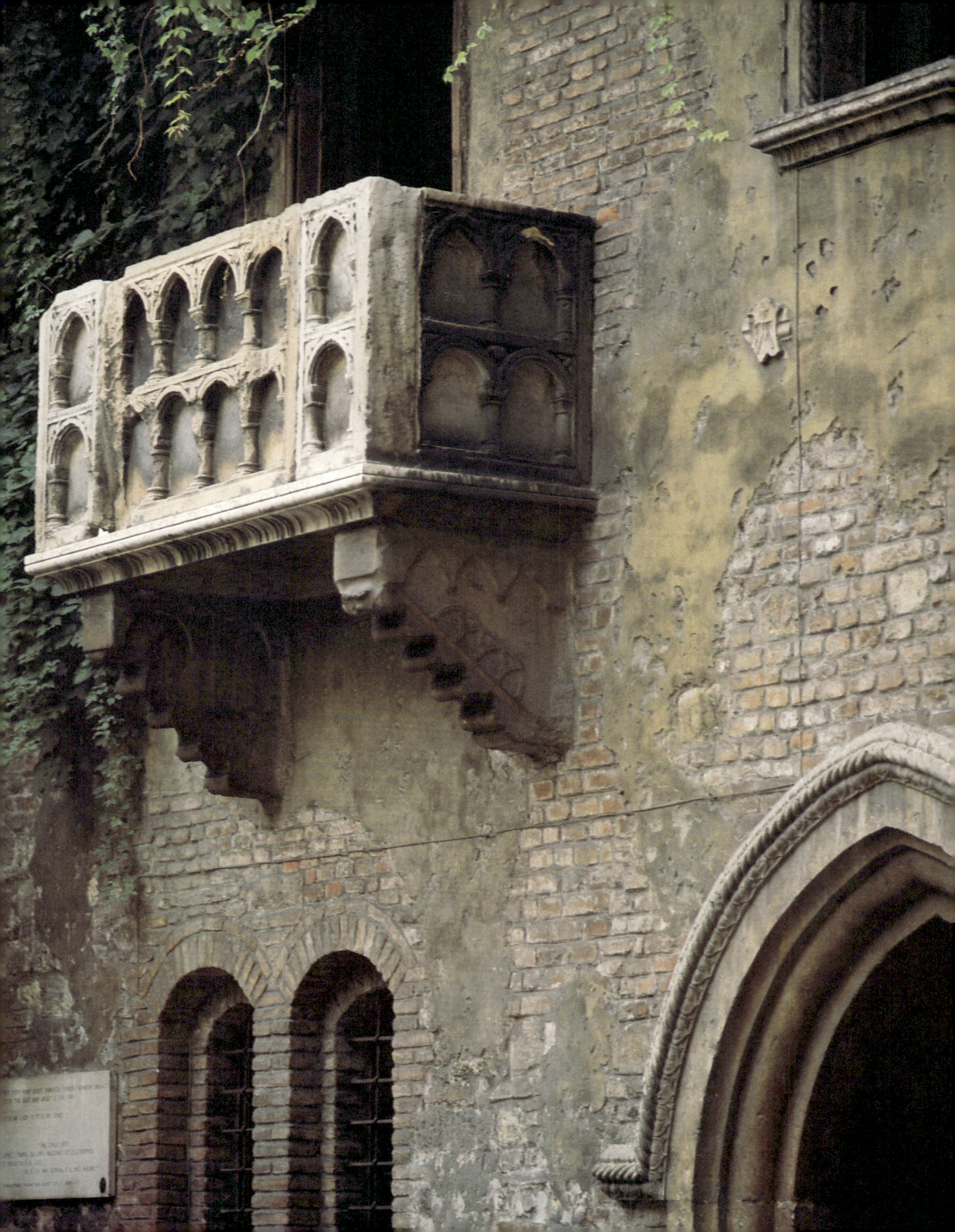

DAS HAUS IN DER VIA CAPPELLO NR. 23 IN VERONA

Romeo und Julia

»Sogar bis heute ist das Grab zu sehen,
so daß von allen Denkmälern Veronas
keines sehenswerter ist als das
von Julia und ihrem Ritter Romeo.«

Arthur Brooke, 1562

Beide kommen aus Großbritannien. Sie sind Studenten der Anglistik. Sie tragen Jeans und halten Motorrad-Schutzhelme in der Hand. Sie stehen im Hof des Hauses der Via Cappello 23, der Casa Giulietta, dem Haus der Julia, das im 13. Jahrhundert erbaut worden ist. Sie geht durchs gotische Portal ins Haus, zeigt sich bald darauf auf dem von Efeu überhangenen Marmorbalkon im ersten Stock, dem berühmtesten Balkon der Literaturgeschichte, beugt sich über die Brüstung, während er zur Kamera greift. Er macht nicht nur eine, nein, zwei, drei Aufnahmen − und immer noch eine. Dann tritt er ein paar Schritte vor und ruft hinauf:

»Mein Diener soll dir diese Stunde noch,
geknüpft aus Seilen, eine Leiter bringen,
die, zu den Gipfeln meiner Freude, ich
hinan will klimmen in geheimer Nacht.«

Und sie, die Shakespeare nicht weniger gut kennt, beugt sich noch weiter nach unten und antwortet:

»Willst du schon gehen? Der Tag ist ja noch
fern.
Es war die Nachtigall und nicht die Lerche,
die eben jetzt dein banges Herz durchdrang;
sie singt des Nachts auf dem Granatbaum
dort.
Glaub, Lieber, mir, es war die Nachtigall.«

Eine fast bühnenreife Szene. Dergleichen und andere merkwürdige Auftritte sind zu beobachten, wenn man hier einige Zeit zubringt. Auch neben der Bronzefigur im Hof, die Julia darstellt, gibt es eigenartige Bilder. Zusammen mit der Statue möchte manch Besucher fotografiert werden. Sie stellen sich neben das bronzene Mädchen und legen die Hand auf ihre Brust, die vom ständigen Berühren blank geworden ist.

Uns erinnert die Skulptur an den Schluß von Shakespeares Stück, als Romeos Vater Montague dem Vater Julias zuruft:

»Ich werde deiner Tochter ein Bild aus purem
Golde

Der berühmteste Balkon der Literaturgeschichte am »Haus der Julia« in Verona. Über eine Strickleiter soll Romeo auf den Balkon geklettert sein

Der Kreuzgang in der Kirche San Zeno in Verona mit dem Säulenpavillon, in dem Pater Francesco die heimliche Trauung von Romeo und Julia vorgenommen haben soll

machen lassen, damit — so lang Verona seinen Namen trägt — niemandes Andenken so geehrt wird wie das der schönen und getreuen Julia . . .«

Allerdings ist das Denkmal hier im Hof nicht aus Gold, und es wurde auch nicht von Montague gestiftet. Es ist eine moderne Darstellung des italienischen Bildhauers Nereo Constantini.

Der Hof ist ständig voller Menschen. Gruppen kommen und gehen. Die Reiseführer haben Schwierigkeiten, ihre Teilnehmer zusammenzuhalten. Sie versuchen es mit Rufen in verschiedenen Sprachen, mit erhobenem Arm, mit einem Regenschirm, erzählen tausend Dinge von Romeo und Julia und Einzelheiten der angeblichen Begegnung der beiden in der Via Cappello. Dabei beziehen sie sich einmal auf William Shakespeare, ein andermal auf den Italiener Matteo Bandello, Schriftsteller des 16. Jahrhunderts, wieder ein andermal lassen sie der Phantasie freien Lauf.

Die Reisenden, die die Stadt besuchen, sehen vieles andere und höchst Bemerkenswertes in Verona: Die Piazza dei Signori, die zweitausend Jahre alte Piazza delle Erbe mit dem geflügelten Markuslöwen, das vieltürmige, rostbraune Castelvecchio, die Scaliger-Gräber, die Basilika San Zeno oder die gewaltige römische Arena, eines der besterhaltenen und größten Amphitheater. Alle diese Sehenswürdigkeiten haben ihren Platz in der Geschichte. Es sind Realitäten. Das gilt allerdings nicht für die Geschichten um das Haus in der Via Cappello. Dennoch hören die Besucher gespannt zu, wenn es heißt . . .

Ein vierzigstündiger, todesähnlicher Schlaf

Die Veroneser Familien Montecchi und Cappelletti (bei Shakespeare Montague und Capulet) waren tödlich verfeindet. Romeo, aus dem Haus der Montecchi, nahm, maskiert, an einem Fest der Cappelletti teil und lernte dabei die Tochter des Hauses, Julia, kennen. Beide verliebten sich. Romeo hörte bald darauf, unter Julias Fenster stehend, wie diese der Nacht ihre Liebe anvertraute. Beide beschlossen, sich vom Franziskanerpater Lorenzo heimlich trauen zu lassen. Wenig später gerieten ein Freund Romeos, Mercutio, und ein Vetter Julias, Tybalt, auf dem Corso, nahe der Porta Borsari, in eine Straßenrauferei. Dabei tötete Tybalt Mercutio, und Romeo erstach Tybalt. Das Veroneser Gericht unter dem Vorsitz von Signor Bartolomeo sprach Romeo schuldig und verbannte ihn. Bevor dieser den Gerichtsbeschluß befolgte und sich nach Mantua begab, verbrachte er eine Nacht bei Julia. Vom Hof des Hauses der Cappelletti stieg er mit einer Strickleiter auf den Balkon und gelangte somit ins Zimmer der Julia.

Inzwischen hatte Julias Vater beschlossen, seine Tochter mit dem Grafen Paris zu verheiraten. Pater Lorenzo, der ein großer Alchimist und in der Zauberkunst bewandert war, riet, Julia solle zum Schein darauf eingehen, aber am Vorabend der Hochzeit einen Betäubungstrank nehmen, der sie in einen vierzigstündigen, todesähnlichen Schlaf versetzen würde. Der Pater sagte: »Du wirst ohne Puls und kalt wie Eis sein. Man wird Ärzte rufen, und alle werden dich für tot halten, und sie werden dich in der Gruft der Cappelletti beisetzen. Dort wirst du die Nacht und den nächsten Tag schlafen. In der folgenden Nacht werde ich dann mit Romeo kommen und dich herausholen. Ich werde Romeo benachrichtigen.« Der Bescheid erreichte Romeo aber nicht, da der Bote festgehalten wurde, und der Unglückliche erfuhr statt dessen vom plötzlichen Tod seiner Geliebten. Da begab er sich nach Verona. Vor der Gruft traf er den Grafen Paris und erstach ihn. Er fand Julia, küßte sie zum letzten Mal und nahm Gift. Als Julia erwachte und den toten Geliebten neben sich fand, erdolchte sie sich. Vor dem Grab der Cappelletti versöhnten sich die verfeindeten Familien.

Grab und Sekretär der Julia

Zu dieser Geschichte wird in Verona nicht nur das Haus der Julia gezeigt, auch das Haus Romeos, ein alter Bau aus Ziegelsteinen, mit einem breiten romanischen Portal, das immer verschlossen ist. Des weiteren sagt man in Verona, die heimliche Trauung der Liebenden sei in San Zeno erfolgt, und zwar im Kreuzgang der alten romanischen Basilika, dort, wo sich dieser zu einem kleinen überdachten und von Säulen getragenen Baldachin öffnet.

Noch ein anderes Gebäude gehört zu der Romanze. Es liegt im Südosten der Stadt, nahe der Etsch. Es ist das Kloster San Francesco, mit einem alten Ziehbrunnen, von wucherndem Grün umgeben. Wir gehen durch eine von Weinlaub umsäumte Säulenallee und steigen dann ein paar Stufen in die Tiefe und gelangen in die Krypta. In der Mitte eines spärlich erleuchteten Gewölbes mit kleinen gotischen Fenstern steht hier auf einem breiten Steinsockel ein offener, an den Rändern ausgezackter, schmuckloser Sarkophag. Dies sei das Grab der Julia, sagt man.

Nur wenige Reisende besuchen die sogenannte Familiengruft der Cappelletti. Wir sind vorübergehend sogar allein. Dann kommen einige jüngere Besucher und werfen Blumen in den Sarkophag – dies soll symbolische Bedeutung haben. Wären die beiden Engländer hier, denen wir in der Via Cappello begegneten, würden sie vielleicht aus dem fünften Akt aus Shakespeares Drama zitieren:

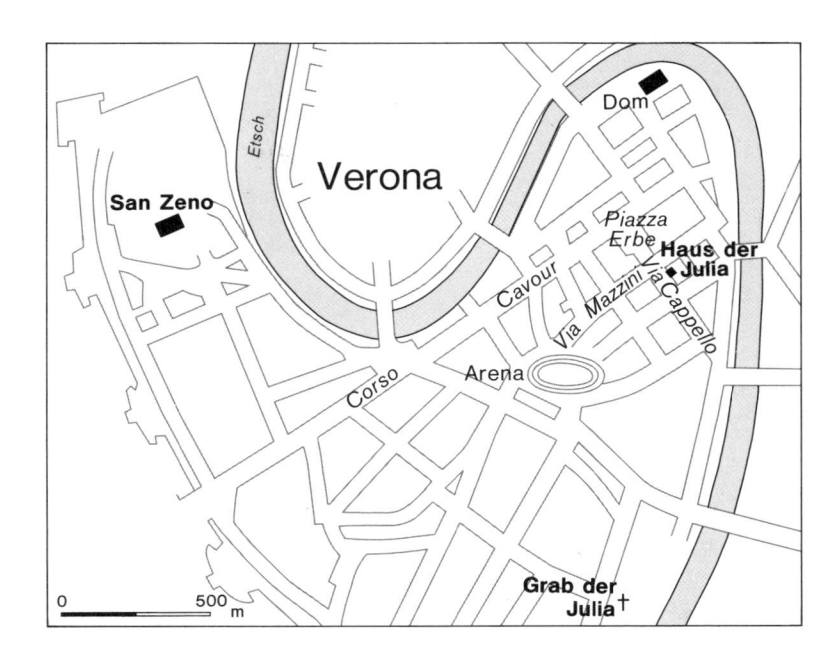

»Denn hier liegt Julia: Ihre Schönheit macht zur lichten Feierhalle dies Gewölbe.«

Von dieser Gruft weiß der deutsche Schriftsteller Dietmar Grieser eine nette Geschichte zu erzählen. Er hatte den Veroneser Signor Solimani aufgesucht, der siebenundzwanzig Jahre lang Fremdenführer in der »Tumba di Giulietta«, dem »Grab der Julia«, gewesen war. Er hatte Eintrittskarten verkauft und die Fremden zum Sarkophag geführt, sich vor allem jedoch der Verliebten angenommen und sie manchmal aufgefordert, sich an den Längsseiten des Sarkophags aufzustellen, sich vorzubeugen und einen Kuß auszutauschen. Das sollte ewige Dauer der Liebe versprechen.

Solimani berichtete, eines Tages sei ein Brief eingetroffen, der an Julia adressiert war. Es folgten weitere Schreiben. Niemand wußte zunächst, was mit den Briefen, die hauptsächlich aus Großbritannien und den Vereinigten Staaten kamen, anzufangen sei. Als die Sendungen kein Ende nahmen, bestimmte die Post, sie seien zu vernichten. Das widersprach aber der

Haus und Grab der Julia sowie die Kirche San Zeno sind die drei Stätten des Shakespearschen Dramas, die in Verona zu besichtigen sind

Auffassung des Fremdenführers. Er öffnete einen der Briefe, der von einem englischen Mädchen geschrieben war, das verzweifelt fragte, was es tun solle, nachdem seine junge Liebe zerbrochen war. Solimani schrieb ein paar freundliche Zeilen und tröstete den Teenager. Bald nahm der Fremdenführer es auf sich, alle Sendungen, die eingingen, wie ein Briefkastenonkel zu beantworten. Er legte sich sogar einen Stempel zu, mit dem er sich als »Sekretär der Julia« bezeichnete. Daraufhin trafen schwärmerische Dankschreiben ein.

Das Beispiel des »Sekretärs der Julia« beweist, daß mancher angenommen hat, die Romanze beruhe auf Wahrheit und habe sich in der Stadt Verona zugetragen. Das trifft aber keineswegs zu. Der eigentliche Hintergrund ist anders. Das haben wissenschaftliche Untersuchungen erbracht.

Die literarischen Spuren

Der Ursprung der Erzählung geht zurück auf den italienischen Schriftsteller Masuccio di Salernitano, der im 15. Jahrhundert am Hof in Neapel gelebt hat. Er war ein bedeutender Novellist und schrieb seine Geschichten nach übermittelten Dichtungen und mündlichen Überlieferungen. Sein Vorbild war der italienische Dichter und Humanist Boccaccio, der im 14. Jahrhundert in Florenz gelebt hat. Masuccio veröffentlichte 1476 das Buch »Il Novellino«. In diesem Werk schilderte er unter anderem eine Liebesgeschichte von Mariotto und Giannozza, die weitgehend der Erzählung von Romeo und Julia entspricht — mit einer wichtigen Ausnahme: Die Romanze spielt in Siena.

Etwa fünfzig Jahre später griff ein anderer Schriftsteller, Luigi da Porto aus Vicenza, den Stoff auf, verlegte ihn aber nach Verona. Er schrieb, es handele sich um eine wahre Geschichte, die ihm der Soldat Peregrino aus Verona erzählt habe. Er gab auch das Jahr an, in welchem sich die Begebenheit zugetragen haben sollte, nämlich 1303. Das wäre in der Scaligerzeit gewesen, im letzten Regierungsjahr des Bartolomeo della Scala. Luigi da Porto benutzte nicht mehr die Namen, die Masuccio seinen Helden gegeben hatte, sondern sprach von Romeo und Julia. Sie kamen, so schrieb er, aus den vornehmen Häusern der Montecchi und Cappelletti. Nach da Porto haben andere den Stoff aufgegriffen und ausgebaut. Vor allem tat dies Matteo Bandello, italienischer Dichter und Bischof. Seine Vorlage aus dem Jahr 1524 war so packend, daß sie auch in anderen Ländern Verbreitung fand. So kam die Erzählung nach England. Hier nahm sich Arthur Brooke des Stoffes an und verwandelte ihn 1562 in ein Versepos, das die Hauptquelle für Shakespeares Drama wurde, das dieser 1595/96 verfaßte.

So hat die Erzählung einen langen Weg durch die Jahrzehnte genommen. Es hat auch lange gedauert, bis die Literaturhistoriker die Spuren freigelegt hatten und die Wahrheit ans Tageslicht kam. Zuletzt hat der Amerikaner Olin H. Moore 1930 die Zusammenhänge klargestellt, so daß heute kein Zweifel mehr daran besteht, daß Romeo und Julia nie in Verona gelebt haben.

Die historische Wahrheit

Sind aber nicht wenigstens die Familien Montecchi und Cappelletti in der Stadt ansässig gewesen, zumal Dante, Italiens größter Dichter, ihre Namen nennt? Sein Denkmal steht in Verona auf der Piazza dei Signori, in nächster Nähe des Hauses der Julia. Dante schrieb 1325 im »Purgatorio« der »Göttlichen Komödie«: »Schau, träger Fürst, wie die Montecchi zu den Cappelletti stehen . . .« Doch bei Dante ging es nicht um zwei Familien, sondern um politische Parteien, von denen die eine, die Cappelletti, nicht einmal aus Verona, sondern aus Cremona kam. So bleibt an geschichtlichem Gehalt wenig.

Historische Wahrheit hat also nicht die Novelle unsterblich gemacht. Es war vielmehr der ungewöhnliche Inhalt, die glühende Leidenschaft der Liebenden und die furchterregende Todesnähe, die in dem Stück solche Rolle spielen. Zum anderen ist es William Shakespeare gewesen, der der Erzählung ihre geniale Form gegeben hat, so daß sie die Jahrhunderte überdauerte. Manche seiner Verse haben sich tief eingeprägt, wie etwa die Zeilen im vierten Akt, als Julia zu Pater Lorenzo sagt, sie werde nur Romeo heiraten, niemals den Grafen Paris:

»*Oh, lieber als den Grafen mich vermählen*
heiß von der Zinne jenes Turms mich springen,
da gehen, wo Räuber sind und Schlangen lauern,
und kette mich an wilden Bären fest;
bring bei der Nacht mich in ein Totenhaus
voll rasselnder Gerippe, Moderknochen
und gelber Schädel mit entzahnten Kiefern;
heiß in ein frisch gemachtes Grab mich gehen
und in das Leichentuch des Todes
hüllen . . .«

Vor allem war die Romantik von solchen Zeilen angetan, doch nicht nur diese Zeit. Heute noch wird Shakespeares Werk immer wieder in aller Welt aufgeführt — und immer mehr Besucher wandern in die Via Cappello in Verona.

Noch eines sei angemerkt: Die Novelle von Romeo und Julia ist ein Muster dafür, wie eine große Sage entstehen kann: Irgendwann erzählte man sich von einem ungewöhnlichen Ereignis, das sich irgendwo abgespielt hat oder auch nicht. Die Geschichte ging von Mund zu Mund, von Stadt zu Stadt und veränderte sich mehrfach. Der Stoff wurde aufgeschrieben, ein anderer übernahm den Text und änderte ihn. Schließlich gelangte das Thema in die Hände eines bedeutenden Dichters. Er prägte die endgültige, große Fassung.

Schließlich sei erwähnt: Von all den Menschen, die je in Verona gelebt haben — und es hat viele bedeutende Persönlichkeiten gegeben —, sind keine so berühmt geworden wie Romeo und Julia, obwohl sie gar nicht existiert haben. Das ist ein bezeichnendes Beispiel dafür, wie Phantasie die Realität überspielt.

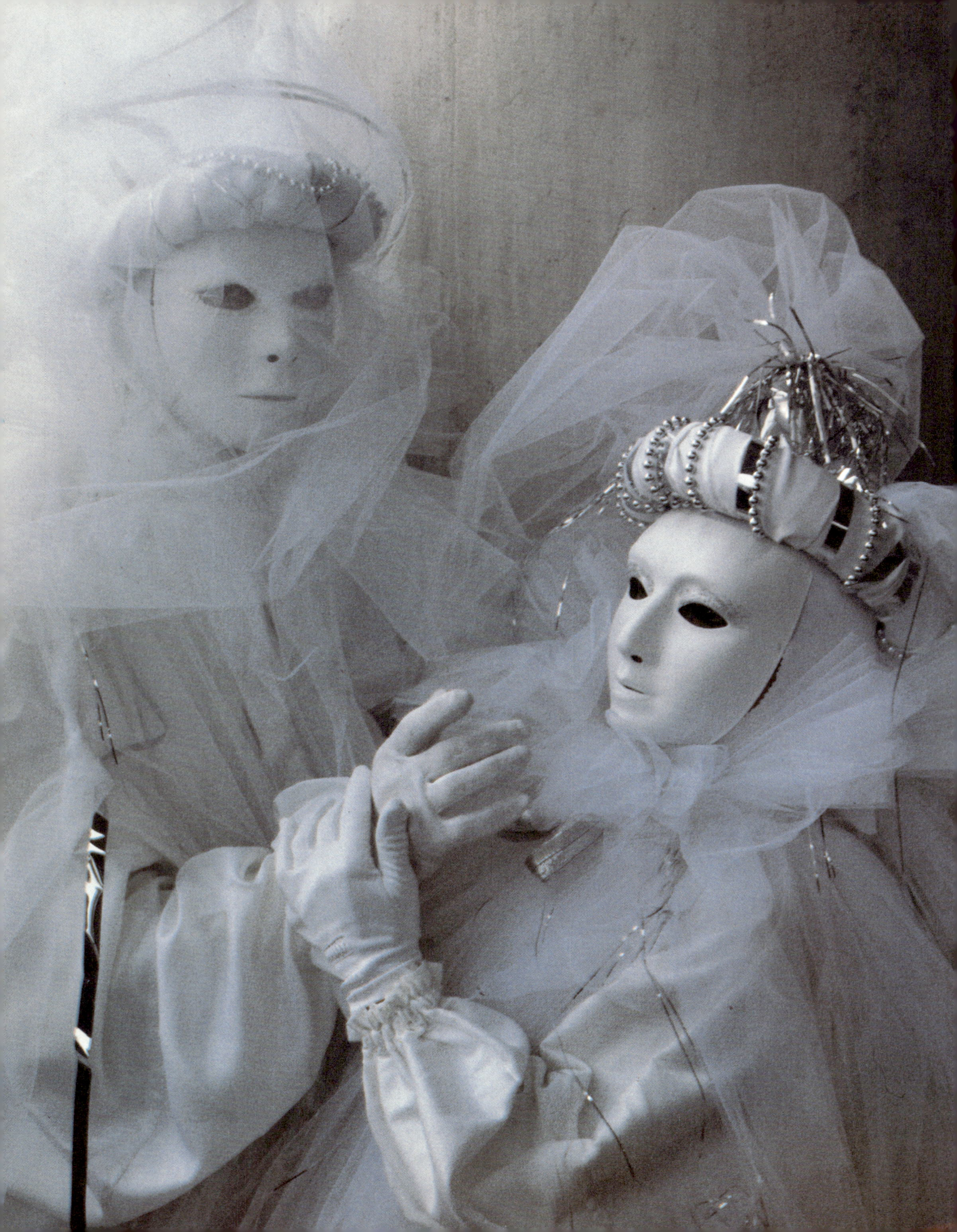

EINE WELT DER IRREALITÄT

Die Masken von Venedig

»Zauber und Magie der Maske haben mich seit je fasziniert.«

Hermann Kasack

Der Frühzug, der durch die norditalienische Tiefebene rollt, ist überfüllt. Die Reisenden kommen aus Vicenza, Padua, Ferrara, Modena, Parma, Verona, Brescia, Mailand und sonstwo her. Die meist jugendlichen Reisenden wollen den Karnevalssonntag in Venedig erleben. Kurz vor dem Eintreffen nehmen sie eine Verwandlung vor, öffnen Koffer und Taschen, streifen Jacken und Hosen ab und legen bunte Kleidung an. Ein Mädchen greift in einen Schminkkasten von beträchtlicher Größe mit Farben, Pinseln, Stiften und anderem Zubehör. Mit fast professioneller Sicherheit färbt sie die Gesichter der Gruppe, zieht schwarze Umrandungen und malt Punkte und Schatten. Die meisten der jungen Leute setzen aber Masken auf.

Im Bahnhof »Santa Lucia« tauchen die Reisenden unter in einem kaum übersehbaren Gedränge, das sich am Canal Grande entlangschiebt und über den Ponte degli Scalzi in die Innenstadt ergießt. Die Besucherzahl ist nach Hunderttausenden zu zählen, und der Ansturm so groß, daß kaum einer das Symbol des Karnevals am Bahnhofsvorplatz wahrnimmt: ein Metallgestänge mit der Maske sowie der Halbmaske an einem Ruder und daneben das Kennzeichen der venezianischen Gondel mit dem geschwungenen Bugeisen, der Dogenmütze, und den sieben Zacken darunter.

Eine Bühne von gewaltigem Ausmaß

Venedig im Karneval! Die sonst schon unwirkliche Stadt ist noch phantastischer. Die winkligen Gassen, die kleinen und großen Brücken, die alten Paläste und das Gewirr der Kanäle

In keiner anderen Stadt der Welt gibt es so viele Masken wie in Venedig während des Karnevals. Zu dieser Zeit scheint es, als ob ein Rausch der Unwirklichkeit die Menschen erfaßt hätte

Die Masken von Venedig

Das Symbol Venedigs an Karnevalstagen: Die Maske und die Halbmaske am Ruder einer Gondel. Daneben das Bugeisen der Gondeln, die Dogenmütze und darunter sechs Zacken

Die Masken von Venedig

sind zu einer Bühne von gewaltigem Ausmaß geworden, auf der Venezianer und Fremde mit Unbekümmertheit agieren. Es ist ein anderer Karneval als der übermütig-ausgelassene am Rhein, anders als der Fasching in Bayern oder der leidenschaftliche Karneval von Rio. Dabei ist der venezianische Karneval erst Ende der siebziger Jahre wieder zum Leben erweckt worden. Künstler, hauptsächlich Schauspieler und Studenten, wollten auf das Spektakel nicht verzichten. Sie prägten vor allem den Fasching, wie er heute in Venedig abrollt.

Die zehn Tage dauernden Feiern gehen auf die römischen Saturnalien zurück, die zu Ehren des Gottes Saturn am 17. Dezember begangen wurden. An diesem Tag gab es öffentliche und private Maskenfeste. Standesunterschiede wurden aufgehoben, die Herrschaft bediente die Sklaven. Manche der römischen Gebräuche wurden in nachfolgender Zeit beibehalten. Der christliche Karneval (»Carne vale«, »Fleich lebe wohl«) fand seine besondere Ausprägung durch die Maske, die das Untertauchen in die Anonymität erlaubte. Masken wurden so beliebt, daß sie in Venedig nicht nur zum Karneval getragen wurden: Man benutzte sie auch zu Schamlosigkeiten aller Art oder zu kriminellen Taten. Sie wurden Symbol des Aufbegehrens. Damit entstand ein politischer Akzent. Nun griff die staatliche Autorität ein: Die Masken wurden verboten. Doch das nutzte wenig. Die Venezianer ersannen immer neue Mittel im Kampf für die Maske. Im 17. Jahrhundert war es soweit, daß bald die Hälfte des Jahres Masken getragen wurden. Erst als Napoleon 1797 vor Venedig erschien und den letzten Dogen, Ludovico Manin, zur Abdankung zwang, fiel die Maske und blieb für über hundertachtzig Jahre fast vergessen.

Der Karneval wurde wiederentdeckt

Aber 1979 kam es wie ein Rausch über die Stadt: Der Karneval wurde wiederentdeckt und mit ihm die Maske. Heute gibt es in Venedig soviel Masken wie nie zuvor in der Geschichte und in keiner anderen Stadt der Welt. In unzähligen Geschäften werden sie angeboten in verschiedensten Formen, in vielerlei Arten, in weiß, braun, rot oder schwarz, aus Pappmaché, Holz oder Porzellan. Als wir einen Verkäufer fragen, wieviel Masken es wohl in Venedig gebe, lacht er: »Die hat keiner gezählt. Wenn Sie die Masken in den Geschäften zusammenrechnen mit denen, die in den Straßen getragen werden, sind es hunderttausend oder mehr . . .«

Der Harlekin tanzt durch die Gassen im bunten Kleid, der Diener aus der Commedia del'arte, der Stegreifkomödie, die Mitte des 16. Jahrhunderts in Oberitalien entstanden ist; natürlich ist Colombina nicht weit, das »Täubchen«, die weibliche Hauptfigur der Commedia dell'arte, die Geliebte des Harlekins, buntscheckig gekleidet wie ihr Liebhaber; Balanzone, fett, mit Perücke, eine dicke Aktenmappe unter dem Arm, schreitet würdig daher; der vornehme Venezianer Pantalone hält kultivierte Reden; der »Dottore« aus Bologna gibt sich als weiser Gelehrter, während Capitano Spaventa, der ein miserables Spanisch palavert, ein elender Schwätzer ist; Pulcinella fehlt nicht, das übermütige Kind aus Neapel, das wie ein Wasserfall parliert; ein Pierrot, das »Peterchen«, weiß geschminkt, im weißen Kostüm mit Halskrause, blickt höchst traurig in die Welt, eine dicke Träne auf der Wange − aus Italien stammend, wurde er in Paris heimisch; auch

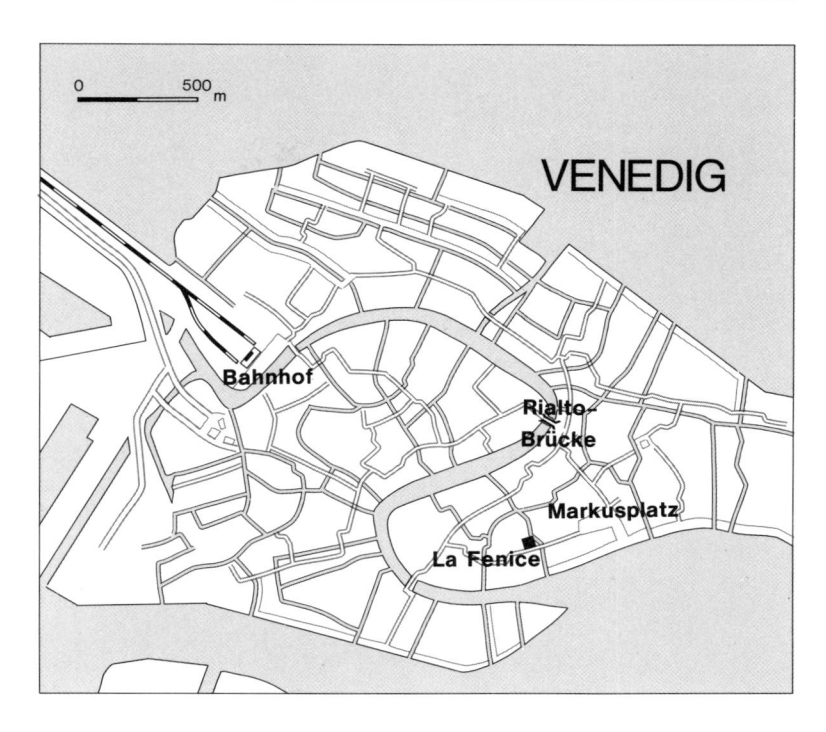

Im Karneval ist ganz Venedig eine märchenhafte Kulisse. Zentrum ist der Markusplatz

sein weibliches Gegenstück, die Pierrette, ist in der Nähe; einige wollen sogar Petruschka, den russischen Pierrot, gesehen haben. Und immer wieder die »Bautta«, das Maskenkostüm aus dem 18. Jahrhundert, ein Schulterumhang aus Samt oder Seide, darüber ein Dreispitz und vor dem Gesicht die schwarze Halbmaske − und der Rock bei den Damen nimmt manchmal einen phantastischen Umfang ein.

Der Doge
höchst persönlich

Was gibt es noch an Masken, an Figuren aus der Welt des Theaters, aus Sagen und Märchen, aus Geschichte und Gegenwart? Dominos sind über ein Brückengeländer gelehnt; ein Kardinal gibt sich die Ehre; ja, der Doge erscheint höchst persönlich, gefolgt von seinen Dienern; plötzlich zeigt sich auch der Pestarzt mit einer Nase wie ein Raubvogelschnabel, rundem Hut und einem Stecken in der Hand; einige freundliche Engel streifen an den Kanälen entlang und bewegen ihre vergoldeten Flügel; ein Teufel, knallrot, mit schwarzen Hörnern und einem Bocksfuß, springt von Gruppe zu Gruppe, während der Vampir Graf Dracula mit spitzen Eckzähnen und Bluttropfen um den Mund gierig nach Beute Ausschau hält; eine Sonne versucht, mit ihren Strahlen eine Mondsichel auszustechen, ein paar Sternchen eilen vorüber, Schmetterlinge flattern vorbei; schwarze und weiße Katzen mit markierten Schnurrhaaren huschen über die Steinplatten und jagen Mickymäuse vor sich her; ein Tiger läuft behende durchs Gewühl, ein Löwe steuert einen Kahn an echten und falschen Gondolieri vorbei über den Canal Grande. Und alle Masken schweigen, eine Pantomime sondergleichen − und gern verharren sie vor der Kamera, um sich ablichten zu lassen als traumhafte Modelle der Unwirklichkeit.

Eine Stadt unter dem Motto der Maske, unter einer Vermummung, die uralt ist, zurückgeht auf Jahrtausende und zu den ältesten Zeichen menschlicher Natur gehört. Masken gab es ja bereits in den Eiszeithöhlen Frankreichs und Spaniens. Sie wurden vor zehn- oder zwanzigtausend Jahren an die Wände der Höhlen gemalt oder geritzt. Die Bilder, noch heute zu sehen, zeigen Menschen in Tierverkleidung in den Höhlen Trois Frères, La Madeleine, Font-de-Gaume, Les Combarelles, Cabrerets oder Altamira. Es sind Zeichnungen, die den Menschen als Hirsch mit Geweih verfremden, als Löwen oder auch als Bison. Sie stellen den Zauberer dar, der im Halbdunkel der Höhlen erschien und rituelle Tänze aufführte.

Das Merkmal
der Anderwelt

Masken gab es immer, in allen Kontinenten, bei allen Kulturen. Sie sind dem Menschen immanent zugehörig; sie wurden von Generation zu Generation weitergegeben oder immer neu erfunden. Die Maske ist das Merkmal der Anderwelt, ein Schlüssel zum Traumreich, unerläßlich für die Bühne. Jeder Schauspieler des antiken Theaters trat mit einer Maske auf; er verlor damit seine Individualität und wurde so vollkommen zu dem Charakter, den er darstellen sollte.

Heute ist in Venedig wieder manches wie in früheren Jahren. Diese Stadt kann ohne Karneval nicht sein. Zu bestimmend ist der geistige Hintergrund, die Geschichte der Stadt, die nicht nur italienisch, sondern auch byzantinisch-orientalisch ist. Zu symbolisch sind die Paläste am Canal Grande, das Ca d'Oro, der Fondaco dei Turchi, die Pescheria, der Palazzo Bernardo oder der Palazzo Falier. Zu herausfordernd erscheint die Kirche Santa Maria della Salute, zu einmalig ist der Markusplatz. »Es ist der schönste Salon Europas«, hat Napoleon einmal gesagt. Auf dieser Piazza und der anschließenden Piazzetta wogt und quirlt der Karneval ohne Pause − überragt vom gelbroten Campanile, während San Marco und der Dogenpalast, die beiden Prokurazien (die Palastbauten der Statthalter) und der Uhrenturm mit dem geflügelten Löwen zu weißleuchtenden Seitenkulissen werden.

Die Masken gleiten über den Platz, während eine Veranstaltung der anderen folgt: das Tanztheater »Tabgo«; Musik der Masken; das Orchester San Marco; Hommage für den Karneval der Serenissima; Nuovo Ribalta del Carnevale; Giocollieri in Piazza und so weiter, und so weiter. Währenddessen wachen über dem Ein-

Die Masken von Venedig 215

Maleridyll in Venedig. Oft schminken sich die jungen Leute erst in den Straßen der Stadt

Eine »Sonne« als Maske vor dem Dogenpalast

gangstor von San Marco die vier Bronzepferde; dabei sind es gar nicht die echten, antiken Rösser; diese sind vielmehr im »Museo Marciano« aufgestellt. Auch den Markus-Löwen auf der einen der beiden Säulen am Südrand der Piazzetta vermissen wir diesmal, und nur die Figur des Theodor mit Schild und Lanze ist vorhanden. Unter beiden Säulen herrscht – wie überall – das bunteste Durcheinander, obwohl ein altes Sprichwort sagt: »Hüte dich vor dem Platz zwischen den Säulen«, denn hier war der alte Hinrichtungsplatz der Stadt.

Man geht zu »Florian«

Doch wer denkt daran? Das Leben in diesen Tagen ist gelöst und unbeschwert. Die Menschen sind Akteure oder Zuschauer. Es gibt kein freies Plätzchen mehr auf dem Markusplatz. Selbst auf den Umgängen der Obergeschosse der Paläste stehen die Menschen und blicken auf das verwirrende Spiel zu ihren Füßen, während Hunderte von Masken, an den Gebäudefronten angebracht, den Karneval nachdrücklich beschwören.

Zwischendurch geht man zu »Florian«, dem traditionellen Café im »Neuen Statthalterpalast«. Es wurde 1720 von Florian Francesconi eröffnet und ist heute das älteste Kaffeehaus Italiens; das Café ist in mehrere kleine Räume unterteilt; die Einrichtung im Louis-Philippe-Stil geht auf das Jahr 1858 zurück, als Venedig österreichisch war. Das Café ist zwar in diesen Tagen überfüllt, aber es gelingt uns dennoch, Platz zu finden. Zwei Tische weiter sitzt ein Pierrot. Er achtet nicht auf die Gäste, hat längst seinen Cappucino getrunken, auch das Glas Wasser geleert, und blickt unentwegt auf ein Papier und schreibt und schreibt. Es ist kein Brief, es sind keine Geschäftsnotizen. Ist der Pierrot ein Schriftsteller? Vielleicht. Doch wer will hinter die Maske sehen?

Schriftsteller oder Komponisten gab es im »Florian« jedenfalls immer. Hier haben sie alle verkehrt, ob es Karneval war oder nicht. Richard Wagner frühstückte jeden Morgen, als er an »Tristan und Isolde« arbeitete, im »Florian«. Marcel Proust nahm Übersetzungen vor, und Mark Twain schrieb, er habe keine glücklicheren Stunden erlebt als jene, die er täglich vor dem Café »Florian« verbrachte. Auch alle anderen waren in diesem Kaffeehaus: Goethe, Lord Byron, Charles Dickens, Rainer Maria Rilke, Ernest Hemingway, Thomas Mann . . .

Spät am Abend verlassen wir das »Florian«. Immer noch ist Karneval, immer noch schlendern die Masken über den Markusplatz, der im Halbdunkel ein Theater ohnegleichen geworden ist.

Was ist jetzt noch Realität?

Anderntags hat sich eine weißgraue Nebelschicht über die Stadt gelegt und löst sich den ganzen Tag nicht auf. Die Züge treffen mit großer Verspätung ein; über den Flughafen ist Venedig nicht mehr zu erreichen; die Gondeln ziehen vorsichtig durchs dunkle Wasser. Die grellen Farben, die sonst die Stadt beleben, sind erloschen. Was ist noch real, was ein Traum?

Kaum können wir die Front von »La Fenice« erkennen. Dieses größte Opernhaus der Stadt, das auch als Theater benutzt wird, hat einen legendären Ruf. Hier wurden Verdis »Rigoletto« und viele andere bedeutende Werke uraufgeführt.

Als wir den Eingang passieren, öffnet sich das Portal, und heraus tritt eine weiße Maske, die Augen nicht erkennbar, der Mund ist leicht geöffnet.

Wir fragen: »Hast du einen Namen?«

Die Antwort: »Ich habe ihn vergessen.«

Wir fragen weiter: »Hast du ein Motto für diese Tage?«

»Gewiß«, sagt das gespenstische Wesen. »Ich hörte die Botschaft hinter den Kulissen:

»Alle Menschen dieser Erde
tragen Masken bis ans Grab.
Nur an ›Carne-vale-Tagen‹,
wenn die Menschen Masken tragen,
fällt die Maske ab . . .«

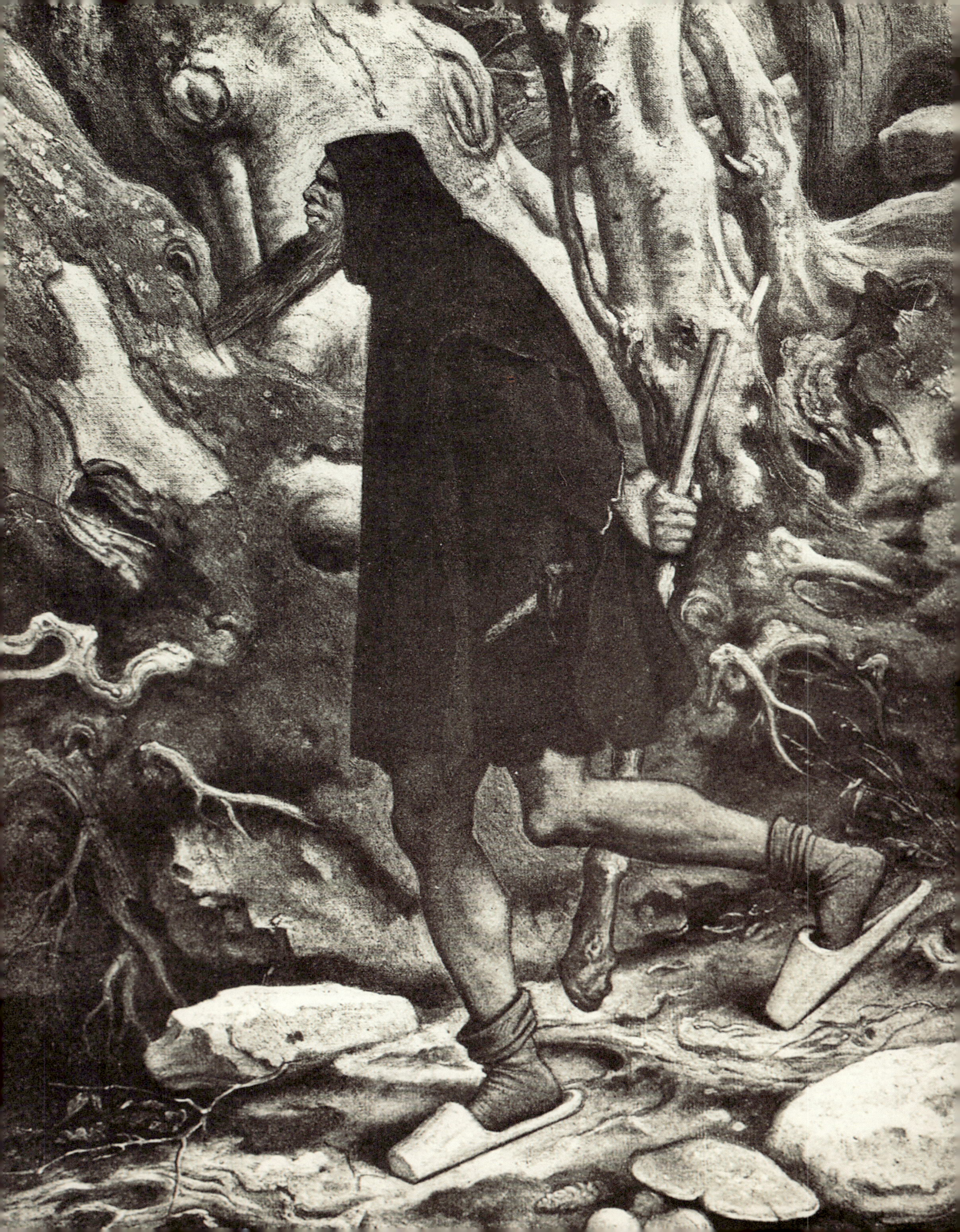

DER GESPENSTISCHE BERGGEIST DES RIESENGEBIRGES

Rübezahl

»Ich sah mich nicht um nach Berggeistern oder nach Rübezahl. Es war aber trotzdem nicht zu verhindern, sie guckten mir durch die Fenster ins Haus hinein.«

Gerhart Hauptmann

Hirschberg war früher das Tor zum Riesengebirge. Typisch für diese gegen Ende des 13. Jahrhunderts gegründete niederschlesische Kreisstadt waren die Laubenhäuser am Ring mit großzügig angelegten Arkaden, unter denen der Einkauf erledigt, flaniert oder Schutz vor schlechtem Wetter gesucht wurde. Die Laubenhäuser gibt es noch heute; die Stadt insgesamt hat den Zweiten Weltkrieg heil überstanden. Die damals ansässigen Deutschen mußten allerdings Hirschberg sowie alle anderen Siedlungen in Schlesien und den Sudeten verlassen; Millionen von Menschen wurden vertrieben oder umgesiedelt.

Wir haben vor dieser Zeit eine Wanderung im Riesengebirge unternommen, dem etwa fünfunddreißig Kilometer langen und rund siebenundzwanzig Kilometer breiten Gebirgszug der Sudeten, über deren Kamm damals die deutsch-tschechische Grenze ging und heute die polnisch-tschechische Grenze verläuft. Wir hatten Hirschberg in Richtung Warmbrunn verlassen und waren nach Agnetendorf gekommen, in dem damals der Dichter und Nobelpreisträger Gerhart Hauptmann wohnte. An der Burgruine Kynast ging's vorbei, während der Wind über Felder und Berge pfiff und Regenschauer vor sich her trieb. Je höher wir kamen, um so heftiger prasselte der Regen nieder. Der Wind wurde zum Sturm. Nebel kam auf. Bald verlor sich das Gebirge in undurchsichtigem Grau oder in gespenstischen Wolkenfetzen.

Drei Viertel des Jahres herrscht Winter

Solche Wanderung war nicht ungefährlich, denn in der Nähe lagen die Große und Kleine Schneegrube mit steilen, zerrissenen Abstürzen. Mit Mühe überschritten wir den baumlosen Kamm. Als der Sturm übertönt wurde von donnerähnlichen Geräuschen, ahnten wir, daß der Elbfall in nächster Nähe sein mußte, mit dem sich der junge Fluß an die achtzig Meter in

Eines der bekanntesten Bilder vom gespenstischen Berggeist Rübezahl aus dem Riesengebirge. Dieses Gemälde von Moritz von Schwind ist im Wallraf-Richartz-Museum in Köln zu sehen (Bildarchiv Preußischer Kulturbesitz)

den Elbgrund stürzt. Total durchnäßt erreichten wir Spindlermühle.

Solch Wetter war und ist im Riesengebirge nicht ungewöhnlich. Die meteorologische Station auf dem höchsten Berg, der 1603 Meter hohen Schneekoppe, verzeichnet im Durchschnitt 107 Sturmtage im Jahr, an 193 Tagen regnet es, und an 263 Tagen herrscht Nebel. Ein Sprichwort sagt: »Im Riesengebirge ist es dreiviertel Jahr Winter und einviertel Jahr kalt.« Darum wurden (und werden) die Kachelöfen in den Schutzhütten, früher Bauden genannt, das ganze Jahr hindurch geheizt.

In alten Zeiten hatte die Witterung für die Menschen noch weit größere Bedeutung. Nebelkappen auf den Bergspitzen, bizarre Wolken, die von Stürmen gejagt wurden, sintflutartige Regenfälle, Blitz und Donner, Irrlichter und Elmsfeuer waren rätselhafte Vorgänge. Es gab das »Brockengespenst«, das sich bei niedrigem Sonnenstand bildete. Ein Wanderer erblickte dann auf einer gegenüberliegenden Wolkenwand sein eigenes, stark vergrößertes Schattenbild, das von Strahlenbüscheln in Regenbogenfarben umgeben war. Hinzu kam die Unzugänglichkeit des Gebirges, das weglos und in urwaldähnlichem Zustand war. Das Riesengebirge trotzte lange jeder Erschließung. Die schlesische Bevölkerung hat sich erst Anfang des 14. Jahrhunderts bis an den Fuß des Gebirges herangewagt. 1726 ist der letzte Bär erlegt worden. Die Unnahbarkeit dieser Landschaft war Grund für die Bildung von unheimlichen Sagen. Die abweisende Natur führte zur Vorstellung von »Naturdämonen«, wie der Philosoph und Psychologe Wilhelm Wundt diese Erklärungsversuche bezeichnet hat. Ein solcher Dämon im Riesengebirge war der Berggeist Rübezahl.

Zwischen den Klüften haust Rübezahl

Von ihm berichtet die Sage: »Zwischen den Klüften des Riesengebirges haust Rübezahl. Dieser Fürst der Gnomen ist launisch, ungestüm, sonderbar, bengelhaft, roh, unbescheiden, stolz, eitel, wankelmütig, heute der wärmste Freund, morgen fremd und kalt; zuzeiten gutmütig, edel und empfindsam; aber mit sich selbst im steten Widerspruch, albern und weise, oft weich und hart; schalkhaft und bieder, störrisch und beugsam. – Rübezahl tost im wilden Gebirge, hetzt Bären und Auerochsen aneinander, daß sie zusammen kämpfen, oder scheucht mit grausendem Getöse das scheue Wild vor sich her und stürzt es von den steilen Felsklippen hinab.«

Rübezahl erscheint in vielfacher Gestalt: Als Pferd, als große Kröte oder als »Puhuy«, was immer das sein mag, als Wilder Jäger, als Bergmännlein oder Poltergeist, als Wanderer, der andere begleitet. Ein gewisser Grosius schreibt 1597: »Wenn er sie dann auf Irrwege geführt, daß sie nicht wissen, wo sie zu wollen, so springt er alsbald auf einen Baum und hebt dermaßen mit heller Stimme an zu lachen, daß es im ganzen weiten Wald erschallt.« Ein Pastor Rausch will ihn um das Jahr 1600 in einer großen Kalesche durch Schmiedeberg haben fahren sehen.

Die Prinzessin im unterirdischen Reich

Eines Tages beobachtet Rübezahl ein Mädchen, die Tochter des schlesischen Königs, der damals im Riesengebirge herrscht. Das Mädchen kommt oft zu einer Felsquelle und badet hier. Doch Rübezahl verändert den Ort. Die Felsen sind jetzt mit Alabaster verkleidet; das Wasser rauscht, von Abstufungen unterbrochen, in ein weites Marmorbecken; zu beiden Seiten der Kaskade öffnet sich ein Doppeleingang zu einer Grotte von märchenhafter Pracht. Emma, so heißt das Mädchen, will wie zuvor ein Bad nehmen. Doch kaum ist sie im Becken eingetaucht, als sie schon in die Tiefe gezogen wird. Sie gelangt in Rübezahls unterirdisches Reich. Hier ist alles unglaublich großartig. Doch die Prinzessin fühlt sich bald einsam und verlassen und beklagt sich darüber bei Rübezahl. Da geht dieser auf einen Acker, zieht ein Dutzend Rüben heraus und bringt sie dem

Rübezahl

Mädchen zusammen mit einem Zauberstab. Er sagt ihr, sie brauche die Rüben nur mit dem Stab zu berühren, und schon erschienen alle Personen, die sie zu sehen wünsche. Emma zaubert sich verschiedene Menschen herbei und hat schnell ihren Hofstaat um sich versammelt. Doch bald muß die Prinzessin mit Erschrecken feststellen, daß ihre Gespielinnen erkranken, verfallen und sich kaum noch bewegen können. Empört stellt sie Rübezahl zur Rede. Dieser sagt: »Die Kräfte der Natur gehorchen mir, doch vermag ich nichts gegen unwandelbare Gesetze zu tun. Solange die treibenden Kräfte in den Rüben waren, konnte der magische Stab das Pflanzenleben nach Gefallen verändern. Aber die Säfte sind nun vertrocknet...«

Damit Emma sich künftig jeden Wunsch erfüllen kann, legt Rübezahl ein großes Feld von Rüben an. Doch die Prinzessin sinnt auf Flucht, da der Berggeist ihr zuwider ist. Sie sagt dem Dämon, er möge die Rüben, die auf dem Acker heranwüchsen, einmal zählen. Rübezahl macht sich an die Arbeit. Da das Feld aber außerordentlich groß ist, verzählt der Berggeist sich ständig.

Indessen hat das Mädchen eine frische Rübe genommen, verwandelt sie in ein Pferd mit Sattel und Zaumzeug und flüchtet. Der Dämon hat inzwischen die richtige Rübenzahl ermittelt und macht sich auf den Weg in sein unterirdisches Reich. Aber er findet die Prinzessin nicht mehr. Er sieht nur noch, wie sie mit ihrem Pferd über die Grenzen seiner Berge setzt. Wütend ergreift er ein paar vorüberziehende Wolken und schleudert der Geflüchteten einen Blitz nach. Er zersplittert eine tausendjährige Grenzeiche, kann aber der Königstochter nichts mehr anhaben.

unentwegt rief: »Rübezahl, komm herab! Rübezahl, Mädchendieb!«, raste der Berggeist durch den Fichtenwald und wollte den Übeltäter erdrosseln. Doch er besann sich eines anderen: Er bestahl einen Reisenden, klagte aber den jungen Mann an, er habe die Tat begangen. Der Bursche kam ins Gefängnis von Hirschberg, wurde schuldig gesprochen und sollte gehenkt werden. Da kamen Rübezahl Bedenken. Er ging ins Gefängnis und ließ den eingekerkerten entkommen. Statt seiner schritt Rübezahl zur Richtstätte. Als er am Galgen hing, vollführte er tolle Kapriolen, schnitt Grimassen und trieb es so arg, daß es selbst dem Henker zuviel wurde. Als sich einige Ratsherren anderntags zur Richtstätte begaben, fanden sie am Galgen nur einen mit Lumpen bedeckten Strohwisch.

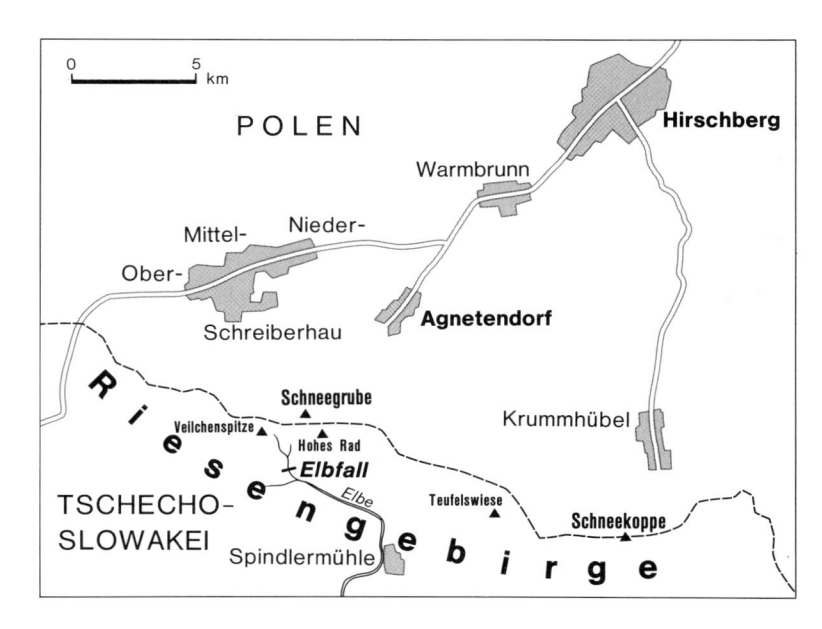

Der Berggeist Rübezahl war im Riesengebirge zu Hause, jener Berglandschaft, die heute Grenzgebiet zwischen Polen und der Tschechoslowakei ist

Rübezahl: Ein Spottname

Die Bergbewohner haben dem Dämon den Spottnamen Rübenzähler oder Rübezahl zugelegt. Darüber war der Berggeist empört. Manche Sage berichtet davon, wie er sich an jenen rächte, die ihn Rübezahl riefen. Als ein junger Bursche durchs Riesengebirge wanderte und

In Rübezahls Garten gab es Zauberpflanzen

Im Riesengebirge gab es Gärten, die mit Rüben besetzt und nach Rübezahl benannt waren. Im Aupatal existierte über einer Geröllhalde ein schwer zugänglicher Rasenfleck; er wurde »Teufelsgärtchen« genannt. Diese Bezeichnung ist schon früh mit Rübezahl in Verbindung gebracht worden; in manchen Gegenden gehörten

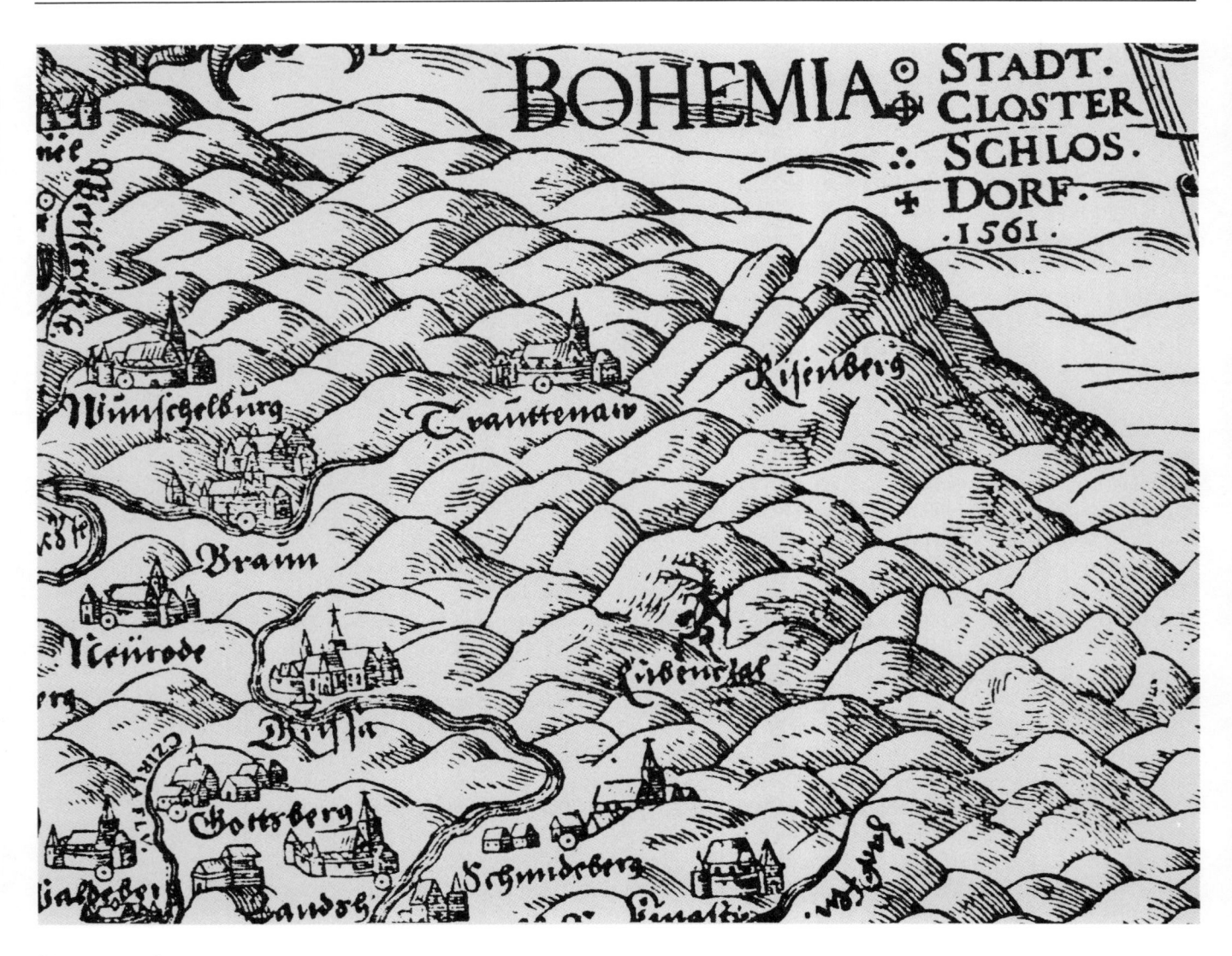

Die erste Ansicht des Riesengebirges, gezeichnet vom Breslauer Rektor Martin Helwig im Jahre 1561. Zwischen Risenberg und Schmideberg erscheint »Rübezahl« als Fabelwesen

Teufel und Rübenacker zusammen. Es ging auch die Sage, in Rübezahls Gärten gebe es Pflanzen von besonderer Wirkung und magischer Kraft; zu diesen Pflanzen gehörte die Weißwurzel. Mancher wünschte sich solch Wundergewächs, so auch die Frau eines Obersten in Liegnitz; sie versprach einem Heilpflanzensucher eine hohe Belohnung, wenn er ihr eine Weißwurzel brächte.

Da ging der Mann in Rübezahls Garten und grub eine Wurzel aus; er wurde aber vom Berggeist überrascht, konnte aber die Pflanze mitnehmen und gab sie der Obristin. Diese bezahlte den Mann gut und forderte ihn auf, noch einmal ins Gebirge zu gehen; der Wurzelmann tat es. Zum Schluß war der Dämon so erbost, daß er den Eindringling in Stücke riß.

Die Heilpflanzensucher, auch Kräuterer genannt, durchstreiften unermüdlich das Gebirge und sammelten Schafgarbe, Drachenwurz, Wegebreit, Eisenkraut, Tausendguldenkraut, Doste und Wacholderbeeren. Besonders geschätzt war Lungenmoos, das auf dem Gebirgskamm wuchs, auf dem Koppenplan, und angeblich vor allen bösen Krankheiten schützte. Die Kräuterer brachten ihre Ausbeute den Apothekern ins Tal, den sogenannten Laboranten, die aus den Pflanzen Tränke und Pülverchen bereiteten. Sie wurden auf Märkten verkauft und fanden überall reißenden Absatz. An den Ständen der Quacksalber war meist ein Bild von Rübezahl angebracht, das ihn von riesigem Wuchs zeigte, mit einem wilden Bart, dazu mit einem wehenden Mantel. Dazu sagten die Laboranten, wenn sie ihre Ware anpriesen, die Kräuter habe Rübezahl selbst ausgegraben und außerdem mit besonderer Heilkraft ausgestattet.

Der schatzhütende Geist

Dann gab es im Gebirge noch Walen, Edelmetall- und Edelsteinsucher. Mit allerhand Geräten ausgerüstet, spürten sie verborgene Schätze auf. Dabei benutzten sie »Zauberspiegel« aus der venezianischen Glasindustrie. Nach dem Herstellungsort wurden die Walen auch »Venediger« genannt. Berühmt waren ihre »Walenbüchlein«, in denen Erfahrungen, Instruktionen und Ortshinweise verzeichnet standen. Wie Joseph Klapper 1925 in seiner Broschüre »Rübezahl und sein Reich« schreibt, kam einmal ein Pfarrer im Riesengebirge in den Besitz eines solchen Walenbüchleins, das in italienischer Sprache geschrieben war und »abenteuerliche Nachrichten« enthielt. Der Pfarrer berichtete schließlich seiner Gemeinde von mehreren Einzelheiten, warnte aber eindringlich vor diesen Büchern und verbrannte das ihm vorliegende Exemplar.

Bei der Schatzsuche wurden auch Wünschelruten verwandt. Sie mußten nach vorgeschriebenem Ritual geschnitten werden. Der Rutengänger suchte einen passenden Strauch, zog ein Messer und sagte: »Ich habe dich gesucht, ich habe dich gefunden. Ich gebiete dir bei Gottes Kraft, daß du mir die ganze lautere Wahrheit zeigst in allen Dingen, die ich von dir begehre und erfrage.« Der Rutengänger machte an dem Zweig eine Kerbe und fuhr fort: »Ich gebiete dir, daß du mich an die rechte Stelle führst, wo die verborgenen Schätze sind, Silber und Gold.« Dann schnitt der Schatzsucher an der

Rübezahl fährt in einem von einem Wildschwein gezogenen Schlitten über den Großen Teich im Riesengebirge. Die Zeichnung wurde 1736 von einem unbekannten Künstler aus Hirschberg geschaffen

anderen Seite eine zweite Kerbe und brach den Zweig.

Für die Walen war Rübezahl der schatzhütende Geist. Er hatte auch eine persönliche Schatzkammer, die am Pantschefall gelegen haben soll. Er habe auch Schätze nahe der Abendburg gehabt, hieß es. Im »Trautenauer Walenbüchlein« aus dem Jahre 1446 ist angemerkt, nahe der Abendburg sei eine Mauer, und »allda ist der Geist, welchen die gemeinen Leute Rübezahl nennen«. Die vielfach vorhandenen unterirdischen Schätze, so ist in dem Buch außerdem zu lesen, seien schwer zu gewinnen, wegen der Verzauberung der Region und der Macht des Berggeistes.

Schatzsuche spielte darum eine nicht unbeträchtliche Rolle, weil die Menschen in größter Armut lebten und hofften, durch einen Gold- oder Silberfund reich zu werden. So durchzog mancher Schatzsucher das Riesengebirge. Rübezahl trieb oft seinen Spott mit ihnen. Er ließ um Mitternacht da und dort ein blaues Flämmchen aufleuchten, und wenn die Schatzsucher kamen und ihre Mützen darauf warfen, ließ er sie einen schweren Topf ausgraben und nach Hause tragen. Wenn sie aber nach einer Weile nachschauten, fanden sie nur Unrat . . .

Eines Tages sieht Rübezahl eine Frau mit einem Korb voll Laub daherkommen. Sie hat vier Kinder bei sich. Eines von ihnen, ein eigensinniger Junge, schreit immerfort und läßt sich nicht beruhigen. Darauf die Mutter: »Rübezahl, komm und friß mir den Schreier!« Augenblicklich steht der Geist vor ihr und ruft: »Hier bin ich. Was willst du?« Die Frau, zu Tode erschrocken, will sich herausreden, doch der Geist sagt: »Man ruft mich nicht ungestraft. Dein Sohn gehört jetzt mir!« Damit greift er nach dem Kind. Da wird die Frau, sie heißt Ilse, ganz wild, zerrt Rübezahl am Bart und reißt ihren Sohn an sich. »Den gebe ich nicht her, um nichts in der Welt!« ruft sie zornig. Rübezahl hat indessen Gefallen an der Frau gefunden und befragt sie, wo sie herkomme, was sie treibe und was ihr Mann tue. Da beklagt sich Ilse über ihren Mann. Er verprügele sie oft und dies ohne Grund. Rübezahl hilft der Frau den Korb auf und wünscht ihr und den Kindern einen guten Heimweg. Doch bald spürt die Frau, daß ihre Last schwer und schwerer wird.

Als sie zu Hause in Kirsfeld ankommt, wo sie wohnt, hat sich das Laub in Gold verwandelt.

Inzwischen ist Ilses Mann, Steffen, auf dem Weg von Böhmen nach Kirsfeld. Er ist Glashändler und hat eine Korbladung Gläser erstanden und will sie auf dem Markt von Schmiedeberg verkaufen. Als er eine Pause einlegt und dabei seinen Korb auf einem Baumstumpf absetzt, kommt Rübezahl als Windstoß vorbei. Er stürzt den Korb um, und die Gläser zerspringen in tausend Stücke. Zugleich hört der Glashändler lautes Gelächter und weiß nun, wer ihm den Schabernack zugefügt hat.

Als er nach Hause kommt, berichtet seine Frau von dem Laub, das sich in Gold verwandelt hat. Nun kaufen sich beide ein großes Bauerngut. Der kleine Junge aber, der Schreihals, entwickelt sich prächtig und wird Soldat in Wallensteins Heer.

Bergmännischer Ursprung

Zum erstenmal taucht der Name Rübezahl 1230 als »Rubezagel« in Würzburg auf sowie in Fuldaer Urkunden. Als »Rubeczale« erscheint er Anfang des 15. Jahrhunderts in Meißen. Dann gibt es im 16. Jahrhundert in Schlesien verschiedene Nennungen. Hier lautet der Name Rubenczal, Rubezal, Rübenzagel oder ähnlich. 1561 ist der Berggeist auf einer Landkarte des Rektors Martin Helwig zu sehen, und zwar als Fabelwesen mitten zwischen Bergen und Dörfern. 1619 erscheint »Rubezagel« in einer Tiroler Urkunde. Jahrzehnte später hat der Leipziger Magister Praetorius 241 Sagen gesammelt und gibt sie unter dem Titel »Daemonologia Rubincalii Silesii« heraus (1662–72). 1783 veröffentlicht der Weimarer Gymnasialprofessor J. K. A. Musäus fünf längere Legenden von Rübezahl. Aus diesem Buch wie auch aus früheren Urkunden geht hervor, daß Rübezahls Reich ursprünglich unterirdisch gewesen sein muß. Bei Musäus heißt es: »Wenige Lachter [früheres Längenmaß, etwa zwei Meter] unter der urbaren Erde hebt seine Alleinherrschaft an und erstreckt sich auf achthundertsechzig Meilen in die Tiefe bis zum Mittelpunkt der Erde. Zuweilen gefällt es dem unterirdischen Starosten [königlicher Statthalter], seine weitgehenden Provinzen in dem Abgrund zu durchkreuzen, die unerschöpflichen Schatzkammern edler Fälle und Flötze zu beschauen, die Knappschaft der Gnomen zu mustern und in Arbeit zu setzen.«

Die Schlußfolgerung hieraus: Die Rübezahl-Legende war ursprünglich bergmännischen Ursprungs. Aus einigen Chroniken ergibt sich außerdem, daß die Sage von Bergleuten aus dem Harz im 15. Jahrhundert nach Schlesien gebracht und hier örtlichen Gegebenheiten angepaßt worden ist. Man sprach vom »Vircunculus montanus«, vom Bergmännlein, vom einsiedlerischen Bergschrat unter Tage oder auch vom Bergmönch. Als Wohnort wurde der Schwarzenberg bei Johannisbad sowie die Nähe der Schneekoppe angegeben. Die Mythenbildung wurde außerdem von Bergleuten geformt, die von 1530 ab aus Schwaz in Tirol gerufen wurden, wo schon in vorgeschichtlicher Zeit Bergbau üblich gewesen ist. Er wurde in späteren Zeiten von den Familien Fugger und Paumgartner erheblich ausgebaut. Mit den Bergleuten aus Schwaz kamen auch Holzfäller, die für den Bergbau unerläßlich waren; diese Tiroler Holzknechte beförderten die gefällten Baumstämme über lange Rutschen zu Tal; sie wurden »Riesen« genannt, und nach diesen Holzrinnen ist die ganze Region »Riesengebirge« genannt worden.

Wie alle großen Sagengestalten, die sich im Verlauf von Jahrhunderten entwickelt haben, setzt sich auch Rübezahl aus verschiedenen Erzählungen, Legenden und Märchen zusammen, aus vermeintlichen Erscheinungen im Gebirge, aus Sinnestäuschungen, Ängsten, phantastischen Vorstellungen und nicht zuletzt der Lust am Fabulieren. All das wurde schließlich auf eine einzige beherrschende Sagengestalt konzentriert.

Rübezahl ist ausgewandert

Wer heute das Riesengebirge durchwandert, eine von Europas reizvollen Landschaften, findet wenig Hinweise auf Rübezahl. Der Berggeist war ja aus der Phantasie der Deutschen entstanden, die an die achthundert Jahre hier gelebt und eine beachtenswerte Kultur geschaffen hatten.

Seit die Deutschen dieses Land aufgeben mußten, hat auch der Berggeist das Riesengebirge verlassen. Der schlesische Schriftsteller und Dozent in Breslau, der spätere Professor an der Göttinger Universität, Will Erich Peukkert, schrieb dazu: »Als wir die Sage mitnahmen, nahmen wir das Beste mit, was wir hatten.«

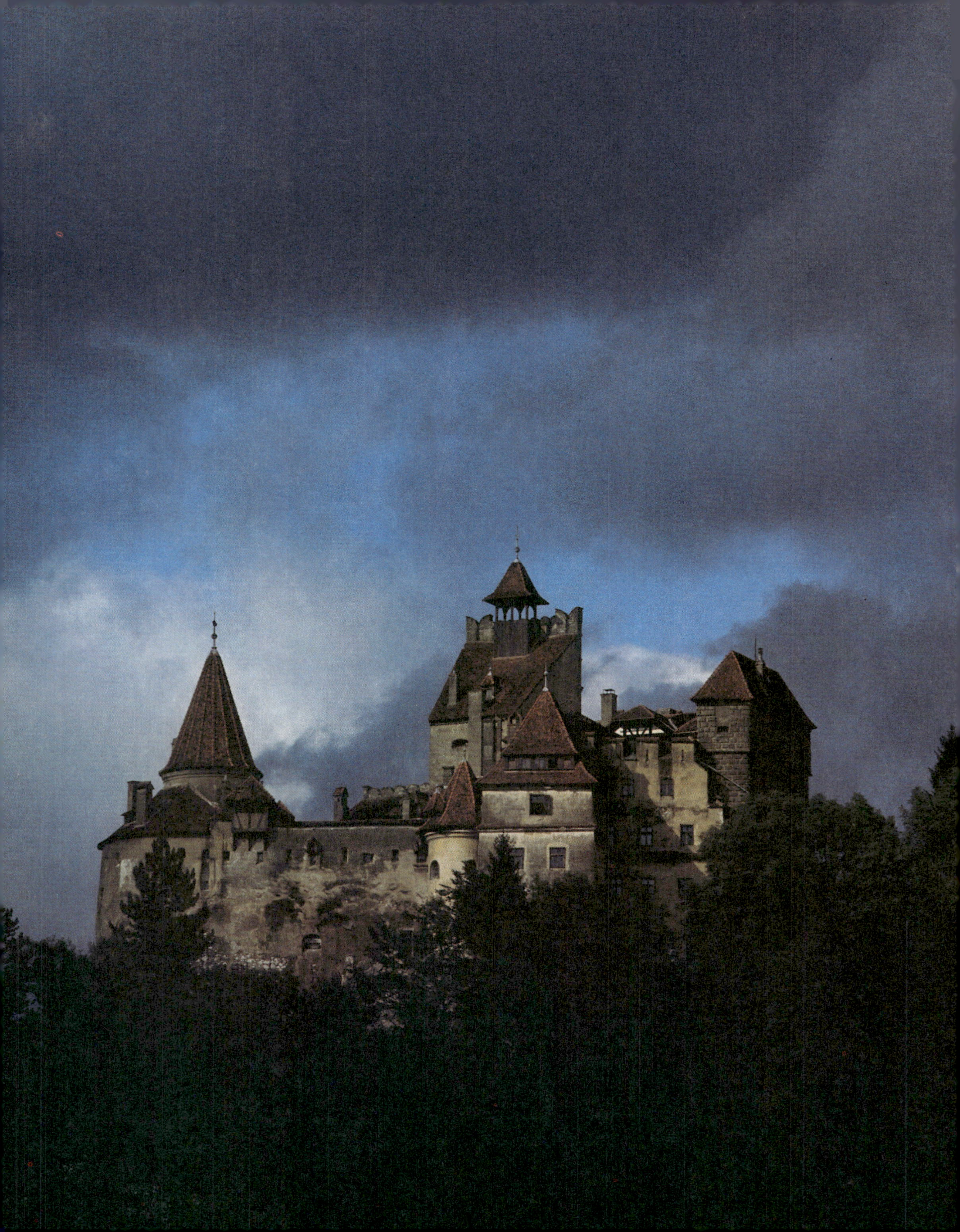

Vampir und Nationalheld

Der doppelte Dracula

»Wenn es in der Welt eine verbürgte
und bewiesene Geschichte gab,
so die der Vampire; es fehlt nichts –
weder offizielle Berichte noch
Zeugnisse von Vertrauenspersonen,
von Ärzten, Geistlichen oder
Richtern; der Augenschein ist vollkommen«.

Jean-Jacques Rousseau

Das Restaurant im Hotel »Goldene Krone« in Bistritz in Nordrumänien ist an diesem Sonntagvormittag voll besetzt. Landesübliche Gerichte werden auf den weißgedeckten Tischen aufgetragen, wie Hackfleisch mit Auberginen (Musaca) oder Reis mit Hammelfleisch (Piaf de Berbec). Dazu wird Bier in großen Gläsern gereicht. Am Nebentisch ist eine Runde von Siebenbürger Sachsen im Gespräch und grüßt herüber. Bistritz, erstmals im 12. Jahrhundert erwähnt, ist eine deutsche Gründung und war im Mittelalter ein Haupthandelsplatz zwischen Danzig und der Levante. Heute ist der Anteil an Deutschen stark zurückgegangen. Nur wenige Siebenbürger sind geblieben. Die Stadt heißt jetzt Bistrita, das Hotel firmiert unter »Coroana de Aur«.

Die »Goldene Krone« ist ein neues Hotel, doch der Name ist alt. Er hat einen literarischen Ursprung. Der irische Schriftsteller Bram Stoker (1847–1912) hat ihn erfunden. Er läßt seinen Dracula-Roman, der 1897 erschien, im Hotel »Goldene Krone« in Bistritz beginnen. In diesem Buch reist ein junger Londoner Rechtsanwalt, Jonathan Harker, im Auftrag seines Anwaltsbüros nach Transsilvanien, um mit dem Grafen Dracula Verhandlungen über den Kauf eines Grundstücks in London zu führen.

Harker vermerkt in seinem Tagebuch mit Datum vom 3. Mai:

»Graf Dracula hat mir ein Zimmer im Hotel Goldene Krone reservieren lassen. Ich fuhr dorthin . . . Als ich auf den Hoteleingang zuging, tauchte eine ältere Frau auf und fragte ›Der Herr Engländer?‹ ›Ja‹, antwortete ich, ›Jonathan Harker.‹ Sie lächelte, drehte sich nach dem Hausknecht um und wies ihn an, etwas zu holen. Er verschwand, kam aber gleich darauf mit folgendem Brief zurück:

Mein Freund, willkommen in den Karpaten! Ich erwarte Sie bereits ungeduldig. Die Eilpost

Südwestlich von Kronstadt in Siebenbürgen liegt die im 14. Jahrhundert erbaute Burg Bran, heute oft als »Schloß Dracula« bezeichnet

nach Bukowina fährt um drei Uhr morgens ab. Für Sie ist ein Platz reserviert. Meine Kutsche wartet am Borgo-Paß und bringt Sie auf mein Schloß. Ich hoffe, daß Sie eine angenehme Reise hatten und daß Ihnen mein schönes Land gefällt. Ihr Freund Dracula.«

Schwierige Reise in die Karpaten

Harker schildert dann im Tagebuch vom 5. Mai die langwierige und schwierige Reise in die Bergwelt: »Nachdem wir die grünen Hügel des Mittellandes verlassen hatten, stiegen die Gipfel der Karpaten mit ihren bewaldeten Abhängen vor uns auf. Die Nachmittagssonne ließ alle Einzelheiten plastisch hervortreten, machte die Schatten dunkelblau und stellenweise purpurrot, erzeugte schimmernde Regenbogen in den Wasserschleiern über zahlreichen Wasserfällen und tauchte die schneebedeckten Gipfel in rötliches Licht, während die Sonne allmählich versank. Die Kutsche schwankte heftig, so daß ich mich festhalten mußte. Als die Straße jetzt wieder eben verlief, ließ der Kutscher die Pferde galoppieren. Die Berge rückten näher heran und ragten nicht mehr so hoch über uns auf – wir näherten uns dem Borgo-Paß.«

Harker gewann allmählich das Gefühl, daß irgend etwas Aufregendes geschehen würde, zumal das Wetter umgeschlagen war. »Der Himmel war düster und wolkenverhangen, als stünde ein Gewitter unmittelbar bevor. Man hätte glauben können, die Bergkette bilde nicht nur eine Wasserscheide, sondern würde auch zwei Atmosphären trennen, von denen die vor uns liegende ganz entschieden unheimlich war.«

Der englische Reisende schildert weiter, wie auf der Paßhöhe die von Graf Dracula versprochene Kutsche, »von vier Rappen gezogen, neben uns auftauchte, als sei sie plötzlich aus dem Nichts gekommen. Auf dem Bock saß ein großgewachsener Mann mit Vollbart und Schlapphut, der sein Gesicht vollständig verdeckte. Ich erkannte ein Paar ungewöhnlich blitzende Augen, die im Lampenlicht rot zu glühen schienen.«

Die Kutsche fuhr an und tauchte in einer gespenstischen Dunkelheit unter. Der Reisende fühlte sich von Gott und der Welt verlassen. Die Pferde zitterten und schnaubten, als aus nächster Nähe deutlich ein infernalisches Wolfsgeheul zu hören war. Da hielt der Wagen an. Der Kutscher stieg ab und entfernte sich. Als der Mond hinter den Wolken hervortrat, saß ein ganzes Rudel Wölfe mit gefletschten Zähnen in einem weiten Kreis um die Kutsche herum. »Die Pferde wieherten schrill, weil sie sich von allen Seiten eingeschlossen fanden. Plötzlich erschien der Kutscher wieder auf der Straße, breitete die Arme aus und machte eine Bewegung, als wollte er damit die Untiere verscheuchen. Zu meinem Erstaunen wichen sie tatsächlich weiter und weiter zurück.«

Die unheimliche Fahrt nahm ihren Fortgang. Der Wagen fuhr noch eine Weile bergauf. Dann fand sich Harker unversehens vor einem großen, teilweise zerfallenen Schloß. Der Mond schien auf hohe Zinnen und beleuchtete einen weitläufigen Hof.

Graf Dracula erscheint

Der Kutscher verschwand. Nun stand Harker einem hochgewachsenen, alten Mann gegenüber. »Einen Augenblick glaubte ich, meinen unheimlichen Kutscher wieder vor mir zu haben. Deshalb fragte ich: ›Graf Dracula?‹ Der Alte verbeugte sich höflich und antwortete: ›Ich bin Dracula, und ich heiße Sie in meinem Haus willkommen.‹«

Jonathan Harker beschreibt die Person des Grafen folgendermaßen: »Sein Gesicht erinnerte mich unwillkürlich an einen Adler, denn es hatte eine ausnehmend schmale Nase mit eigenartig gewölbten Nasenflügeln, eine glatte hohe Stirn und nur wenig Haare an den Schläfen. Das Haupt war keineswegs kahlköpfig. Seine Augenbrauen wuchsen über der Nase fast zusammen. Das Gesicht erhielt dadurch einen drohenden Ausdruck, besonders wenn der Graf die Stirn runzelte. Der Mund unter dem dichten Schnurrbart wirkte fest und gleichzeitig entschieden grausam, was vielleicht auf die spitzen weißen Zähne zurückzuführen war, die über erstaunlich rote Lippen herausragten. Die Ohren waren merkwürdig spitz, das Kinn war breit und kräftig, die Wangen schienen glatt, aber seltsam eingefallen. Am auffälligsten erschien die eigenartige Blässe im Gesicht des Mannes.«

Nach anfänglich freundlichen Gesprächen und Begegnungen mit dem Schloßherrn fühlte sich Harker bald in dieser Umgebung verunsichert. Der Engländer, der gekommen war, um für den Grafen eine Grundstücksangelegenheit in London zu regeln, machte in diesen Tagen und später beängstigende Beobachtungen: Er war in die Welt der Vampire geraten. Dracula warf keinen Schatten und hatte auch kein Spiegelbild. Tagsüber zeigte er sich nicht. Des Nachts – so mußte Harker mit Erschrecken feststellen – ging Dracula auf Beute aus, drang durch Mauern, Wände und Türen. Er schwebte als Fledermaus in die Zimmer von Schlafenden, als schwarzer Wolf jagte er Flüchtenden nach. Der Graf, seit vierhundert Jahren ein »Untoter«, trank das Blut seiner Opfer und machte auch sie zu Vampiren, zu Gespenstern der Nacht. Harker wurde beinahe selbst ein Opfer, als sich ihm im Schloß drei weibliche Vampire näherten, um ihn mit ihren spitzen Zähnen in die Kehle zu beißen und Blut zu saugen. Doch Dracula hielt sie zurück: »Dieser Mann gehört mir!«

Jonathan Harker kam dem Untoten auf die Spur, als er in ein verfallenes Grabgewölbe eindrang. Hier entdeckte er eine größere Kiste mit aufgelegtem Deckel. Als er diesen aufhob, »sah ich etwas, was meine Seele mit Schrecken erfüllte. Dort lag der Graf und schien seine Jugend wiedergewonnen zu haben. Die ehemals schlohweißen Haare waren nur noch dunkelgrau; die eingefallenen Wangen wirkten voller, und die weiße Haut war rosig überhaucht; der Mund war röter als je zuvor, und auf den Lippen stand frisches Blut, das auch aus den Mundwinkeln über Kinn und Hals gesickert war ... Ich hatte den Eindruck, daß dieses schreckliche Lebewesen sich mit Blut vollgesaugt hatte, bis es jetzt, von seiner Gier erschöpft, in diesen Schlupfwinkel zurückgekehrt war ... Hier lag ein Ungeheuer, das mit meiner Hilfe nach London transportiert werden sollte, wo es vielleicht jahrhundertelang seine Blutgier unter Millionen ahnungsloser Bürger befriedigen konnte, während es gleichzeitig immer mehr Dämonen gleicher Art erzeugte, die seinem Beispiel folgen würden.«

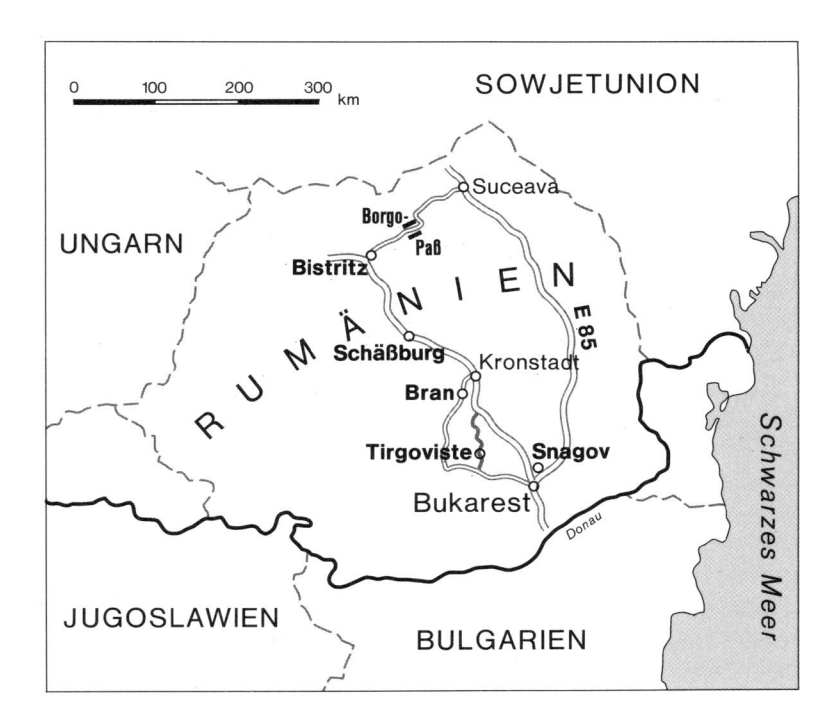

Mit Mühe gelang es Harker, aus dem Schloß und dem Bannkreis Draculas zu entkommen und nach London zurückzukehren ...

Auf der Suche nach Schloß Dracula

Nachdem wir nach der Lektüre von Stokers Roman das Hotel »Goldene Krone« in Bistritz gefunden haben, begeben wir uns auch auf die Suche nach Draculas Schloß. Gibt es dies überhaupt, ist dabei zu fragen, oder bestand es nur in der dichterischen Phantasie des Schriftstellers?

Wir verlassen Bistritz in nordöstlicher Richtung auf der E 571, folgen dem Fluß Bistritz aufwärts und gelangen zu Orten, deren zweiter Namensteil mit Bîrgâ beginnt, wovon Borga abgeleitet wird. Die Berge, größtenteils mit Nadelhölzern bewachsen, rücken näher. Die Straße zieht in vielen Kurven durchs enger werdende Tal aufwärts – zwischen den Bîrgâula-Bergen im Norden und der Calimani-Kette im Süden. Die Gebirge steigen über sechzehnhundert Meter steil an, zum Teil erreichen sie Höhen von fast zweitausend Metern. Fünf Kilo-

In Rumänien gibt es manche Orte, die an den Vampir Dracula und auch an den historischen Dracula erinnern, der in Rumänien als große Persönlichkeit angesehen sind

meter hinter Piatra Fintinele wird in zwölfhundert Meter Höhe die Paßhöhe erreicht, Pasul Tihuta. Hier wurde das moderne »Tihuta-Hotel« errichtet mit grandiosem Blick nach Westen. Die verblauenden Berge stoßen in graue Wolkenschleier.

Im Hotel fragen wir nach Schloß Dracula und würden uns nicht wundern, wenn wir höhnischem Gelächter begegnen würden. Doch nichts davon. Zwei junge Rumäninnen blicken auf eine Karte von Bistria-Nassaud, fahren mit dem Finger über die verzeichneten Berge, Dörfer und sehenswerten Punkte und sagen zögernd: »Ja, das Haus Dracula, wo ist es nur . . .?«

Mancher hat hier nach Dracula gefragt. Der englische Schriftsteller Daniel Farson weiß in seinem Buch »Vampire und andere Monster« davon zu berichten, daß am Borgo-Paß ein Schloß-Dracula-Hotel errichtet werden sollte. Es sei sogar geplant gewesen, so Farson, an einigen Stellen auf Tonband aufgenommenes Wolfsgeheul hören zu lassen. Wir haben von dieser Dracula-Herberge nichts gesehen, es sei denn, Farson hat das Hotel gemeint, das wir auf der Paßhöhe aufgesucht haben. Wolfsgeheul haben wir allerdings keines gehört, weder auf Tonband aufgenommenes noch echtes.

Gibt es gar kein »Schloß Dracula« in den nördlichen Bergen der Karpaten? Nicht alle sind solcher Meinung. In einem Buch über merkwürdig-sagenhafte Orte heißt es: »Schloß Dracula ist am Rand eines schauerlichen Abgrunds erbaut und von drei Seiten völlig uneinnehmbar. Der westliche, nicht mehr bewohnte Flügel ist komfortabler als die anderen Teile. Aus seinen Fenstern erblickt man ein tiefes Tal und in der Ferne hohe, schroffe Bergspitzen. Die Kapelle, obwohl Ruine, ist von einigem Interesse, denn sie enthält Särge von Graf Dracula und anderen Mitgliedern seiner Familie. Diese Särge dienen den Vampiren tagsüber als Ruheplatz, und es ist nicht ratsam, die Kapelle bei Nacht aufzusuchen.«

So genau kennt der Schreiber dieser Zeilen die Einzelheiten! Für uns verliert sich allerdings das Schloß des Grafen am Borgo-Paß im Imaginären, in einem sagenhaften Nebel, wo es auch hingehört.

Da aber Dracula-Legenden von aller Welt gelesen wurden und werden – Stokers Roman hat allein in der englischen Fassung eine Auflage von weit über einer Million erreicht, hinzu kommen fast zwanzig Filme –, mußte sich doch in Rumänien irgendwo ein Schloß finden lassen, das Graf Dracula zugesprochen werden konnte.

Burg Bran in Siebenbürgen

Man entdeckte ein solches Schloß in Siebenbürgen, südwestlich Kronstadt, das heute Brasov heißt. Die Veste wurde im 14. Jahrhundert oberhalb des Ortes Bran auf einem Felsen errichtet, der zu den Ausläufern der Transsilvanischen Alpen gehört, einem besonders reizvollen Teil Rumäniens. Hier steigen die Berge in Steilhängen bis über zweieinhalbtausend Meter hoch; ein Paradies für Wanderer und Bergsteiger. Die Burg Bran, früher »Törzburg« genannt, wurde im Auftrag des Deutschen Ritterordens von Kronstädter Bürgern zum Schutz des Bran-Passes errichtet; es ist eine Burg wie aus einem Bilderbuch, mit mächtigen Mauern, von Schießscharten durchbrochen, und mit Pechnasen besetzt, mit eckigen und runden Türmen und einem romantischen Innenhof. Kamine und Ritterrüstungen erinnern an vergangene Zeiten; auch ein Geheimgang und ein Brunnen, in den die Besucher Geldmünzen zu werfen pflegen, fehlen nicht.

Als wir die Burg aufsuchen, hat sich das Wetter verändert. Nachdem die Tage zuvor strahlende Sonne über der rumänischen Landschaft gelegen hatte, ist der Himmel jetzt von schweren, grauen Wolken überzogen. Manchmal reißen sie auf. Dann liegt die Burg in hellem Licht, während der Hintergrund pechschwarz erscheint. Das ist ein sagenhaftes Bild, wie es sich für Draculas Schloß gehört.

An den Verkaufsständen am Fuß der Burg, wo sich die Autobusse rumänischer und ausländischer Besucher drängen, wird ein bebilderter Prospekt in mehreren Sprachen verkauft. Darin findet sich zwar manches über das Schloß, aber keine Zeile über Dracula. Wohl gibt es an den Ständen eine Miniatur von ihm an einem Lederriemen für 15 Lei. Sie stellt allerdings nicht den sagenhaften Dracula dar, sondern den historischen, den es tatsächlich gegeben hat. Er soll sich, so wurde uns im Bukarester Nationalmuseum berichtet, in der Burg in den Jahren 1454 bis 1456 aufgehalten haben.

Die Rumänen kennen noch eine andere Burg Dracula, 80 Kilometer südwestlich von Bran in der Nähe der mittelalterlichen Ruinen von Curtea de Arges. Diese Burg ist auf der Karte unter dem Namen »Poienari« verzeichnet. Nicht nur zum Schloß Bran, sondern auch zu den Ruinen von Poienari werden die Touristen, hauptsächlich Amerikaner, geführt, die die Rundreise »Dracula – Wahrheit und Legende« gebucht haben. Poienari wie auch Curtea de Arges waren einst Fürstenhöfe der walachischen Woiwoden.

Wie es zum Namen Dracula kam

Der historische Dracula hieß eigentlich Vlad mit dem Beinamen Tepes, Tzepesch ausgesprochen, was »Pfähler« bedeutet. Er war der Sohn von Vlad Dracul. Dieser ist vorübergehend in Schäßburg ansässig gewesen, das heute Sighisoara heißt. In diesem »Nürnberg von Siebenbürgen«, mit seinen alten Mauern, Wehrtürmen und der deutschen Bergkirche, steht in der Nähe des »Stundturms« ein winkliges Haus. Eine Tafel besagt, daß hier Vlad Dracul von 1431 bis 1435 gelebt hat. Ein bronzener Drache mit einem Kreuz ist ein Hinweis darauf, wie es zum Namen Dracul kam.

Der rumänische Adlige Vlad war in jungen Jahren an den Hof des deutschen Königs und späteren Kaisers Sigismund (1368–1437) gekommen, um die Vasallentreue seines Vaters, des Woiwoden Mircea cel Batrin, zu bezeugen. Auch nach dem Tod von Mircea blieb Vlad zunächst am deutschen Hof und leistete 1431 den Treueid gegenüber dem König, der ihn zum Woiwoden der Walachei ernannte. Vlad wurde ferner Ritter des Drachenordens, der von Sigismund zum Kampf gegen die Türken gegründet worden war, und erhielt als Mitglied dieses Ordens den Beinamen Dracul nach dem lateinischen Wort »Draco«, »Drache«. Sein Sohn Vlad Tzepesch wurde Draculea oder Dracula genannt. Vlad Tzepesch hat ein wechselvolles Leben geführt, das unter anderem gekennzeichnet gewesen ist durch eine Parteinahme für bzw. gegen die Osmanen, die 1453 unter Muhammad II. Fathi (1432-81) Konstantinopel erobert hatten und auf dem Balkan weiter vordrangen. Als der Vater von Vlad Tzepesch gestorben war, versuchte sein Sohn mit Hilfe der Türken, den Thron seines Vaters zu gewinnen, was ihm auch gelang. Danach hatte er ständige Konflikte mit den siebenbürgischen Festungen und Fliehburgen. Schließlich kämpfte er erbittert gegen die Türken. Dabei gelangen ihm 1461 und 1462 bedeutende Siege. Doch Ende 1462 gab es Auseinandersetzungen mit Matthias Hunyadi, seit 1458 als Matthias I. Corvinus König von Ungarn. Hunyadi (1440–90) war in den Besitz von Briefen gelangt, aus denen hervorging, Vlad Tzepesch wolle sich erneut auf die türkische Seite schlagen und dabei die Walachei, Siebenbürgen und ganz Ungarn ausliefern. Er wolle auch mithelfen, den ungarischen König gefangenzunehmen. Es ist umstritten, ob diese Briefe echt oder gefälscht waren. Jedenfalls ließ Matthias I. Corvinus den Woiwoden Vlad Tzepesch verhaften und in Ungarn festsetzen, wo er zwölf Jahre verblieb.

Die walachische Residenz Tirgoviste

Es gibt noch heute verschiedene Spuren aus der Zeit von Vlad Tzepesch Dracula. Bedeutsam sind Reste der Residenz in Tirgoviste, rund hundert Kilometer nordwestlich von Bukarest. Sie wurde von Mircea dem Alten erbaut und von Vlad Tzepesch erweitert. Noch stehen hier beachtliche, gut gemauerte unterirdische Anlagen und Grundmauern des ehemaligen Woiwoden-Palastes, über denen in neuerer Zeit ein Turm errichtet wurde. Hier wird auch eine Dokumentation präsentiert, die Dracula in Legende und Geschichte behandelt. Früheste Nennungen des Palastes gehen auf den Deutschen Hans Schiltberger zurück, der Tirgoviste 1396 im Gefolge des Kreuzzuges von König Sigismund gegen die Türken aufgesucht und beschrieben hat.

Vlad Tzepesch ist in der Geschichte sehr umstritten. Dies geht vor allem darauf zurück, daß der Woiwode Grausamkeiten in größtem Umfang begangen hat. Die Zahl der Opfer wird auf vierzig- bis hunderttausend geschätzt. Meist ließ er die Menschen in bestialischer Art umbringen: Er ließ sie aufspießen. Darum erhielt er den Beinamen »Pfähler«, rumänisch »Tzepesch«. In der sogenannten »Handschrift P« vom Ende des 15. Jahrhunderts, heute in der »British Library« in London, ist unter der Überschrift »Dracol der vil wvnders und vbels begangen hat« unter anderem zu lesen:

»In Pechendorf im Wurtzenland ließ er Männer und Frauen und große und kleine Kinder verbrennen. Diejenigen, die nicht verbrannt wurden, hat er, an Ketten geschmiedet, mit sich geführt und in der Walachei pfählen lassen.

Etliche hat er schleifen lassen auf Schleifsteinen.

Item sah er einen Bauern bei der Arbeit, der ein zu kurzes Hemd hatte, so daß man das sehen konnte, was Dracul lieber verdeckt haben wollte. Er fragte den Bauern, ob er eine Frau habe. Der Bauer bejahte. Darauf ließ Dracula die Frau aufspießen, weil sie ihrem Mann kein längeres Hemd gemacht hatte.

Item kamen einige Abgesandte des türkischen Sultans zu ihm, verbeugten sich, nahmen aber der türkischen Sitte gemäß ihre Turbane nicht ab: ›Wir tun das auch gegenüber dem Sultan nicht‹, sagten sie. ›Dann will ich euch in eurer Sitte bestätigen‹, sagte Vlad Tepes. Er ließ eiserne Nägel bringen und befahl, die Turbane auf den Köpfen festzunageln.«

Er ging unter den aufgespießten Menschen spazieren

Aus anderen Handschriften und Unterlagen, wie sie Ralf-Peter Märtin in seinem Dracula-Buch zusammengestellt hat, wird das Bild vom grausamen Despoten bestätigt . . .

Vlad Tzepesch lud einmal die Bojaren ein (Adlige, die bei der Fürstenwahl entscheidende Mitsprache hatten). Es wurde üppig getafelt. Dann fragte Vlad Tzepesch, warum es in der Vergangenheit so viele Woiwoden im Land gegeben habe. »Ihr wart schuld daran«, gab er selbst die Antwort, ließ die Tafel aufheben und die versammelten fünfhundert Bojaren pfählen . . .

Als der Abt eines Klosters glaubte, den Woiwoden dafür rügen zu müssen, zumal er selbst die Säuglinge nicht geschont hatte, sagte Vlad Tzepesch: »Die Kinder von heute sind meine Feinde von morgen.« Auch der Abt wurde gepfählt . . .

Eines Tages schickten die Kronstädter eine Abordnung von fünfundfünfzig Gesandten nach Tirgoviste, um mit dem Woiwoden einen Vertrag auszuhandeln. Die Gesandten wurden gut untergebracht. Doch als sie am nächsten Morgen vor ihrer Herberge fünfundfünfzig Pfähle erblickten, gerieten sie in größte Sorge. Inzwischen war Tzepesch abgereist, und zwar in die Umgebung von Kronstadt. Hier ließ er Dörfer und Ernte vernichten und die Menschen vor den Mauern Kronstadts pfählen, so daß die Bewohner der Stadt das grausige Schauspiel beobachten konnten. Unter den Gepfählten frühstückte er. Er vermochte Kronstadt jedoch nicht einzunehmen und kehrte nach Tirgoviste zurück . . .

Als er ein anderes Mal unter aufgespießten Menschen spazierenging, fragte ihn ein »frommer Mann«, wie er es in dem Gestank Verwesender aushalten könne. Der Woiwode dankte dem Betreffenden für seinen Hinweis und ließ ihn ebenfalls aufspießen, doch auf einem besonders hohen Mast, da »dort die Luft besser ist«.

Manche Volksgruppen mochte er nicht leiden, so die Zigeuner. Wie aus einer St. Gallener Handschrift hervorgeht, ließ er drei Zigeuner aus einer Gruppe von dreihundert auswählen, die ins Land gekommen waren, und »ließ sy braten, die musstend die ander Ziginer essen und sprach zu in: also muß einer den andern essen, bis üwer keiner mer ist.« Ein Sänger damaliger Zeit, Michel Beheim, hat die Episode in seinem Lied vom »grossen wüttrich genant Dracole wayda« behandelt:

Disen Zigeiner ere
in aim kessel versieden liess,
dy andern Zigeiner er hiess
alsamen kumen here.
Dise Zigeiner musten in
verzeren und gancz essen hin
mit flaisch und auch gebaine.

Bettelei konnte er nicht ertragen

Auch Bettelei konnte er nicht ertragen. Einmal lud er einige Bettler zu einem Essen ein und fragte, ob sie nicht frei sein und künftig keinen Mangel erdulden wollten. Die Bettler bejahten dies. Da ließ Vlad Tzepesch den Saal anzünden, der mit den Bettlern auf die Grundmauern niederbrannte. Seiner Gefolgschaft sagte er, er wolle nicht, daß in seinem Land jemand arm sei.

Ein anderes Mal kamen zwei Bettelmönche zu ihm und baten um ein Almosen. Sie hofften, so sagten sie, durch ihre Lebensart ins Himmelreich zu kommen. Vlad Tzepesch fragte, ob sie gern dahin gelangen wollten. Als sie dies bejahten, »wollte der Woiwode dem Willen Gottes nachhelfen und ließ die Mönche unverzüglich pfählen«.

In der Biographie über »Vlad der Pfähler« von Florescu und McNally, erschienen 1972 in New York, wird Auskunft gegeben über die abscheuliche Kriegsführung Draculas, der selbst daraus kein Geheimnis machte. Seinem Herrn, dem König Hunyadi von Ungarn, teilte er im einzelnen mit, welche Grausamkeiten seine Soldaten begangen hatten, und schickte gleichzeitig zwei Säcke mit abgeschnittenen Ohren, Nasen und Köpfen mit. Sogar die eigenen Truppen wurden bestialisch behandelt. Soldaten, die auf dem Rücken Wunden aufwiesen, wurden durch Pfählung umgebracht.

Nun waren die damaligen Zeiten – nicht nur auf dem Balkan – brutal und diabolisch. Was sich an Scheußlichkeiten in Kriegen abgespielt hat, wurde von späteren Geschichtsschreibern häufig nur am Rand vermerkt, nicht selten ganz weggelassen. Nicht aber von Chronisten damaliger Zeit. Diese haben sogar – dem blutrünstigen Geschmack der Zeit entsprechend – die Greuel noch übertrieben. Außerdem war man aus politischen Gründen daran interessiert, Vlad Tzepesch als blutgierigen Teufel darzustellen. Ob dies nun die deutschen Städte in Siebenbürgen gewesen sind, die unter Dracula schwer zu leiden hatten, oder ob es der ungarische Hof so gewollt hat, ist ungeklärt.

Daß Vlad Tzepesch schlimme Grausamkeiten begangen hat, wird im allgemeinen nicht bestritten. Aber in russischen und rumänischen Darstellungen kommt zum Ausdruck, daß dies weithin so üblich war und daß sich ein Herrscher, der nicht grausame Mittel anwandte, auch nicht behaupten konnte.

So sahen ihn die Menschen der beginnenden Neuzeit: Der Woiwode Vlad Tzepesch (Dracula) speist unter den Gepfählten (Straßburger Druck aus dem Jahre 1500)

Rumänien hält Dracula für eine große Persönlichkeit

Das heutige Rumänien ist der Auffassung, daß Vlad Tzepesch anders gewesen sein muß, als er in den meisten Berichten früherer Zeiten dargestellt wird. Diese Schilderungen seien gefärbt und tendenziös. Vlad Tzepesch sei in Wirklichkeit eine große historische Persönlichkeit gewesen. Als Ausdruck solcher Einschätzung steht auch im Vorraum des »Nationalmuseums für das Sozialistische Rumänien« in Bukarest eine Büste von Vlad Tzepesch. Sein Haar fällt in Locken auf den Uniform-Rock; er hat einen Schnurrbart und trägt eine kunstvoll gearbeitete Kopfbedeckung; die Augen sind von kalter Strenge. Die Büste entspricht in gewisser Weise dem Bild, das Nikolaus Modrussa, Gesandter des Papstes am ungarischen Hof, gezeichnet hat: »Sein Auftreten wirkte kalt und hatte etwas Erschreckendes an sich. Er hatte eine Adlernase, geblähte Nasenflügel, ein rötliches, mageres Gesicht, in dem die sehr langen Wimpern große, weit offene grüne Augen umschatteten; schwarze buschige Brauen gaben ihnen einen drohenden Ausdruck. Er trug einen Schnurrbart. Breit ausladende Schläfen ließen seinen Kopf noch wuchtiger erscheinen.«

Bram Stokers Roman »Dracula« ist natürlich von ganz anderem Zuschnitt und spielt auf einer anderen, der phantastischen Ebene. Dennoch haben die Personenbeschreibung des Legaten und die von Stoker Gemeinsames. Stoker war auch bekannt, daß es sich bei seinem Romanhelden »höchstwahrscheinlich um den ehemaligen Woiwoden Dracula handelt, der im Kampf gegen die türkische Fremdherrschaft berühmt und berüchtigt gewesen ist«. In dem Roman heißt es weiter: »Falls diese Annahme zutrifft, haben wir es nicht mit einem gewöhnlichen Mann zu tun. Schon damals und noch Jahrhunderte später wurde ihm nachgesagt, er sei der klügste, listigste und tapferste aller Söhne des ›Landes hinter dem Wald‹ gewesen.«

Wie wurde Vlad Tzepesch zum Urbild des Vampirs?

Wie aber kam es, daß Vlad Tzepesch zum Urbild des Vampirs wurde? Einmal hat die Gestalt des Woiwoden, wie sie zumeist übermittelt worden ist, die Menschen schaudern lassen und den walachischen Fürsten zu einer Schreckensperson gemacht, hervorragend geeignet für einen Gruselroman. Hinzu kam, daß der Dracula der Geschichte eine Unzahl von Menschen hat aufspießen lassen. Jene grausamste aller Todesarten war auch in manchen Gebieten auf dem Balkan bekannt, um Vampire zu vernichten. Diese Ungeheuer konnten nach dem vorherrschenden Glauben nur beseitigt werden, wenn ihnen ein Holzpfahl durch den Körper gestoßen und der Kopf abgeschlagen wurde.

Diesen Brauch soll es in einigen abgelegenen Gebieten im Südosten Europas noch vor einigen Jahrzehnten gegeben haben. Danach sterben Menschen, deren natürlicher Lebensablauf plötzlich unterbrochen wird, nicht gänzlich und werden zu Untoten, die nachts aus den Gräbern steigen und als Vampire ihr Unwesen treiben. Ralf-Peter Märtin berichtet in seinem Buch davon, in Rumänien sei es üblich gewesen, Leichname in bestimmten Abständen auszugraben, um nachzusehen, ob sie sich in Vampire verwandelt hätten.

Der irische Schriftsteller Bram Stoker hatte an dem Stoff Interesse gefunden, als er das Vampir-Buch »Carmilla« von Sheridan LeFanu, erschienen 1872, gelesen hatte. Seine Aufmerksamkeit wuchs, nachdem der ungarische Orientalist Hermann Vambery ihn auf die Sagen von Dracula aufmerksam gemacht hatte und auf den Aberglauben und die schockierenden Legenden in Südosteuropa. Stoker läßt Vambery sogar in seinem Roman als »Experten für Vampirologie« auftreten, allerdings unter dem Namen Arminius und als Professor für Geschichte in Budapest.

Der große Gegenspieler Draculas

Ansonsten hat Stoker, der als erster die literarische Verbindung zwischen Vlad Tzepesch und dem Treiben der Vampire hergestellt hat, in seiner Dichtung viele Einzelheiten über Untote und Nachzehrer − oder wie immer diese Scheusale genannt werden − dem niederländischen Professor van Helsing in den Mund gelegt. Dieser Kenner aller Spielarten des Okkultismus

Der doppelte Dracula

Ein Lübecker Druck vom Ende des 15. Jahrhunderts berichtet vom »Tyrannen Dracula«. Damit ist nicht der Vampir der Sage gemeint, sondern der Woiwode Vlad Tzepesch Dracula, der ein drakonisches Regiment geführt hat

wird im Roman schließlich zum großen Gegenspieler Draculas und macht die Runde derer, die sich darauf eingeschworen haben, den obersten Vampir zu vernichten, mit allen Einzelheiten dieser gespenstischen Nachtwesen vertraut:

»Vampire existieren wirklich. Mehrere von uns haben Beweise dafür gesehen. Dieser Vampir, der sein Unwesen in unserer Mitte treibt, ist so stark wie zwanzig Männer. Er ist unglaublich listig und verschlagen, und seine Gerissenheit ist durch Jahrhunderte hindurch gewachsen. Er beherrscht die Nekromantie, so daß er alle Toten in seiner Nähe dazu zwingen kann, seinem Befehl zu gehorchen. Er ist brutal, sogar mehr als brutal und hartherzig, denn in seiner Brust schlägt kein menschlich fühlendes Herz. Er kann in beschränktem Ausmaß den Elementen seinen Willen aufzwingen. Er befiehlt auch über allerlei niedere Lebewesen wie Ratten, Eulen, Fledermäuse, Motten, Füchse, Wölfe und andere – er kann seine Größe verändern, sich zeitweise unsichtbar machen und sogar an anderen Orten auftauchen.«

Van Helsing greift zurück auf Überlieferungen und Aberglauben, da es keine anderen Quellen gebe, und sagt, der Vampir lebe ewig und sterbe nicht wie ein Mensch an Altersschwäche oder Krankheit. Er verjünge sich jedesmal, wenn er die Gelegenheit finde, größere Mengen Blut zu sich zu nehmen. Der Vampir verfüge über Riesenkräfte und könne sich selbst in einen Wolf verwandeln. Gelegentlich nehme er auch die Gestalt einer Fledermaus an.

Machtlos gegenüber Knoblauch und dem Kruzifix

Van Helsing fährt fort: »Obwohl er ein widernatürliches Wesen ist, muß er einigen Naturgesetzen gehorchen. Bei Tagesanbruch endet seine Macht, wie es bei allen bösen Geistern der Fall ist. Er kann sich nur zu gewissen Zeiten einigermaßen frei bewegen... Es gibt bestimmte Dinge, die ihn so beeinflussen, daß er machtlos ist. Dazu gehören der Knoblauch und das Kruzifix. Vor geweihten Gegenständen weicht er entsetzt zurück. Eine Heckenrose auf einem Sarg verhindert, daß er daraus hervorkommt; eine geweihte Kugel, die in den Sarg geschossen wird, in dem er liegt, bringt ihm den Tod; er stirbt auch, wenn man ihm einen Pfahl durchs Herz treibt, den Kopf abtrennt und den Mund mit Knoblauch füllt.«

Dracula war indessen wieder nach Rumänien zurückgekehrt. Doch die Verfolger waren ihm auf den Fersen. Sie stellten den Vampir schließlich in einem Sarg. Der Graf war leichenblaß und glich einer Wachsfigur, aber die roten Augen glühten haßerfüllt. Das Ungeheuer wurde jetzt nach allen Regeln der Vampir-Bekämpfung umgebracht. Dracula wurde gepfählt. »Nun wurden wir Zeugen einer unfaßbaren Verwandlung«, heißt es im Roman. »Draculas Körper zerfiel innerhalb weniger Sekunden vor unseren Augen zu Staub und war nicht mehr von der Erde zu unterscheiden, in der er bis jetzt gelegen hatte.«

Und wie war das Ende des historischen Dracula?

Vlad Tzepesch wurde 1475 aus der ungarischen Haft entlassen und erneut zum Woiwoden ausgerufen. Zum Jahreswechsel 1476/77 drangen türkische Truppen in die Walachei ein und stellten Dracula im Kampf. Über den Ausgang gibt es unterschiedliche Versionen. Eine besagt, er sei von einer Lanze durchbohrt worden, woraufhin einige Türken sich auf ihn gestürzt und seinen Körper zerstückelt hätten. Der Kopf sei dem Türkenherrscher Muhammad II. Fathi zugestellt, der Körper in einem Kloster in der Nähe von Bukarest beigesetzt worden.

Liegt Draculas Grab in Snagow?

Das Kloster heißt Snagow und liegt vereinsamt im Snagov-See. Boote bringen die Besucher in kurzer Zeit zur Insel mit dem Kloster und dem mehrtürmigen Gotteshaus im Stil der Ostkirchen. Von dieser Anlage wird seit dem 14. Jahrhundert berichtet. Sie erhielt verschiedene Stiftungen von den Regierenden, so auch von Vlad Tzepesch, der hier als »König Dracula« bezeichnet wird. Als einziger Bau aus der früheren Zeit steht noch der alte Glockenturm. Die heutige Kirche wurde erst Anfang des 16. Jahrhunderts errichtet. Im Inneren liegt vor

Der doppelte Dracula

dem Altar ein brauner Teppich. Darunter, so bedeutet uns eine Nonne, die uns die Kirche aufgeschlossen hat, soll das Grab von Vlad Tzepesch sein. Auf den Teppich haben die Nonnen ein Bild von ihm gestellt und eine Vase mit roten Rosen, die ebenfalls Draculas Bild trägt. Denkt man an die Taten von Vlad Tzepesch – mögen sie nur zur Hälfte wahr sein – und sieht man dann diese Gedenkstätte in einem Kloster, könnte man über den augenfälligen Widerspruch verwundert sein.

Aber ist dies überhaupt Draculas Grab? Als es 1931 geöffnet wurde, war es leer. So gehört vieles von dem, was in Rumänien vom Woiwoden aus der Walachei erzählt wird, ins Reich der Legende.

Ruinen des Palastes von Tirgoviste in der Walachei. Hier hat der Woiwode Vlad Tzepesch Dracula geherrscht

LITERATURVERZEICHNIS

Handwörterbuch des deutschen Aberglaubens, 1927–42, o. O.

Alcock, Leslie: Camelot. Bergisch Gladbach 1974

Allgeier, Kurt: Die großen Prophezeiungen des Nostradamus in moderner Deutung. München 1982

Ashe, Geoffrey: König Arthur – die Entdeckung von Avalon. Düsseldorf 1986

Ashe, Geoffrey: All about King Arthur. London 1969

Ashe, Geoffrey: The Quest for Arthur's Britain. London 1969

Andersen, Hans Christian: Die kleine Seejungfrau. Kopenhagen ³1981

Asplund, Anneli/Lipponen, Ulla: Die Entstehung des Kalevala. Helsinki 1985

Aubanel, Henry: Wilde Camargue. Stuttgart 1960

Bédier, Joseph: Tristan und Isolde. Frankfurt 1979

Benecke, Ingrid: Der gute Outlaw. Tübingen 1971

Besthorn, Rudolf (Hrsg.): Italienische Erzähler. Leipzig 1984

Billaud, A: Le Château de Gilles de Retz et son Histoire. Olonne sur Mer 1962

Bretagne. Guide Michelin. Paris ¹⁷1959

Bretagne Mystérieuse, Guide de la: Les Guides Noirs. Paris 1966

Brogsitter, Karl Otto: Artusepik. Stuttgart 1965

Broughton, Bradford B.: The Legend of King Richard I – Cœur de Lion. Paris 1966

Buenner, D.: Notre-Dame de la Mer et les Saintes-Maries. Lyon o. J.

Bühler, Johannes: Des Richard Löwenherz Gefangenschaft auf dem Trifels. 1931 o. O.

Cabanne, Pierre: van Gogh. Galerie Somogy, Paris o. J.

Carruth, J. A.: Loch Ness and its Monster. Fort Augustus 1971

Cervantes Saavedra, Miguel de: Der scharfsinnige Ritter Don Quixote von der Mancha. 3 Bände. München 1975

Cles-Reden, Sibylle von: Die Spur der Zyklopen. Köln 1960

Chambers, E. K.: Arthur of Britain. London 1966

Champigneule, Bernard: Rodin. Galerie Somogi, Paris o. J.

Chiarelli, Renzo: Begegnung mit Verona. Florenz 1967

Cluzel, Etienne: Monte Cristo ou la fiction littéraire à une réalité imprévue. In: Bulletin du Biblioph. et du Bibl., 1960, S. 76–89

Cordelier, Pierre: Les Gitans. Rennes 1983

Daiches, David: A Critical History of English Literature. London 1960

Duchêne, Roger: Le Château d'If – Les Isles. Rennes 1981

Dumas d. Ä., Alexandre: Der Graf von Monte Christo. München 1961

Durant, Will: Die Kulturgeschichte der Menschheit. Lausanne 1956 ff.

Die Edda. Übertragen von Felix Genzmer. Düsseldorf 1981

Erzgräber, Willi (Hrsg.): Hamlet-Interpretationen. Darmstadt 1977

Faber, Gustav: Spaniens Mitte und Katalonien. Mün4hen ²1982

Folklore, Myths and Legends of Britain. London ²1977

Froissart, Jean: Chroniques. Bd. V, 1, 1346–1356. Brüssel 1868

Green, Roger Lancelyn: King Arthur and his Knights of the Round-Table. Harmondsworth (England) 1966

Gherlenda, Carlo: Die Geschichte von Romeo und Julia. Venedig 1980

Gibbsons, Brian: Romeo and Juliet. The Arden Edition of the Works of William Shakespeare. London/New York 1983

Giot, P. R.: Menhirs et Dolmens. Chateaulin 1959

Grieser, Dietmar: Schauplätze der Weltliteratur. München ²1982

Grundmann, Günther: Das Riesengebirge in der Malerei der Romantik. München 1958

Gudjónson, Thorsteinn: Thingvellir – The Parliament Plains of Iceland. Reykjavik 1985

Harmening, Dieter: Der Anfang von Dracula. Würzburg 1983

Harmsworth, Anthony G.: Loch Ness, The Monster. Tillicoultry (England) 1985

Harris, P. V.: The Truth about Robin Hood. London 1951

Innes-Smith, Robert: Glamis Castle. Derby (England) 1983

Irving, Wahington: Erzählungen von der Alhambra. Granada o. J.

Ísland Thingvellir Sérkort. Reykjavik 1969

Junker, Fritz: Camargue. Bern 1961

Kaiser, Joachim: Plädoyer für die Hamlet-Deuter. Frankfurt 1965

Kalevala. Aus dem finnischen Urtext übertragen von L. und H. Fromm. Stuttgart 1985

Klapper, J.: Rübezahl und sein Reich. Breslau 1925

Klee, Konrad: Nostradamus. München 1982

Kienast, W.: Zur Geschichte des Cid. In: Deutsches Archiv zur Geschichte des Mittelalters, 1939

Kristjánsson, Jónas: Isländische Sagen und Handschriften. Reykjavik 1980

Langewiesche, M.: Die Bürger von Calais. 1949 o. O.

Larsen, Svend: The Life History of Hans Christian Andersen. Odense 1984

Lavater-Sloman, Mary: Löwenherz. München ²1973

Laxness, Halldor/Thorainsson, Sigurdur: Island. Bern 1959

Le Rouzic, Zacharie: Carnac. Rennes 1958

Le Rouzic, Zacharie/Keller, Charles: La Table des Marchands. Nantes 1936

Loog, C.: Die Weissagungen des Nostradamus. ⁸1922 o. O.

López, Julián Pérez: Al Destierro con el Cid. Burgos 1979

Macpherson, James: Ossian. Leipzig 1852

Magnusson, Magnus/Pálsson, Hermann: The Vinland Sagas. Harmondsworth (England) 1985

Manastirea Snagov. Bukarest 1985

Mark, Herbert: Heldensagen aus aller Welt. Wien 1973

Märtin, Ralf-Peter: Dracula. Berlin 1980

Martinez Ruiz, José: La Ruta de Don Quijote. Madrid 1919

Maurois, André: Die drei Dumas. Hamburg 1959

Mehl, Dieter: Die Tragödien Shakespeares. Berlin 1983

Menéndez Pidal, Ramón: Cantar de Mio Cid. In: Romanische Forschungen 32, 1912

Menéndez Pidal, Ramón: Das Spanien des Cid. 2 Bände. München 1936/37

Menéndez Pidal, Ramón: Die Spanier in der Geschichte. München 1955

Menéndez Pidal, Ramón: Dichtung und Geschichte in Spanien. Leipzig 1984

Moepert, A.: Die Anfänge der Rübezahl-Sage. Leipzig 1928

Monmouth, Geoffrey of: Das Leben des Zauberers Merlin. Amsterdam 1964

Moore, Olin H.: The Origin of the Legend of Romeo and Juliet in Italy. Cambridge (Mass.) 1930

Musäus, J. K. A.: Rübezahl. Frankfurt 1974

Neuschäfer, H. J.: El Cantar de Mio Cid. Klassische Texte des romanischen Mittelalters. München 1964

Niel, Fernand: Auf den Spuren der Großen Steine. München 1977

Nostradamus: Prophetische Weltgeschichte. Bietigheim ⁶1971

Nostradamus, Sur les pas de: Faltblatt der Gemeinde Salon de Provence, Salon 1979

Obermeier, Siegfried: Richard Löwenherz. München 1982

O Fynwy, Sieffre: Geoffrey of Monmouth. Cardiff 1966

Patrian, Carlo: Nostradamus – Die Prophezeiungen. Fribourg 1982

Pernoud, Régine: Königin der Troubadoure – Eleonore von Aquitanien. München o. J.
Peuckert, Will Erich: Die Sagen vom Berggeist Rübezahl. Jena 1926
Peuckert, Will Erich (Hrsg.): Schlesische Sagen. Düsseldorf 1966
Pohu, Abbé: Die königliche Abtei von Fontevraud. Lyon o. J.
Prahovenau, Ioan: Das Museum Bran. Brasov 1986
Propyläen-Kunstgeschichte. Berlin 1973

Radford, C. A. Ralegh: Tintagel Castle. London 1939
Radford, C. A. Ralegh: Glastonbury Abbey. London 1973
Robichon, Jacques: Le Roman du Comte de Monte Cristo. In: Les Œuvres Libres, 1959, Band 154, S. 67–120, Paris
Robin Hood, The Life and Times of. »Robin Hood Society«, Nottingham (England) 1981/82
Roiter, Fulvio: Venezianischer Karneval. Mailand 1987
Rüegg, August: Miguel Cervantes und sein Quijote. 1949 o. O.

Saxo Grammaticus: Historiae Danicae (lateinisch und deutsch). Hamburg 1947
Schirmer, Ruth: Der Roman von Tristan und Isolde. Zürich 1984

Schoeffler, Herbert: Deutscher Geist im 18. Jahrhundert. Göttingen 1956
Schücking, Levin: Der Sinn des Hamlet. Leipzig 1935
Seligmann, Kurt: The History of Magic. New York 1948
Shakespeare's Macbeth – Notes. Coles Editorial Board, Toronto 1981
Spink, Reginald: Hans Christian Andersen. Kopenhagen ^{3}1985
Sprater, Friedrich/Stein, Günter: Der Trifels. Speyer 1980
Stoker, Bram: Dracula. München ^{17}1984
Suhrbier, Hartwig: Blaubarts Geheimnis. Düsseldorf 1984
Sutcliff, Rosemary: Robin Hood. Stuttgart 1984
Swoboda, Helmut: Propheten und Prognosen. München 1979

Tetzlaff, Ingeborg: Die Provence. Köln ^{6}1979

Verrier, P.: Robin Hood. In: Romania, Band 62, Paris
Villa-Real, Ricardo: Die Alhambra und der Generalife. Granada 1985

Witchell, Nicholas: Loch Ness and the Monster. Newport 1975

Zumthor, P.: Merlin le prophète. Lausanne 1943

49,80 DM
vergriffen!
10,-€

Atlantischer Ozean

- Carhaix
- Penmarch
- Carnac
- Forêt de Paimpont
- Rennes
- Tiffauges
- Fontevrault
- Loire
- Poitiers

Biscaya

- Bordeaux

FRANK...

- Santiago de Compostela
- Burgos
- Ebro
- PORTUGAL
- SPANIEN
- Medinaceli
- Zaragossa
- Lissabon
- Tajo
- Madrid
- Barcelona
- El Toboso
- Consuegra
- La Mancha
- Sagunto
- Valencia
- Baleares
- Granada

Mitte...